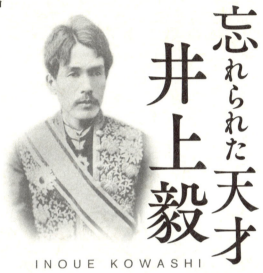

忘れられた天才 井上毅

INOUE KOWASHI

井上俊輔 著

国書刊行会

忘れられた天才　井上毅

外《と》つ國の千くさの糸をかせきあけて　日本錦におらましものを
（外国の多くの糸を紡《つむ》ぎあげて、日本錦に織り上げたいものだ）

欧米憲法の中から、日本にふさわしいものを選び紡ぎ合わせ、日本の歴史・伝統・文化にかなう憲法に仕上げたいという、毅の意気込みを示す歌である。木に竹を接ぐのでも寄せ木細工でもない、「日本化」した日本錦のような美しい憲法を織り上げた毅であった。

「我か國の憲法は欧羅巴《ヨーロッパ》の憲法の寫《うつ》しにあらすして卽遠《とお》つ御祖《みおや》の不文憲法の今日に發達したるものなり」（明治憲法は欧州憲法の写しではなく、遠い先祖からの不文憲法が、今の時代に発達したものだ）

明治二二年『言霊』の中の毅の言葉である。明治憲法は、ベルギー・プロシア憲法等の引き写しではなく、毅が日本の歴史から不文法を発見し練り上げたものである。

「法ヲ議スル者、當《まさ》ニ務メテ國俗《こくぞく》慣習ヲ考へ、愼重《しんちょう》シテ以《もっ》テ參酌《しんしゃく》スヘシ、遽《にわ》カニ它國《たこく》ニ假《か》リ、固有ノ舊制《きゅうせい》ヲ紛更《ふんこう》スベカラザルナリ」（『井上毅傳』史料編第三巻一一六頁）

法を審議する者は、努めて国の風俗や慣習を考慮に入れるべきとの毅の言葉である。他国制度の急な導入や、国固有の制度の変更を避けるべきだという。

はじめに　～毅《こわし》が作った憲法とは～

我國は　大海原の　波間より　とよさか登る　日のもとの國（毅の歌）

【憲法のための国典研究】

井上毅は、国典研究のため、明治一八年七月には上総・常陸をまわり、八月には富士登山に出かけた。一九年末から二〇年一月にかけ、右手に仕込み杖、左手に憲法草案を抱えた出で立ちで、千葉・上総・相模をまわった。国文学者・池邊義象《よしかた》に、古事記・日本書紀・万葉集について教わりながら、船中、車中、木陰を問わず憲法草案に筆を加え、宿で着替える前に教わったこと、気づいたことを書き留めた。道すがら、大宝令について疑問が生じた時、「東京にもどったら間違いないところをお教えします」との池邊の言葉を聴くや否や、杖を肩に担ぎ「藤沢まで走ろう」と言い、雪の降る畦道を駆け出し、途中、旅人の一行を追い抜くために、溝を飛び越えて近道したが、毅は「愉快ならずや」と池邊に笑いかけた。藤沢では車を雇い、神奈川に着いた。

毅は、憲法制定に際し、なぜ国典研究が必要と考えたか。

【憲法は国体を継承するもの】

英語のコンスティチューション（constitution）は、「憲法」を意味し、「体質」を意味する。人それぞれに固有の体質があるように、国家にも固有の体質があり、それを国体という。人の体質にあう健康法・治療法が必要とされるように、国家の体質、すなわち、国体に相応しい憲法が必要とされる（拙著『平成新国体論』）。国体には英語のconstitutionがあてられるが、そのように訳したのは毅が最初であった（『井上毅傳』史料編第一巻五四四頁）。

（註）**【毅は国体をconstitutionと訳した】「各國ハ互ニ獨立タリ彼此殊別ナル一團體タルニ因リ正當ナル結論トシテ各〻其内部ノ國體《コンスチチユシヨン》ヲ制定シ組織スルコトノ無限ノ權利ヲ專有スルコトヲ認許セザルヘカラス」**（各国は互いに独立している。かれこれそれぞれに特別の団体であるため、正当な結論として各国は自国の国体《コンスティチューション》を制定し組織する無限の権利を持つことが認められる）欧州公法論学者（シャル・カルヲウ）の文章（一八八〇年）を、明治二〇年七月一七日に毅が翻訳引用したもの（同上）。

国には固有の国体がある。国体を継承すべき憲法が、欧米のモノマネであってはならず、自らの国体にふさわしい憲法でなければならない。歴史・伝統・文化から醸成された国体に通じるには、国史のみならず、古き時代からの先祖の考えやこころを写した国典（日本の古典）に通じなければならない。そこに、毅が国典研究を重んじた理由があった。

【国体は憲法によって強固となる】

毅は、憲法につき次のように記した（『憲法義解《ぎげ》』岩波文庫二二頁）。

恭《つつしみ》て按《あん》ずるに、天皇の寶祚《ほうそ》は之を祖宗に承《う》け、之を子孫に傳《つた》ふ。國家統治權の存する所なり。而《しか》して憲法に殊に大權を掲《かか》げて之を條章《じょうしょう》に明記するは、憲法に依《より》て新設の義を表するに非《あら》ずして、固有の國體は憲法に由《より》て益々鞏《きょう》固《こ》なることを示すなり（謹んで考えますと、天皇の御位《みくらい》は、これを祖宗に受け子孫に伝えることが、国家統治権の存在する理由です。そして、憲法に大権を掲げ条文に明記するのは、憲法により新たな意義を示すのではなく、憲法により固有の国体が益々強固になることを示しています）

毅は、「憲法は国体を強固にする」という。憲法発布の勅語に「不磨《ふま》の大典《たいてん》」（とこしえに滅びない偉大な法）とあるのも、憲法条文の変更が出来ないという意味ではない。国体を明示する憲法は、子々孫々継承すべきものであり、国体を害する改正は許されないことを示したと解釈すべきだ。そこには、明治憲法が国体を受け継ぐ「真正《しんせい》憲法」であり、「西洋憲法のモノマネ」ではないとする自負もうかがえる。日本の国体とは、天皇と国民が大家族として共に国造りをしてきた「君民一体」のことである。

（註）**【寶祚《ほうそ》】**天子のみくらい、あまつひつぎ**【祖宗《そそう》】**祖は始、宗は本、歴代天皇の意。**【慣習法である英国憲法】**英国では、マグナカルタ（大憲章）など歴史的文書を総称して英国憲法とする。国家の体質を意味する英国の国体に反する立法は、憲法違反とされる。

【皇室典範を憲法から分離】

毅は、皇室の家法である皇位継承法（皇室典範）を憲法から分離した。『皇室典範義解《ぎげ》』に「**祖宗《そそう》國を肇《はじ》め、一系相承《いっけいあいう》け、天壌《てんじょう》と與《とも》に無窮《むきゅう》に垂《た》る。此《こ》れ蓋《けだし》言説を假《か》らずして既に一定の模範あり**」と毅が記したように、皇位継承は国の始まりから一定のきまりがあった。さらに、「**君主の任意に制作する所に非《あら》ず。又臣民の敢《あえ》て干渉する所に非《あら》ざるなり**」と記したように、天皇ご自身でさえ任意に変更出来ない、まして国民が干渉することは許されない、とした。毅が、欧州憲法が王位継承法を含むことに倣《なら》わず、両者を分離した理由は、①皇位継承法は神武天皇以来の最も古き法で憲法の上位に位置する、②将来、憲法改正の際、国体の根幹である皇位継承法が万が一にも変更されないため、の二つと考えられる。皇室典範と憲法の分離は、毅の独創である。

（註）【皇室典範と憲法の分離】ベルギー憲法はじめ欧州憲法がみな王位継承法を含むのに対し、明治憲法は皇位継承法（皇室典範）を含まない。この一事からも、「毅の作った明治憲法は、プロシア憲法のモノマネ」とする解釈が、いかに的外れかが理解される。

【井上毅とは】

毅は、天保一四年（一八四三）一二月、飯田権五兵衛の三男として生まれた。父は細川藩家老・米田是容《こめたこれかた》（長岡監物《けんもつ》）の家臣で、住まいは米田家別邸内（現在、熊本市中央区坪井の必由館高校）にあった。江戸時代を通じ国内最高の教育水準をもつ肥後藩の中でも、学問を重んじた米田家の家臣の家に生まれ、年禄《ねんろく》二五俵と家は貧しいが最良の教育環境に育った。

毅は、熊本で儒学を、江戸・横浜・長崎で仏語を学び、欧州で欧州法制度を研究した。岩倉具視、大久保利通、伊藤博文に信任され、憲法・皇室典範・教育勅語を起草して明治ニッポンの骨組みをつくり、内政・外交など多くの重要案件に関わった天才だった。毅を理解するためのキーワードは、次の通り。

①武士道・儒学・洋学

毅は、米田家の必由堂、木下韡村《いそん》塾、藩校時習館の居寮生（大学院生にあたる）として菁莪斎《せいがさい》で儒学を学んだ。木下韡村《いそん》（時習館訓導）は、「西日本に毅にならぶ秀才なし」と述べた。必由堂・木下塾・時習館（宝暦五年、細川重賢設立）の文武一徳の教育を受け、長州征伐・戊辰戦争への従軍経験で武士道精神に磨きをかけた。江戸・横浜・長崎で仏語を学び、欧州で欧米各国の憲法・刑法・民法を研究した。

②「思う」と「時中《じちゅう》」

毅は、学んだあと、事の本質を見極めようと考えを練り上げることに努めた。中江兆民は、毅を「思想する政治家」と記した（『大日本帝国憲法制定史』五〇九頁）。

今の日本の政治家中には思想する能力者が全くない。思想する政治家としては井上毅君ただ一人を見たが今はすでにいない。

毅が「思想する政治家」たり得たのは、米田是容と横井小楠の教えによる。両者が提唱した実学は、学んだあとは書を捨てて「思う」ことに努めるものだった。小楠の最も重んじる「時中」は、単なる中庸《ちゅうよう》でなく、それを進めた「時に適《かな》う中庸」を意味する。毅は、思索を練り「時中」を行う、肥後実学党の真の後継者だった。

③国体

キケロは、国体について次のように語っている（ランケ『政治問答』岩波文庫七三頁、一部著者がわかりやすくした）。

各民族、民族を以って編成された各共同体、民族の関心事である各国家、これらは恒久性を得るために特定のconstitution（著者註　国体）に従って統治されなければならない。

国体は、「国家の体質」のことである（『平成新国体論』）。キケロによれば、民族共同体である国家は、それぞれ国体（constitution）を持ち、国体に基づく統治によって命脈が保たれる。憲法も皇位継承法（皇室典範）も国体そのものであり、国毎に異なるべきことは当然のことである。法律（特に民法）も、民族の慣習に基礎を置き国毎に異なるべきだ。毅は、欧米法制度の根本に通じ、欧米のモノマネでなく、憲法・皇室典範を国体にふさわしいものに仕上げた。

【伊藤博文による毅の評価】

伊藤博文は、次のように述べた（徳富蘇峰『第一人物随録』二〇四頁、著者訳）。

井上毅は、よく知られているように忠実無二の人物で、国家有用の学識をもち、明治八年以来、岩倉・大久保二老の信任を受けただけでなく、枢機《すうき》の事務に関与しないことはなかった。十有余年間、帝国の大計に関する機密文案は、十中七、八、井上毅の起草だ。おふたりがなくなられた後、私がその遺志を継ぎ、職責を守りえたのも、どれほど井上毅の助力のお陰であったかは枚挙できない。特に、立憲政治組織の計画と憲法起草は、井上毅が、一字一句その全身の熱血を注いだといっても過言ではない。

以上からわかるように、毅は、政府重要文書の七、八割を書き、さらに全霊を傾けて憲法・皇室典範・教育勅語を起草した。毅は、岩倉・大久保・伊藤らの指示を待って、仕事をこなした官僚政治家でなく、先んじて国を憂い先んじて行動した天才で、生涯を日本と日本国民に捧げた。歴史上、危機が訪れる度に、聖徳太子・源頼朝・北条時宗・岩倉具視・西郷隆盛などの英雄が現れた。これらの人々に共通するのは、歴史・伝統・文化に通じ、国を護り抜く意志と戦略を持っていたことだ。毅もそのひとりだ。

井上毅に関する本の多くは、一般読者向けではなく、国学院大学編『井上毅傳』の論文・書簡集は勿論のこと、古城貞吉・坂井雄吉・木野主計各氏の優れた著作も専門書である。その生涯を出来る限りわかりやすく示した本書が、天才・井上毅を理解する一助となれば幸いです。

井上　俊輔

『忘れられた天才　井上毅』目次

第三章　憲法と毅　101

【本書を読む方へ】

① 井上毅に関わる人々の動きも詳しく記しました。読者の皆さんに、先人がいかに国を愛し真剣に政治をおこなったかを理解していただくためです。

② 引用文には、読み易いようにルビをふりました。

③ 「シナ」という表記は、「秦」に起源を持つ呼称で、仏語・独語の「シーナ」・「ヒーナ」や「東シナ海」というように蔑称ではなく、言語・地理・歴史上広く使われている表現です。「中国」は、中華民国などの国名に限り使用しました。

第一章　熊本時代

中〻に　外《と》ツ邦人《くにびと》そ　あふぐなる　我か日の本の　富士の高嶺《たかね》を（毅の歌）

一　生い立ち

水野忠邦の天保の改革が終わった天保一四年（一八四三）一二月、井上毅は、熊本城下竹部《たけべ》（現熊本市中央区坪井町）の米田《こめた》家別邸内（現・熊本市立必由館高校）で生まれた。父の飯田権五兵衛は、肥後藩家老・米田是容《こめたこれかた》の家臣（中小姓）だった。母は美恵という。毅は、飯田家三男で、幼名を多久馬、号を梧陰《ごいん》或いは独々斎と称した。

毅の実家・飯田家は、加藤清正の家臣だったが、第二代加藤忠広の山形（庄内藩）改易後、米田家（一万五〇〇〇石）に召し抱えられた（『井上毅先生傳』三五頁）。米田（長岡）家の当主・監物は、横井小楠とともに実学党を率いた人物で、別邸内に学問所（必由堂）を作り、家臣とその子弟を自ら教育した。江戸時代を通じ国内最高の教育水準をもつ肥後藩の中で、とりわけ学問を重んじた米田家家臣の家に生まれた毅は、最良の学問の環境に育った。

毅は、神童と呼ばれ、五歳には母に教わった百人一首を覚え、紙に開けた穴を通して見えるカルタの絵の一部を見て歌を言い当てた。兄の読書の声を聴いては暗誦した。七、八歳では、将棋をおぼえた。コマまわしなどに興味を示さなかった一方、一日中、本を手放さなかった。毅は、早朝、母親のためにカマドの火を起こし、その火で読書をした。身なりを整え庭の掃除後、正座して書を開き、勉学に励んだ。母親は、遅くまで勉強する毅に早く寝るよう勧めた（小早川秀雄『井上梧陰先生』）（『井上毅先生傳』三八頁）。

（註）**【文教熊本】**①平安後期から室町時代まで熊本を治めた菊池氏は、領内に寺社仏閣を多く建立し神仏を敬い、居城のある隈府（現・菊池市）に**孔子《くじ》堂**を建て学問を重んじ、統治の二大原則（神仏尊崇と学問振興）とした。都が荒れ果てた時も、菊池では夜になると家々から本を読む声がするという菊池重朝の詩が残されている。②藩校時習館は、細川重賢により宝暦五年（一七五五）開校。秋山玉山・横井小楠・元田永孚など多数の俊才を輩出。③全国最古の医学教育を誇る、藩校・再春館（医学校）は、幕府認可の医学校より早い、宝暦七年（一七五七）一月開校。熊大医学部に至る二六〇年以上の歴史を持つ、日本最古の

医学校（山崎正董《やまさきまさただ》『肥後医育史』）（小野友道『肥後の医事ものがたり』）。④熊本は、庶民も教育を重んじた。幕末の寺子屋数は、熊本は長野に次いで全国第二位ともいう。**【必由堂】**天保五年（一八三四）、米田是容（長岡監物）設立の学問所（熊本竹部別邸内）。時習館教授・辛島塩井が命名。必由堂の前身は、宝暦年間に是容の曽祖父・米田是福が家臣の講学練武のために設立した菁々舎で、藩校・時習館とほぼ同時期に開設（『井上毅研究』八頁）。**【米田是容《こめたこれかた》（長岡監物《ながおかけんもつ》）】**安政六年（一八五九）一月二日付け書面で、西郷隆盛が、大久保利通の質問に対し最も信頼できる人物八人をあげ、「水戸では武田耕雲斎・安島弥次郎、越前では橋本左内・中根靭負、肥後では長岡監物、長州では増田弾正、土浦では大久保要、尾張では田宮弥太郎」と答えた（伴五十嗣郎全訳注・橋本左内『啓発録』講談社学術文庫二四四頁）。**【毅の親孝行】**毅の親孝行は有名で、母親のために買った山輿を自ら担ぎ体の自由の利かない年老いた母親を乗せたという（井芹経平・小早川秀雄『元田井上両先生事蹟講演録』二三頁）。**【毅の家族】**長兄驥七郎が家督を継ぎ、次兄良樹は市野家の入り婿となった。毅は、慶応二年、二三歳で父の同僚・井上茂三郎の養子となった。毅の実家・飯田家は、年禄二五俵で質素な暮らしぶりだった。毅の家は六畳・四畳半の二間で、毅は畳一畳分しかない小部屋の窓際の机で勉強した（『元田井上両先生事蹟講演録』二一頁）。

郷党連《きょうとうれん》

熊本城下の青少年は、藩校時習館や各地域の官塾、剣術道場などで、心身と頭脳を鍛えた。

また、地域毎に八歳から一六歳くらいまでの青少年でつくる郷党連《きょうとうれん》という青少年の自治組織があった。郷党連では、年長者が年少者を指導し、特に団体行動における規律の遵守など、精神の鍛錬に重きを置いていた。郷党連は、藩校の時習館が設立された宝暦五年（一七五五）頃から、城下各地域につくられた（井上司朗『第一等の人』二〇頁）。

毅の住まいは竹部《たけべ》連《れん》にあたるが、郷党連が上士（細川公にお目見えができる）の子弟に限られるため、陪臣の子である毅は郷党連には入っていない。そのため、人間関係も随分自由だったようだ（『藩政時代の家庭教育・第四輯』七頁）（『我観熊本教育の変遷・上巻』三三頁）。子供を地域全体で育てようという熊本の気風の中で、毅は必由堂・木下塾・時習館での教育や同世代の子弟との切磋琢磨により成長していった。

二　必由堂教育

嘉永五年一月（一八五二）、毅（九歳）は必由堂で学び始めた。必由堂は、父が仕えた米田《こめた》是容《これかた》創設の家塾。肥後藩の中でも、米田家がいかに学問を重んじたかがわかる。明治元年、時習館居寮生を修了した毅は、必由堂教師に任命された。是容の「必由堂垂誡」は、必由堂で学ぶ者の心構えが示されている（『肥後文教読本』一九頁）（『肥後文教と其城府の教育』一九一頁）。

「必由堂垂誡《すいかい》」　米田是容《こめたこれかた》

古人の所謂《いわゆる》文武は車の両輪の如しとは、文武の徳と藝とをさして言へるなるべし。其文武の徳をみがきなすべき聖賢の學と武とを以て両輪の如しと心得たるは誤なり。夫《そ》れ學は孝悌《こうてい》を本として人たるの道を学ぶことに候《そうら》へば、武藝も學問の一端なり。されば學の道に暗くして文武の藝にのみ長じたりとも、文は却《かえ》って我非《わがひ》をかぎり、人のいさめをこばむのたすけとなり、武は己《おのれ》が藝をほこり、人を軽んじ、暴虎馮河《ぼうこひょうが》の勇をまさしめ、聖経賢伝《せいきょうけんでん》も大に風俗に害をなし、神武《じんむ》の大道もなかなか人倫を破るに至る。論語曰、其為人也、孝悌而好犯上者鮮。不好犯上而作乱者未有之。君子務本。本立而道生。孝悌也者、其為仁之本。又曰、弟子入則孝、出則悌、謹而信、汎愛衆而親仁、行有餘力則以學文。又曰賢賢易色、事父母能竭其力、事君能致其身、与朋友能、言而有信、雖曰未学、吾必謂之学矣。ともこれあり。孟子にも堯舜《ぎょうしゅん》の道は孝悌のみとも相見え、人道の大本は全く孝悌の二つにて、此心を推して君に仕ふれば其儘忠と申すものに候。人の子弟たるもの、深く此の理を辨《わきま》ふべし。かくて父母に能く仕へ、長者をあなどらず、風俗を謹み、文武の藝に其身をゆだねんこそ、予が日々夜々に忘るるひまなく祈り願ふ處なれ。（以下略）

（大意）（古の人が言う『文武は車の両輪』とは、文武の徳と芸とを言ったものだろう。文武の徳を磨くための「聖賢の学」と武が、車の両輪だと理解すべきではない。学は孝悌

（親孝行や目上への思いやり）を基本とする人の道を学ぶものであり、武もまた学の一端である。学の道に暗く、文武の芸にのみ長じても、文はかえって我が非を限り人の諫めを拒む助けとなる。武は己の芸を誇り、人を軽んじ、命知らずの勇気を増し、聖人の教えや賢者の伝記も却って風俗を害し、神武天皇の布かれた大道も人倫に悖ることになる。論語に曰く、その人となりが親孝行で目上への思いやりがあって、上（高い地位、天子）に逆らう者は少ない。上に逆らうことを好まないもので、乱を起こしたものはいまだかつてない。君子は本を務める。本が確立されて道が生じる。親孝行や目上への思いやりがある者は、仁を為すの本である。又論語に曰く、弟子入りては則ち孝、出でては則ち悌、謹みて信、汎く衆を愛して仁に親しみ、行いて余力あらば、則ち以て文を学べ、ともいう。又、（論語学而編で子夏は）賢者を賢者として美人を好むようにし、父母に仕えて力を発揮し、君に仕えてよく身を捧げ、友人との交際の言葉に信があれば、誰かがまだ学んでいないといっても、私（子夏）は学んでいると評価する、という。孟子にも、古代に理想的な政治を行った、堯舜の道は孝悌のみと記され、人道の大本は、親孝行と目上への思いやりの二つであり、この心を通して主君に仕えれば、そのまま忠というのである。人の子弟たるもの、深くこの道理を弁えるべきだ。このように、父母に仕え年長者を侮らず、風俗を謹み、文武の道に身を委ねることこそ、私が日夜忘れず祈願する点である）

「必由堂垂誡」の要旨は、次の通り。

①「文武は車の両輪」とは、文武の徳と芸をさす。

②文武の徳とは、「孝悌（親孝行、年長者を重んじる、風俗を慎む）」として示される人の道、すなわち「聖賢の学」を学び日々の実践の中で身に着けることを意味する。

③学をおろそかにし、文徳を磨かぬまま、文芸のみ誇れば自分の過ちを糊塗し人の批判を聞き入れない独りよがりになる。

④学をおろそかにし、武徳を磨かぬまま武芸のみ誇れば、人を軽んじ、無謀な勇気を発揮するようになる。

⑤必由堂で学ぶ者は、文武の徳（孝悌、親孝行と目上への思いやり）と芸に励むべきである。文武に励む理由は、人として踏み行うべき道、すなわち、孝悌を実践するという徳を身につけるためだ。「孝悌」を基本とした「聖賢の学」を怠り、文武の芸にのみ長ずれば、人の諌めを聞かぬ独断に陥り、蛮勇をふるい、人倫に悖ることになる。

「必由堂垂誡」は、文芸・武芸に通じれば良いという、間違った考えを戒めている。是容は、必由堂で青少年のちに米田家の全家臣に講義をした（『肥後文教と其城府の教育』一九四頁）。毅は、「必由堂垂誡」にしたがい文武一徳をめざし、時習館時代には寺尾流剣術に励み、四〇歳以降も書生相手に稽古をした（小早川秀雄『井上梧陰先生』二一頁）。

（註）**【米田是容】** 米田家（一万五〇〇〇石）は家老職。細川公から代々長岡姓を許された。是容（監物）、容貌魁偉眉目俊秀で徳高く、小楠と実学党を主宰。和歌をよく詠んだ。ペリー再来航時、三〇〇名を率い、浦賀警護の藩責任者となった（『肥後人名辞書』五九頁）。三〇〇の藩兵に洋式兵制を用いた監物が、洋式兵制採用の国内初とされる（『近世日本国民史』第六〇巻四二二頁）。この時、「思い入る道にこの身は捨小舟風ふかばふけ浪立たば立て」の歌を詠んだ（『採釣園を繞る史蹟』七頁）。安政六年八月一〇日没（享年四七歳）。辞世は、「よしや身はかくて此の世を去らば去れ魂は帰りて君に仕へむ」。熊本市坪井町見性寺に眠る。この時、毅は一六歳。**【『必由堂垂誡』は、戦後教育の誤りを正す】** 戦後教育は、技の教育（芸）に偏り、人の諫めを聞かぬ独断や蛮勇を誇る人間を少なからず生んでいる。技を学ぶことだけが目的化し、人倫の道を会得することが疎かになっている。『必由堂垂誡』は、勉強と運動の両立と思われがちな「文武両道」の真意が「文武一徳」であることを教えてくれる。**【毅と監物】** 監物は、安政元年、ペリーの浦賀再来航時、藩兵を率い浦賀警備にあたった。監物は、「**外人を待つも亦信義あるのみ。彼若し頑迷にして我言を聞かずば我れ義によって之を討つ未だ遅からざるなり**（現代語訳）（外国への対応も信義あるのみ。彼が頑迷に日本の言い分を聞かぬ時、日本が義によって外国を討つこともまた遅くない）」と述べ、水戸公・越前公もその言に従った（『肥後人名辞書』五九頁）。米艦隊の情報は、必由堂での監物の講義や、父の同僚（監物の家臣団）で浦賀に出陣した者から、毅の耳に入

ったたろう。文久元年、一八歳の毅は、「海国図譜」を通じ欧米諸国につき学んだ。**【毅と武道】** 時習館では一五歳になれば、馬術・剣術・槍・柔術など一一種類の武術を習う（『第一等の人』七六頁）。初心者は、巳の刻（午前一〇時）から未の刻（午後二時）の昼榭に出て、武術の稽古をした。酉の刻（午後六時）までの夕榭に出るのは、目録をとろうとする上級者のみ。一五歳未満は、時習館で稽古を受けられないため、城下の道場に通った。毅も、居寮生時代、時習館の東榭西榭で武術に励んだと思われる。

三　木下韡村《いそん》塾

毅は、一二、三歳（安政二、三年）の頃、文撰《もんぜん》を白文で読んだ。米田是容は、毅の才能に惚れ込み、安政三年（一八五六）三月、毅のために木下韡村《いそん》を月三回必由堂に招いた。木下は、毎月一〇、二〇、晦日あるいは小の月は二九日の各朝、必由堂で教えたが、安政三年三月二九日が最初だった（『井上毅研究』二八頁）。

安政四年（一八五七）六月、毅は、是容から褒賞を与えられた（同上九頁）。

読書抜群ニ相進ミ候ニ付、為修業毎歳御心附米弐俵宛被下置、学問ヲ主ニ致シ、向後弥

以相励可申（読書抜群の進歩の結果、勉学修行のため、毎年心付けとして米二俵を下される。学問を主にして、今後益々励むように申し付ける）

安政四年七月二四日、毅（一四歳）は、監物の勧めで木下韡村塾に入塾（同上三六・二一一頁）。毅は、左伝・史記などの「おっとり読み」が誰よりも上手だった。「おっとり読み」とは、生徒たちが順に音読し、ひとりが間違えた場合、次の者が読み直すという遊びを加味した学習法。毅は、自宅の一畳敷きの押入れのような部屋の窓際に小机を置いて日夜別なく勉強をした。窓の外で、子供たちが遊んでいても、仲間に加わらなかった。夜更けまで勉強する毅を心配し、母親が早く寝るよう注意した。毅は、未明に起床し母親のために点けたカマドの火で読書をした（『井上毅先生傳』三八頁）。

（註）**【木下韡《い》村《そん》塾（韡村書屋）】**藩校時習館訓導・木下韡村が主宰する官塾（熊本城下、京町柳川丁）。建物は南北二寮と食寮（食堂）からなり、九曜の紋（細川家家紋）の瓦、障子も藩侯の支給品（『藩政時代の家庭教育・第四輯』四頁）。藩校教師は時間外に塾で指導にあたった。木下塾には、熊本・久留米・鍋島・延岡・柳川・長州・諫早・小城・桑名・大村・豊後高田・人吉・島原・今治・岡・岩国・福岡・信州高遠等など全国から入門者があった（『井上毅研究』一二頁）。**【木下韡村（犀潭）】**木下眞太郎（諱は業廣）。文化二年（一八〇五）～慶応三年（一八六七）（享年六三歳）。肥後菊池の今村出身。桑満伯順（負郭）（菊池

正観寺、儒学者、医師）の指導を受け、時習館居寮生となる。幕府に招聘されたが即日辞し帰熊（『肥後人名辞書』一六五頁）。諱村長女・鶴子は、明治一八年、毅の二番目の妻となった（『井上毅先生傳』三六八頁）。

「関西に並ぶ者なし」

毅は、幼少時より勉学に志し、自らを厳しく律したが、武士の子弟はみな心がけていたことだった。特に次男以下は、学問や武術に秀でなければ、長男の世話になるしかなかった。養子になるには、水泳・柔道・槍・長刀・居合・撃剣などの武芸のうち最低四つの目録を取る必要があった（『藩政時代の家庭教育・第二輯』六頁）。

毅は、家の手伝いで毎日は通塾出来なかった。それでも、毅は竹添進一郎（東大教授）・木村弦雄（済々黌黌長）・古荘嘉門（第一高等学校校長）と木下塾四天王と呼ばれた。韡村は、**「年幼なるも、筆を執っては、関西に並ぶべき者なかるべし」**と述べ、毅を高く評価。木村弦雄によれば、毅は弁舌にも秀でていた。毅友人の友枝荘蔵（現・熊本県玉名市に忍濟舎設立）は、毅に何か聞かれたら、自分は知らないと答えたという（『井上毅先生傳』三九頁）。

塾の一日は、朝は袴を着用して夜は白衣、剣術・槍術は七ツ（午後四時）から、門限は六ツ（午後六時）となっていた（『井上毅研究』二〇六頁）。文久元年（一八六一）、講義は、毅（一八歳）の『灯下録』によれば次の通り（同上三七頁）。

【木下韡村塾の日課】（註　梅里は、韡村の弟）

	早朝	朝	午後	夕	夜
一日	左伝（韡村）				
二日		左伝（講）	詩経（梅里）		
三日	近思録（韡村）	儀礼（講）		程易（韡村）	孟子（韡村）
四日					論語（堂）
五日	左伝（韡村）			孟子（姫）	
六日	左伝（韡村）				礼記（韡村）
七日	大学（梅里）	儀礼（講）			
八日	近思録（韡村）		詩経（梅里）		孟子（韡村）
九日	左伝（韡村）	人（堂）儀礼（講）		程易（韡村）	礼記
十日					質問（韡村）

質問時間は、韡村が担当。空き時間に生徒は復習や武道に励んだが、毅は、後年も居合の稽

古を欠かさなかった（小早川秀雄「井上梧陰先生」二一頁）。韡村は、午前午後は時習館の講義のため、塾では早朝・夕・夜の時間に教えた。

（註）【講】時習館講堂か。三と八の日は、教授特別講義の日。「三日、講として儀礼」とあり、毅は時習館講堂での教授等の講義に出席したのではないか。【儀礼《ぎらい》】古代紳士階級の冠婚葬祭を記した本。「儀礼」の中の「郷射礼」に「礼射は皮を射抜くことを主としない」とあるのは、人の力に強弱があるためだが、礼儀が廃れた後の世になり皮を射抜くようになってしまい嘆かわしいとの孔子の言葉が、論語学而編にある（宇野哲人『論語新釈』講談社学術文庫七八頁）。毅（一七歳）は、万延元年（一八六〇）、「儀礼」の抄録を記した（『井上毅研究』三九頁）。【堂】必由堂か。必由堂と塾は徒歩一五分圏内と移動可能、毅が必由堂で講義をした可能性がある。【竹添進一郎】天保一三年（一八四二年）～大正六年（一九一七）。天草大矢野島上村（現・上天草市大矢野）出身。一四歳木下塾入塾、時習館居寮生、訓導助勤（明治三年～四年七月）。熊本瀬戸坂や玉名伊倉で開塾。明治八年春、伊藤博文に見い出され、大蔵省、天津領事、一七年韓国公使として金玉均等開明派支援（甲申事変）、東大教授（『熊本人物鉱脈』八九頁）。【『国史略』研究】毅は、万延元年（一八六〇）と文久二年（一八六二）、国史をまとめており、この時『国史略』を読んだと思われる（『井上毅研究』三九・四〇頁）。

米田是容の死

幼い毅に目をかけてくれた主君・米田是容は、安政六年（一八五九）八月、死去。是容は、安政元年ペリー艦隊の浦賀再来航時、肥後藩警備責任者として水戸斉昭公や越前松平春嶽公とも交際した幕末を代表する人物だった。毅は、是容からペリー艦隊や世界情勢に関し説明を聞いていたものと思われる。実学党のリーダーである是容から学問の仕方も教わり、文字調べに終わることなく、学んだことをもとに考えることが真の学問であることを学んだ。毅を育てることに時間を惜しまなかった是容の死は、毅にとってショックであると同時に、更なる精進を誓うきっかけでもあった。

（註）**【米田是豪】** 安政六年八月米田是容逝去、是容長男の米田是豪が相続・藩家老となり、一二月長岡監物を名乗る。明治元年七月、家老を辞める（『井上毅研究』四四九・四五四頁）。

治水にも詳しかった毅

安政七年（万延元年、一八六〇）春、毅（一六歳）は、昼学んだことに夜思索をめぐらし、筆記することを自らに課した。毅は、木下塾の友人と矢部に遠足に出かけ、熊本近郊沼山津の総庄屋光永四兵衛宅に立ち寄った。毅は、水害地として知られる沼山津の様子を聞き、治水につき意見を述べた。光永氏は、「足下年少にして水利に通する此の如し、後年必ず水利の神と崇めらるるに至らん（あなたは年少にもかかわらず、よく水利に通じている。必ず、後年、水利の神と称されるだろう）」と言った（『井上毅先生傳』三九頁）。毅は、読書しては考えを練り、いかに現実に対処するかを心がけた。水利にも関心を示した毅は、実学党を主宰した米田是容や横井小楠の教えを実践した実学党後継者といえよう。

灯下録（文久元年五月）

文久元年（一八六一）二月、露国艦隊が対馬を半年間占領していた。同年五月、毅（一七歳）は次のような『灯下録』を記した（著者現代語訳）。

朝暗いうちにさわやかに起き、手洗い、口すすぎ、髪をくしけずり整え、庭を掃き、部屋に行き、席を正して机に向かい、端座して書籍を開いて読む。手、頭の位置を正しくし、思うことに専念し、声静かに読んだ後、一旦本を伏せ、文書を書きためる。これらの文書は、必ず整える。努め励み、夜を日に継ぐ。春夏を甲期、秋冬を乙期となす。夜、半時（一時間）程度、目をつぶって坐り、昼学んだことを思い、自ら得る所があれば、灯の下にこれを記録する。以上『読書則』となす。

『灯下録』に記した「読書則」によれば、毅は、早朝身なりを整え庭掃除、正座し書を読み、読書内容につき思索を練り記録するとした。また、囲碁は、精神を消耗し時間を無駄に費やすから厳禁としていることから、毅は大変な囲碁好きだったようだ。

文久元年、毅は、『骨董簿』（印度・南島記・地理・度量衡などを筆録）、「露国船対策対馬浅海浦繋船留書」（越前福井から熊本宛の小楠の書簡写し）、「骨董簿三」（唐史・西洋軍制・美国金銀比較・我国文学史・音楽史等を記録）などをまとめたが、このなかに魏源の『海国図誌』も含まれている。当時、露艦隊が恒久施設建設のため対馬占領を半年続けていたこともあり、小楠の書簡や『海国図誌』は国際状況の理解に役立ったと思われる。居寮生になる前の文久二年（一八六二）、毅は、『群書謏鈔』（左伝・孔子家語・漢書・管子・列子・荘子・韓子・文選抄録等を含む）を編纂した（『井上毅研究』四〇・四一頁）。書籍・書簡を写し抄録を記すなどの努力の積み重ねが、毅の実力を高めていった。

（註）【灯下録】「昧爽起《ばいそうき》、盥漱櫛、掃庭内、暨居室、正席対机、危坐繙帙、手要恭、頭要正、思要専、声要静、掩巻、蔵策、必斉必整、孜々《しし》搰々《こつこつ》、夜以継日、春夏期甲、秋冬期乙、瞑坐《めいざ》半晌《はんしょう》、以思昼所学、思有所得、灯下即録、是為読書則（辛酉五月端午前一日書）、囲碁須厳禁、大是耗精神、又費時日、……」（『井上毅と明治国家』一八頁）。【昧《ばい》】暗い。【孜々《しし》】つとめ励む。【海国図誌】魏源（一七九四〜一八五七）の著作、一八四三年揚州で初版発行。この本は、英国人ヒュー・マーレーの「世界地理大全」を林則徐が編訳させた『四洲志』をもとに、魏源が世界地理資料を加え、英米仏普露印度など各国に関し記したもの。日本には嘉永七年輸入、安政三年まで出版された。魏源は、林則徐の友人、アヘン戦争に参加。

島津斉彬・川路聖謨・横井小楠・藤田東湖・佐久間象山などが本書で欧米各国につき学んだ。

四　時習館教育

時習館には、八歳前後になれば武家だけでなく医家の子弟も入学できた（『藩政時代の家庭教育・第二輯』二頁）。時習館開門が明け六つ（夜明けの時刻）のため、夏は午前五時前、冬は午前六時すぎに開門。生徒は、開門と同時に、習書斎《しゅうしょさい》で暗いうちから手探りで墨をすり習書の稽古を受けた（同上二頁）。ここでは、藩主から戴いた習書紙に先生の手本をもとに習字をした。習書師二名、代見（助教師）四名が指導（『第一等の人』三二頁）。習書斎に続き、句読斎《くとうさい》の授業を受けるが、習書斎での受付け順だった。句読斎では、句読師の指導で音読した。

生徒は、毎日、習書斎と句読斎を終え午前一〇時過ぎに帰宅。生徒は、習書斎か、習書斎と句読斎の間の時間に、持参の梅干し入り握り飯を朝食とした（『藩政時代の家庭教育・第一輯』二・五頁）。句読斎で左伝を読めれば蒙養斎《もうようさい》に進む。蒙養斎では指導を受けず一人読みを行なう。蒙養斎で文章の意味が分かるようになると講堂に進む。講堂は尊明閣《そんめいかく》といい、講堂に進むことを転昇《てんしょう》という。早ければ一四、五歳、遅くとも一八歳に転昇した。講堂の名称の尊明閣は、『大学』の中の「明徳を明らかにする」に由来する。講堂で初めて教授の講義を受けた。講堂での教授の特別講義は、三と八の日に行われた（『同上・第二輯』三頁）（『第一等の人』八〇頁）。尊明閣修了後、成績優秀者は菁莪斎《せいがさい》に寄宿し居寮生として勉強を続けることが出来た。従来、成績に関係なく居寮生になれたが、天保八年（一八三七）、時習館文武芸倡方《ぶんぶげいいざないかた》（藩校責任者）となった米田是容（二四歳）が、時習館改革の一環として成績優秀者のみを居寮生に推挙するようになった（『第一等の人』九八頁）。

五　小楠との問答

文久二年（一八六二）一〇月二八日、毅（一八歳）は、木下韡村《いそん》の推薦で時習館居寮生となった（『井上毅研究』三四頁）。元治元年（一八六四）一〇月頃、毅（二〇歳、居寮生三年）は、友人と沼山津《ぬやまづ》（現・熊本市東区）の四時軒《しじけん》に住む横井小楠（五六歳）を訪問し、学問のありかた、キリスト教・仏教・神道などの異同、西洋諸国との交易、開国か鎖国か日本のとるべき進路について教えを乞い記録した。毅は、小楠に臆せず質問した（山崎正董『横井小楠』下巻八九七頁）（以下、著者現代語訳）。

（註）【小楠の士道忘却事件】文久二年（一八六二）、小楠は、福井藩主松平春嶽の幕政改革を助けるため、江戸滞在中だった。一二月一九日、肥後藩士・都筑四郎、吉田平之助、小楠の三名で、吉田の京都への送別会中、刺客に襲われ、小楠は難を逃れたものの二人は深手を受けた。小楠はこの事件により、文久三年一二月一六日、藩から士席差放しの処分を受けた。

①学問の真髄は「思」にあり

（横）あなたは、居寮生となって何年になりましょうか。

（毅）二年になります。

（横）学校といい書物といい給食といい、熊本の時習館ほど結構な学校は世の中にありますまい。さて、学校の定めは、古《いにしえ》の夏殷周の三代の制《のり》に、皇帝から庶民のあらゆる階層の中から俊秀を選んで学ばせたと申しますが、三代の頃は、今日のように読むべき書物もなかったでしょう。孔子の三〇〇〇人の弟子達も、読むべき書物は、詩を第一にしたと思われます。しかし、孔子が子である伯魚（孔鯉）に教えた時の事を調べると、詩を学んだか、周南・召南の詩を学んだかなどと殊更に我が子に質問されている。しかし、口ぶりから判断すると、孔子一門の学問は、詩を諳《そら》んじ、書物を読むことを第一の事としたのではないと見えます。これらの所に気を付けるべきです。古のいわゆる学問は、何をもって学問としたのでしょうか。

（毅）古の学問は、今の学問とは違いますか。

（横）『書経』で堯《ぎょう》の徳を称して「文思安々《ぶんしあんあん》」と言います。「文思」の字こそが、学問の眼目で、古の学はみな「思」の一字にあると知られています。人間の心の知覚は限りがなく、知覚をおしひろめれば、天下にひとつも我が心に思い残すことはありません。心の知覚はすなわち思にあるわけで、思ってその筋道を会得してしまえば、天下の物の理は全て我が物となります。

（毅）学問の眼目は、「思」の一字にあるべきですが、学問の業は何をつとめにしたらいいでしょうか。

（横）『大学』にいう格物が学問の業であるべきです。格物は、天下の理を極める事で、即ち思を用いることです。仏教徒も澄心の修行といって己を虚しくして心を清らかにしましたが、思を用いなかったために天下の理に暗かったと知るべきです。

（毅）昔は思をもって学問としたのですか。

（横）そうです。一身を修める事から天下を治める事まで、みな思より出てくるものです。

（毅）論語の学而編の「学而時習（学んで時に習う）」というのは、どんな教えですか。

（横）昔の学問は、自ら思い思いて理解できない時に古の人の書物に照らし理を得たと思われます。そのため、格物の業は自らの誠の思いより出て得たところの理を、みな自ら実際に得たこととなります。学而時習は、思って得た事を古人に照らしてみる事です。

（毅）『中庸』に博学明辯《めいべん》を先にして慎思を後にしているのはなぜですか。

（横）博学明辯《めいべん》ともにみな思から分かれたので、実体は思の一字で学問全体を含みます。己に思うの誠実さがなければ今の学問のように幾千巻の本を読んでも全て帳面調べに終わってしまいます。書物は字引と考えるべきです。書物を読んだら、本をなげうち専ら思うべきです。思いて思いを得ざる時に古人の書を開いてみるべきです。心の誠より物事の理を求めれば、必ず夜中でも起きて書を見る程になります。このようにすれば、自分の知覚も日々に広がり、学問の精神が増します。思う事がなければ、学問の益なく、思う事を古人の書に照らさなければ、独り善がりの思い込みとなりましょう。従って、論語では「思いて学ばざれば則殆《あやう》し」と言います。一つ重要なことがあります。学問をするのに、知ると合点に違いがあることです。天下の理は万変なのに、徒に知るにかまけ多く知っても、単に形に留まるだけで、かえって物や事態に応じた活用は不可能でしょう。書物を読んで理を心に合点すれば理は我が物になり、書物は直ちにしぼりかすとなります。理が我が物になった以上は、別の事柄でも理が活用できます。この事をよく心得ておくべきです。

（毅）学は「思」をつとめとしなければなりませんが、「思」には何を手始めとすべきでしょうか。心の範囲は限度がないので、まず、天地四方を規模とし、世界のことも理解すべく、それから一国のことにも心を働かせて、さらに一家一身とより狭い範囲へと心を働かせるようにしたらよろしいのでしょうか。

（横）思いのかかるところを天地四方にかければ、天下四方の事もみな我が体内の物となすことができますので、天下四方の事も胸内に響きましょう。いわゆる「格物」もみな空理にならず、痛み悲しむなど心の奥底の誠に響きます。今日の千緒万端（種々様々な事件）の見聞も、みな我が心の働きとなります。従って、「大学」に「古の天下に明徳を明らかにせんと欲する者は」と、まず広大な規模を示されているのです。

小楠は、古今の学問を比較し、次のように述べた。

①古の学問は、物事に対して心の知覚を無限に働かせる「思」を旨とした。「思」により、道理を我が物にする事を「合点」という。「合点」により、転変する物事に最善の対応をとることができる。

②今の学問は、「思」を忘れ、単なる帳面調べ、つまり、「知」に終わっている。読んでしまった書物は、搾りかすに過ぎない。

毅は、小楠の教えで、解釈に終わる今の学問のあやまりを知り、「思」の重要性に思い至った。これが毅の転換点となり、「思」を旨とし、小楠のいう「真理を探究し、自らを高め、己のための学問」に励んだ。

（註）**【毅の学問の転換点】**小楠との問答が、学問の転換点となったことは、慶応元年（一八六五）一月七日付け文章から明らか。**「従前只是読書、学一字之茫々、甲子冬、読南宋諸賢集、始真知昔人所謂学者、与今人所為、天地懸隔、従前以読書属文、往々得不虞之誉、思之赧汗」**（従来はただ読書をし、学の一字をぼんやりとしか理解していなかった。元治元年の冬、南宋諸賢集を読み、昔の人が言う学は、今の人の学と天地の違いがあることを知った。私の従前の読書作文は、しばしば予期しない誉を得たが、今思えば、顔は赤くなり汗が出るというものだ）毅は、小楠から宋の名臣・范文正について話を聞き、元治元年（一八六四）冬、「南宋諸賢集」を読んで勉強法を反省。毅は、「南宋諸賢集」により、横井小楠の「古の学はみな『思』の一字にある。今の学問は、帳面調べに終わっている」との言葉を再確認した。（『井上毅研究』五三頁）**【甲子冬】**元治元年。**【属文】**文を作る。**【不虞】**予期しない、あてにしない。**【小楠の学問】**小楠は、「道用《みちよう》に就けば是ならず」との程子（程明道、一〇八五年死去）の言葉を心がけた。学問を何かの役に立てるのではなく、「真理の探求こそ学問の真髄」との意味（『第一等の人』一六〇頁）。小楠は「古の学は己の為にし、今の学は人の為にす」との孔子の言葉を体得。「古の学者は、己の為にし」は、自己を修め真理を探究する学問本来の形をさす。「今の学は人の為にす」は、評価を受けるため知識を競い、

文章解釈に終始することをさす。古の学問が利己を捨て身を修めるものである一方、今の学問は我欲にとらわれたもの、という違いがある。

②キリスト教

(毅)海外でキリスト教を信仰しているのは、本当ですか。

(横)八割方はキリスト教です。キリスト教は人に善を勧めるのを主とし、仏教に較べ奥深い道理があります。キリスト教が入れば、仏教と恐るべき争乱を生じます。

(毅)キリスト教を防ぐには、どうすればいいですか。

(横)国の本を正し民心を固くすれば、キリスト教には染まりません。

(毅)国の本を正しても、外国との交通でキリスト教は入ると思われます。

(横)西洋も宗教争乱に大いに懲り、自分の宗旨を他人に勧めることは厳禁となりました。「宣教師の来日禁止」を法に定めれば、危険はないでしょう。

小楠は、仏教が根付く日本にキリスト教が入り、宗旨争いによる内乱を恐れた。小楠は、キリスト教を国内に入れないために、国の政治の大本を正し、国民の生活を安定させ、民心を固くし、さらに宣教師の来日禁止によって、キリスト教は蔓延しないとした。毅は「本を正しても、異人と交通致せば邪教は流入する」と、国交締結で民衆を惑わせ入信させる術をもつキリスト教の蔓延は阻止できないと考えた。

（註）**【「西洋有正教《せいようにせいきょうあり》」（安政五年（一八五八）頃の小楠の詩）要旨】**「西洋人は西洋に正教有りという。確かに、西洋では、キリスト教に基づき、国民を善導し、法制を立て、政教一致、（国民精神もまとまり）、国民は国の発展に努めている。洋夷は、世界中に進出し、交易での利益をエサに異常な勢いでキリスト教を布教する。日本の三教は、神仏は稍とりとめなく、儒は文芸に堕し、国民をまとめる力がない。唐虞三代（堯舜までの聖人）の道の素晴らしさにも拘らず、今の儒者はその効用を知らず捨てようとしている。現状に甘んじ西洋の奴隷にならぬよう、唐虞三代の道により一身を擲って国の為に尽したい」（井上司朗『横井小楠の詩』九二頁参照）。**【小楠を「キリシタンかぶれ」とする誤り】**「西洋有正教」の詩を誤読し、小楠を「キリシタンかぶれ」とする謬説がある。熟読すれば、この詩から、「洋夷（西洋諸国）」が交易とキリスト教を手段として、世界を支配下に置くことを警戒していたことが読み取れる。小楠は、西欧諸国の武力だけでなく、キリスト教にも大いに警戒していたと云わねばならない。小楠は、毅との対話で、西洋諸国が「利己の心」で、インドやジャワを支配し、「天を我が心となし、公平を旨とする天理に則る事が出来ない」としている（後述）。

③「聖人の道」と西洋「経綸窮理の学」

（毅）キリスト教は、聖人の道に合致しますか。

（横）昔のキリスト教は愚民を教えるだけでしたが、西洋に広まり、王侯貴族が「経綸窮理の学」を発明し、キリスト教に付随し人々に民政日用の利益を与え、聖人の働きを得る事となりました。聖人の働きは、世に利益を与え、民を安心させる事業で、二《に》典《てん》三《ぞう》謨《ぼ》であらかた見ることができます。帝舜《しゅん》の臣下で法務長官であった皐陶莫《こうようぼ》に「六府三《りくふさん》事《じ》允〆《まことにおさまる》」とあります。六府とは水火木金土穀の六物をさし、民生日用の元手として不可欠です。聖人は上にあって、民生日用の世話をなされ、六府を占めてその用を尽くし、物産を仕立て日用の器具をつくられました。これは実に聖人が天に代ってなした大きな作用です。朱子はこれを知らずに、五行の気と穀を合わせて六府とすると述べたのは大なる誤りです。又、一篇の『禹貢』にある、水利を導いた禹の功績は、西洋人も大いに讃えました。禹は、シナ全土の物産を逐一記載し、土地に適した農作物を察し、有を以って無を換えるという制度の基本を立てられました。これで、聖人の事業を知ることができます。その他、船による交易の筋道も聖人が始められました。

小楠は、西洋王侯貴族が「経綸窮理の学問」を発明し、キリスト教に付随し民政日用に人々に利益を与え、聖人の働きを得たという。西洋の「経綸窮理の学問」とは、国の政治経済学、及び蒸気機関などを含む科学技術と思われる。舜は「地平らかに天成り六府《りくふ》三事允《まこと》に治め」(平成の元号の出典)、つまり、国民生活を充実させ、日用器具を開発し、地域特産物を作り、聖徳を人々に普く及ぼした。禹の水利事業は、農業と水運による交易を進め、聖人の道を極めた。聖人とは、法をたて制度を作る人をいう。

（註）**【二《に》典《てん》三《ぞう》謨《ぼ》】**『書経』のひとつ、シナ最古歴史書、「尚書」ともいう。**【三事】**聖徳・利用・厚生。**【禹貢】**「書経」のひとつ、政治・地理書。**【禹】**黄帝玄孫、夏朝始祖、黄河の水利。

④交易融通

（横）およそ、民は農業を基本とするといいますが、民用の百物を仕立てる物がなければ、生活の道が不足します。ここにある火鉢を作った人があるように、部屋中みな他人が作った物ですが、交易によってはじめて我が用に立ちます。沼山津に住む浪人が家計を支える為、熊本に出て日雇い銭を得られるのも、熊本が都会で融通交易の便利を得た為で、熊本より二里遠ければ融通を得られません。これで交易融通が民生に便利な事がわかります。交易融通の法制がないため、日本は貧しい国となっています。三六〇〇万人中、三〇〇〇万人が飢えているのは鎖国の結果です。国々の物産の流通が行われない為、その地で腐ってしまいます。物産が停滞して売られなければ、仕事のない人々は手工業の職を得られず、空しく日を送ることは憐れむべき事です。一〇〇人のうち七〇人は農業をやり、三〇人は農業ができず空しく過ごしており、日本が貧しいのも当然です。手に職を与えるには地方の特産物と物流を作る必要があります。交易の道が開ければ何一つ余るものはなく、自由に捌くことができます。西洋人は、火輪船・蒸気機関車・電信機・水車・木綿等をはじめ民生用器械を開発し、スエズ運河を開き交易の利を得て、国富み兵強く、租税も軽減しています。西洋人も、経綸の効果を得て聖人の作用を得たといえます。

小楠は、国民生活を支える仕組み（制度）、即ち、農業と交易融通の道を立てるのが聖人の役目という。舜や禹は、治水で農業の基盤を立て、地域特産品や日用百物（器具）を作り、交易融通の道を立てた。一方、わが国では、各藩は自己の利益のみを図り、物産はそのまま腐るように、交易の道がなく貧しい。鎖国の結果、三六〇〇万人中三〇〇〇万人が飢え、国内製造は振るわず未就業人口が国民の三割に及ぶとし、特産品の開発と物流の必要性を述べた。また、西洋各国は、民生品開発、及び、スエズ運河による交易で、豊かで武力も強く、税が軽く国民も富んでいるという。西洋は「経綸窮理の学」で「聖人の作用」を得たと評価したが、それはあくまで自国内限定だとした（後述）。

⑤仁の効用

（毅） 西洋人も仁の効用を得ることが出来ますか。

（横） 仁の効用は利を人に及ぼすことです。例えば、親孝行の道は、親の身を心に懸けて、只親の心を安んずることです。「**人君の愛民の道**」は、専ら民を心がけ便利を図り世話をすることです。天と日の恩と言うのは、万物を暖め養い、育てることにあります。これみな、己を捨て人を利することです。

小楠は、「**人君の愛民の道**」を、利を人に及ぼす「仁の効用」という。「**愛民**」という言葉は非常に重要で、「敬神」・「尚武」とともにわが国の国体精神の一つで、神話及び「弘道館述義」（藤田東湖著）に記されている（拙著『平成新国体論』参照）。国体とは国家の体質（constitution）であり、国毎に異なる。

⑥西洋の植民地への対応

（毅）西洋各国が人の利する道を行なえば、追々、オランダはジャワを、英国はインドなどを旧主に返し、各々その所を得るように出来ますか。

（横）そのようにはなりません。西洋諸国は、自利の心で割拠の志向を持ち、至誠や憐憫の心の根元がなく、天をわが心となし公平を旨とする天理に則っていません。英国は、インドの肥沃な土地と交易の利便性から、租税軽減などで民心を手なずけています。

（毅）西洋人の経綸は、末があって本がないのではありませんか。

（横）その通りです。西洋人の経綸は、利害から出たもので自分の都合とみえます。

「英国はインドを旧主に返すか」との毅の問いに、小楠は「至誠や憐憫を欠き、そのようにはならぬ」と答えた。小楠は、仁の効用を得ているのは西洋の自国内に限定され、それは「真の仁」でなく利己から出ていると述べた。

⑦西洋のねらい

（毅）西洋人の「万国一体四海同胞説」は天理に適っていましょうか。

（横）これは全体を申したもので、親疎はあるものの、異人種どうし互いに交易で利益を生むのが、自然の理で勢いです。黒船以来、世界が隣同士になりましたので、互いに交通するようになりました。鎖国の古い意見を主張するのは天理に悖ります。

（毅）西洋の航海交易は三〇〇年前からですが、以前は世界が天理に悖っていたのですか。

（横）情勢は古今で異なり、時勢に従い、理もまた同じではありません。**理と時勢は常に相互に依存して離れないものです**。

（毅）物産交易の法制は、日本一国で藩同士融通し、既に物資は充足しています。必ずしも外国と交易しなくとも宜しいと思われますが、いかがですか。

（横）今日、万国が交通しており、日本が鎖国割拠の古いしきたりを主張すれば、世界中を敵に回し滅亡の禍を招きましょう。

（毅）世界を一体視するほどの公平心を持つ西洋が、交際を謝絶する日本を敵としますか。

（横）西洋人の議論は、枝葉末節を精緻に議論しますが、至誠や憐憫の情から発しておらず、基本は利害から出ています。暴虐は自らも害を受ける為、今は他国を奪わず、七分の戦争は三分の交易に及ばないと、彼らは考えています。西洋人は、交易が莫大な利益を生むため、日本が謝絶すれば必ず戦争に及びましょう。彼らは、一度の戦争で万世の平和を開けると考え、かつ戦争に訴えなければ、日本人は交易に満足しないと見込んでいると思われます。

（毅）（アヘン戦争のように）英国の軍艦での通商強要は、無理な事ではないですか。

（横）英露をはじめ各国にそれぞれ拡張策があり、西洋は追々惨憺たる戦争を引き起こします。真実公平の心で天理に則ったのは、ワシントンだけです。ワシントンは、国を賢者に譲り、対外戦争をやめるなど三カ条の国是を立て実践しました。しかし、南北戦争となり、米国はワシントンの遺志を見失っています。西洋にどんな意図があっても言うことは道理を踏まえており、我々も道理で対応する他ありません。至当の天理によれば世界に通らぬ所なく、いわゆるキセル一本で事足るという事です。

（毅）西洋のこれまでの形勢はどうだったのですか。

（横）西洋の前代は、全て商売で国を立てたと見えます。百年前、蒸気船をつくり、これが軍艦になったのは三〇年前です。各国が富強となったのは、ナポレオンの欧州大乱後、同盟締結で順調に振興したためです。日本も、新法制を設け仕組を立てれば、海外を威服し諸国の横暴を制圧できます。鎖国にこだわれば、大きな禍を招きます。

小楠は、日本と西洋の関係を述べた。西洋は、莫大な利益をうむ交易を日本が拒めば直ちに戦争する覚悟がある。日本が鎖国を続ければ戦争になり敗北すると、小楠は述べた。西洋の歴史への毅の質問に対し「西洋は商売で国を立てた」と述べ、「日本は稲作中心の農業を本とし、西洋は商売を本とする」と答えた。

稲作農業を本とする日本は、江戸期に金銀・木綿・砂糖・生糸・茶を含む必要物資全てを国内生産する体制ができていた（『日本文明と近代西洋・鎖国再考』三〇・七〇・一〇六・一〇九頁）。一方、商売を本とする西洋は、必要な物は買うか奪うかを基本とした。日本と西洋は国体を異にするとの小楠の意見を、毅はよく理解していた。

⑧日本の進路

（毅）法制を一変すれば人心の折合がつかず、長州水戸のように必ず内乱を生じます。どのように治めたらいいですか。

（横）昔から聖人は戦争によって世を治めました。黄帝より後代の、殷の湯王、周の文王・武王は、徳を身につけていたとはいえ、皆軍隊を用いて天下をまとめました。**兵力は徳を助けます**。武力なしでは、長州の下関事件でわかるように西洋に膝を屈する結果となります。武力の備えがあれば、容易には屈服しません。日本は、開国・鎖国・因循の三通りにわかれています。因循のまま過ぎれば、衰亡します。

（毅）開国論にも三種類あるようです。一つは、国の大本を正しくして、神聖の道を国内におしひろめる説です。

（横）神聖の道とは、仁を心がけて何事も心の誠より生じるという、天然自然の道のことです。しかし、神道は害が甚だしく、水戸長州など神道を奉じる連中が、藩主の父君に反抗する事態を引起しました。

（毅）開国論の他の一つは、海軍をはじめ航海を開く説です。もう一つは、西洋人の「四海兄弟説」に同じく胸襟を開き彼らと一体の交際をなし、交易の利を通じる説です。

（横）日本が世界に乗り出すには、公共の天理に則り、西洋諸国間の紛争も解決する仕組みを持たねばなりません。徒に威力を張ろうとすれば、禍を招くことになるでしょう。

毅は、日本の国の大本が農業で、国内で必要物資を調達できるため、外国交易を必要とせず、外国との交易で国内は争乱となると述べた。一方、小楠は、①鎖国維持は貧困を持続させ、②因循推移すれば衰亡、③開国による外国交易が日本のとるべき進路とした。更に、湯武三代の王が国内統一に武力を用いたとし「**武（兵力）は徳を助ける**」と述べ、開国後の紛争に備え武力の充実が重要とした。

毅は、開国には、①国の大本を正しくし神聖の道を国内に推進、②海軍をつくり航海を開く、③西洋の「四海兄弟の説」に準じ外国交易を行なう、という三方法があると述べた。「国の大本を正し、神聖の道を推進する」とは、国の大本、つまり、日本の国体を明示し国民の理解を得て、「神聖の道」を進めれば、西洋に掠め取られることはないという意味である。毅は、「神聖の道」により、絶対神を信仰するキリスト教に代表される西洋思想に、日本国民は惑わされないと判断したのであろう。

小楠は、「神聖の道」を「仁を心がけ、何事も心の誠より生じる、天然自然の道」と定義し、神道に関し「水戸長州の衰亡の原因は神道で、争乱の源」と述べた。小楠は、過激な攘夷に走るなど水戸・長州の争乱の原因が神道にあったと考えた。

毅は、「法制を一変すれば内乱を生じる」と述べているが、これこそが毅の法思想（「古き法は良き法」）の原点であると思われる。

（註）**【神聖の道】** 毅は、「神聖の道」につき説明していない。八百万の神を敬う「敬神」、或は「孔孟の教え」に背かない道をさしているのではないか。**【水戸の内乱】** 元治元年（一八六四）三月、水戸の攘夷派・天狗党は、筑波山に立てこもった。天狗党は、軽格藩士の集まりで、水戸斉昭の藩政改革に呼応し結成された。攘夷延期という藩の決定に従わず、京にいた慶喜に直訴しようと大挙上洛途上、金沢藩で降伏、武田耕運斎・藤田小四郎が斬首された。その後、天狗党の反乱は、数回発生。藤田東湖と肝胆相照らす仲だった小楠は、落胆したに違いない。**【下関事件】** 元治元年（一八六四）八月、四国艦隊が下関砲台を占拠した。**【毅の法思想の原点】** 毅の法思想は、のちの憲法起草からみて、「古き良き法」というゲルマンの法思想に非常に近いのであるが、既に小楠との対話にその原点が認められる。

この毅の法思想は、どこから来ているのか。例えば、それは、『孟子』の「公孫丑《こうそんちゅう》」にある「故家・遺俗・流風・善政」に求められるのではないか。旧い家柄、旧い習慣、旧い制度、善政を護ることで国の安定と存続が図られるという孟子の教えである（『平或新国体論』）。

⑨分党の憂い（朋党の禍）

（毅）諸藩の多くに分党の憂いがあるように見えます。歴史上、国に分党があるのは禍のもとです。分党の憂いを消すには、どのようにすべきですか。

（横）上に立つ者が、党派別なく才能で抜擢すれば、朋党の禍は消えます。今日、お二人と誠意を尽し持論を論じ互いに猜疑心を抱くこともありませんでしたが、これこそ、修行上、常に心を用いるべき所です。

熊本に学校・実学・敬神の三党派があり、党派による藩論分裂の回避が課題となっていた。小楠は、「朋党の禍」をなくすため、才能本位の人材登用を奨めた。最後に、今日の対談が、少しの疑問を残さず持論を述べ尽くすものだったと、小楠は称賛した。毅は予め質問を用意したと思われるが、第一等の思想家・小楠と質の高い対談を行ったことは驚嘆に値する。山崎正《まさ》董《ただ》博士は、「あの時代にあれだけ充実した質問を発したのは流石と云わねばならない」とし、「問いも問いたり。答えも答えたり。その熱心、その努力又感嘆に値する」と賞賛した（『横井小楠　上巻・傳記篇』八四九頁）。

（註）【山崎正董（明治五年〜昭和二五年）】高知出身、東京帝大医科卒、小楠研究家。名古屋医大及び熊本医大学長。

六　毅の「国体比較論」（元治元年）

毅は、時習館居寮生時代の元治元年（一八六四）、「国体比較論」を記した（『井上毅傳』史料編第三巻一四頁）。同年一〇月頃の小楠との問答（「横井沼山問答書留」）後のことである。本論は、日本と西洋の国体を比較し、日本のとるべき方策を示しており、「国体比較論」と題するのが適当と思われる。国体は国家の体質で、歴史により育まれる。

（註）本論文は、国学院大学編「井上毅傳」では、「交易論」と題された。交易に関する小楠と毅の意見を含むので、編集者が「交易論」としたのだろうが、著者は「国体比較論」とした。

【毅の「国体比較論」】

西洋諸国は、「四海兄弟説」を根拠に「世界は兄弟だから付き合え、商売しろ」と世界中の人々に交易を迫っている。「兄弟」は、文化・風俗・宗教などを同じくするものである。日本と西洋は、文化・風俗・宗教を含め、国体が天と地ほど異なる。従って、西洋の「四海兄弟説」は、兄弟でないものを無理やり兄弟にすることだ。

毅は、日本と西洋の国体を比較した。

○「日本の国体」　農業を本として国を立てている。男が田畑を耕し女が機を織り、一家一家その所を得て老人を養い子供を慈しむのが、民生日用の常。風俗も淳厚で偽りがない。

○「西洋の国体」　商売を本とし交易で国を立てている。耕食機衣（田畑を耕し食を作り機で衣服を紡ぐ）の常道を行なわず、肉食を主とし産業も地につかず、航海通商を専らとする。交易の元手の財貨を重んじ、金銀銅錫を掘り集め、工業産品も多く製作する一方、農地は放置。家族も必ずしも一緒に住まず、利口ではかりごとの巧みさを尊ぶ。

更に、毅は次のように述べている。

西洋の「四海兄弟説」が真理ならば、基準は「天」とすべきである。「天」の望むところ、即ち、「天意」に基づき「四海兄弟説」を解釈すれば、「世界中の国々が、それぞれ自国民を平穏な生活の中に養育する」ことを意味する。古くから、「万物は並育して相害さず、道並び行なわれて悖らず」と言う。つまり、互いに交通せずとも、各国で道が並び行われていることが、天意に叶っている。

西洋の「四海兄弟説」は、基準をキリスト教の神（天主）への信仰に置く。この説は、世界中をキリスト教に改宗させ、無理やり「兄弟」とすることによってしか成立しない。「四海兄弟説」は、日本を含め世界全体が西洋へ従属させられることを意味し、当然論破されるべきだ。

日本は鎖国を続けることが最善だが、西洋が圧倒的な軍事力をもって東洋に押し寄せている現状では不可能だ。日本は、緊急に「強壮剤ヲ用ヒ、氣力ヲ着クルガ對症ノ療法ナリ」（強壮剤を用いて、国家に気力をつけることが、現在の窮状に対する対症療法である）として、「足食」・「足兵」・「民信之」の三つを実施すべきだ。

三点のうち、「民信之」が最も根本であり、その実現のため、「足食」「足兵」を行なう。「民信之」とは、国の根本を正し、国民の精神に道義を確立することだ。その際、日本が「孔孟仁義の道」を守り、日本の日本たる処をもって世界に中立することが必要だ。そうすれば、日本は第一等の仁義の国として世界の標準となり、「四海兄弟説」という邪説もなりをひそめ、世界中が「孔孟の教え」を慕うようになるだろう。

「足食」は、国民に食を十分に供給すること。農業以外の末業を抑え、農業を嫌う遊民を帰農させ土壌の力を増し、酒造を減じ、食糧備蓄を増やす。

「足兵」は、他国から侮りを受けない軍事力を備えること。洋式兵制を取り入れ、海軍を設け、兵器の製造・使用法を修めることが必要。又、海軍を世界に航海させ運用を練り気力を高めれば、国勢もふるう。

国体・国制、国の大綱と細則及び事業成果、本末並学（孔孟の学問と実学）、国民性・神智（神々の御知恵）など万国に優れる日本は、西洋の技術・器械を兼ね備えれば、世界の中で一目置かれる存在となる。

毅の考えは、

①農業を国の本とする日本は、農業を充実させ国民に十分に食を供給し、

②西洋式兵制で軍備を充実させ海軍を設け、

③世界一の仁義を守る国として独立を保ち、世界標準となるべき、とまとめられる。

本論文は、日本と西洋の国体・文明を比較し、日本のとるべき道筋を示したものだ。

（註）**【酒造の制限】** 毅は、兵庫伊丹の酒造に数一〇万石のお米を使うとした。**【万物は並育して相害さず、道並び行われて悖らず】** 天地の間のあらゆるものは並び成育してお互いに害うことがなく、道は並び行われて矛盾することがない。出典は、『中庸』第三〇章「萬物並育而不相害、天地並行而相不悖」（宇野哲人『中庸』講談社学術文庫一七八頁）。**【日本は、西洋による侵略の潮流をおしとどめる柱】** 毅は、日本を「西洋による**侵略の潮流をとどめる**

柱（日本八横《おう》流《りゅう》中ノ砥柱《しちゅう》）」という。西洋の「四海兄弟説」を容認すれば、「西洋による侵略の潮流をとどめる存在」である日本は消滅する。そのような事態になるくらいなら、「寧ロ無策ノ攘夷ニテ黒土ニナルガ増シナルベシ（むしろ無策の攘夷を行い、焦土と化してしまったほうがまし）」と述べた。これは「日本の焦土化」を望んだのではなく、将来を案ずればこそ出たものだ。**【福沢諭吉『文明論ノ概略』（明治八年）】**福沢は、友人小幡篤次郎の言葉を引用し、西洋の「外国交際」が、「形容を除て其事実のみを直言すれば、我と商売せざる者は之を殺すと云ふに過ぎず」と書いた（『文明論之概略』岩波文庫二八二頁）（長谷川三千子『正義の喪失』七六頁）。これは、「交易か然らずんば死か」と言い換えることができる。福沢が明治八年に書いたことを、そのはるか前に、毅が指摘していたことに驚かされる。

七　二度の従軍と仏語修行

毅、養子になる

慶応元年（一八六五）一一月、毅は、三年間の時習館居寮生を修了したが、学校方奉行から引き続き菁莪斎《せいがさい》での勉強を命じられた（『井上毅研究』三八頁）。慶応二年、毅は、父の同僚・井上茂三郎の死去に伴い、井上家養子となった（元田井上両先生頌徳会編『元田井上両先生事績講演録』大正二年）。

慶応二年（一八六六）三月、毅は、次のような読書反省文を記した（『井上毅研究』三八頁）。

①読書癖に陥り、学問に偏りを生じ、物事の根本に通じず、解決策も考えず、毎度、冷汗をかくだけだった。

②全ての物事に道理は存在するから、日常の問題でも理を考えたい。

③文字にとらわれるという病から抜け出し、無駄な言葉を省き、物事の実践を行う。

④習熟を積み、困難な事態に陥らないように努める。

慶応元年（一八六五）の反省文に比べ、慶応二年の反省文は、より身近な問題に関しても物事の理を考えるべきとした。元治元年（一八六四）、小楠との対話を通じ「学問の根本は、思うに尽きる。本は字引きと思え」との教えを励行した毅だった。

二度の従軍と仏語修行

慶応二年（一八六六）六月～八月、第二次長州征伐では、毅の主人・長岡監物（米田是豪、是容長男）が肥後藩総帥として大部隊を小倉に布陣した。毅は、長岡隊合宿係りとして、夜間兵営巡視や糧秣点検に用意周到さを発揮した（『井上毅研究』四五三頁）。佐賀・薩摩藩は出兵せず、小倉・肥後両藩が主力となって小倉の戦いに参加した。七月二七日、赤坂・鳥越の戦では、早朝から激しい銃砲撃で攻勢に出た長州勢に対し、鳥越守備の肥後藩兵や赤坂守備の小倉兵は後退したが、伏兵（肥後藩の西村隊・澤村隊）が反撃し、大里《だいり》と本営・廣壽山の肥後藩兵が長州兵を撃退した。幕府から長岡監物に対し感状が出された（『近世日本国民史』第六〇巻一一〇頁）。毅は、本営・廣壽山の監物近くで、銃砲弾飛び交う中、戦況を見守ったと思われる。この経験は、戊辰戦争・佐賀の乱・西南戦争に役立った。慶応二年九月、毅は時習館に復帰した（『井上毅研究』二二頁）。

慶応三年（一八六七）九月二五日、毅は、藩命により、横浜での仏語修行のため、熊本を出発、豊後鶴崎（熊本藩領）経由で江戸に着いた。慶応四年（一八六八）三月まで、毅は、横浜と江戸（開成所教授林正十郎）で仏語を学んだ（『井上毅先生傳』四二頁）。江戸を離れる林正十郎と酒を酌み交わした後、毅は、渡正元（広島藩士、陸軍兵学寮出身、太政官大書記、参事院議官歴任）と品川から海路熊本入りした。留学希望の渡に、長崎での仏語修業を勧め、毅宅に数日滞在させた。渡は、長崎広運館と出島で仏語を学んだ後、英国に自費で渡航（『井上毅研究』二四頁）。のちに、毅と渡は司法省で同勤となり、西南戦争に際し共に九州に出張している。

慶応四年（一八六八）四月一一日、毅は、肥後藩学校方奉行より長崎に派遣され、外国通詞・名村泰蔵に仏語を習うと同時に、「外向御用」の藩命を受け長崎で諸藩取引高を記録し、経済の実態調査を行なった（同上二五・四六頁）。

毅が仏語学習を始めたのは、木下韡村の教えによる。韡村は、安井息軒に「洋学が興れば門人に外国語を読む者が出て、世界の大勢を通観し、以って、兵略を研究し」と語り、洋学振興・外国語修得による世界大勢の通観、及び、軍事研究の必要性を唱えた（『井上毅研究』一九頁）。

（註）**【米田是豪】**米田是容長男、米田家当主。安政六年八月一一日家督を継ぎ肥後藩家老、一二月長岡監物となる。慶応三年三月家老を辞す（『井上毅研究』四四九・四五三頁）。**【米田是豪（長岡監物）への幕府感状】**「長賊大人数に而暴之處、一同奮發、軍配も行届、討取生捕等不少趣、格別之事に候。加之勇進討死之者も有之候由、畢竟平生心掛も宜敷と存候。此上弥勲功を顕し候様、盡力可致候。猶末々之者迄可進達候」（『近世日本国民史』第六〇巻一一〇頁）**【第二次長州征伐】**大坂城の将軍家茂逝去（七月二〇日）により、幕府老中・小笠原壱岐守（唐津藩嗣子）は本営・開善寺（北九州市小倉南区湯川）を退き富士山艦で退去（七月三一日夕）。監物率いる肥後藩兵は、藩指令を受け、鳥越や本営・廣壽山から蒲生村大興寺に後退し、帰藩開始（七月三一日）（『近世日本国民史』第六〇巻一一一・一一二頁）。小倉藩は自ら小倉城を燃やし撤退。小倉の戦いは幕府方敗北で終結した。**【安井息軒】**清武（現・宮崎市）出身。儒学者、江戸昌平黌教授。**【林正十郎】**文政七年～明治二九年（一八二五～一八九六）。大阪生まれ、江戸村上英俊塾入塾、開成所教授（仏語・仏軍学）。戊辰戦争では会津に招聘され官軍と戦い、国事犯で収監、明治三年釈放。

毅、奥羽に出征（慶応四年九月）

慶応四年（一八六八）五月二八日、奥羽戦争に際し、毅の主人・米田虎雄は総帥として藩兵を率いて奥州に向かった。同年（明治元年）九月三日、毅は、長崎発コスタリカ船で、米田を追い単身奥羽迄進み、「北征日記」を記したが、毅の勇気は評価される（『井上毅研究』二五・四三頁）（小早川秀雄『井上梧陰先生』）。毅は、九月一〇日萬里艦で品川発、一四日平潟《ひらかた》（現・北茨城市）上陸。磐城平・湯長谷・広野・浪江・小高・原町を経て、一九日米田本営・中村（相馬藩城下、現・相馬市）到着後、意見書を提出したが、米田に叱責され、九月二一日中村を辞し、八木沢（現・飯館村）・二本松・須賀川・白河・宇都宮から、二九日東京に着いた（『井上毅傳』史料編第五巻三一一頁）。

叱責を受けた経緯は次の通り。慶応四年六・七月頃、毅の友人である竹添進一郎・古荘嘉門は、藩命（徳川慶喜の扱いに関する）を帯び、京都の長岡護美（のちの藩主細川護久の弟）を急ぎ訪ねたが、船が風雨で遅れ、既に長岡は征討軍と東下し、江戸も開城した後だった。しかし、奥羽連盟は、会津庇護のため、奥羽鎮撫使に抵抗との情報があり、竹添らは帰熊後再び藩命（藩主書簡を弟である津軽藩主に届ける）を帯び上京、勝海舟と面会した。佐賀藩軍艦で仙台に入り、伊達公にも会った（『近世日本国民史』第七二巻四四～四七頁）。

古荘は、肥後藩の河上彦斎《げんさい》の影響を受けていた。

勝海舟によれば、「河上は、古荘や竹添を使って、関東人が薩長と戦うよう勧めに来たので私は断ったが、戦いが続く隙に鶴崎から兵を出し覇権を握る構想を持っていた。実際、彼らは、榎本武揚を説得し、榎本艦隊の脱出を助け、東北と連合させ官軍と戦わせた」という（『近世日本国民史』第七二巻四三頁）。以上のように、河上は奥羽との連携を画策していた（『熊本人物鉱脈』八五頁）（『肥後人名辞書』九七頁）。

毅も、河上・古荘らから聞いた奥羽列藩との連携説を米田に上申したのである。

会津陥落（九月二二日）、奥羽連盟解散などの事実を知る術がない毅としては致し方がないことではあった。それより、意見具申する毅の積極性に注目すべきだろう。小楠以前から肥後藩には「時務策」を藩庁に提出する習わしがあった。すなわち、藩の行政の在り方に関する意見書を若い藩士から提出させていた。この雰囲気が醸成され、毅に意見具申の行動をとらせたのである。

征東軍総帥・米田虎雄は、九月二〇日官軍斥候隊として仙台藩領亘理郡山下に進み、二八日官軍先陣として仙台城入り（『近世日本国民史』第七五巻一六八・二四八頁）。

明治元年、毅は、時習館居寮生修了時に必由堂教師に任命された。

（註）**【毅の奥羽往還】**毅は、平潟から海沿い（浜通りと呼ぶ）に相馬藩中村まで行き、内陸ルート（中通りと呼ぶ）で帰った。**【河上彦斎《げんさい》】**天保五年（一八三四）一一月二五日熊本新馬借

町の小森家に生まれ、のち河上家養子、御掃除坊主から士分となる。原道館林桜園の弟子で尊皇攘夷運動に参加。元治元年七月、佐久間象山を暗殺。維新後、肥後藩領豊後鶴崎の有終館で、数百人の兵を訓練した。謀反の罪を問われ、明治四年一二月四日東京で刑死(『熊本人物鉱脈』二四頁)。**【米田虎雄**(天保一〇年〜大正四年)**】**米田是容次男。熊本藩家老、明治三年熊本藩権大参事、四年宮内省出仕。一〇年陸軍中佐、侍従長、子爵。(『明治維新人名辞典』)**【奥羽同盟】**明治元年五月三日、奥羽二五藩連盟成立(『近世日本国民史』第七二巻三五二頁)。**【津軽藩の動向】**肥後藩主の弟を藩主に持つ津軽藩は近衛家姻戚で、七月奥羽連盟を脱退(同上二三八頁)。**【竹添らの榎本勧誘】**竹添らは、仙台からの帰り、榎本の旗艦・開陽丸で、榎本艦隊による薩摩襲撃を提案(同上五二頁)。榎本艦隊(八隻)は、八月一九日、江戸湾を去り東北に向かった(小島慶三『戊辰戦争から西南戦争へ』一一三頁)。

戦争疵なきを恥じる

毅は、奥羽から東京に戻った(九月二九日)。一〇月七日、横浜で書籍商吉田屋敬助宅及び佐波銀次郎宅訪問。英通詞の佐波宅では、開成所仏学教授入江文郎、潮田三郎、箕作省一、太田徳三郎らと会う。一〇月九日、「壮年になり数千冊を読んだが、少しも得るところなく、処世の上手下手を他人と争うのみ。今自ら顧みなければ、下劣なことをなすのを免れぬ」と記した（『井上毅傳』史料編第五巻三一七頁）。鎌倉を視察したあと、帰熊中のコスタリカ船上で、福沢諭吉の「西洋事情外篇」を読了（一〇月二〇日）。一〇月二七日熊本着。一二月二一日藩学校御目付衆より出征と学問の褒章で銀二枚を授かった（毅病気のため、兄が受領）。このあと、毅は、明治元年一二月末には長崎に遊学し、明治二年一〇月まで名村泰蔵について仏語を修行した（『井上毅研究』二五・二六頁）。

二度の出征が忘れられなかったと見え、毅は、明治七・八年頃、熊本の友人宛書簡に「戦争疵なきを肩身の狭い思いをする。今後我らのなすべき余地は、外交と拓殖」と記した（『元田井上両先生事蹟講演録』四〇頁）。

（註）【毅の「埃及宗旨訳（明治二年一〇月七日）」】明治二年、毅は、エジプトなどに関する次の主旨の文章を記した。「古来、エジプトは一神教でなく妖教の祖と理解されていた。即ち、ワニ猫牛カバ蛇の禽獣を神体として祀った。しかし、地域により何を神とするかが違い、それにより騒乱が生じた。テーベ人はワニをご神体としいたわり貴金属を纏わせ死んだら棺に香水といれる。エレパンテス人はワニを餌（豚肉）で捕獲し、これを食べた」。明治二年、毅は長崎・熊本にいたが、外国研究も怠らなかった。

第二章　官吏時代

一　大学小舎長・中舎長

敦は長崎滞在中の、明治二年八月一九日~九月七日、薩摩を視察した。八月一九日夕方、深水休五郎と汽船で長崎発、阿久根・川内を経て鹿児島入りし、砲台や磯機械所をみて、霧島温泉・人吉・八代・熊本を経由して長崎に戻った。約三週間の旅行であった。九月一三日、長崎遊学生の毅は、東京転学を命じられ、熊本に帰り、一一月米田虎雄に度々面会、木村弦男・竹添進一郎・古荘嘉門・木下助之・河上彦斎にもしばしば会っている（『井上毅傳』史料編第五巻三二九頁）。三年（一八七〇）四月六日、藩政府より仏語修行を命じられ、四月二〇日東京着。

五ヵ月後、大学小博士・岡松甕谷《おうこく》（熊本藩士、豊後高田出身、木下塾及び藩校・時習館の毅の先輩）の紹介で、三年九月二〇日に大学小舎長、一二月には大学中舎長となった（『井上毅研究』四二五頁）（『肥後人名事典』八五頁）。大学は、教育研究に当る学校と行政を担う二つの機能を持っていた。大学小舎長は、毅の官僚としての第一歩で、法律・歴史を研究した。

（註）【大学小舎長】明治二年（一八六九）七月の職員令、すなわち、①二官（神祇官・太政官）、②六省（民部、大蔵、兵部、刑部、宮内、外務）、③待詔院、集議院、弾上台、大学校、陸海軍、開拓使等の各官職を定めた中、大学小舎長は大学校官員（『井上毅研究』一一二頁）。

【毅の大学での調査】私有財産制・日本地理・シナ税率・輸出入物資・日本全国歳入・金産出高・貨幣・世界各国地誌（人種・宗教・風俗）・在日外国人刑事民事訴訟件・普仏戦争記事・外交使節位級・西国立志篇読過録・西周訳万国公法読過録を残した（『井上毅研究』四七頁）。西国立志編は英国サムュエルズ著、当時盛んに読まれた。

明治四年一月（一八七一）、毅は「辛未学制意見」を大学に提出した。当時、学生・先生が寒さや飲み過ぎで休むなど無規律だった（『井上毅先生傳』四五頁）。学生は、各藩派遣生で学力も千差万別だった。緻密な本改革案は、毅の見識の高さを示している。

【毅の「辛未学制意見」（明治四年一月）】

①語学教育のための便宜（外国語の能力獲得のための改善策）

外国語による講義は、生徒がついていけず、殆ど教育効果が上がらない恐れがある。
○教員九を一五に増員、生徒を三〇〇人に減員、教員一に概ね生徒一五を定員とする。
現在は、生徒六〇〇名に教師九名という状態で、各生徒の年間授業時間は二〇～三〇日分にしかあたらず、卒業迄の五年間で成果が上がらないことは間違いない。また、日本語堪能な横浜在住外国人を採用し、日本語で授業させることも考えられる。
○教師の資質問題
フルベッキ先生は、「二・三の先生はヒマを貪っている」と述べた。
○通学をやめ、寮生とする
正課授業以外、余暇に外国語を使う時間もないまま外国語ができるはずもない。会話力習得には、横浜など開港地に学校を設置すべきだ。学校では国語を使わせないよう徹底すべきである。藩によって二四、五歳の漢学経験者を入学させる例も多いが、二一歳以上の生徒は優秀な者以外入学を認めるべきではない。
○歴史・地理など普通学は弊害が多い
旧幕時代のように全員が歴史・地理を学べば、多くの生徒が法学に進み、理科に進む者が減少する。これでは、西洋科学を導入する人材を育てることはできない。

②正則生と変則生

将来、西洋学術に熟達した時、外国人教員を雇わず、講義は国語で行なう。語学校は、大学の一分校として設置すべきだろう。

正則生は五年で普通学科と専門学科を、変則生は三年で専門学科のみを教授。法科に生徒の二割、理科（鉱山・農科・工業他）に四割、残りの四割は漢学に通じた者を洋文読解・翻訳に当らせる。わが国の近代化のためには、三年以内の速効を図り、変則生の養成を急ぐべきである。

農学はわが国の富殖の基礎であり、是非設置すべき。

③南校の翻訳局

翻訳局は、私立学校の嘲りを受ける体たらくで、翻訳に力を発揮しえない。翻訳局をやめ編聚寮を置き、大少丞を総裁とし、フルベッキ氏を寮師とすべき。旧幕側から人材登用し、翻訳官五、六名を採用すべき。

④教員の督励

諸藩も洋学校を設置し、外国人教師を高給で求め、病と称し辞職する教師が多い。ただし、規則を厳にし罰則を重くすれば、大学は瓦解する恐れがある。大丞殿が率先し大学の役割を訴え、教員精神を振起し、その後規則を厳にすべきだ。

⑤生徒の規範を正す

洋学生と諸藩留学生は、遊蕩に流れ酒色に溺れるのが五割、勉学に励むのが一割とされ、まじめに勉学続けるものは稀。寮生活で外泊禁止、門限（八時）を定め、一定の自治的な部に属させ生徒相互に指導させ、一四、五名の部長が監督し、全体を二、三の舎長が指導する。部規則を破る生徒は退寮させる。

⑥洋行生を広く撰ぶこと

政府は、五〇万金で生徒の外国留学を決定したが、大学からの選抜は一四、五名に過ぎない。府県学校・私塾・大阪開成所・長崎学校からも選抜し留学させる必要があり、大丞が学生の品行を見て諸学校教師と連絡をとる必要がある。

毅の意見書は示唆に富む。「通学生を廃止し寮生とし、外国語漬けすれば、外国語をうまく使えるようになる」は、仏語研究体験から出たものだろう。また、肥後の藩校時習館居寮生制度を手本にしたと思われる。寮生活を生徒の自治としたのは、青少年の自治組織である郷党連・什などを参考としたのだろう。二〇年以上後、第一高等学校に自治寮制度を導入した古荘嘉門（森有礼文相によって抜擢）は、毅の木下韡村塾の友人だ。

学生の四割を理科にすべきとしたのは、法科学生を抑制し経済振興を図るもので、毅文相時代の実業教育充実につながっている。歴史地理は、法科・文科のみに教え、理科には教えないよう勧めた。

また、講義は国語で行うべきとした。帝大法科で国語での講義が実現したのは、明治二〇年頃だった（『法窓夜話』一七二頁）。毅は、「この提言は私一個の私見ではなく、生徒の大方の意見を集約したもので、今、過ちを正さなければ、一、二年後に必ず失敗が明らかになる」と締めくくった。

（註）**【明治四年、毅の給料】** 明治四年、大学在籍当時、九鬼隆一によれば、毅の月給四〇円（『伊藤博文秘伝』二〇六頁）。同時期の大久保利通の給料は、五〇〇円。当時の文部省は、江藤新平が文部大輔。

二　司法省

明治四年二月一日、意見提出の責任をとり大学を依願免官した毅は、出世欲と無縁だった（『井上毅先生傳』五二頁）（『井上毅の教育政策』一〇五五頁）。明治四年夏、毅は、横浜で仏学演習として舌学（会話）を学んだ。明治四年秋、モンテスキュー『法の精神』原文、ルソー『人間不平等起源論』、サムュエルズ「西国立志篇」、西周「万国公法」、福澤諭吉「西洋事情」などの読書ノートを書いた。毅の法律・憲法研究は、この時期に始まった（『井上毅研究』七一頁）。この頃、木下塾で一緒だった鶴田皓に誘われ司法省の翻訳の手伝いを始めた。一二月一〇日、毅は太政官右院司法省十等出仕となり、翻訳課所属（『井上毅傳』史料編第六巻二八九頁）。

（註）【明治四年七月太政官職制】正院（太政大臣・納言・参議）、左院（立法府）、右院（行政府）。

【岩倉使節団随行員となる】

毅は、明治五年二月中録となり、六月一四日司法省欧州派遣団員（岩倉使節団随行員）として欧州の法律調査を命じられた。七月九日司法大録、八月一九日明法大属に昇進した。

毅は、八月、熊本の鎌田平十郎に決意を詩で記した（同上第四巻三七八頁）。

昨夜秋光早《さくやしゅうこうはやし》　**海天星茫緑**《かいてんのほしぼうとしてみどり》　**長風吹我行**《ちょうふうふいてわれはいく》　**一搏随鴻鵠**《いっぱくこうこくにしたがう》（昨夜は早くも秋の気配がした。海上の星は果てしなく緑だ。長風吹いて私は行く。ひと羽ばたきして鴻鵠にしたがう）

また、西園寺公望が渡会県知事・橋本実梁に宛てた書簡（明治四年四月二六日付け）を写した（『井上毅研究』同上七八頁）。

今日洋行の諸生を見るに、或は欧州末年の奢侈を以て、国家の急務として敢て古の豪傑の用意運用の妙を悟らす、或は耶蘇《やそ》の邪教に心酔し、其国躰《こくたい》の何といふ事を不解、これを本州に行んと欲し、或は有名傑出の士に交らす、徒《いたず》らに欧州無頼の軽薄子に接し、其議論を以て深外《ふかく》国の情を得たりとする、或は洋人に媚《こび》て国辱を知らす抔《など》と千緒万端実ニ慷慨《こうがい》悲泣不啻候（今日洋行の人々を見ると、欧州末年の奢侈を国家の急務として、昔の英雄の行なった準備やその運用の妙を理解せず、キリスト教に心酔し、欧州各国の国体も理解せず、これを日本に適用しようと希望し、有名で優れた人物と交際せず、徒に欧州の無頼の軽薄な人物に接し、議論を聞いて深く外国の事情がわかったと思い込み、或いは欧州人に媚び国の恥を知らないなど、実に嘆き憤り悲泣しないことはない）

西園寺は、軽薄な西洋かぶれの留学生が少なくなく、かれらは各国国体も知らずキリスト教に心酔し物まねに走る輩だと記した。毅は、西園寺の言葉を欧州視察の戒めとした。

三　欧州視察（明治五年九月〜六年九月）

【滞在僅か九ヵ月で大きな成果】

毅（司法省司法中録）は、河野敏鎌、鶴田皓、岸良兼養《きしらかねやす》、川路利良、沼間守一、名村泰蔵、益田克徳と欧州視察を命じられた。遣欧使節団理事官となるはずの江藤新平は、多忙のため洋行しなかった（『江藤新平』一六〇頁）。毅は、鶴田皓とともに江藤司法卿を訪ね、「各国の制度文物を視察し、長所を取り短所を捨てよ。西洋に学ぶのでなく、観察批評する精神を持て」との言葉をおくられた（『井上毅研究』六二頁）。欧州文物の本質を見極め、取捨選択して日本に導入せよ、という江藤の教えだった。

新橋横浜間に鉄道が開通した翌日、明治五年九月一三日夜九時半、毅は、仏国郵船ゴッタベリー号で横浜港出港。毅の「渡欧日記」によれば、見送りの江藤が「欧州法学者を招聘したいので心せよ」と毅らに命じた。九月二〇日、香港着。鎮台・裁判所・監獄・警察を丸一日視察。食堂で注文したが、臭くて食えずに三元を投じて帰った（『井上毅傳』史料編第五巻三三三頁）。九月二六日、仏植民地サイゴンの警察・監獄視察。一〇月一日、シンガポール。インド洋、紅海、スエズ運河、地中海を経て、一〇月二八日、マルセーユ着。一一月一日、汽車でパリ着。パリで岩倉使節団随行の司法省理事官・佐々木高行と会う予定となっていた（『井上毅研究』七二頁）。毅は、司法省の公報集録担当（同上八九頁）。一一月二日、岩倉遣外使節団は、米英仏からプロシア・オーストリア・スウェーデン・イタリアを経て再びパリ帰着。

一一月から六年四月のパリ滞在中、毅は、名村・岸良・鶴田・川路（以上、司法省）、今村和郎（文部省）らと、陸軍大尉岩下長十郎の通訳で、ギュスターブ・ボアソナードから刑法・憲法の講義を受けた。ボアソナードによれば、仏語を理解したのは毅・名村・今村の三名であった（『井上毅研究』九一頁）。法学者アルフレッド・ブランシ、アンリ・コルヌなどからも仏法律・憲法を学んだ。毅は、「翻訳に首を埋め」翻訳に没頭（『井上毅傳』史料編第四巻三八四頁）。六年五月、約一〇日間、ベルリンでドイツ法学研究（同上三八四頁）。六年六月一日より、パリからリヨン視察に出かけ、中江兆民（司法省出仕）に会い、帰国をやむなくされた兆民の留学延長に尽力（『井上毅研究』七七頁）（『兆民先生・兆民先生行状記』一一頁）。

毅の欧州滞在は僅か九ヵ月だが、刑法・民法・憲法で大きな成果を出した。毅の力が、選りすぐりの欧州派遣者の中で際立っていることが、政府内で共有された。

（註）【鶴田皓（豫太郎）】肥前多久藩士西斌嫡男、鶴田家養子。木下塾で毅の先輩。元老院議官。司法省で刑法・商法・治罪法編纂に従事、毅を司法省に入れた（『井上毅研究』一一一頁）。

【佐々木高行（天保元年～明治四三年）】土佐藩士。明治四年司法大輔《たいふ》、左院副議長、元老

院議官、工部卿、宮中顧問官等歴任。明治一一年三月、一等侍補、これ以降、天皇側近として天皇の信任を得た（『明治国家の建設』二三二頁）

【ワンゼルーの言葉】

明治六年五月、毅はベルリンで次のように記した（『井上毅傳』史料編第四巻三八四頁、第三巻五〇頁）（著者意訳）。

ある法学者（ワンゼルー氏）は「ローマの法を学べ、そして、自身の法に従って生活せよ」と言う。意味する所は、ローマ法は世界で最も精美なものだから、ローマ法の原則を学び、ローマ法の精美である本質に向い次第に歩を進めるべきだ。それには、まず自国固有法を守りつつ、社会変化に合わせ徐々に法をかえ、そのことを国民に知らせる必要がある。

ワンゼルーは、①世界で最も精美なローマ法をよく学び法の原則を知り、②自らの固有法をまもり、③社会変化に応じ法をかえるべき、という。毅は、ワンゼルーの言葉を通じ、法律は、国の歴史伝統に相応しいものでなければならないことを、明治六年から理解していた。憲法も、自国の歴史伝統の根っこである国体を継承すべきことを認識していた。

（註）**【仏民法典（一八〇四年）】**ローマ法と仏北部慣習法を総合したもの。独は、一九〇〇年に独民法典が出来るまでローマ法使用（『ローマ法の歴史』一三〇頁）。**【ローマ法】古代ローマ法制。**紀元前四五一年の十二表法から、西暦五五〇年ユスティニアヌス法典（市民法大全、コルプスユーリスと呼ばれる）までをさす。ローマ法は、欧米において中世から近代まで「ユスコムーネ（普通法）」とされ、今も精神は世界の民法に継承（『概説西洋法制史』六一頁）。サンマリノ共和国は、ローマ法を法典化せず使用（『ローマ法とヨーロッパ』一六三頁）。**【十二表法】**法執行機構を提供する国家の役人がいない共同体を前提に作られた。例えば、夜間窃盗犯を現行犯で捕まえた場合、或は、犯人が逃走を図った場合、原告は犯人を殺害しても良かった。殺人の場合、政務官は共同体を代表して、加害者訴追の主導権をとった（『ローマ法とヨーロッパ』八・九頁）。

【百年かけて法を整備したプロシア】

毅は、次のように記した（大意）（『井上毅傳』史料編第三巻四八・五〇頁）。

プロシアでは陪審は四五年前から実施され、刑法は全国一律、民法は州毎に異なる。刑法は、プロシアは仏国とほぼ同じだ。民法は、仏国と大いに異なり、プロシア国内でも異

同があり、州毎の民俗に従っている。家を借りる場合でも、ライン州では九月を期限とするのに対し、ベルリンでは三月を期限とする。全国一律の民法は、野蛮国や仏のような人心が軽はずみな国家で行われるが、真実文明の開けた国では行われない。農家の遺産相続で、父死去の場合、三人の子供に等分すると農地は狭くなる。漁師の場合、船一艘は子供数で等分来ない。プロシア東南は鉱山業、北岸は漁業、西は農業が盛んなので、民法は地域で異なる。

プロシアは、建国の父・フリードリッヒ二世（在位一七一二～八六）以降、約一〇〇年かけて法制度を整え、刑法は全国一律とした（一八四八）。民法は州毎に異なり、地区の局法もある。水産業・農業地域が分割相続を認めない一方、資本が分けられる商業地域は分割相続を認めるように、州毎に主要産業が違うため、民法も州毎で異なる。民法が全国一律の仏国制度は、ドイツは採用しない。さらに、毅は、次のように記した（大意）（同上第三巻五〇頁）。

凡ての政治は急を要するが、民法は急ぐべきでない。検討なしの民法の急な制定は、国民に害を与える。……日本人は、ゆとりがなく、ゆっくりと物事を進める精神に乏しく、しばしば形を真似ることを重要と考え、形に込められた法の原則を採用することを知らない。ワンゼルー氏の言葉は、日本人へ金言（薬石）だ。

民法は、国や地域の風俗習慣に基礎を置き、地域の伝統文化に相応しいものであるべきという。毅は、重厚な精神を持つ英独の漸進主義、及び、法を学ぶ者はモノマネでなく「法の原則」を学ぶことが大事と考え、法制定を急ぐことを懸念した。

（註）【毅の懸念】自由民権派の議会開設運動で、毅の懸念は現実となった。明治七年以降、板垣ら自由民権派は、欧州各国が拠ってたつ歴史・国体を知らぬまま欧州憲法や法律を真似るのに急だった。

【仏国地方見聞】

毅は、仏国中部ピュイドドーム県クレルモンを訪問し、次のように記した（大意）（『井上毅傳』史料編第三巻五二頁）。県名は火山ピュイドドームに由来。哲学者・科学者パスカルの出身地。

県人口五四万六四六三人。宿はクレルモンの西の山間部にあるロアイヤ村で、宿の主人は、地主ではなくクレルモンの富豪。ロアイヤ村の人口は一二〇〇。バウモン村は、人口五五〇〇。クレルモンの村々では「乞食は禁止」との掲示があり、道端の廃失者は、「この者、廃失者のため他に手段がなく、諸人の慈悲を乞うものだ」と大書した札を胸に提げている。クレルモンの郡裁判所は古くて不潔、控訴院はない。クレルモンの商業裁判所は、金曜午後二時開廷。見学当日、長官と判事計七名が着席し、地元商人中の富豪（ノターブル）計七名が担当し、四名が法廷に着席。裁判長は訥弁の老人で要領を得ず、判決を先送りし、法吏の類である。代言人（アグレ）は五名。クレルモンのノターブルは、六〇名。現在の長官は鉄商業者。判事は、工主一〇名、工手三名。バウモン村の学校は役所の中にあり、生徒五〇名ほどが狭い教室で教師二人（一人は官員）から指導を受ける。村民は無知で「ジャパンは」と聞いても日本のあることさえ知らない。クレルモンの精神病院は、男性患者一〇〇名、女性四〇〇名、一人当たり毎年四〇〇《フラン》を要し、尼僧が管理。ロアイヤ村の学校は市役所の一階にあり、市役所の書記が教師兼任。県令の命令で、医師や産婆による種痘は希望者に無料施行される。

（註）【クレルモン】現在、ミシュラン本社所在地。【県会】県会議員は、町村議員の兼任不可、県内一年以上の居住者、直接税納付者。県令を協賛又は監督。

【毅と中江兆民】

毅は、欧州で兆民と交流した（『福澤諭吉と中江兆民』二六頁）。帰国後も交際は続いた。徳富蘇峰は「毅邸に兆民が来て、毅に『三酔人経綸問答』を読ませ読後感を二人で談笑しながら語り合っていた」と記した（『大日本帝国憲法制定史』五〇九頁）。兆民は、幕末、江戸の村上英俊仏語塾（達理堂）を破門され横浜で宣教師から仏語を学び、大久保利通推薦で司法省に出仕。明治四年二五歳で仏留学、明治七年帰国し元老院書記官（『兆民先生・兆民先生行状記』一〇頁）。兆民は、碩学・岡松甕谷（毅の先輩、昌平黌教授）の高弟として洋学者風の人物を嫌い、民権は東洋の王道と同一と主張した（『大日本帝国憲法制定史』五一〇頁）。

（註）**【中江兆民（弘化四年～明治三四年）】** 土佐藩士。長崎と江戸で仏語修行、明治四年司法省出仕。**【兆民による共和制論者批判】** 兆民は、「仏革命思想におぼれ共和制に賛同する者は、名だけ知って実を知らず、日本の民権を妨害する抽象架空論者」と徹底批判。理由として、①革命後数一〇年経過しても、帝政・共和制と変転して定まらない仏国政情、②時（歴史）と地（場所）という現実条件が政体選択の必須条件、という二点。兆民は、「時と地」を重要視し日本史及び国体から考えて、わが国固有の「君民共治」の実をあげることが民権伸張に必須とした（『大日本帝国憲法制定史』二一九頁）。**【変転極まりない仏国政情】** ハンナ・アレントは、「一七八九年から一八七五年までの仏国憲法は一四あり、そのため、憲法という言葉そのものが嘲笑の種になっている」と述べた（ハンナ・アレント、志水速雄訳『革命について』ちくま学芸文庫二二八頁）。**【兆民のルソー論】** 兆民は、ルソーの「一般意思」を孟子の「天意」と捉え、日本に適用すれば、君民一致を願い国民のことを慮ら

れる天皇のご意思になるとした（『大日本帝国憲法制定史』一二一四頁）。兆民は、皇室尊崇の念が篤く、歴史における天皇の存在の意義、即ち、国体に通じていた。但し、兆民は、ルソーのいう「一般意思」が、政府転覆や独裁政治を正当化するものであることに気づいていなかった。**【兆民の尊王論】** 兆民は、天皇を次のように記した（『大日本帝国憲法制定史』二二四頁）。（大意）「陛下は尊い上に尊く他に比べようがない。結局、陛下は政府方でも国会や国民方でもなく、国民の頭上にあって皇位を占める神様同様の方だ。とりわけ日本の天皇は、……時勢や人情が変わろうと、国民として陛下の御位にくちばしを入れるものはいないだろう。英国などは……わが国と比べるべきではない……陛下は一天万乗の君で、国会のない今日と国会開設予定の明治二三年とで変わるものではないと心得るべき」

【帰国】

明治六年九月六日帰国した、毅は司法省七等出仕となり、司法四部作『仏国大審院考』『治罪法備考』、『王国建国法』、『仏国司法三職考』を発表した。

（註）**【ボアソナード招聘】** 毅が教えを受けたボアソナードが招聘された。ボアソナードは、四九歳の法学者（パリ大学教授）、日本民法制定などに尽力（『江藤新平』一六〇頁）。仏国で失敗した英国流議院内閣制導入に反対、毅の欽定憲法に賛成（『大日本帝国憲法制定史』四九七頁）。**【明治七年、毅の月給】** 明治七年官員録で司法省七等出仕名村泰三の月給一〇〇円

（山口康助『技術史のなかの日本人』一九頁）。名村と同じ七等出仕の毅も一〇〇円前後。猶、岩倉六〇〇円、大久保五〇〇円。

四　毅と佐賀の乱

明治七年（一八七四）二月一三日、佐賀の乱に際し、毅は熊本佐賀に出張を命じられ、後に賞金を下賜された（『井上毅先生傳』五三頁）。毅は、佐賀で江藤新平（天保四年〈一八三四〉生まれ）裁判に関与し、大久保利通の知遇を得た（『井上毅研究』一一七・一一八頁）。

【佐賀の乱に至る経緯】

明治六年一〇月、「征韓論」で政府は紛糾。閣議決定した西郷の韓国派遣は、岩倉・木戸・大久保の巻き返しで撤回された。参議の江藤新平司法卿も、西郷、板垣、後藤象二郎、副島種臣らと辞職した。明治七年一月一四日、岩倉は赤坂喰違坂で暗殺未遂事件にあい、一月一七日、板垣・副島・後藤・江藤は「民選議院建白書」を提出した。政府は、元参議らに東京滞在を命じた。江藤は、佐賀士族の結社「征韓社」の帰県要請を受け、休養を理由に佐賀に向かった。

副島には許可が下りなかった（『井上毅研究』一一五頁）。佐賀は、江藤帰県で沸騰した。江藤は、鎮台兵の実力を読み違い、政府首脳の斡旋を期待していた。

（註）【江藤新平の見込み】江藤が、西郷や板垣の協力をあてにしていたことは、戦況が不利になり、西郷や板垣を頼って薩摩や四国に渡ったことからも推測される。

【江藤新平の動き】

江藤は、民選議院建白書の政府提出前（一月一三日）、東京を離れ、船の難破で一月二二日伊万里上陸後、嬉野滞在。一月二五・六日頃佐賀入り後、二月二日長崎に移り、二月一二日佐賀に戻った。一〇〇〇人を超える佐賀士族は、武器弾薬の調達を開始した。大久保内務卿は、佐賀県権令を岩村通俊から弟・高俊（神奈川県権参事）に代えた（一月二八日）。二月三日、「佐賀士族が小野組（銀行）を襲った」と福岡県庁から電報が東京に届いた。二月四日、大久保・西郷従道会談で、佐賀への鎮台兵派遣が決定された。政府は、大久保に全権（司法・行政・軍隊統率権等）を与え、九州派遣を決定（二月一〇日）。岩村高俊（佐賀県新権令）は、熊本鎮台（谷干城司令官）の兵六五〇名を連れ佐賀城入り（二月一五日）。征韓社は城を攻め（二月一六日）、砲兵も出して城を奪った（二月一八日）。江藤は、政府に糾弾書（「糾弾之議」）を送った。

（註）【決戦之議要旨】「日本は、朝鮮に度々辱めを受けながら、怒らず何もしなければ、国は国

でなくなり、権利と名誉も失う。朝鮮への使節を閣議決定しながら、佞臣により破棄された。国の名誉を汚されても反撃しなければ、世界から侮られ、外交裁判通商など百事で外国に制限され、日本全体が貧困に陥る。今回、同志と謀り、陛下と国民のために、万死を以て辱めを雪ぐため立ち上がり、国に報いる次第だ」（『近世日本国民史』第八九巻一〇五頁より著者要約）。満岡勇之助執筆（『江藤新平』二〇七頁）。

二月一九日、佐賀県暴徒征討令が出され、小松宮嘉彰親王（弘化三年～明治三六年、明治元年陸軍総裁、のち元帥）が征討総督となった。大久保は、二月一九日、福岡に大本営を置いた。二月二〇日、「佐賀賊徒追討の聖旨」が布告された。鹿児島に帰った島津久光が、西郷に賊徒追討聖旨を伝達（『明治天皇詔勅謹解』四三七頁）。江藤は、戦闘で一敗すると、二月二三日、佐賀を去り鹿児島で西郷と会見（三月一日）。江藤は、西郷の協力が得られないことを知り、四国で捕縛された。乱は、大久保が佐賀に入った三月一日に鎮定された。

【毅の九州派遣】

二月一三日、毅（七等出仕）は、権大検事杉本芳熙と九州出張を命じられた。同日、毅の旧主の侍従番長米田虎雄も、不平士族対策で熊本派遣を命じられた（『井上毅研究』一一六頁）。三月三日、五等議官増田長雄（熊本出身）、その後、渡邊清（大蔵大丞）も熊本出張。熊本城下の不平士族が鎮台を虎視眈々とねらっていると、司令官谷干城が記した。
　毅は、鎮定後、佐賀臨時裁判所で江藤らの裁判に関わった。毅は司法官をつとめ、大久保の知遇を得た（『井上毅研究』一一六・二一七頁）。毅の派遣理由は、①熊本出身、②司法官僚として江藤の裁判に必要、③「臨時裁判」に最も通じていた、である。

【臨時裁判についての毅の意見（明治六年）】

明治六年、毅が記した「臨時裁判」要旨は次の通り（『井上毅傳』史料編第三巻六二頁）。
①臨時裁判は、内乱等の国事犯や大臣犯罪を裁くもので、仏革命以降設けられた。
②同裁判の裁判官は、革命政府では大審院裁判官、ナポレオン一世帝政では元老院の貴族・大臣、ナポレオン三世大統領政府では大審院裁判官が担当した。
　毅は、大審院判事が臨時裁判に当たるべきとした。ナポレオン帝政時代のように、大臣や貴族が国事犯を裁けば、国民の支持を受けない恐れがあったからだ。毅は、大久保の下、司法官として活躍した（『井上毅研究』二一七頁）。毅の意見が採用され、大審院判事・河野利鎌が臨時裁判裁判長となり、国事犯裁判として実施された。裁判は、四月八・九日の二日間行なわれ、一三日判決、同日処刑。江藤と島義勇《よしたけ》（元秋田県権令、元侍従）は、大久保の意向で、改定律例でなく旧法の新律綱領により梟首《きょうしゅ》とされた（『近世日本国民史』第八九巻三五四頁）。

（註）【河野利鎌】明治五年〜六年欧州視察、毅と同行。明治二五年八月八日〜二六年三月七日文相（毅の前任）。【島義勇】国学者林桜園の原道館（熊本・千葉城）門人（『肥後史話』二四六頁）。【毅と岩村】毅は、佐賀臨時裁判で大久保の知己を得、岩村高俊（佐賀県権令）と知り合う。明治七年八月、毅は大久保の対清交渉を助けるべく岩村と北京出張を命じられた（『井上毅研究』一一八頁）。

【太政大臣への意見具申（明治七年四月）】

毅は、佐賀の乱直後、熊本・佐賀で政府への国民の要望・不満を調べ、対応策に関し、太政大臣に次のように意見具申した（『井上毅先生傳』五三頁）。

「維新以降、国民は王政復古の意味を知らず、なにかと旧幕時代と比較しがちなために、国や県令の布告、さらに朝廷も国民の怨嗟の対象となっている。国民の開化が進めば、国民と政府が親近を増すと言うが、そうならずに益々両者が相離れ、欧州でかつて起きた革命などの騒乱が生じる恐れすらある。

政府の抱える問題は、次の通り。

①官吏に規律なし　官吏の品行が悪く、色におぼれ、私利に走っているため、民心が政府から離れている。今こそ、官吏の規律をただすべき。

②政府の人材登用に法なし　戊申以来、政府官吏の人材登用に定めがなく、一県から数百人が採用される一方、採用がない地域もある。公平な人材採用法を定めるべき。
③官吏の定員など官制を定めよ　官吏の定員がなく、事務の停滞を招いている。
④民政修まらず　県民のために働く地方官を任命すべきだ。県令を法で縛らず、地域の諸問題に対し迅速な対応ができるように改めるべきだ。フランスでは、公選村長を、村民は親のように見ている。わが国でも、戸長には村の人望を集める人を任命し、専ら教育普及にあたらせるべき。
⑤法律が繁雑　各省が競って新法令を策定して国民を煩わしている。欧州各国の法令は、各国吏に各地域の慣習に応じて策定されている。わが国の法律は欧州の模倣であり、刑法は全国一律でよいが、民法は各地域の慣習を勘案して策定すべき」

毅は、佐賀の乱で大久保利通の知遇を得て、岩倉や大久保のブレインとして重用されるようになった。毅の提言を岩倉・大久保が実行する形が、佐賀の乱以降出来上がっていった。⑤の「民法は地域慣習を勘案して策定すべし」とは、毅の欧州での研究成果のひとつ、ワンゼルーの言葉の重要性を強調したもの。毅は、明治五・六年の欧州での研究以降、地域慣習の研究はもとより、国典と日本法制史を研究すべきと考えていた。しかし、日本の置かれた状況が、毅に国典と法制史研究に時間を費やすことを許さなかった。

【佐賀の乱後の司法省】

毅は、明治八年三月、次のように記した（『井上毅傳』史料篇第一巻五四頁、一部読みやすくした）（『志士と官僚』二八六頁）。

江藤前司法卿ノ司法省ニ在ルトキニ、果決鋭為《かけつえいい》、一擧シテ進ムノ勢アリ、其ノ章呈ヲ作レル、日夕督責《にっせきとくせき》、十日ニシテ案成リ、四十日ニシテ活版《かっぱん》ニ付スルニ至ル、江藤氏ノ敗ルルニ及《および》テ、人々勇鋭ノ禍《わざわい》ニ懲《こ》リ、枉《まが》レルヲ矯《た》ムルコト直キニ過キ、一事為スコト無ク（江藤前司法卿は、在勤中、果断に決定実行し、一挙に仕事を進め勢いがあった。法律条文策定を朝夕促し、一〇日で条文ができ、四〇日で印刷に回した。江藤氏が佐賀の乱に敗れると、人々は勇鋭の禍に懲り、間違いを正すのに過ぎ、仕事を進めようとしなかった）

五　「士族処分意見」（明治八年）

開明的と思われた江藤新平が、明治六年征韓論で下野し、佐賀の乱（明治七年）を起こすなど、士族の間に政府への不満が高まった。明治八年、毅は、「士族処分意見」を記し、大久保伊藤両参議に提出した（大意）（『井上毅傳』史料編第一巻七一頁）。

士族処分意見　明治八年　大久保伊藤両参議に申し上げる。

いま、政治体制がほぼ成り、あらゆることが緒に就いたが、一つだけ如何にしたら良いかわからぬのが士族処分だ。士族の処置に困るのは、士族の用い方を知らないからだ。まず、士族の用を説けば、士族は国家の精神だ。今日、士族がいるのは、国家の幸せだ。各国の状態を見れば、国の独立を図り開化を進めるのは、往々、官でも農でもない。一種中等の族類がいて、これが勢力を為すためである。

シナでは士と称する者がいて古を学び後に備え、礼儀を弁え、孔子の弟子は魯衛二国に限られていたが瞬く間に三〇〇〇人に達した。当時、シナに紳士の多かったことがわかる。印度には、四階級があり、第一が貴族で、第二がバラモンで聖職者である。欧州の「リーベルプロヘシオン」と呼ばれる自由職業人（学者・医師・弁護士等）は、普通学校以上の中学を修了し、その中から代議士に選出される者が多い。仏国は、一〇〇人中五人が自由職業人だ。シナの紳士、インドのバラモン、欧州の自由職業人は、なかみは同じだ。我が国には武士はあっても文士はなく、いわゆる自由職業人はいない。

士族とは、かつての騎馬武士であり、江戸幕府下の平和により、文士を兼ねるようになり、礼儀を重んじ、順逆を弁じ、王政復古を遂げ、開化を進め、今日の日本を作った。士族は、シナの紳士、インドのバラモン、欧州の自由職業人と殆ど性質と効用は同じである。既に兵役を解かれ、今日の士族は純然たる文士であり、自由職業人として国家の独立と開化を進め、政府と民間の間に立つべき存在だ。

士族を厚遇するには、①士族学校の学制を立て中学と変則学校で士族の子弟を教育、②士族一〇〇〇戸以上を一等県とし特に正県令を置く、③士族を貴族に列し士族の徽章を与え、④平民と異なる処遇を与える、⑤士族の廉恥心を責め反する者は除族する、⑥地方の巡査には専ら士族を採用、などがある。

政府の目的は努めて士族を籠絡し、政府と士族が共に開化に進めば五〇年で速効を見るだろうが、農商と進めば一〇〇年経っても効果がないだろう。前者であれば、士族は自ら存在意義を見い出し、志を楽しみ、甘んじて皇室の百足の役割を果たすだろう。また、学者医師法律家養成にも事欠かない。

今日の士族処分は、このような処分ではなく、士族の秩禄の処分を意味している。今後、二〇年間は、秩禄を問うべきではない。

政府の士族に対する処分は、秩禄を減じ、後日秩禄に課税し、明日米禄を変じ金禄とするという。今士族の怨望は極まっている。指を切られ手を切られ、体まで切られるように、原禄を奪われれば、士族は体を切られるのと同じだ。これは殺して、余類をなくすのと殆ど変わらない。従って、今日士族を論じるに、二つの道がある。一つは、士族を殺して余類をなくしてしまう。他の一つは、士族を生かして効用を収めることだ。両者は、水火の如く相反する。

抑々地租改正により、会計が窮迫している。従って、士族の秩禄を問うことは止むを得ないことではある。これに対し答えるとすれば、会計の困難さは、他に原因がある。今日、一〇省を設け、冗官冗吏の多さは、和漢洋古今に比類ないほどだ。古は一政府で足りたが、今は一〇政府を置く。今の官制を変えることがなければ、天が金貨を降らすとも、猶不足するだろう。士族の禄を奪うのと、官制を変革し、冗官冗吏を省くことは、ともに国家財政を助けるに足りるが、両者の難易安危は、人々は必ずこれを良く弁知するだろう。

官制を変革する議論は、別に草稿があるので、ここでは述べない。

以上、士族の秩禄を奪うべきでないことを論じた。

（註）**【皇室の百足】** 皇室の勇敢な先兵。

毅の「士族処分意見」は、採用されなかった。毅の士族処分意見は、不平士族への対症療法ではなく、士族が日本にとって欠くべからざる集団であることを、歴史から説き起こしている ことを特徴とする。今後、二〇年間、士族の秩禄は維持し、士族子弟を士族学校で教育し国家有為の人材を育てようとの壮大な計画だった。有為の人材とは、政治家・官僚、学者・医師・法律家などだ。

政府は、士族処分を財政上からのみ実行しようとしていた。これに対し、毅は、財政再建が冗官整理で可能なことを、欧州政府の規模との比較から解き明かしている。

毅の士族処分案が採用されていたら、明治九、一〇年に多発した士族の反乱は発生しなかったと思われる。経済面の不満からではなく、士族が担う「国家の精神」としての使命を断たれたことに起因して、士族が決起することを毅は予見していた。しかも、毅のいうように、明治三〇年代初頭まで秩禄を維持し士族子弟を養成したら、その後の日本にとってどんなに力となったか分からない。毅の言葉通り、士族は「国家の精神」であり、宝である。毅の意見が採用されなかったため、明治後半には士族は単なる戸籍上の但し書きに過ぎず、国民が均一な平民国家になってしまった。一子相伝の血族の中で伝えられていく士族とその精神は、士族の消滅とともに消え行くしかなく、「国家の精神」も同時に滅んだといえよう。人口の数パーセントであっても、崇高な精神を持ち続ける集団が全国各地にいて、地域の精神的支えである限り、昭和初期のようなアノミー（無規律）に陥ることはなかっただろう。二・二六など軍人のアノミーも発生しなかっただろう。

大正以降の日本は、「国家の精神」を失い、羅針盤のない船のように右往左往するしかなくなってしまった。士族廃絶を決定づけた秩禄処分は、明治九年八月実施された。

六　明治七、八年の活躍

明治七年、毅は、ラヘリエル著『王国建国法』からベルギー・プロシア両国憲法を翻訳し、両者を比較説明した（『王国建国法』出版は八年三月）。さらに、川路良兼と「警備法」を提案した。同年八月、毅は清国出張を命じられ、大久保の対清交渉に加わり功績をあげ、天皇より勅語を頂戴した。一二月二八日、毅は司法省権中法官に任命された（『井上毅研究』一五八・一九九頁）。

八年三月一一日、毅は「司法改革意見」を大久保に提出。その多くが採用され司法制度の基礎となった。さらに、三月二三日、毅は、大久保が設けた内閣政体取調局書記官兼務となった（『井上毅研究』一二五・一二六頁）。四月、毅は岩倉の依頼で『立憲政体樹立の詔』（四月一四日発布）を起草した。本詔勅は太政官制の改革を唱え、左右両院廃止、元老院・大審院設置、正院による政治統括により、三権分立の基礎となった。特筆すべきは、毅の司法改革の提言を大久保が聞き入れ、岩倉の同意を経て伊藤博文の依頼で**『立憲政体樹立の詔』を毅が執筆**した点だ。『立憲政体樹立の詔』の起草は、毅の発想を大久保・岩倉・伊藤が採用し実現する雛型となった。この時、毅と伊藤の関係が始まった（『井上毅研究』一二六頁）。明治八年七月、毅は太政官正院法制局に入り、九年九月法制局主事となり、岩倉に「憲法意見」を提出した。

毅は、佐賀の乱以降、岩倉・大久保・伊藤に用いられ、国家枢要の外交内政に関わった。以下の章では、毅の活躍を憲法外交教育など事項別に記述する。

第三章　憲法と毅

【毅の言葉】

法ヲ議スル者、當《まさ》ニ務メテ國俗《こくぞく》慣習ヲ考へ、愼重《しんちょう》シテ以《もっ》テ參酌《しんしゃく》スヘシ、遽《にわ》カニ它國《たこく》ニ假《か》リ、固有ノ舊制《きゅうせい》ヲ紛更《ふんこう》スベカラザルナリ（大意）（法を審議する者は、努めて国の風俗や慣習を考慮に入れ慎重に行なうべきで、急いで他国の制度をとり入れ、国固有の旧制度をむやみに変更すべきではない）（『井上毅傳』史料編第三巻一一六頁）

明治維新は、玉松操の意見に基づき、神武創業をひな形とし、天皇を中心に国民が参加する政治をめざし、欧米の政治制度と文明を取り入れたが、それは西洋のモノマネに終わったのではない。『五箇条の御誓文』から二〇年以上を要し、明治二二年憲法発布、明治二三年第一回帝国議会が開かれたが、憲法も議会もモノマネではなかった。毅は、憲法制定の初期から岩倉具視を助け、『大政紀要』編纂で日本の歴史や古来からの法制度などを総括し、これを憲法制定に関係する人々（ロエスレルら外国人を含む）に理解させ、憲法制定に入ろうと考えた。毅は、欧米憲法に形をかりつつ、日本の歴史伝統に基づく憲法をつくろうとした。

（註）【玉松操《たままつみさお》（文化七年〜明治五年）】公家・国学者。西園寺家末流。明治維新を神武創業に遡及させた（『平泉博士史論抄』二七八頁）。

内科教授ベルツは、「日本人は自分の国の過去について何事も知ることを欲しない。……ある日本人は、『我々は歴史を持っていない。歴史は今から始まるのだ』と叫んだ」と記した。明治日本が江戸期を無価値としたように、現代日本は明治憲法を無価値と考えているのではないか。公平な視点から、明治憲法制定と毅の果たした役割を考えてみたい。

憲法制定と毅

明治元年三月の『五箇条の御誓文』が基本となり、同年四月『政体書』が出され、中央集権、三権分立、府県会開設が示された。明治六年「征韓論」を唱えた板垣らは明治七年『民選議院設立の建白書』を出し、議会政治を望む声が高まった。明治五・六年、毅は、欧州で憲法・法律を研究し、明治六年には『法制四部作』を発表。毅は、この時点で、すでに憲法・法律は、国の歴史・伝統・文化を継承すべきと考えていた。仏語に熟達していた毅は、仏国法学はじめ欧州の法思想を学んだ（『大日本帝国憲法制定史』三六六頁）。

明治八年初頭、大久保・伊藤は、木戸・板垣に政府復帰を促し、憲法制定と議会創設で一致した（大阪会議）。八年四月、毅は、大阪会議の成果を受け『立憲政体樹立の詔』を起草。元老院で、九年、憲法調査が始まったが、元老院憲法案は欧米憲法のコピーだった。毅は、岩倉の要請を受け、憲法意見を提出（明治九年『憲法意見控え』）。九年初めから一一年の期間は、神風連の乱・西南戦争など士族の反乱、さらに大久保利通暗殺と政府多忙の時であり、進展はなかった。

一三年、毅は、岩倉の要請で再び憲法意見を提出。一四年、毅は、岩倉から「大隈憲法案」に意見を求められ、大隈案が日本にそぐわないと進言した。結局、大隈は罷免された。一四年一〇月一二日、毅起草の『国会開設の勅諭』が出された。一五年二月、天皇のご下問に対し、三条・有栖川宮熾仁親王・岩倉は、憲法制定を伊藤に担当させるよう上奏した。毅は、憲法調査を伊藤に任せるよう、岩倉に働きかけていた。同年四月、政府は、伊藤を憲法調査のため欧州に派遣（『日本憲法大綱』七五頁）。

毅は、明治二二年執筆の『言霊』に、明治憲法について次のように記した。

「我か國の憲法は欧羅巴の憲法の寫しにあらすして卽遠つ御祖の不文憲法の今日に發達

したるものなり」（『井上毅傳』史料篇第三巻六四六頁）（『皇統断絶』一四〇頁）

一　五箇条の御誓文

五箇条の御誓文（明治元年三月一四日）

「五箇条の御誓文」は、由利公正が起草し木戸孝允が仕上げた。由利は、慶応四年正月上旬、戦費（三〇〇万両）調達のため、国民の理解を得るため政府方針五カ条をまとめ、福岡の手を経て、東久世通禧を通じ岩倉に提出された（『近世日本国民史』第六九巻二六三頁）。由利原案（『議事之《の》體《たい》大《たい》意《い》』）は、オランダ立憲政治についての横井小楠の教えに由来。由利は小楠の『国是三論』から米国共和政体、英国君民同治政体も学んでいた。由利が『議事之體大意』としたのは、「国会を開いて国政を議論するつもりから」だった（『憲法制定と欧米人の評価』六頁）。由利証言から、「御誓文」が立憲主義と議会制度をめざしていたことがわかる。

放置されていた由利の原案は、木戸孝允（慶応四年正月二五日出仕、総裁局顧問）の目に留まり、「国是一定に関する建言書」（慶応四年三月）として毛利公に提出された。

（註）**【木戸の建言要旨】**「維新いまだ日も浅く、新政の主旨が行き渡らず、諸藩も国民も方向を誤ることが少なくない。国家の大前提を定め、天皇自ら公卿諸侯百官を率い神明に誓って

国是を明らかにされ、国民に知らせるよう願います」

木戸により「御誓文」はその後の憲法制定方針となった（『松菊木戸公伝』）。

《五箇条の御誓文（明治元年三月一四日）》

「一　廣ク會議ヲ興シ萬機公論ニ決スベシ

一　上下《じょうか》心ヲ一ニシテ盛ニ經綸ヲ行フベシ

一　官武一途《いっと》庶民ニ至ル迄各其志ヲ遂ケ人心ヲシテ倦《うま》ザラシメン事ヲ要ス

一　舊來ノ陋習《ろうしゅう》ヲ破リ天地ノ公道ニ基クベシ

一　智識ヲ世界ニ求メ大ニ皇基ヲ振起スベシ

我國未曾有ノ變革《へんかく》ヲ爲《なさ》ントシ　朕躬《み》ヲ以テ衆ニ先シ天地神明ニ誓ヒ大ニ斯國是ヲ定メ萬民保全ノ道ヲ立ントス衆亦此旨趣ニ基キ協心努力セヨ」

（大意・解説）

①「広く会議をおこし政治全てが公論で決定されるべき」

議論を通じ形成された公論により政治を行う。

②「身分の違いなく、国民が心を一致し盛んに政治を行なうべき」

国民全体がこころをあわせてさかんに国の政治を行う。

③「文官、武官の隔てなく国民に至るまで各々志を遂げ倦《う》まぬことが必要」

全国民が志を遂げ、仕事を飽きずにやり遂げる。これは、国民一人一人が自らの能力にあわせ仕事に励むことを、為政者が願うという日本古来の考え。「おのおの志を遂げ」は、『十七条の憲法』や大政奉還の言葉に記されている。

④「昔（旧幕時代）からの悪い習慣を破り天地の公道に基づくべき」

旧幕時代の古い習慣、例えば、鎖国や幕藩体制など悪い習慣を打破し、万国に通用する普遍の原理に基づくべき。

⑤「知識を世界に求め皇基（皇国の基礎）をふるい起こす」

世界の優れた文物をとりいれようとする、明治人の気概が示されている。日本は、国民のためになるものなら貪欲に吸収してきた。

最後に、

「わが国はかつてない変革をなそうとしている。私は我が身をもって天地神明に誓い、大いにこの国是を定め、万民の保全の道を立てようと思う。国民もこの趣旨に基づき心を合わせて努力せよ」と結んでいる。

「五箇条の御誓文」には、

①政治のやり方は、公議世論、つまり、議会での話し合いで決定し、

②政治の方向が決まったら、国民一致して心をあわせて実現に励み、
③国民それぞれの志を遂げさせ、
④古くからの悪い習慣があれば、より優れた普遍的なやり方にかえ、
⑤知識を世界に求め、国運を発展させる、
という、国民のためになるものであれば日本化して取り入れようとする融通無碍の進取の精神・国民の融和・伝統継承などを特徴とする、日本精神が示されている。

本誓文は、明治天皇が群臣を率い、天神地祇にその実現を誓われた。

御誓文発布後の明治二年四月、御誓文への意見を求められた山階宮晃親王は、「日本には、大小種々の変更すべき規則がありますが、その最大のものは憲法です。全くの郡県（公家政治）や全くの封建制度（武家政治）は、現在、行うべきではありません。恐れながら、君政の三箇条、民政の二箇条、君民同治に仰せ出だされ、公明正大確然不抜の憲法を御創立なされば、御中興の御盛業と存じます」と上奏した（穂積重遠『続法窓夜話』四〇頁、一部読みやすくした）。

「君民同治」とは、天皇と国民が同じく治めるという意味で、日本の古くからの統治のあり方を示す言葉である。御誓文五箇条中、君政三箇条とは「万機公論」、「天地公道」、「皇基振起」の三つ、民政二箇条とは残り二つ（上下一心、官武一途）のことである。

（註）【君民同治の英国国体】由利は、英国を「君民同治の政体」と呼んだ。由利の見る所、日本の国体（君民一体）と英国国体（君民同治）は相通じ、英国に倣うことが相応しい。中江も「ああ聖天子御にあり賢宰相位にあり、……立憲は即ち吾輩のいはゆる君民同治なり」と、日本を「君民同治」とした（『中江兆民評論集』一九頁）。

『政体書』（明治元年四月）

福岡孝弟・副島種臣起草の「政体書」が、太政官から布告された（『明治国家の建設』七四頁）。

《政体書》（明治元年四月二一日）

一　天下ノ権力総テ之ヲ太政官ニ帰ス卽チ政令二途ニ出ルノ患ナカラシム太政官ノ権力ヲ分テ立法行法司法ノ三権トス則偏重ノ患無カラシムルナリ

一　立法官ハ行法官ヲ兼ヌルヲ得ス行法官ハ立法官ヲ兼ヌルヲ得ス但シ臨時都府巡察ト外國應接トノ如キ猶立法官得管之《これをかんするをう》

一　各府各藩各縣皆貢士ヲ出シ議員トス議事ノ制ヲ立ツルハ輿論公議ヲ執ル所以ナリ

（大意・解説）

①天下の権力は全て太政官に属する。政令が二通り出る恐れをなくすためだ。太政官の権力

は、立法・行政・司法の三権にわけ、偏重の恐れをなくす。

国家機能中枢を太政官に置く（中央集権、封建制廃止）ことを意味する。

②立法官は行法官を兼任できず、行法官は立法官を兼任できない。但し、立法官は、臨時都府巡察（今の警視庁警察官に相当）と外国応接（外交官）たり得る。

太政官の三権（行政・司法・立法）分立、立法官と行法官（行政官）の兼任禁止。

③各府藩県から貢士を出し議員とし議会制度を立てるのは、公議輿論を採用するからだ。

各藩県より貢士を集め議会を開く（公議輿論の原則）ことを意味する。

「政体書」は、冒頭に五箇条の御誓文を掲げた。「御誓文（第一条）」を具体化し、議政官に上下二局を置く。上局は議定（皇族公家諸侯）と参与（公家諸侯大夫士族）が、憲法・法律・条約締結・官吏任免・和戦を決す。下局は、議長二人と議員（府県選出の貢士）が、「輿論公議を執る」（『明治憲法制定史・上』二八頁）。「五箇条の御誓文」と「政体書」で、立憲政治への道が定まった。

江藤新平の民法・国法会議（明治三年）

①民法会議

明治三年九月一八日、太政官制度局中弁・江藤新平は、民法制定が国民の権利義務をまもり四民平等を実現するとし、制度局に民法会議を設置。後藤象二郎、加藤弘之、渋沢栄一などが参加。江藤は、明治二年、大学中博士・箕作麟祥《みつくりりんしょう》が仏留学より持ち帰ったナポレオン法典を翻訳させ、これをもとに民法を整備したいと考えた。

②国法会議

明治三年一一月二七日、江藤の要請で、国憲（憲法）制定のための国法会議が開催された。天皇臨席のもと、右大臣三条実美、大納言嵯峨実愛、参議木戸孝允、大久保利通、後藤象二郎、大学大丞加藤弘之、権中史長炗《ちょうひかる》らが参加。「行政立法司法の事」が協議され、翌年は「土地人民の事」が協議された。オランダ憲法に範をとる、江藤の構想で会議は進められた（『江藤新平』九四頁）。その後、岩倉の鹿児島・山口出張、参議広沢真臣暗殺などにより、開催されなくなった。

（註）【箕作麟祥《みつくりりんしょう》】慶応三年（一八五七）仏国留学。慶応四年帰国。幕府の洋学者であった蕃所調所教授・箕作阮甫の孫（『江藤新平』九六頁）。

明治三年一〇月、伊藤博文の米国研究

明治三年一一月〜四年五月、伊藤は政治財政研究（理財諸法令・国債・貨幣紙幣・為替など）のため米国に派遣された（伊藤之雄『伊藤博文』八六頁）。伊藤は、米国務長官ハミルトン・フィッシュから、米国憲法の教えを受け、米国憲法の父アレクザンダー・ハミルトン（一七五五〜一八〇四、米保守思想家、米国建国はワシントンとハミルトンのふたりが成し遂げたといわれている）の『ザ・フェデラリスト』を寄贈された。枢密院の憲法審議時に、この本を座右に置いていたことは、伊藤が米国憲法に詳しかったことを示している（『憲法制定と欧米人の評価』六三頁）。

（註）**【ザ・フェデラリスト】**同書に示されたアレクザンダー・ハミルトンの英米保守思想は、明治日本では重要視されたが、現在は入門・解説書もなく無視されている（中川八洋『保守主義の哲学』二〇頁）。戦後民主主義が真正保守思想と無縁なことを示す証拠。**【米国憲法の父アレクザンダー・ハミルトン】**『ザ・フェデラリスト』のなかで「権力を制限する憲法とは、立法権に対して特定の例外、たとえば私権剥奪法とか事後法などを通過させてはならないことなどを規定した憲法を意味する」と述べた（『保守主義の哲学』三〇頁）。議会の立法権を野放しにすれば、衆愚政治から全体主義へと突入する、デモクラシー（民衆政）の危うさを知るハミルトンの至言。ハミルトンは、デモクラシーの災厄を米国政治から永遠に排除しようと試みた。ハミルトンは、「純粋デモクラシーは、歴史上、これほど政治における偽りは他に類例をみない。古代デモクラシーは、市民自身が議会に参加する純粋デ

モクラシーであったが、決して良き政府をもったことがない。その性格は専制であり、その姿は奇型である」と発言。**【自由主義の三本柱】**アレクザンダー・ハミルトンは、「道徳・自由・財産」が自由主義の三本柱だとし、これを破壊した仏革命の本質が全体主義であることを見抜いていた（『保守主義の哲学』四七頁）。ハミルトンを中心に制定された米国憲法は保守主義で貫かれ、秩序を重んじ国民の自由と権利を尊重する一方、仏革命がうたう、歴史や伝統から断絶された根無し草の国民を生み出す魔力を持つ、「人権」・「主権」を危険とみなし、これを米国憲法から一切排除した。

左院からの国会開設要望（明治五年）

明治五年四月、宮島誠一郎は、左院議長後藤象二郎に「立国建議」を建白し、国会開設を進言。「立国建議」は、「天皇は国民の父母。天皇に父母の権利あれば、国民保護の義務もある。朝廷はこのため官を設け、国民を治める政府を作る。政府は国民に権利義務を持つ以上、国民も政府に権利義務を持つことは当然で、権利義務を定める憲法をたて、これに則って政治を行なうべき」とし、国民の権利義務を定める憲法制定を提言（『日本憲法大綱』六四頁）。板垣の『民選議院建白書』（明治七年一月）は、「立国建議」の延長上にある。

（註）**【宮島誠一郎**（天保九年〜明治四四年）**】**米沢藩士。明治四年七月左院小議官儀制課長、貴族院議員。**【後藤象二郎**（天保九年〜明治三〇年）**】**土佐藩士。明治四年工部大輔・左院議

長、明治六年参議・左院事務総裁。自由党参加。逓信・農商相。**【明治四年七月二九日太政官改革】**太政官に三院（正院・右院・左院）がつくられた。各省は太政官指揮下に入った。三院制は明治八年まで続いた（『明治国家の建設』九二・一一一・一一二頁）。

正院　天皇・太政大臣（三条実美）・右大臣（岩倉具視）・左大臣（明治七年から島津久光）・参議（木戸・西郷・大隈・板垣）からなり、立法・行政・司法を指導・監督

右院　太政官の各省の卿（長官）と大輔《たいふ》（次官）の合議機関

左院　議官からなる立法機関

二　毅の欧州視察

岩倉使節団と欧州憲法

明治四年（一八七一）一一月一二日、岩倉使節団が出発し、二一ヵ月あまり欧米を視察し、明治六年九月一三日帰国（六三〇日間）。欧米諸制度施設を見聞し、各国憲法を調査した。久米邦武の「米欧回覧実記」によれば、次の通り。

①ベルギー憲法

「国王ヲ聖体ト称シ、政事ハミナ執政ノ責任トナシ、国王ノ処置モソノ主任執政ノ加印ヲナサザレバ、行ワルルヲ得ズ。……其権ハ議員ヲ徴散シ、文武官ヲ命シ、軍事ヲ督シ、

和戦ヲ宣告シ、外交条約結ヒ、赦宥ヲナシ、爵位ヲ授クル権アリ」（国王は聖体といわれ、政治は大臣の責任とし、国王の処置も総理大臣の署名がなければ実施されない。……国王の職権は、議会の召集・解散をおこない、行政官と軍人を任命し、軍事を総帥し、和戦を宣し、条約を結び、恩赦を行ない、爵位を与えることだ）

のちに毅が書いた明治憲法は、ベルギー憲法をお手本にしたといって過言ではない。

② スウェーデン憲法

「国王ノ権ハ聖体ヲ尊重シ毀傷ヲ受《うく》ヘカラストスルノ外ハ、殆ト米大統領ニ等シ」（国王の権力は、聖体の損ないを受けるべきでないとする以外は、ほとんど米国大統領に等しく強大だ）

③ 英国憲法

「英国ノ立憲政体ハ、米国ノ共和政治ト異ナリテ、立法行法ノ両権ヲ平衡セルノ妙ハ、一等宰相ガ公党ヨリ推サレ、皇帝ノ特旨ニテ、其輔翼ノ任ヲ命シ、毎事パーラメントニ出席シテ、衆議ヲ協スル弁証ニ従事スルニアリ」（英国立憲政体は米国共和政治と異なり、その立法行政両権のバランスをとる妙は、首相が公党より推薦され、国王の裁可で任命され、毎回の議会に出席し、衆議を協力し議論を行なうことにある）

英国は、立法と行政の均衡によって、政事がうまくいっているという。

使節団は、「国王の政治上無答責」という、立憲君主制度の根本原則を学んだ。「国王無答責」は、国王の権威のもと、司法・行政・立法の三権が行われ、その際、君主は政治責任を問われないことを意味し、立憲君主国では通常の取り決めである。使節団は、欧米の各国情、立憲君主制度を調査し、憲法制定にもつながる成果をあげた。

（註）**【明治憲法第三条「天皇ハ神聖ニシテ侵スヘカラス」】**欧州各国と同じ「国王無答責」原則を示し、立憲君主国では通常の条文。**【久米邦武（一八三九〜一九三一）】**佐賀藩士。修史館編集官・東大教授・早大教授。**【「法の精神」と木戸】**木戸は欧州からモンテスキューの『法の精神（スピリット・オブ・ロー）』を持ち帰った。モンテスキューは、三権分立の英国政体が最も優れているとし、木戸は感激した。木戸に同行した何礼之が『万法精理』として翻訳出版（陸羯南『近時政論考』一二一頁）。**【仏国ブロック博士】**木戸は、ブロック博士から「日本は天皇を戴いているのに、どうして日本人は共和主義を礼賛し三権分立を有難がるか」との話を聞いた（『岩倉使節団という冒険』一二五頁）。

欧州の毅（明治五年一一月〜六年七月）

岩倉使節団に遅れること一〇ヵ月、毅は、司法省の河野敏鎌、鶴田皓らと欧州に派遣された。毅の「渡欧日記」によれば、明治五年九月一三日、横浜港発。一〇月二八日、マルセーユ上陸。

一一月から六年四月まで、毅は、パリで法学者のアルフレッド・ブランシ、アンリ・コルヌ、ギュスターブ・ボアソナードなどから、仏国の法律・憲法を学んだ。その後、英国及びベルリンでも研究をすすめた。

毅は、翌六年九月六日横浜港に着いた。船上生活が往復三ヵ月で欧州滞在は九ヵ月だが、毅の研究は、余人の及ばない所まで進展した。研究対象国の礼賛者になる者が多い中、毅は、仏法制度の模倣をよしとしなかった。日本の伝統習慣を重んじる毅は、仏法制度や革命の実態を調べ、革命を支えたルソー思想が歴史伝統文化を破壊する元凶であることを見極め、ルソーを徹底批判した。

毅は、洋行前、江藤司法卿から贈られた金言（「洋行の要諦は、各国の制度文物を視察し、長所を取り短所を捨てることだ。西洋に学習するのではなく、観察批評する精神を持て」）をまもり、欧州の法制史・法理論を研究した（『井上毅研究』六二頁）。

【欧州での成果】

1、楠田英世への毅書簡「自身の法に従って生活せよ」（明治六年五月二二日）

六年五月、毅は、使節団と一〇日間程、ベルリンでドイツ法を研究。パリに戻り、東京の楠田英世（司法省明法権頭、毅の上司）に「専ら翻訳に首を埋め居り候」と書簡を出した。ドイツ裁判制度が一七〇〇年代に始まり現行制度になって二〇年に過ぎないと記した。毅の楠田宛書簡は、次の通り（『井上毅傳』史料編第四巻三八四頁）。

①プロシア建国の父・フリードリッヒ二世（一七一二〜一七八六）は、一七四〇年即位時、中世の遺制の拷問・杖刑を廃止し、道理と国典（建国法ともよぶ）に基づき定法（刑法）をつくった。一八〇八年、地方官の裁判官兼務を廃止するも、行政と司法は分離されなかった。一八四八年まで、地方貴族・富豪による私的法廷が、全国六六一六か所で許されるなど、中世の遺制が残されていた。

②一八四八年、司法制度を抜本改革し、1ライン川沿い地域を除き全国一律の司法制度実施、2裁判官は法律以外の権威に服従せず終身制とし、国王と雖も裁判への介入は不可、3全国共通の大審院を設置、4司法行政の混在排除のため国会に両者の紛争を処理する機関を設置、5裁判公開の原則、6刑事裁判に陪審制度を導入、7国王に恩赦権、監獄監督権を付与、などとした。以上は一八〇八年から四〇年かけて徐々に変更。

一方、仏国では、司法制度改変は、革命後、一〇〇万人以上の流血時に、軽薄な国民性と国民の希望によってナポレオンが速やかに実施した。

英独では、漸進主義により法が変えられた。大審院はベルリンにあり、上訴審、郡裁判所、治安裁判所などが設置されている。それぞれ、目代（検察官）を置くが、郡裁判所以下では目代は警官・官吏が兼務。代書人（司法書士）がいないため、婚姻証明書・死亡届なども代言人（弁護士）が書く。ドイツ刑法・刑事訴訟法は、一八五三年以前の旧仏刑法・刑事訴訟法に倣ったものである。ドイツ人の論によれば、刑法は国法に属し全国一律でなければならないが、ドイツ民法は、全国一律の仏民法と異なり、局法であり民法典もない。

③ドイツ法学者の説によって、ドイツ民法の淵源をたどれば次の通り。

一　法は、他人の好みを害せずに、自分の好みを達するための条則、及びこれを達するための方法である。つまり、**法は、自他共に人々の好みを達する方法に過ぎない。人々の好みを達するには出来るだけ、法は自由なことが望ましい。**

一　凡そ邦というものは、人々が協同し、好み・自由を実現するための集合体である。

一　従って、各邦に法がある。**各邦の人々は、法（局法）に基づいて生活する。**各邦の人々の好みが合して、地域限定の局法となる。邦には一律に大まかな取り決めを定めた通法（一邦一律）があり、邑には細目についての邑独自の局法がある。

一　なぜ各所に局法があるかといえば、**ドイツの北部は漁業、東南部は鉱山業、西部は農業・牧畜業を専らとする。**漁師に農業をさせ、農民に商業をさせられないように、各地に独自の慣習があるのはやむを得ない。牧畜では牛千頭の遺産を子供四人に分割相続が可能だが、漁業では一隻の船は分割相続できない。**商業では資本の分割相続が可能だが、農業では田畑を分割相続せずに、共同作業で得た利益を分割したほうがいい。各地の慣習の異なる人々を一個の法律の中に押し込めるのは、法の本意ではなく、邦を立てる目的にも違《たが》う。**

一　ドイツ近世の大家・ワンジャント氏（註　ワンゼルーのこと）曰く、「**ローマの法を学べ、汝の法に従いて生活せよ**」。ローマ法は、古代ローマの全盛期から、一五〇〇年という永い年月をかけて整備され、版図拡大に伴い、各種の民族風習を集大成し、偏りがない。ローマ人の性格は利を貪り、自他の権利に微に入り細に入ることが広大で際限がない。但し、**ローマ法が世界第一の美法だからといって、固有の民俗を持つドイツには採用できない。**

一　**ドイツの裁判官は、各地の習慣民俗を熟察して審理にあたらねばならない。**

一　万事急ぐべきだが、**民法は急いで整備すべきではない。**ドイツには、一定の民法書なく、**ライン河沿いはフランス民法、その他旧七州は、ローマ法とドイツ旧法の混合、さらに地域毎の局法も用いられる。**仏国人は、革命を起こし、血を以って旧い慣習や法律を洗い流すように廃止した。仏の民俗は軽薄で、目新しさを好む。明治維新以来の日本の急激な変革を、仏国人は称賛する。しかし、ドイツ人は、日本の無類の進歩を、無類の災厄と批判する。これは、ベルリンでの一般の日本批判であり、岩倉大使一行に忠告するドイツ人もいて、木戸公はそれを聞き憮然としたという（品川弥二郎の話による）。民法だけは、万民にとり重大で、杜撰なことがないよう精査したので、本書簡を熟読下さい。幸い、ドイツのことを仏語で記した書籍もあり、また、ドイツ人学者が私の為に仏語で講義してくれたので、ドイツ法の理解も可能でした。江藤司法卿にお見せ戴ければ幸いです。

【楠田宛書簡に見られる毅の考え】

①法は、網を張って人々を罪に陥れるようであってはいけない。国民がなるべく自由に生きるようにするのが法の目的。

②仏独ともに、刑法は全国一律。

③仏のように民法を全国一律にすることは、避けるべきだ。仏人は、革命に浮かれ落ち着きがなく軽薄である中、ナポレオンが民法制定を断行した。

④独は、国民精神が重厚で、改良を加えつつ、徐々に物事を進める気質を持つ。行政と司法が分離されない「中世の遺物」も、四〇年以上かけて改善した。

⑤民法の局法とは、地域毎の法律だ。地域毎に文化伝統習慣も産業も異なるため、局法が必要である。この点でも、ドイツ法は国民の自由を保つ点で優れている。

（註）毅は、書簡に「民法に至ては……其ノ細目に至ては、各所各邑《かくゆう》皆ナ其ノ習慣ニ従ヒ、民心自ラ安《やすん》するの舊慣《きゅうかん》あり、卽チ名《な》ケて局法とす」と記した（『井上毅傳』史料編第四巻三八七頁）。

⑥習慣の違いを無視し、国民を同一民法に押し込めるのは法の本意ではない。

毅は、伝統や習慣が法にとりいかに重要かをドイツ法学に学んだ。毅は、自国の歴史文化伝統に基づく法律・憲法が重要と考え、フランス民法をそのまま導入することに反対した。

2、『伯耳霊《ベルリン》ニ於イテ筆記』（明治六年五月一四日付）

毅は、『伯耳霊ニ於イテ筆記』に次のように記した（『井上毅傳』史料編第三巻四六・四七頁）。

甲ノ法ヲ移シテ乙ノ人民ニ强ルニ至テハ更ニ惑ヒノ甚シキモノナリ……今外國ノ法ヲ執テ政府ノ令ヲ以テ布キ行フニ至テハ人民ノ意ニ出ルニアラスシテ名ケテ强制トスベク治道ノ本意ニアラス譬ヘハ今政府ヨリ命シテ國民ヲシテ外國ノ兵役ニ就カシムルガ如シ豈ニ一人モ甘シテ是ニ従フモノアラン哉（甲国の法を移して乙国の人民に強制することは、更に、間違いの甚だしいものだ。……今外国の法を、政府の命令により施行すれば、人民の意によるものではなく、強制であり、政治の道の本意ではない。政府より命令して、国民を外国の兵役に就かせるようなものである。国民の誰も、こんなことに甘んじられない）

「甲の法を移して乙の人民に強いること」とは、外国の法や憲法を自国民に強制することであり、自国民を外国の兵役に就かせるのと同じだと、毅は考えた。

3、『伯耳霊《ベルリン》行筆記』

毅は、『伯耳霊行筆記』に次のように記した（大意）（『井上毅傳』史料編第三巻四八・五一頁）。

プロシアは、四五年前から陪審制度を実施し、仏国とほぼ同じ刑法を全国一律に使用している。……プロシア民法は州毎の民俗に従い地域毎に異なる。……全国一律の民法は、非文明国や仏国のような人心が軽はずみな国家で行われるが、真に文明の開けた国では行われない。……慣習の地域差を無視し、人々を同一形式の中に生活させるのは残酷であり、国の本意に悖る。……日本人は、ゆとりがなく、ゆっくりと物事を進める精神が乏しく、しばしば形をまねることを重要と考え、形に込められた原則を採る意義を知らない。ワン

ゼルー氏の言葉がそれに対する薬だ。……全ての政治は急を要するが、民法制定を急ぐことは国民に有害だから、慎重であるべき。

全国一律の民法は、文明の開けた国では用いられない。毅は、地域慣習を無視し、人々を同一形式中に生活させるのは残酷で国の本意に悖るとした。『伯耳霊行筆記』は、毅のベルリンでの調査研究覚書を、鶴田皓が写したもの。先輩の鶴田も、毅を頼りにしていた。

4、毅が欧州で到達した考え

以上、毅の三つの記録から、毅が欧州で到達した考えは次の通り。

①法律と憲法は、自国の歴史伝統文化に基づくべき

②ワンゼルーの言葉通り、自国の固有法をまもり、社会の変化に応じ徐々に法をかえる

　ワンゼルーの言葉は、日本人へのクスリである

③地域の慣習を無視し、同一法（民法）に人々を押し込むのは、国の本意に悖る

　外国の法を国民に強制するのは、国民に外国の兵役を強いるのに等しい

　民法の急な制定は、国民に有害。法を作る人は、慎重にすべき

④真似ることに急な日本人は、法に込められた原則を採用することを知らない

憲法も法律も、外国のものを翻訳し国民に強制すれば、国家と国民にとり大きな災厄だ。自国の歴史・民俗・習慣及び固有法を良く調べ、それに基づき憲法と法律を起草すべきだ。社会の変化に応じ、徐々に法をかえていくことが必要だ。以上が、毅が欧州での研究を通じ到達した考えだった。

(註)**【毅研究者の間違い】**明治六年、欧州滞在中の毅が、ワンゼルーの言葉(「自らの法に従って生活せよ」)や「民心おのずから安んずるの旧慣あり」と記した意義を、現代の研究者は見逃している。**【八木秀次氏の間違った解釈】**八木氏は、「元来、井上においては憲法を制定するにあたって我が国の歴史・伝統にさかのぼることは厳しく戒められ、憲法のイメージとしては欧米諸国の法制度だけが念頭に置かれていた」と述べ、さらに「小野梓の『国憲汎論』等に刺激され」、ようやく国典研究の重要性に気付き、明治一九・二〇年頃から研究を始めたというデタラメを書いている(『明治憲法の思想』七一頁)。毅が国典研究を始めたのは一八年(八木氏の一九年説でなく)だが、それまでそれに費やす時間がなかったためだ。八木氏は、毅の明治六年文献に「ワンゼルーの言葉」があることを知らず、その意義にも気づいてない。**【毅の国典・短歌研究】**毅は、憲法・法律起草時、自国や地域の慣習の中に法を発見すべきとの考えで国典・短歌を研究。それを、毅の単なる趣味と間違える人がいる。長井利浩氏は、「井上毅は若い頃から短歌に興味を持っていたと思われる」という(『井上毅とロェスエル』一一八頁)。**【小林節氏と竹田恒泰氏のトンデモ本『憲法の真髄』】**憲法学者小林節氏は、米国憲法を米国独立宣言と同一物と言いくるめる詐称癖がある。

小林氏曰く、「人間はみな平等につくられており、幸福を追求するために生きており、そのために政府を組織すると憲法（独立宣言）に書かれている」（『憲法の真髄』ベスト新書一〇〇頁）。しかし、米独立宣言は「人間平等」とするが、米国憲法は仏革命の「人間平等」・「人権」思想やルソーの社会契約論を一切排除。両者は全く別物であることが真実。**【ワンゼルーKA.Vangerow（一八〇八～一八七〇）】**ドイツ人法学者。毅は「ワンゼルー」か「ワンジェント」としたが、本書では「ワンゼルー」とした（『井上毅傳』史料編第三巻五一頁）（『井上毅と明治国家』七一頁）。**【毅の心配】**毅の心配は、議会開設運動で現実となった。人々は、各国政治史を知らぬまま社会契約論や議院内閣制を称揚。毅は、ルソー主義による政治暴走が、国民に致命傷を与えることを恐れた。

岩倉・木戸・大久保の憲法・政体に関する意見（明治六年七月～一一月）

六年九月一三日、欧州視察を終えて横浜に帰着した岩倉は、「**維新以降の急激な改革は国是をあやまるものであり、これからはつとめて国風（国ぶり）を維持し、時間をかけて近代化を図るべき**」との考えを持った（『明治天皇紀』第三巻一二八頁）。滞欧中、ビスマルク・独皇帝ウィルヘルム一世の話、さらにシュタインなど歴史法学者から学んだことなどから、西洋各国はそれぞれの歴史・伝統・文化にあった法体系を持って、国内政治をおこなっていることを悟った結果ともいえるだろう。漸進主義は、木戸・大久保にも共通していた。

（註）ビスマルク時代（一八六二～一八九〇）。普仏戦争（一八七〇～一八七一）。普仏戦争後、一八七一年、パリでウィルヘルム一世が独帝国皇帝に即位。

木戸と大久保は、憲法制度と政体に関し意見を提出（同上一六一頁）。木戸は、帰国後の六年七月二三日、意見書を提出した。木戸は、五箇条の御誓文を基本とした君民同治の憲法を推奨し、国力の進展に応じた漸進主義をとるべきとし性急な憲法制定を戒めた（『近世日本国民史』第八六巻二七〇・二九一頁）。木戸は、①維新から日の浅い現状では、議会開設は時期尚早で、政府有司が協議し天皇の決裁による政治を行なうべき、②政府決定は偏ることがあり、現実に紛争を生じることがある、③政府有司の随意に任せる政治の抑制には、君主統治の憲法を速やかに制定すべき、④そのことが将来の君民同治憲法の制定に結びつくはず、とした。木戸は、ドイツ留学中の青木周蔵に憲法調査を命じた（『青木周蔵自伝』五七頁）。

六年一〇月、西郷の韓国派遣は、岩倉・木戸・大久保の巻き返しで中止され、西郷、江藤、板垣、後藤象二郎、副島種臣は下野。大久保は、一一月、『政体論』を政府に提出した。

【大久保の『政体論』（明治六年一一月）】

今日ノ要務先《ま》ツ我カ国体ヲ議スルヨリ大且《か》ツ急ナルハナシ。苟《いやし》クモ之レヲ議スルニ序《じょ》アリ、妄《みだ》リニ欧州各国君民共治ノ制ニ擬《ぎ》スヘカラス。我カ国自《おのず》カラ皇統一系ノ法典アリ、亦《ま》

夕人民開明ノ程度アリ、宜シク其得失利弊《りへい》ヲ審按《しんあん》酌量《しゃくりょう》シテ以テ法憲典章ヲ立定スヘシ（今日必要な任務は、わが国の国体を議論するより重大なことはない。国体を議論するのには順序がある。むやみに、欧州各国の君民同治の制度を真似すべきではない。わが国には、自然に皇統一系の定めがあり、また、国民の文化度もあり、よく利害得失を考えた上で、憲法と法律をつくらねばならない）

大久保は、憲法制定を提案し、①日本の国体を明らかにし、②その上で、国体や国情に相応しい憲法を制定する、の二点が重要とした（『日本憲法大綱』六六頁）。また、大久保は『政体論』で、「民主政治」と「君主政治」を比較し、「**夫レ民主ノ政ハ、天下ヲ以テ一人ニ私セズ、広ク国家ノ洪益ヲ計カリ、洽《あま》ネク人民ノ自由ヲ達シ、法政ノ旨ヲ失ワズ、首長ノ任ニ違ワズ、実ニ天理ノ本然ヲ完具スル者**（民主政は天下を私せず、広く国家の公益を図り、広く国民の自由を達成し、法治主義の主旨を忘れず、首長の責任に違わず、実に天理の本然を完備したものである）」として、「民主政治」の良さを記している（毛利敏彦『大久保利通』一八八頁）。大久保のいう「民主政治」とは、法に基づき国民の権利をまもる政治である。

七年一月一四日、岩倉は赤坂喰違坂で土佐士族に襲われた。二月、佐賀の乱勃発。八年二月、岩倉は、帰朝以来の総括と見通しを上奏し、五箇条の御誓文に基づく政綱の変革を漸進主義で実施することを提案した（『明治天皇紀』第三巻四〇三頁）。

（註）【青木憲法草案（『大日本政規』明治六年秋）】①国境、②国民権利義務、③政務（皇帝権利、諸卿権利義務、議会、法度）④歳収入規定、⑤一般取極め。青木は、議員公選とせず、各地方長官による地方名望家を選出し、徳川御三家・島津・毛利などは終身議員、議員には議決権でなく参与権付与（『青木周蔵自伝』五七頁）。

民選議院建白書（明治七年一月一七日）

七年一月一四日夜、副島種臣、江藤新平、後藤象二郎、板垣退助、由利公正、小室信夫《しのぶ》、古澤迂郎（滋）らは、副島邸で愛国公党本誓に署名し、古澤起草の『民選議院建白書』を承認し、一月一七日に政府（左院）に提出した（『自由党史』上巻八八頁）。

【『民選議院建白書』要旨】

①政府は、五箇条の御誓文の趣旨を忘れ有司専制に陥っている

②現状を打破し、五箇条のご誓文が示す公議世論に基づく政治のため、民選議院を立てる。税を納める国民は、議会で国政をチェックする権利を持つ

③西洋も議会発展に長期間を要したことを理由に、時期尚早とか、議員を選ぶには教育レベ

ルが低いとの反対は間違い

④成熟に時間がかかるからこそ、自主自律の国民精神養成のため、早期開設、国民の国政参画が必要

⑤私たちは、国を愛し尊皇の心を持つ者。国会開設の承認をお願いする

『民選議院建白書』は、愛国・尊皇主義に基づくという。板垣の愛国公党宣言文は、「国民の権利主張」は「国威発揚と国民が富む」ためで、「君を愛し国を愛するの道なり」という（『自由党史』上巻八七頁）。板垣は、『自由党の尊王論』で「尊皇家は多いが、自由党ほどの尊王家はいない」とした（『大日本帝国憲法制定史』二〇三頁）。建白書の出された数日後、木戸と板垣は会談し、板垣は「政府は建白を聞き入れないだろう」と発言した。立憲制度に意欲を持つ木戸は、建白書を見せるよう依頼、板垣も承諾したが、先に新聞で発表されたため、木戸は板垣に不審感を抱いた。土佐士族の岩倉襲撃（赤坂喰違事件）や佐賀の乱で、政府は板垣らの建白運動を警戒するようになった（『自由党史』上巻九四頁）。建白頓挫で、板垣は高知に政治結社立志社結成（『明治国家の建設』一八四頁）。

毅の『治罪法備考《ちざいほう》』（明治七年八月〜一一年三月）

毅は、八年三月、ラヘリエルの『王国建国法』を翻訳出版し、最も整った憲法と言われるベルギー憲法、及びそれに次ぐプロシア憲法を日本に紹介した。それに先行して、毅（司法省七等出仕）は、欧米治罪法（刑事訴訟法）紹介のため、四年（七年八月〜一一年三月）かけて、欧米法律書に自己の見解を交え執筆した『治罪法備考』（上巻検察編、下巻裁判編）を刊行。治罪法は刑事訴訟の運用を示した手続法で、憲法で護るべき「国民の権利」からみても非常に重要である。そんな観点から、毅は、治罪法を憲法より先に国内に紹介した。

（註）【日本の刑法】旧刑法一三年七月、施行は一五年。明治刑法四〇年。

【毅の『治罪法備考』要旨】（『井上毅傳』史料編第三巻一一一頁）

1、治罪法備考《ちざいほうびこう》緒言

欧州には成文民法がない国はあるが、刑法・治罪法のない国はない。民法は私法で、治罪法・刑法は国法であり、治罪法・刑法がなければ国ではないからだ。シナは裁判がないため、刑法・治獄法はあるが治罪法（訴訟法）はない。わが国の治獄法は隋唐の制度を採用し、その後、武家政権が続き、囚人は人間扱いされず、一年の中に飢えて死ぬ囚人も多い。

欧州の監獄を視察したが、囚人は兵営の兵隊や学校の生徒と変わらず、縛られることもなく平静な生活を送り、法廷では誰が被告かわからない通常の服装をしていた。欧米建国法（憲法）が、身体自由と家宅不可侵を第一に掲げ、治罪法の原則とするからだ。被告人は判決日まで無罪とされ、不法拿捕拘留は厳しく罰せられる。ワシントンは、米国建国法を制定し、被告が自己に不利益な証言を強いられることを禁じた。自白だけを有力な証拠として犯人を処罰する限り、拷問はなくならない。本論は、仏国治罪法、及び、成文化されない慣習を記したものだ。

2、治罪法沿革

治罪法に、**告訴法**と**糾問法**《きゅうもん》の二種類がある。告訴法は、国民各自が罪人を訴え、法廷で対峙・質問し、勝ちを決する。現在、英国がそうだ。もう一つが糾問法で、検察を設け、検察が糾問して証拠を採ることを意味する。欧州は、一六世紀まで告訴法、一六世紀〜革命まで糾問法を用いた。**古の告訴法**は、国王自ら法廷に臨み判定する。国王は犯人と陪審を参集し、原告と被告が対峙し、原告は証拠を示す必要なく、被告自ら無罪を証明しなければならない。証人がなければ、神裁による。神裁とは、決闘、烙鉄《らくてつ》（焼いた鉄で肌に焼きを入れる）、熱湯等による。告訴法の利点は、原告被告双方の対面質疑、公開、陪審。短所は、証拠なしの臆断、未決の被告の有罪扱いだ。**糾問法**は、ローマに起源をもち、戦国告訴法の弊害をなくすため中世キリスト教徒により始められ、判決までは被告は無罪とみなし、原告は証拠を集め、未公開で予審を行う。検察官が逮捕拘留した被告を調べ、裁判で証拠を挙げ、罪の証明に努める。証拠集めを目的とする糾問法の利点は、予審を行い、憶測での裁断を防ぎ被告を保護（判決前の被告は無罪とする）、個人ではなく検察の告訴による。証拠文書作成のため、拘束された被告は拷問による自白強要を免れなかった。拷問は慣習として続けられたが、モンテスキュー、ボルテール説が採用され、一七八〇年ルイ一六世が禁止した。

（註）【糾問主義】犯罪の糾弾（検察官）と裁決者（判事）が同一。犯罪の解明と処罰が判事の役割であり、「犯罪者対判事」という図式になる。【弾劾《だんがい》主義】判事と検察官が分かれている。

一七八九年、仏革命で、告訴法（陪審、公開、原告被告対面、控訴）と糾問法（検察、予審）をあわせ治罪法を制定した。一七九一年、大陪審（定員八名）は、被告原告質疑、証拠調べを通じ、被告を重犯罪裁判所に送致するか否かを決定。ナポレオン治罪法では、大陪審は廃止、上級裁判所か郡裁判所がその役割を担った。仏刑事治罪法は、国会議員六名、大審院長一名、検事長一名が、一八〇八年協議を始め、一八一一年刑事法と共に国会議決で成立。一八三二年、一八六三年改正（国事犯死刑廃止、梟示《きゅう》廃止など）を経て現行法となった。

（註）【梟示《きゅう》】首を曝すこと

法律は、開化と共に進歩する。英国は、犯人逮捕は仏国の一〇倍から一二倍だが、保釈法がはなはだ広く重犯罪を除き保釈される。仏旧法の未決拘留法は間違いを免れないため、一八六五年ベルギーに倣い改正された。仏治罪法は、予審非公開が要点。英国予審は公開だが、被疑者眼前で証言する証人が委縮し、巨魁は罪を免れ得るため、一八四九年、仏国予審は非公開でも可とされた。

さらに法を議論するものは、まさにつとめて国俗慣習を考え、慎重に斟酌すべきだ。急いで他国の法律を借り、国固有の制度を変更すべきではない（**法ヲ議スル者、當《まさ》ニ務メテ國俗《こくぞく》慣習ヲ考ヘ、慎重シテ以テ參酌《しんしゃく》スヘシ、遽《にわか》カニ它国《たこく》ニ假《か》リ、固有ノ舊《きゅう》制ヲ紛更《ふんこう》スベカラザルナリ**）。

私（毅）が思うに、告訴法は、北方人に始まり、戦国に盛んで、英国に現存するが、英国は予審も採用。糾問法は、ローマに始まり、中世欧州全土に蔓延した。仏国の現治罪法は、告訴法と糾問法を集成したもので、プロシア以下諸国もこれに倣った。

（註）**【北方人】**ゲルマン民族のこと。

3、治罪法大意《ちざいほうたいい》

治罪法は、「罪犯《ざいはん》ヲ糾弾《きゅうだん》シ、及ビ裁判ヲスルノ法則ヲ云フ」（犯罪を糾弾し、裁判する法則をいう）である（『井上毅傳』史料編第三巻一一八頁）。治罪法には、告訴法と糾問法がある。裁判の定式を決める法章を集成して治罪成法という。罪を罰するには、世論と冤罪《えんざい》除去という相反する二点の調和を図ることに、法章を制定する者は心すべきだ。

被告はまず無罪純白とされ、告訴者が証拠を挙げる責任を持ち、被告は法廷で答える。仏治罪法は、古の告訴法と糾問法をあわせたため、二段階に分かれる。まず、検察（司法警察）は古の糾問法により、そして裁判は告訴法による。検察は予審、裁判は決審とも呼ばれる。検察（予審）は非公開で犯罪の跡を求め、裁判（決審）は公廷対理（公開された法廷で対面審理）して、心証を得ることを要す。

治罪（訴訟）は、原告から生じる。原告には、公（広く衆人に関わる）と私（一人に関わる）に分けられる。今一人を殴打し一家から盗めば、犯罪は小なりといえども、一国全部を害し、一国全部が仇となる。これを訴えるのは、一国公衆の権利だ。犯人の処罰を求める手続きを、公訴という所以だ。公訴権は、法章により任を受けた官吏が持つ。民法では私利の侵害には抵償法があり、私訴により被害が回復される。犯罪は、公治を侵し、併せて私利も害す。公治への侵犯は、検察の公訴、判決で刑が確定し、公害が除かれる。私利の害は、民法により回復する。公訴では、裁かれた者は再度裁かれない（一事不再理）。

人が事を行なうには、心と言と手の三つの能力による。審問は心知で考え、裁判は言、刑の執行は手による。証拠を集め、罪を決するには、証《あかし》を以てする。野蛮な戦乱時代は、告訴法により神意や闘勝が証だった。中世糾問法は、罪人の招承《しょうしょう》（逮捕尋問）が証だった。仏革命後は、心証が証となった（治罪法三四二条の陪審指令書）。治罪法三四二条が陪審に求めるのは、本心の誠真に原告被告何れの証拠が響いたかを静かに思うこと、つまり、「あなた方陪審は、静一な心証を得たか」を求める。

軽犯罪の裁判（懲治裁判・警察裁判）では、例外的に心証を用いず、文証の旧法を用いる（治罪法一五四・一八九条）。違警罪犯・懲治罪犯は、証告書又は証人により証明する。証告書は、検察官が報告し、法章で正信の力を持つ。軽罪では、証告書の力は誠に大きいが、重犯罪では、裁判官は、あくまで心証を得ることに努め、証告書は一助に過ぎない。

私（毅）が思うに、「心証」という言葉は新しい。心証とは、本心の感覚を証とする意味である。証を取る方法は、証告文書・証人供述・犯人逮捕・証拠物件があるが、何れも多とせず、法官の心証を形成する助けに過ぎない。法律は、**「文ニ泥《なず》ムコト勿《なか》レ、証《あかし》ノ多少ニ拘《こだ》ハルコト勿レ、唯《ただ》心証如何《いかん》ト問ヘト**（文書に拘るな、証拠の多少に拘るな、ただ、心証がどうかと問えと）」とのみいう。私（毅）は、心証の源はキリスト教と思っていたが、調べると実は仏革命にあった。革命政権はみな理学の党で、キリスト教を排撃し、心理こそが神との説を唱えるに至った。（中世キリスト教徒が始めた）糾問法を廃止し、その代わりに心証の原則をたてたのは、教会の旧則に反対だったためだ。理学家は、本心の自由を説く。心証の法も、これに由来する。

（註）**【理性を神と崇めた仏革命】** 仏革命は「理性神」を崇め、春分の日に理性の祭典を挙行した。皮肉なことに、ニューヨークの自由の女神は、仏革命の「理性神」を偶像化し寄贈された

（中川八洋『正統の哲学・異端の思想』一〇五頁）。さらに、「理性神」になじまないキリスト教の信仰を捨てない者は殺され、教会の財産は奪われたという、仏革命の本質を、毅は十分理解していたのである。

4、各国建国法治罪原則

犯人と罪の確定前に、被疑者を逮捕拘束、糾問するのはやむを得ない。しかし、法章で規定し予防しなければ、官吏により被告は悲惨な状態に置かれる。そのため、欧米の建国法は、治罪法原則を掲げる。

（合衆国建国法）

①人身保護の権利（第一章第九節二）

「**叛乱若《はんらんも》クハ外寇《がいこう》ニ當《あた》リ、國ノ安危ニ因《よ》ルニアラザレバ、人身保護ノ權ヲヤムベカラズ**（反乱もしくは外国軍侵攻に際し、国家の安危に関わらなければ、人身保護の権利を中止してはならない）」

本条文は、内乱か外国軍侵攻を除き、人身保護の権利を停止出来ないことをさす。

②「汚族の令」・「遡及法《そきゅう》」の禁止（第一章第九節三）

「汚族の令」とは、逆賊（国王にはむかった乱臣）から市民権を奪い、奴隷とすることをさす。遡及法は、過去に遡って法律を作り、処罰することを意味する。

③裁判は罪を犯した場所で行う（第三章第二節第三）
陪審を用いるのに便利だからだ。

④「国民の身体、居宅、書札（手紙・文書）、物料（所有物）を享有保全し、非理の押収を受けない権利を持つ」（建国法補正第四条）
国民の身体の自由・居宅不可侵・文書・私有財産を保護し、国民は法に基づかない家宅捜索押収を受けない権利を持つ。拿捕《だほ》（逮捕）礼状、捜索令状は、逮捕すべき人・捜索すべき場所・押収すべき物を明確に記載しなければならない。

（補正第五条）
○重罪は、大陪審の論告状なしに告訴されない
○一事不再理　一度結審して無罪となった事件は、再度告訴されない
○自己に不利な証言を強いられることなし（拷問の禁止）
○法によらずに、人の生命・自由・財産を奪うことは出来ない

（補正第六条）
○自己に不利な証言をする証人を尋問できる（反対尋問）（対審）
○自己の罪状原因を知ることが出来る
○被告側証人を招致できる

○被告は代言人（弁護士）の助けを借りることが出来る

（補正第八条）

○不当な保証金、過度の罰金、残酷な刑を受けることなし

（一七九一年仏王国建国法）

人民諸権

第一条　人は権利において、自由かつ平等に生まれる（天生固有にして確定不抜）

第二条　政府を構成するのは、天然不抜の人の諸権利を保護するため。諸権とは自由・所有・安全・横暴に対する抵抗

第四条　自由とはおよそ他人を害せざる全ての事をなしうることを意味する

第九条　有罪の宣告を受けるまでは無罪とみなす

第一部建国法保障根元条則「憲法に天然の民権として保障するのは、全ての人は、憲法に規定された方式によらねば、逮捕拘留されず、身体の自由を保障される」

以上、ルソーの天賦人権説の影響が強いことがわかる。

（註）**【一七九一年仏王国建国法】**ルイ一六世生存中に制定。仏国初の近代憲法（立憲君主制、ルソー思想の影響大）。ジャコバンが国王を処刑し憲法を捨てたため運用されず。

（英国）英国には成文憲法がないが、ラヘリエルの『欧州建国法』の「英国歴次布令」では次

の通り。

【人身の自由・居宅不可侵】

○法に従い、陪審が有罪と認め判決による以外、身柄は拘束されない。一月未満の禁錮刑は、陪審なく警察裁判で終決。一ヵ月～三年の服役は初決（第一審）とし控訴を許す。

○判事署名と被告罪状を明記した令状なしに、何人も逮捕されない。

○保証金を出し裁判出頭を約束した被告は、判決まで保釈される。

○国民の居宅は侵すべからざるものとする。

【民権保障】　次の三条で民権を保障する

①民権を侵すものは、民刑の責に当る

②国民は、国王又は議会に上願の権利を持つ（責任を問われず）

③抵抗の権（不法の令への抵抗は力を用いることも可）

裁判所歴次判決が示す所だ。女王アンの時、警士が所轄外で逮捕しようとしたが、通行人が被逮捕者を助け、警士を殺害。裁判官一二名は、「所轄外逮捕は違法。逮捕者に同情し、通行人が救ったことは、抵抗権行使の理由となる」と判決。女王陛下の臣下一人への自由の侵犯は、全国民に対する闘いや殴打を意味する。国民は人身保護権を実行する理由を持つとした。

5、人身の自由

各憲法は、人身の自由と家宅不可侵を掲げ、民権の大義とする。前章に解釈を加える。

英国では、人身の自由とは、励んで私有財産を作る権利、その財産を保つ権利、身体の安寧、移住の自由、凡そ人の活動に制限を受けないことをいう。仏国では、英国よりやや狭く、国民自ら身体を動作することを自らの意思に任せ、横暴不法の逮捕に抵抗しうる権利をいう。仏刑法一一四条~一二二条は、「自由を剥奪する律」であり、人身の自由を奪い、民権を侵害する官吏は、民権を剥奪されるというもの。仏国では、古来、王家の一書で無実の人を逮捕できたが、一七九一年仏王国建国法（憲法）で初めて一定の程式によらねば逮捕できず、移動の自由を天権として保障した。

欧州専制国プロシアも、人身の自由を保障し、不法逮捕を禁じる。プロシア警察官が、逮捕・尋問の両権を持つことが、弊害の原因となっている。尋問権は、司法官が持つべきだ。

フルニエ氏によれば、人身の自由は他の寛政諸則と相補って実効性をもつ。他の寛政諸則とは、**出版**（**著刻**）**の自由**、**言論**（**議政**）**の自由**、**陪審制**、**反対尋問**（**対理**）**権の公行**、**国民が官吏を訴える権利**だ。思うに英米の人身保護令は、一大法規で人身の自由を保証する。今、仏人ルイ・コタレ氏により抄訳する。

英国では人身の自由を論じることが甚だ古い。いわゆる大憲（マグナカルタ）第二九章に「法章と正理に基づく裁判によらなければ、何人も逮捕拘留されず、財産・自由・生命を奪われない」という。ハラム氏によれば、この法は、ザクソンに由来する。中古、乱暴な政府が憲法に反し横暴なことを行なった場合、国民は活発な精神で自由を主張した。地方の法官も、王命に抵抗し、入獄中の無罪人をしばしば解放し、自由を保護した。一六四一年、議会は初めて法章を作り、どの法に触れたたか知り得ない逮捕拘留者は、友人か弁護士が控訴できるようになった。判事は即時審理し、令状を獄吏及びシェリフ（地方代官）に出し当人を訊問し、三日以内の判決を義務付けられ、無罪なら釈放された。しかし、法官の目の届かぬ孤島への拘留など、人身の自由が依然保護されないため、一六七九年、議会は人身保護令を制定。入獄者は入獄後六時間内に逮捕状写しを請求出来、理由なく拒否する獄吏は、証人二名で、官籍を剝奪されることとなった。

（家宅不可侵）

国民の家宅は、戸主に主宰の権利が属し、官吏が妄りに侵入出来ないことは、国民の一大権利だ。各国建国法はこれを家宅不可侵の権利という。仏国刑法第一八四条は、戸主の意に逆らい家宅侵入した官吏を、禁固六日以上一年以内、科料などを科す。

6、検察大意

検察は、犯罪を探索し、証拠を集め、犯人を裁判所に送致する。裁判事務が始まる時、検察事務は終了する。検察は、上等裁判所が監督する。検察事務は、糾問と検弾の二つに分かれる。

①糾問（事犯を訪問し証拠を集め心証の資料とする）糾問法官

②検弾（被告を訊問し、裁判所に論告求刑する）目代、検察諸官

両者を兼任させないのは、被告に対し検察官の権限を抑制し公平を期すためである。糾問と検弾をあわせ検察といい、糾問法官と目代をあわせ検察官吏という。全国に二八名の大目代を置き、検察官吏を統括する。

目代は、検察官吏を総《す》べ、告訴告発を受け、重罪犯は糾問法官に送り、糾問法官の取り調べの結果を得て、裁判所に送致し裁判を求める。糾問法官は、目代の求めにより被疑者を取り調べ、証拠があれば目代に送り無罪なら放免する。

私（毅）が思うに、警察は一つだが、司法警察と治部（行政）警察に分かれるのはなぜか。治部警察は、安全を保持し、犯罪を予防する。安全保持予防は、便宜が大きく、機密にわたることも妨げない。司法警察は、発生した事件で被告を逮捕喚問し、建国法の人身自由・家宅不可侵の大権を減殺する為、一挙一動、治罪法を遵守すべきだ。これが、両者を分ける理由だ。司法警察を何故目代に委ねるか。罪を誅し、悪を除くのは、君主の大権だ。

それで、目代官を設け、君主の耳目とし国民の幸福を護るのである。保安法官、備警士官、警察使を目代補助とするのは、目代が郡都に駐在するだけでは、事件の捜索を速やかに出来ないから、罪人網を至る所に設ける。判事が政府に独立し国民に信頼されているため、専ら政府に属している検察には、目代とは別に糾問法官を置く。何故、司法警察官吏の定員を限定し、その他の官吏には権限を与えないのか。司法警察の職務が民権を圧迫するからだ。邏卒（巡査）、警兵は、命令に基づき逮捕し、現行犯逮捕するが、司法警察権を保有しない。辺境の野山では目代諸官の手が及ばないために、野警人、林警人に追捕証告の権限を与え司法警察官吏としている。

（註）【司法警察】犯罪捜索逮捕。【治部警察】行政警察、防犯取締りと鎮圧。

7、目代職務

（沿革並びに大意）

目代の名称の始まりは通常の代言人で、国王が依頼した王家の訴えを担当するに過ぎなかった（英国の王家代言人に同じ）。中古、忠国を宣誓させ、専ら王事を代訟させ、国民の王目代の名称は、一五七九年勅令（「王家の目代は、告発人なくして、犯罪を捜査し、迅速に追及することを掌《つかさど》る」）に始まった。目代は主として刑事を職とした始めだ。

目代は国王の代言人に過ぎないが、検察刑訴を専らとするのは、国王は全国の総大看守にして、国民のために全国の安寧を図るからだ。犯罪が起き、世間を害し国民に災いを与えれば、追及訴追するのは国王をおいて他にない。目代が、国王のために代弁し、犯罪を捜査し、訴追する所以だ。

刑事目代の訴えを公訴、国民の訴えを私訴という。国王の代言人・目代が、犯罪を捜査追求するのは、国王が国民の幸福を護り、公害を除く義務を負うからである。

目代の第一原則は、公訴は国民に属し、これを行政に託す。行政はこれを目代に託す。仏国では、国民は目代に被害を告訴できるが、公訴人たり得ない。裁判を求める権利は目代のみが持つ。国民それぞれが裁判所への告訴権を持たないのは、一人一人に告訴権があったローマ帝国では、妻が夫を訴え、奴隷が主人を訴え、力あるものが訴訟を乱発し、良民が罪に陥れられ、帝国滅亡の原因となったからだ。

・私（殺）が思うに、刑法の原則は、仇討ちではなく、公害を除くにある。目代（検察官）は、仇討ちの穴を塞ぎ、公害を除くものだ。モンテスキュー曰く、「目代は中世王家一統より起こった良制」。目代は、仏国に起こり、ベルギー・オランダ・イタリア三国は仏国と同じ。ドイツは久しく検察（目代）を置かず、裁判所がこれに行ったが、一八四九年一月プロシアが目代を導入。英国は、目代は置かず、被害者が自ら訴え、大陪審が王に代わって公訴を決定する。また、王権を侵し、謀反を起こした場合、国王の代理として大代言人が論告する。但し、スコットランドでは、国王の上等代言人が公訴して、仏国目代と異なることがない。

・モーリスブロック氏曰く、英国に目代はない。但し、被害者及び国民には、重罪を訴える義務がある。王家は検察弾劾を行なう。近年、王家が訴えを徐々に増やしているのは、目代を置いてほしいとの国民の願いが増えたためだ。

・古来、目代と判事と兼ね行われ、職制が明確でなく、「全ての裁判官は目代たり」との言葉もあった。革命以来、職を分け、官を定め、法により、法章が定める官吏以外は公訴出来ない。目代不在との理由がない限り、裁判官も公訴出来ない。

・思うに、裁判官は、告訴を受け、原告被告に中立にして非直を審査する。検察官は、判決の権利なく、罪を追及し裁きを求める職務であり、裁判官の評議に参加できない。裁判官と検察が分けられたのは、裁判官が犯罪を捜査すれば、被疑者を公平に見ることが出来なくなるからだ。現に、二〇年前、両者が分離されておらず、残酷なる事態がしばしばあった。一八四九年一月、プロシア王が、目代を設置し、両者を分離した。

・仏国では一般に、検察を立法官、裁判官を坐法官と称する。法廷での両者の姿勢の違いを表現した名称で、活動の違いも表現している。

（註）この後、毅は検察と裁判の記録法などを詳述。

明治一四年治罪法制定の七年前（明治七年）、治罪法の大原則の周知の為、四年かけて刊行した点が用意周到な毅らしい。注目すべきは、人身の自由などを初めて採用した英国大憲章、さらに米国憲法の「人身保護規定」を詳述している点だ。英米の「国民の権利保護」は、人身保護・家宅不可侵・私有財産保護・出版の自由などにわたり十分だと、毅は評価している。米国憲法「自白の強要禁止」の重要性に言及し、日本の拷問禁止に力点を置いた。革命後の仏国「権利保護」は身体の自由などに止まり英米に比べ限定的とし、プロシアは「専制国」とした。

毅は、「**法ヲ議スル者、當《まさ》ニ務メテ國俗慣習ヲ考ヘ、愼重シテ以テ參酌《しんしゃく》スヘシ、遽《にわか》ニ它国《たこく》ニ假《か》リ、固有ノ舊《きゅう》制ヲ紛更《ふんこう》スベカラザルナリ**（法を議論する者はつとめて国俗慣習を考え、慎重に斟酌すべき。急いで他国の法律を借り、国固有の制度を変更すべきではない）」と記した。欧米諸国の治罪法の比較研究に止まらず、その起源に言及したように、毅は法制史を重要視した。歴史に学べば、法の本質がつかめるという、毅の考えが示されている。

毅の『欧州模倣ヲ非トスル説』（明治七年一一月～八年二月）

明治七年当時、日本が欧米と対等になるため、欧州文明を丸ごと日本に移す「第二欧州創造論」が盛んに唱えられた。毅は、それに反論した。

【毅の『欧州模倣ヲ非トスル説』要約】（『井上毅傳』史料編第一巻四七頁）

日本の独立維持の為、「第二の欧州創造」が喧伝されているが、それは可能か。文明・徳義・政略・軍事力のどれも、当面欧州と対等でない。独立維持のため、対欧州融和の手段は、婚姻・言語・宗教が考えられる。

第一は、欧州人との婚姻。欧州小国が、婚姻で安泰を図っているのは、彼らが同一民族だからだ。日本人と西洋人の婚姻は、肌の色が違うためうまくいかない。

第二は、国語の西洋語化。欧語を国語にするのは、木により魚を求めるに等しい。一八三〇年、ベルギーがオランダから独立したのも、言語が異なるため。一〇六六年、ウイリアム征服王の英国での仏語強制失敗から、これは難しい。欧語は、同一言語が地域ごとに訛り混合し国語となったスペイン語・ドイツ語・英仏語は、文法単語とも相似し、欧州人には修得は一、二年で出来る。日本人の欧語習得は、十年かかる。

第三は宗教。対欧外交のため、伝統と信仰を捨てキリスト教を国教にすれば、西洋の宗派争乱以上に大混乱しよう。政権が宗教を左右すれば、宗教が政権を左右することになる。英ヘンリー八世（一五〇九～一五四七）初年からジョージ三世（一七六〇～一八〇〇）末年の期間が最も混乱した。日本の政治家が宗教に干渉すれば、白河法皇の言葉「ままならぬのは鴨川の水と山法師」を政治家が発するだろう。

知識の進歩と宗教の進歩は反比例する。知識が進めば、道義を講究するものは先天（生まれつき、人が生まれてくる以前、天帝の命に先だって事を行なう）の空想に満足せず、人事を以て天道を推測し、一々考慮を要するにより、倫理の道、日を追って哲理に進み、遂に社会の中に不信の念を醸成し、豪傑が現れれば、別に一機軸を出すよう務め、新説を主張し、旧典を排撃し、宗教は遂に退縮し、教義への疑問が出て衰退する。戦国時代は、教育が忘れられ、道徳が地に落ちたため、伝来した西教（キリスト教）が一部に広がった。しかし、元和偃武《げんなえんぶ》（一六一五年、大坂夏の陣以降の平和）以降、大儒碩学が輩出し、堯舜の道・孔孟の教えを説き、礼楽に乏しくもなく、仏法も政治の機関となり人々の帰依を促し、国学も国民の間に行われた。この三者が、異端（キリスト教）を交々《こもごも》攻撃し、維新以降も西教は幸いに流行せず、今後も国内に蔓延しないだろう。

婚姻・言語・宗教は、日本の「第二欧州化」の道具にはならない。哲理にてらせば、**国民には「本来の性質」があり、「外来の性質」が勢力をほしいままには出来ない。**「国民の性質」は、国民の努力により数世紀を経て、或いは変じ或いは移り、栄枯盛衰を経る。例えば英仏独蘭は、皮相からは同一文明だが、土地の形勢・外交・教育主義により、商売・技芸・文学・勤倹に富み特有の形質があり、これを「国民の性質」という。「本来の性質」は、勇懦強弱賢愚と国毎に異なる。例えば印度人は大胆豪剛で、恐怖の念がない。山にヒマラヤあり、河にシッダールタ（釈迦）の足跡あり、みな巨大の観を呈す。鳥獣には犀象虎豹孔雀鷲あって、猛烈あり奇異あり、草木虫魚も気候も地形も、風雨寒暑も天雷地震の怪異も、意表をつく現象ばかりで他国に数等まさるが、人民は、それらに慌てず綽《しゃく》綽《しゃく》と対応する。これを「本来の性質」という。

「外来の性質」である文学技芸修飾は、人知の及ぶ限り好尚の程度に応じ採用される。シウイルコード（民法典）は、ローマに由来する一国の法律に過ぎないが、効用が重大なことと理論の精確さで欧州に流布し、各国が法律の基礎とした。電気蒸気は英米の発明だが、著書器械建築などの技術同様、一度善とすれば、仏独さらにシナ・日本も採用し、一方に固着することがない。「外来の性質」は、通商の便、音信、法学士の往来、著述の流布などを通じ、各国がこれを採用できるとはいえ、その中に自ずと（発祥国自体の）「本来の性質」も入っており、各国は自らの勇懦強弱賢愚に応じ、取捨選択し採用し、適宜に進化し、内外性質が競争融合し、元来の形質を変更し、国民に特有の性質を創造する。以上から、宗教言語婚姻を採用し、欧州人と交情を厚くすることは結果が予想と異なり、実行すべきでない。

手をこまねいて滅亡は待てないので、実際上から着手し国を救わねばならぬ。日本は、封建を脱しようやく郡県制（廃藩置県）をたてたが、財力衰亡と精神疲弊は明言するに忍びない。国民も困難を自覚し、新事業に従事しようとしている。欧州と比較すれば、西暦千六百年代の欧州に相当しよう。勤倹刻苦して富強の源を培養すべきだ。西洋も、豪傑の士が中世暗黒世界の旧習を去り、ローマ文明の遺物を拾い文明の基礎を作ったが、ローマの「黄金世界の快楽」は学ばず、生命と財産をなげうち、親子離別し、浴雨櫛風（雨を浴び風でくしけずり）、大陸を発見、経典翻訳、器械の工夫など、辛酸を極めた。そして、一九世紀の今日、欧米各国は、暴鷲や驕獅子の国旗を翻し四海に跋扈する栄誉の地位にある。日本が今日の欧米の美果を羨み、繁栄の根源に戻らず表面の美観のみ学べば、困難を凌ぐ気節《きせつ》（意気と節操）なく、ローマ滅亡の前轍を知ることもない。ミル氏は、「豪傑の士が冒険するのは他日の快楽のため」という。日本は、シナ文明を取り入れ「国民の性質」を創造した。西洋文明の採用・改良は難しくない。五〇年の平和を保ち、国の基礎を堅固にすれば、一大文明を創造し、社稷を全くし、独立を保ち、幸福を得ることが可能だろう。この論は、平常の論であり、立派で優れたものではないが、方法なき空想に比べれば、国家に裨益を与えると信じる。

ベンサム氏は、「国家の法制は善良でも他国に移すべきではない。国民に幸福をもたらさない」という。法制の一部採用でさえそうだ。国を挙げ欧米に倣うのは危険だ。

明治六年、欧州から帰国した毅は、西洋文明の根幹（欧州語・キリスト教・婚姻）の導入による「第二欧州化論」が、国の基礎である国体を破壊することに反対した。国独自の「本来の性質」も、むやみな「外来の性質」受容で損なわれる。欧州は、ローマ文明の選択導入により中世暗黒世界を脱した。毅は、欧州の繁栄のみに目を奪われず、新大陸発見での英雄の行動などを見逃してはならないとした。日本も五〇年の平和が保てれば、独自文明を創造出来ると考えた。また、儒学・仏教など外来の文化・思想・宗教を日本化したことが、日本文明創造の原動力と述べた。

（註）【ジェレミー・ベンサム（一七四六〜一八三二）】英国法学・哲学者。功利主義を唱え、「最大多数の最大幸福」で知られ、「社会の幸福は個人の幸福の総和」と説いた。

毅の『王国建国法　第一・第二』（明治八年三月）

毅が執筆した『王国建国法　第一・第二』は、仏法学者ラヘリエル著『欧米諸州建国法』から、プロシア王国・ベルギー王国憲法を選んで邦訳したもの。注釈部分に毅の考えが示されている。出版は明治八年三月だが、欧州からの帰国時に原著を手に入れ翻訳し、明治七年中に完成（『井上毅研究』一九九頁）。「建国法」は、「根本憲法」とされ憲法を意味する毅の訳語である。

本書要旨は次の通り（『井上毅傳』史料編第三巻四二一・四四四頁）。

【プロシア憲法】

毅は、プロシア憲法を英国憲法と比較し、その特徴について述べている。

ヒレブラン氏の『プロシア国制』によれば、プロシア憲法は国民の私権（言論、著述、行動の自由など）の保護は十分に配慮されている。しかし、**英国憲法が民心に起こり土地の風俗をより良いものにするものであるのに比べ、プロシア憲法は、政府が起草し議会の修正を経て承認されたものであるため、机上での創作であることを免れない。**そのため、抜け落ちた点が多く、また民心への配慮が足らず、民心を涵養することがはなはだ浅い。

また、プロシア憲法は、第九九条「国の予算を国会で審議する」とする一方、第一〇九条「税は旧税によって徴収すべし」という矛盾する条文が存在する。国家の予算や税という重要なことにすら条文間に大きな矛盾があることが、プロシア政治の混乱の原因となっている。

毅は、プロシア憲法が、国民の権利を十分護っているものの、机上で作られたためプロシアの風俗習慣に良い影響を与えず、予算や税など憲法の主要条文間に矛盾があり、政治の混乱を招いている、という。

毅が、英国憲法を高く評価し、プロシア憲法を評価していないのは、英国憲法が民心に起こり風俗を良くする一方、プロシア憲法が机上で作られ民心に配慮していないことによる。言い換えれば、法（憲法）は机上で作るのではなく、英国のように国の歴史伝統文化の中に発見すべきだと、毅は考えた。

（註）【プロシア王国憲法】「普魯西ノ建国法ハ…實ニ英吉利ノ純ラ民心ニ興リ土俗ヲ宜クスル力如キニ非ス、故ニ人意造作ニ出ルコトヲ免レズ」（プロシア憲法は、……実に英国憲法の専ら民心に起こり、土俗を良くするようなものではない。従って、人為的に作ったものである事を免れない）

【ベルギー憲法】

毅は、ベルギー憲法につき次のように記した（『井上毅傳』史料編第三巻四六三頁）。

ベルギーは、欧州で最も新しい国だ。国が小さければ善をなすことは容易だ。新興の国は、各国の憲法を集成して優れた憲法にすることができるが、それがベルギー憲法だ。その点に、著者がベルギー憲法の善を尽くし美を尽くしているとして推奨する理由がある。

ベルギーの国土は僅か八州で、人口は五〇〇万人にとどまるが、政治は純粋で宗教を絡めることがない。自由が盛んで、国民に強権を加えない。

毅は、ベルギー憲法の優れていること、政治の確かさと宗教混乱のなさ、政府による強権が行われず、国民の自由がよく護られていることを称賛した。

更に、毅は、ベルギーにつき述べている。

ベルギーが、大国に挟まれ独立を維持していることは偶然ではない。ベルギー国旗に国民の一体化が国を強くすると記されているが、至言だ。兵力が自衛不能で、法治により独立不能なら、国として事をなすことが出来ない。滅亡させられたポーランドの二の舞を避けようとする決意を示している。

ベルギーの独立は、国民の一致協力の賜物である。国旗（実際は軍旗）に「国民の一体化が国を強くする」と銘うっている（同上第三巻四六四頁）。ベルギーは、新しいがゆえに、各国憲法を比較し練り上げた憲法の下、国民の自由と権利をよく護り法治の実をあげ、民心を収攬している、と毅は記した。但し、毅は、ベルギー憲法第二五条（「すべて政権は国民から生ず」）

が、**「仏国憲法に準拠し革命思想に基づき、プロシア政治学者は採用しない」**とした。これは、ベルギー憲法が仏革命のもととなったルソーの社会契約論の影響下にある一方、プロシア憲法、ヴュルテンベルク憲法、バイエルン憲法などドイツ諸邦の憲法は決して採用しない考えであり、**ルソー主義や革命への警句**である。

（註）**【ベルギー憲法に対する毅の高評価】**毅は、明治二一年の次の演説でもベルギー憲法を評価した。「諸君御案内の通りプロシアの憲法が出来たときは千八百四十八年であるから、丁度嘉永年で日本にペルリの来た時分である、其時にはプロシアの憲法も、ベルギーの主義が行はれたから、ベルギーの憲法を模擬して仏蘭西の主義を執って立てたといふ位であって、ドイツにおいてもドイツ固有の主義は殆ど地に堕ちた有様であった」（同上第五巻三七頁、一部読みやすくした）**【ベルギー王国憲法】**ベルギー王国憲法第二五条（「すべて政権は国民から生ず」）は、毅のいうように仏民権思想の影響だが、それに加え、ベルギーの歴史によるところが大と筆者は考える。岩倉遣欧使節団の一員だった久米正武によれば、シーザーのゲルマン遠征時代から勇猛といわれたベルギーは、オランダの一州だったが、ワーテルローの戦いで、ベルギー軍が仏軍を敗退させた後、オランダと争い、一八三〇年、独立を宣言し、独立を認めないオランダと戦い続けた。ベルギー国民は、「国家に一定の国王があって、法の基本を国王に託さなければ、国家の根本が動揺して安定しない」として、一八三一年六月、ドイツ・ザクセンからリオポルド公を国王として迎え、国王を中心に戦い続け、一八三九年、英国の調停でオランダと協定し、独立が承認された。ベルギー国王に

後継男嗣がいない場合、議会で選挙して後継国王を決定するとされていた（『遣欧使節団・欧米回覧実記』第三巻一六七頁）。以上、ベルギー国民は国民自らリオポルド公を招き国王にするなど、自主自立の精神に富む国民で、そのことが憲法第二五条「政権は国民に発す」という条文を生み出した。

ベルギー・プロシア両憲法（『王国建国法』）の比較

両憲法を比較してみよう。

【ベルギー憲法】（同上第三巻四四七頁）

「第二五条　凡テ政権ハ国民カラ生ズ（国民アリテ政府アリ。立法司法行政ミナ国民ニ本ズク。是仏国建国法ニ依ル者ニシテ仏国変革党ニ本ズク。プロシア政学者ノ取ラザル所ナリ。）〇政権ヲ行フハ、建国法定ムル所ノ模範ニ循フ」

「第二六条　立法権ハ国王及代議士院（下院）及上院ニ由リテ、共同シテ之ヲ行フ（国王、二院ト立法権ヲ分有ス）」

「第二九条　行政権ハ国王ニ屬スコト（他人干冒セズ）建国法ニ定ムル所ノ如シ（第六〇条以下）」

「第三〇条　司法権ハ上下裁判所ニ於テ之ヲ行フ（政府干冒スルコトヲ得ズ）」
「第六三条　国王ノ身ハ侵スベカラザル者トス、国王ノ諸執政ハ責ニ任スベキ者トス」
「第六四条　国王ヨリ出ル文書ハ、一ノ執政之ニ副署シタル非ザレバ施行ノ力ヲ有スルコトヲ得ズ」
「第六五条　国王ハ諸執政ヲ命ジ、之ヲ免ズ」
「第六八条　国王ハ陸海軍ヲ指揮シ、戦ヲ宣告シ、和平及連合及貿易ノ条約ヲ為ス」
「第一二五条　ベルギー国民ハ紅黄赤ノ三色旗ヲ用フ、而テ軍旗ハ、合為強ノ三字ヲ銘シタル獅子ヲ用フ」

【プロシア憲法】（同上第三巻四三七頁）
「第四三条　国王ノ身體ハ、侵スベカラザル者トス（故ニ国王過アルト言ヘドモ罪ヲ罰セズ）」
「第四四条　国王ノ諸執政ハ責ニ任ズベキ者トス（国王ノ為ニ事ヲ執リ、失錯アル時ハ、其ノ罪ニ当ル責メ国王ニ及ボサズ）国王ノ政府ヨリ出ル一切ノ文書ハ、必ズソノ事ノ任責ニズル一ノ執政、之ニ副署シ、始メテ施行スヘキ力アリ」
「第四五条　行政権ハ国王一人ニ屬ス　国王ハ諸執政ヲ命ジ之ヲ免ズ」

「第四六条　国王ハ軍兵ノ元帥ヲ有ス（兵馬ノ権ヲ執ル）」

「第四七条　国王ハ軍兵及他ノ諸部官ニ於テ、凡テノ官吏ヲ命スルノ権ヲ有ス……」

「第六二条　立法権ハ王ト両院ト共同シテ之ヲ行フ」

「第八六条　司法権ハ、不羈ノ諸法衙ニ由リ、国王ノ名ヲ以テ、之ヲ施行ス。……裁判ハ国王ノ名ヲモッテ宣告シ、及決行ス」

「第一〇九条　現行ノ租税ハ舊ニ依テ収入スベシ」

（註）【不羈】何ものにも束縛されない

両憲法に対する毅の見解に、明治憲法を加えると次の通り。

	プロシア憲法	ベルギー憲法	明治憲法（英国も同じ）
統治権	国王	国民	天皇
行政権	政府（国王の名の下）	政府（国王の名の下）	政府（天皇の名の下）
立法権	国王及び上下両院	国王及び上下両院	議会（天皇の名の下）
司法権	裁判所（国王の名の下）	裁判所	裁判所（天皇の名の下）
軍事	国王が元帥	国王が指揮	天皇が指揮

プロシア憲法も、ベルギー憲法も、①立法は国王と議会が行い、②司法は裁判所が行い、③行政は国王の名において政府が行う（国王が出す文書は執政の副署がなければ無効）、④国王が軍を指揮する、という点において、何ら変わりがない。また、両憲法とも、国民の権利をよく護るものであることは、毅が力説しているところだ。政府の執政（各大臣）の副署なき文書（詔書）が無効なことは、国王の専制を排除していることを意味し、立憲君主制であることを意味する。このように考えると、ベルギー憲法もプロシア憲法も、その原則が、英国憲法の採用する「国王は君臨すれども統治せず」と同じであることが理解できる。

重要なのは、両国憲法は、机上で作られ民心に配慮を欠く（プロシア）、仏革命思想の影響がある（ベルギー）など欠点はあるが、国民の権利をよく護り国王の専制を排し、最も優れた部類の憲法である点だ。両者の類似性は、一八四八年と一八五〇年プロシア憲法が一八三一年ベルギー憲法を手本にしたことによる（『ドイツ近代憲法史』三二・三三・三四頁）。

美濃部達吉は、論文（「欧州ニ於ケル成文憲法ノ発達」）で、一八三一年ベルギー憲法が、一八四九年オーストリア憲法、一八五〇年プロシア憲法の手本となり、欧州各国から「完備した憲法で、殆ど理想的」と見做されたという（『憲法及憲法史研究』三二一・三二二頁）。美濃部は、ベルギー憲法は仏国王ルイ一八世の一八一四年憲法を模範とし、一八一四年仏国憲法は英国憲法を模範とするとした（同上三一八頁）。中川八洋氏も「プロイセン憲法はベルギー憲法とともに英国系憲法で、ビスマルク以降のドイツ帝国憲法やその憲法思想とは断絶がある」という（『皇統断絶』一一三頁）。美濃部、中川両氏の意見から、英国憲法⟹ベルギー憲法⟹プロシア憲法という流れが明らか。倉山満氏も同意見である（『帝国憲法物語』一三八頁）。

（註）**【「明治憲法の手本はプロシア憲法」説】** 保守派の岡崎久彦氏も「陸奥はプロシア型憲法でも何でも、議会さえ開設すれば、それはやがて政党政治にならざるを得ないことを見通しつつ、年来の知己である伊藤を援けて議会民主主義の確立を許っていたのです」とする（『百年の遺産』七三頁）。岡崎氏のような保守派の人も、このような間違った認識を持っている場合がある。

英国を含めた各国憲法への、毅の評価をまとめてみよう。英国は、歴史伝統文化の中から法を発見し、自らの憲法とした。ベルギーは、新しい国であるため、英国憲法に基本を置きつつ、世界の優れた憲法を集成し練りあげ「善を尽し、美を尽した」憲法を作った。プロシア憲法は、国民の権利を十分護るものの、歴史伝統文化を研究せず、机上で作ったため、土俗をより良くすることがない。その上、予算や税といった重要な条文間の矛盾も見過ごしている結果、政治混乱を引き起こす。三憲法に対する毅の評価は、①英国、②ベルギー、③プロシアの順となる。

明治八年時点で、毅は、「王国建国法」を通じ、①国民の権利の十分な保護、②国王専制の排除、③ベルギー憲法に見られる**ルソーの社会契約論に基づく条文の排除**、④プロシア憲法に見られる自国の風俗習慣にそぐわない条文排除のため、風俗習慣を十分研究すべき点などを学んだ。毅が、実際に国典研究に取りかかれたのは明治一八年だったが、明治八年（もしくは明治六年）時点で、国典研究の必要性を強く認識していたのである。「外つ國の千くさの糸をかせきあけて　日本錦におらましものを」という歌には、「外国憲法の中から厳選した条文によって、日本にふさわしい憲法を仕上げたい」という毅の願いが込められている。なお、プロシア憲法と独帝国憲法は、全く別物である。一八三一年ベルギー憲法を模範にした一八五〇年プロシア憲法と違い、一八七一年独帝国憲法は、①上院（連邦参議院）が強く憲法改正に上院議員一四名の賛成が必要、②「首相は皇帝に任命され、下院の不信任議決にも辞任の必要がない（第一五条）」と規定（『ドイツ近代憲法史』五四頁）。

〈コラム〉**【立憲君主制とは】**

オックスフォード大学教授ボグダナーによれば、①「君主国が、唯一絶対の支配者が統治する国をさす」のに対し、「立憲君主国は、憲法に従って支配する国王が首長（ヘッド）となる国家」をさす、②一九一四年時点で、欧州の立憲君主国は、英国、イタリア、デンマーク、スウェーデン、ノルウェー、ベルギー、ルクセンベルグ、オランダ、などに限られ、③オーストリア・ハンガリー帝国は、立憲君主制と呼ぶことが可能だが、ドイツ帝国は疑わしく、ロシア帝国に至っては完全なる専制君主国という（ヴァーノン・ボグダナー、小室輝久・笹川隆太郎・ハルバーシュタット訳『英国の立憲君主政』木鐸社一一・一二頁）。ボグダナーに倣えば、明治憲法下の日本は、「東洋で唯一の立憲君主国」となる。

（註）**【ドイツ帝国（一八七一～一九一八）】** 普仏戦争で勝利したプロシア王国を中心に、ヴュルテンベルク、バイエルンなどの王国・公国で結成された連邦国家。プロシア国王は、フリードリッヒ一世が初代皇帝。一八五〇年プロシア憲法制定時のプロシア国王フリードリッヒ・ウィルヘルム四世（在位一八四〇～一八六一）で、精神障害を発症。弟ウィルヘルムは摂政をへて独皇帝ウィルヘルム一世（在位一八六一～一八八八）として即位した（『正統憲法復元改正への道』一二四頁）。**【「ベルギー憲法第二五条に示されるような考えは、プロシアの学者は採用しない」】** この毅の言葉や明治一四年に毅が執筆した「憲法綱領」を根拠とし、毅がベルギー憲法を排除し、プロシア憲法をまねたという意見があるが、これは全くの間違いだ。毅は、プロシア憲法のモノマネでなく、欧米憲法の中から選りすぐって日本の国体にふさわしい憲法を作り上げた。**【木野主計氏】** 木野氏は、「ベルギー憲法第二五条『すべて政権は国民から生じる』」に対する毅の注釈（国民ありて政府あり。立法司法行政みな国民に本ずく。これは仏国憲法によるものであり、仏革命党に基づく。プロシアの学者は採用しない）を誤読し、「井上毅が従来の研究では憲法思想において、プロシア流と見做されていたが、彼の本格的な西欧近代憲法思想は、仏国流によって構築されていたこ

とを裏付けしている」としている（『井上毅研究』一八八頁）。木野氏は、毅が仏革命思想を採用している点でベルギー憲法を批判していることを見逃している。【毅に対する学界の悪意】毅に対する現在の学界の見解は、悪意に満ちている。坂野潤治氏は、「二人の思想的分析にあまり頁を費やしたくない。……筆者にはそれが思想的な行為とは思えない。……明治一四年四月に発表されたイギリス・モデルの成文憲法案（交詢社憲法案）を机の上に置けば、井上と伊藤の力を借りなくても、誰でも『大日本帝国憲法』（明治憲法、明治二二年〈一八八九〉二月公布）の起草はできるのではなかろうか」と記し、毅と伊藤博文が物まね上手の凡人と貶める（『日本憲政史』六五頁）。坂野氏が、二人を攻撃すればするほど、毅と伊藤が日本近代史上いかに優れ、いかに優れた憲法を練り上げたかがわかる。「毅はプロシア憲法をもとに明治憲法を作った」という坂野氏らの意見が、底の浅いことも理解できる。【坂井雄吉氏】坂井氏は、毅による英国憲法評価とプロシア憲法批判（「民心に配慮せず民心を涵養することがない」）を紹介し、「プロイセン流憲法の起草者として通常知られる毅に、明治八年の当時かくのごとき見解が見られた事実は、少なからず興味を惹く」（『井上毅と明治国家』一〇四頁）としながらも、「（毅が）英国流を捨てプロシア流憲法を作った」とする自説の誤りを正していない。【毅のプロシア憲法批判】毅は、明治一五年一二月三〇日、山県有朋宛書簡で、西周の憲法案につき、「他の憲法案より良いが、『行政権は天皇にあり』とプロシア憲法に依拠。プロシア憲法はベルギー憲法を模擬するもいまだ精緻を尽さず」と記している。プロシア憲法がベルギー憲法を手本とした点を、毅は認識していた（『井上毅傳』史料編第四巻六一七頁）。【植木枝盛は、毅から西洋近代法を学んだ】植木は、明治八年一月〜六月、東京神田錦町徳大寺邸（萩原節愛宅）で、毅から借りた毅の「司法四部作」を筆写し『民権自由論二篇』とした。植木は毅の『王国建国法』のベルギー憲法を丸写し（『井上毅研究』一九四・一九六頁）。【植木も愛国尊王】一般に自由主義とされる植木は、実は愛国尊王主義であった。自由党系立志社憲法（米国型三権分立）を主導した植木は、独自に「日本国国憲案」（明治一四年）をまとめ、天皇は「兵馬の大権」（第七八条）、「大元帥」（第二〇七条）、行政の指揮監督（第八八条）、連邦司法長官（第九〇条）、議会解散権（第九四条）、議会への拒否権（第一六四条）など、天皇に米大統領なみ権限付与。米憲法をひな形とし、三権分立と約七〇州からなる日本連邦と規定（『大日本帝国憲法制定史』二七九頁）（『明治憲法の思想』二一二頁）。五日市憲法案は、第一条「日本国の帝位は神武帝の正統たる今上帝の子裔に世伝す」、さらに天皇が立法・行政・司法を総轄、陸海軍と行政官を総督とする。植木案や五日市憲法では、天皇が政治主体（主権者）かつ大権保有（『明治憲法の思想』二一三頁）。

三　憲法への道

議院憲法発布の詔（明治七年五月二日）

明治七年五月、『議院憲法発布の詔』が発布された（『明治天皇詔勅謹解』四五八頁）。

朕践祚《ちんせんそ》ノ初神明《はじめしんめい》ニ誓ヒシ旨意《しい》ニ基《もとづ》キ漸次《ぜんじ》ニ之ヲ擴充《かくじゅう》シ全國人民ノ代議人ヲ召集シ公議輿《よ》論《ろん》ヲ以テ律法《りっぽう》ヲ定メ上下協和民情暢達《ちょうたつ》ノ路ヲ開キ全國人民ヲシテ各其業ニ安《やす》ンシ以テ國家ノ重キヲ擔任《たんにん》スヘキノ義務アルヲ知ラシメンコトヲ期望《きぼう》ス故ニ先ツ地方長官ヲ召集《しょうしゅう》シ人民ニ代テ協同公議セシム乃チ議院憲法ヲ頒布《はんぷ》ス各員其レ之ヲ遵守《じゅんしゅ》セヨ（私が皇位を継いだ際、神明に誓った五箇条の御誓文に基づき、次第にこの精神を拡大し全国人民の代議人を召集し、公議世論により法律を定め上下一致協力し民情の自由な表明の道を開き、全国民が、各々の仕事に安心して励み、国家の重い責務を分担すべきことを知らせることを期待している。まず、地方長官を召集し、国民にかわって協力して公けの議論をさせようと思い、ここに議員憲法を頒布する。この議院憲法を遵守しなさい）

本詔は『地方官会議開催の詔』とも呼ばれ、「議院憲法」とは「地方長官会議規則」のことである。『五箇条の御誓文』に基づき、国会を設立し選出した代議員の討論で法律を制定する前に、地方長官が議論を行うとした。

【議院憲法要旨】

①年一回、東京で開催

②各省長官または次官が会議に出席し説明できる

③天皇が開会し閉会する

④全ての議案は、本会議で決定

本詔勅は、地方の事情に通じた地域代表としての地方長官による議会を毎年開催し、重要な案件の審議を行い、法律を制定し、併せて将来の国会開設に備えようとするもの。物事を進めるにあたり、順序を踏んで行う政府の慎重さが示されている。

大阪会議（明治八年一月〜二月）

八年一月〜二月、大久保と木戸・板垣らが会談し、憲法制定と議会創設につき合意（大阪会議）。木戸・板垣は、参議に復帰（八年二月一一日）。会議は、木戸・井上馨・伊藤博文らによる根回しによって成功した。「民選議院建白書」に名を連ねた古澤迂郎（滋）・小室信夫ら板垣陣営が、政府の井上馨らとの交渉にあたった（『近世日本国民史』第九一巻二百頁）（『明治国家の建設』一八七頁）。

（註）**【大阪会議】** 徳富蘇峰は大阪会議を「明治史上の一大劇」という（『近世日本国民史』第九

一巻三四頁）。**【木戸・板垣の下野】**板垣は征韓論（明治六年）、木戸（参議兼文部卿）は「征台の役」（七年四月）で下野（明治七年五月辞職、山口に帰郷）（『伊藤博文』春秋社七五頁）（『伊藤博文の情報管理』八〇頁）。

大久保は、対清交渉より帰国した翌日（七年一一月一八日）、木戸を政府に復帰させる意向を伊藤に伝えた（『近世日本国民史』第九一巻三九・九五頁）。一二月二四日、大久保は東京を発ち二六日神戸に着いた。翌年一月、大久保は下関から上阪した木戸と三回の会談を持ったが、木戸は同意しなかった。大久保は、伊藤を東京から呼び、意見調整に当らせた。伊藤は、次の改革案を木戸に示した。

《伊藤博文改革案》（同上九二・九五頁）

第一　寡頭専制の弊を防ぎ衆知を集めて立法事務を改善し兼ねて他日国会を起す基礎を作る為め元老院を設置

第二　裁判の権威を鞏固にする為め大審院を創立

第三　民意を疎通する為め地方長官会議を確立

第四　天皇親政の実を挙ぐるため、内閣と各省とを分離し、木戸、大久保両公の如き元勲は内閣に在りて専ら輔弼の任に当り、各省には第二流の人物を配し、行政諸般の事務を専掌せしむる（中村菊男『伊藤博文』七六頁）

木戸は伊藤案に賛成し、参議復帰を承諾（『近世日本国民史』第九一巻九六頁）。木戸の条件には、板垣の復帰があった。同時期、民権派が会議中で、木戸も板垣の説得には苦労した。木戸は、井上馨宛書簡で、板垣ら民権派が、英国政体が歴史の中で醸成され今の形となったことも知らずにその導入を急ぐことを懸念した。**木戸は、日本の歴史文化にあわせた形で政治制度を導入しなければならないと考えた。**

（註）**【木戸の井上馨宛書簡（明治八年三月七日）】**「**兎角《とかく》板垣は、英之政體《えいのせいたい》々々々《えいのせいたい》と申《もうし》候《そうら》得《え》共《ども》、英之政體と申《もうす》ものは、誠に自然に成就いたし候《そうろう》次第《しだい》にて、已《すで》に々々《すでに》独逸《どいつ》人などですら英之政體は善なれ共、自然に成立《なりたち》しもの故、俄然《がぜん》と独逸などにても同様にいたし難くと、大政事家なども相論じ候事に御座候**（とかく板垣は英国政体と言うが、英国政体は、自然に出来上がってものなので、ドイツ人でさえドイツが英国政体を採用することは困難と大政治家も論じている）」（同上第九一巻一七八頁。**【大久保日記】**大久保は、木戸への期待を記した（同上三九頁）。「将来我が国の事は、内政を整理改良し、国力を養い、我が国の独立を強固にすべきだ。しかし、この事業は容易でなく、私が昨年欧州から帰国後、内政は優れた木戸氏の後につき、百年力と心を合わせることを希望した。しかし、台湾事件（征台の役）で進退が異なったのも、立場が少し違いやむを得ない事情からだった。事件も決着し和平となった以上、木戸氏を復帰させ私の意思を貫こうと思う」**【大阪会議】**大隈重信（台湾事務総裁兼任）に知らせないまま行われた（同上八八頁）。**【征台の役】**明治七年一一月、大久保が李鴻章との北京交渉で講和成立。毅も参加（『井上毅傳』史料編第五巻三四三頁）。

【讒謗律《ざんぼうりつ》・新聞条例】毅は、大久保の依頼で、讒謗律・新聞条例（明治六年六月二五日）を策定。言論弾圧と言われたが新聞による政府への誹謗を抑える必要があった（『伊藤博文伝』上巻九五一頁）。

毅の司法省改革意見（明治八年三月一一日）

毅（権中法官）は、次の司法省改革を大久保に提言した（『井上毅傳』史料編第一巻五四四頁）。

江藤新平長官時代は、省内は意気盛んだったが、佐賀の乱後は、一気に意気消沈した。日本の司法の現状は、法制は整備されず、拷問も廃止されず、武門の旧習に因循し、開化諸国から嘲笑されている。日本の国法は日本の国内に行なわれず、外国人がわが国の女性を強姦しても逮捕できない事態だ。独立の気性はどこにあると云えようか。これはひとえに司法権が振るわないことによる。今司法に従事する者は、三、五年を期し、日夜勤勉して、かつ議し、かつ行ない、法権を回復（不平等条約を回復させ）し、法章を整備すべきだ。しかし、司法長官は、将来の目標を立てず、目前のつとめに満足し、事件が生ずれば、姑息方便に終始し、一日の責任を免れ、職員も従順な俗吏のみである。人が建議すれば、これを可としないことはなく、百の意見を集めるだけで、やるべきことを何一つ決定しない。意見具申も、革袋に詰め込むだけだ。（江藤長官辞職後の）ここ一、二年、首を集めては、仏国法律書の翻訳を読むだけで書生が学校にいるようだ。一つの実績もあげず、今の道を進めば、一〇年後も何の効果もないだろう。今こそ、次のように改革すべきだ。

1、人材登用

河野権大判事は元判事で、欧州で法を研究し、果断に物事を決し勇気がある。丞以下には、洋書を読み、法律を知る人材を登用すべき。

2、課を分け責任を持たせ、無用の人員を削減する

課を設け、局を作り、各々長を置き、一つの任務を与え、担当・責任させる。大少丞には頭頭に検印させることなく、煩を避け簡につくべき。官吏が冗雑ならば、責任も明らかにならない。仏司法省は、司法卿から守衛吏まで僅か百名。

3、議事規則を作る

これまで議事規則がなく、議事ある度に紛雑とし成果もなかった。省務の大事、新法の起草、省官の協議を経たものは、必ず決定実行する。

4、各種法律事務官を置く

治罪法、刑法、訴訟法、民法、商法、万国公法中、私法の部を起草するため、司法の現場にいた人材、洋書が読め洋律を知る人材を法律事務官として採用すべ

き。起草された法案は、公議に付すべき。民法以外の法律は、二年の中に整備すべき。

5、裁判権は、司法省から分離独立させ、行政官に干渉させない

6、全国に二五、六か所の上級裁判所を設置

7、東京に大審院を置く

大審院は、裁判の不当判決を正し、全国裁判官を監視し、全国の司法権を統一する。司法権と裁判権が分離できた日に設置。

毅は、1～4は急いで進め、5～7は数年かけるべきだと記した。毅の提言は、多くが実行され司法制度の基礎となった（『井上毅研究』一二五頁）。特徴は、司法権（行政）と裁判権を分離し、行政による裁判への干渉を排除している点である。三月二三日、毅は、大久保の推薦で、制度取調局の書記官兼任となった。

（註）**【制度取調局】** 木戸の提言により設置された（同上一二六頁）。**【裁判所構成法（明治二三年法律六号）】** この法律により、大審院を頂点に控訴院、地方裁判所、区裁判所が設置された。

毅が起草した『立憲政体樹立の詔』（明治八年四月）

毅の司法改革意見提言から一ヵ月後、毅が起草した『立憲政体樹立の詔』が出された。さらに太政官布告第五九号により、太政官右院廃止と大審院設置、左院廃止と元老院設置が実施され、大久保政権の基礎が固まった（『井上毅研究』一二六頁）。以上の措置は、大阪会議を受けたものだった（同上四三九頁）。

【立憲政体樹立の詔（八年四月一四日）】（『明治天皇詔勅謹解』四八三頁）

朕《ちん》卽位ノ初首《はじめしゅ》トシテ群臣ヲ會シ五事ヲ以テ神明《しんめい》ニ誓ヒ國是《こくぜ》ヲ定メ萬民保全《ばんみんほぜん》ノ道ヲ求ム幸ニ祖宗《そそう》ノ靈ト群臣ノ力トニ頼《よ》リ以テ今日ノ小康《しょうこう》ヲ得タリ顧《かえりみる》ニ中興日淺ク内治ノ事當《まさ》ニ振《しん》作更張《さくこうちょう》スヘキ者少シトセス朕今誓文《せいもん》ノ意ヲ擴充《かくじゅう》シ茲《ここ》ニ元老院ヲ設ケ以テ立法ノ源ヲ廣《ひろ》メ大《だい》審院《しんいん》ヲ置キ以テ審判ノ權ヲ鞏《かた》クシ又地方官ヲ召集シ以テ民情ヲ通《つうじ》シ公益ヲ圖《はか》リ漸次《ぜんじ》國家立憲ノ政體《せいたい》ヲ立テ汝衆庶《なんじしゅうしょ》ト倶《とも》ニ其慶ニ頼《よら》ント欲ス汝衆庶或ハ舊《きゅう》ニ泥《なづ》ミ故《こ》ニ慣ル、コト莫《な》ク又或ハ進ムニ輕《かる》ク爲《な》スニ急ナルコト莫《な》ク其レ能《よ》ク朕カ旨《むね》ヲ體《たい》シテ翼賛《よくさん》スル所アレ（私は、即位のはじめに群臣を集め、神明に誓った五箇条の御誓文により、国是を定め万民保全の道を求めた。幸いに祖宗の霊と群臣の力により、今日ひとまず安定を得ている。しかし、維新の日浅く、内政はまさにふるい起こしあらたに盛んにすべきことが少なくない。私は、今、五箇条の御誓文の意を拡充し、元老院を置き立法の原理を広め、大審院を置き法律審判の権限を強化し、地方長官を集め民意をくみ公益を図り、次第に立憲政体を立て、あなたたち万民と慶びを持ちたいと思う。あなたたちは、旧来の習慣に執着せず、また軽挙妄動せず、よく私の意に従い力をそえ助けよ）

『立憲政体樹立の詔』（『元老院大審院設置及び地方官召集の詔』ともいう）の要点は、次の通りである。

○太政官の機構がえ　三権分立の体制づくり
○議会制度の創設　上院としての元老院、下院としての地方長官会議
○裁判制度の創設　最高裁判所としての大審院
○近い将来の憲法制定と立憲政体の確立

『立憲政体樹立の詔』は、三権分立を推進し、将来の立憲政体を宣言するものだった。木戸の漸進《ぜんしん》主義が示され、軽挙妄動を戒めた（『近世日本国民史』第九一巻二〇〇頁）。これまでの太政官は、警察と裁判の司法省管理、大蔵省への権限集中などの問題があった。本詔勅により元老院・大審院・地方長官会議を設置し、左右院を廃止した。本詔勅の司法改革は、毅の司法省改革意見（八年二月）そのものであり、毅が国の将来や問題を誰よりも先んじて考えていたこと

がわかる。

（註）**【元老院（明治九年四月設置）】**設置当初から議官人事や規定（元老院章程）で紛糾（『明治天皇紀』第三巻六〇一頁）。四月二五日任命議官は、勝安芳（参議兼海軍卿）、山口尚芳（外務少輔）、島尾小彌太（陸軍少将）、三浦悟楼（陸軍少将）、津田出（陸軍少将）、河野敏鎌（権大判事）、加藤弘之（三等侍講、一八三六～一九一六、兵庫出身）、後藤象二郎、由利公正（前東京府知事）、福岡孝弟（前左院議官）、陸奥宗光（前租税頭）、松岡時敏（前左院議官）、吉井友實（前宮内少輔）。勝は直ちに、ついで福岡も辞職（『近世日本国民史』第九一巻二〇六頁）。七月二日、議長・有栖川宮熾仁親王《たるひとしんのう》、柳原前光（特命全権公使）、佐野常民（弁理公使）、佐佐木高行、長谷信篤（京都府知事）、大給恒（式部寮五等出仕）、壬生基修（前山県県権令）、齋藤利行（前参議）、黒田清綱（教部少輔）などが加わった。その後、規定につき、板垣と木戸が対立（『大日本帝国憲法制定史』一〇九頁）。板垣派の陸奥・松岡は、元老院が法律を廃案出来るよう明記せよと主張。木戸は、法律廃止に賛成したが、規定への明記に反対。天皇が承認された法律案を、元老院が否認出来る規定は、天皇の権威を損なうと考えたため。**【佐佐木高行（前左院副議長）】**明治一四年参議兼工部卿（『憲法制定と欧米の評価』八五頁）。金子堅太郎に憲法と国体の関係について尋ねたことがある。

明治七年以降、毅の貢献

明治七年以降、毅の活動は次の通り。
七年〜一一年　『治罪法備考』執筆出版
八年　司法改革意見（大審院設置）、『立憲政体樹立の詔』執筆、刑法編纂
九年夏　「憲法意見」執筆（岩倉に提出）
九年冬　地方政治意見（地方自治、区割り変更、地方税簡素化）
一一年　第二回地方長官会議、地方自治に関する三新法起草

毅の活動を見れば、英才揃いの中でも司法省を理論的に牽引出来るのは毅をおいて他になかったことがわかる。刑法編纂前に、手続法の『治罪法備考』を出版し、「司法改革意見」（大審院が全国裁判所を統括、司法行政と裁判所の分離）を大久保に提出。岩倉・大久保の理解を得て、大審院が設置された。

毅は、太政官刑法草案審査局審査委員として刑法編纂に関わり、刑法と治罪法を通じ、国民の権利（人身保護）を拡充した。刑法と治罪法は、一三年七月一七日公布、一五年一月一日施行。『治罪法備考』出版当初、横行していた拷問も七年後に廃止された。

毅執筆の『立憲政体樹立の詔』によって立法（元老院と地方長官会議）が拡張された。本詔は、前年の「民選議院設立建白書」を受け、日本の国体に相応しい立憲政体づくりを宣言したもので、執筆を任せられるのは毅以外になかった。

（註）【刑法編纂】明治一〇年一一月、刑法草案四編四七八条がまとまり、太政官に刑法草案審査局（総裁・伊藤博文法制局長官）設置。刑法草案審査委員に元老院幹事陸奥宗光、同議官細川潤二郎、同柳原前光、太政官少書記官村田保、同山崎尚胤、司法大書記官鶴田皓、太政官大書記官の毅が任命された（『井上毅研究』一三五頁）。一一年一月審議開始、一二年六月二五日修正案決定。一三年三月一日、元老院送付、四月一七日元老院の議決、上奏。さらに、太政官法制部で検討、三重県行幸中の天皇の裁可を経て、七月一七日公布（同上一三六頁）。【板垣退助】大阪会議以降、参議に復帰したが、元老院の権限拡大に失敗。新聞条例制定や参議・卿分離問題を遅延させたと民権派からの非難を浴び、明治八年一〇月、参議辞職（『明治国家の建設』一九八頁）。【英国ウォルター・バジョット（一八二六〜一八七七）】「立法権と行政権が、内閣によって統合されるのが英国議院内閣制の特徴」で英国憲政が「三権分立」とは異なることを示唆（『悪の民主主義』一一二頁）。

第一回地方長官会議（明治八年六月）

地方長官会議（議長・木戸孝允）が開催された。

【第一回地方官会議の勅語〈要旨〉（八年六月二〇日）】

私はここに地方長官会議を始めるにあたり、自ら会議に出席し地方長官の皆さんに述べたい。国家を治め、国民統治の難しさを思い、深く皆さんの公論に期待する。皆さんは地方長官として重い任務を持ち、国民の実情を知っている。一致協力して、事務多忙の折だが、急ぐべきことを先に行い、議論に異同はあっても結論を一致させ、国民のために公益を図り、本会議が国家に幸福を開く始まりとなることを望む。皆、この主旨を実行しなさい。

六月二二日〜七月一七日、浅草本願寺で、①地方警察議案、②道路橋梁議案、③河港道路修築議案、④堤防法案、⑤地方民会府県会ならびに区会法案などを審議した（『明治天皇詔勅謹解』四九〇頁）。地方議会議員を、公選と区戸長の何れにするかを審議し、三九票で区戸長と決定（公選は二一票）。

【地方長官会議の意義】

①将来の議会開設の練習となった。
②地方自治に欠かせない、町村会設置のきっかけとなった。

毅の官制改革意見（明治九年）

明治九年、毅は「官制改革意見」を大久保に提出した（『井上毅傳』史料編第一巻一一二頁）。

職制が整わず、内治の更張すべき点が多いにも関わらず、各省文書は入りまじり乱れており、事務は停滞の有様だ。責任は挙がらず、官吏はいよいよ多く、物事は塞がり、何れも職制の悪さに起因する。根本を探れば、第一に、我が職制は大宝律令に基づき、一に主上、二に太政大臣の外、左右大臣、長官の外に大少次官あり、頭の外に助あり。そして、大宝律令では頭を置けば権頭は置かなかったが、今は正権の頭（長官）が両立して一官（一省）を指揮していることがある。第二に、省分割と事務分担を欧米に模倣し、オランダ・ベルギーが七省、六省にもかかわらず、海軍がないのに英仏をまね海軍省を置き、内部（内務）と文部は各国で一省に合しているのを二省とし、大蔵をわけ内務を置くなど、既に千人以上増員している。第三に、古には官に定員があったが、現在定員なく、各省に大少丞四、五名がいる。第四に、維新に貢献した謀臣猛士が雲のように多く、今日一寮を設け明日一司につけるのもその功に報いるためだ。今の官吏の多さは兵隊に等しい。各省の費用の半分は、俸給に費やされる。

職制が立たない患いは、会計があわず、事務成果が上がらないことだ。会計が窮乏を告げている今こそ、職制改革の機会だ。欧州の諺に「議事は衆を貴び、施行は独を貴ぶ」とある。従って、各省は、大抵、長官があって次官がない。官房に書記一、二名、書記室に大書記一名、諸寮に頭一名、諸課諸局に長が一人、已むを得ない限り副は置かない。官制愈々簡にして、責任愈々厳だ。仏司法省は、司法卿から門吏まで百人に過ぎない。行政の妙は、施行迅速を尚ぶ。長官が独りで官制が簡でなければ、速やかに施行出来ない。

卿一人――少丞（卿の内書記）（卿の文書を受付照管する）
　――大丞（卿の委任で事務を総べる）――記録課長、履歴課長、会計課長

以上を、奏任官とする

諸省次官は、やむを得ない以外は廃止する。大少丞は一名を除き廃止。寮は、駅逓寮、鉄道寮、鉱山寮、造幣寮、紙幣寮、租税寮を除き廃止、課か局とする。記録課、履歴課、会計課を各省に必ず設置する。以上で奏任官（三等以下の高等官）以上の三分の二削減が可能である。

官吏削減は行い難く怨みを買うが、今実行されなければ、行政事務の大綱（大方針）は挙がらない。大臣諸卿が誓い心を合わせ身を以て怨みにあたり、官吏削減すれば、断行半年で事務が落ち着き、あらゆることが始まるだろう。廃官恩養（官を廃止し恩を養う）には数種の道がある。ナポレオン一世の「レジオンドノウル」栄爵法もその一つ。官職を失

った中で、やや才知ある者は、地方裁判官に用いる。

（註）【レジオンドヌール勲章】一八〇二年五月、ナポレオン一世創設。名誉軍団国家勲章。【奏任官】高等官三等～九等。【判任官】高等官以外の正規国家公務員。

毅は、各省に定員を設ければ、奏任官以上の三分の二を削減できるとした。削減人員中、優秀者は地方判事に採用。仏レジオンドヌール勲章に準じ栄誉を与え、削減対象者から恨みをかわぬ工夫が必要とした。「官制改革意見」は、冗官整理による予算の無駄を省き、士族の秩禄を残すという、明治八年の「士族処分意見」（第一章参照）と対になって国政見直しを提言した。明治九年早期、大久保に出されたと思われるが、両案とも採用されず、秩禄処分も予定通り実行された。

毅の「地方政治意見」（明治九年～一一年）

明治九年～一一年大久保参議死後にかけ、毅は「地方政治改革意見」を執筆した。第五提言は、松方大蔵大輔に提出された。これらの意見は、第二回地方長官会議で実施に移された。

【毅の「地方政治意見」〈要旨〉】（『井上毅傳』史料編第一巻九八頁）

一、**地方政治意見（九年冬）**　地方政治の要は、県費節約、県税民費廃止、区戸長精選。

①民費を省くには、区長廃止と学区取締り廃止

正税、府県税、民費、課金など税目の多さは、国民を苦しめ政治への疑いを生じさせる。学校課金一戸二〇銭は貧窮者の苦しみの一つ。県税は廃止し、正税の二割程度（仏国法による）を県税にあてる。県税徴収は良制ではなく、地方人民の争いの種だ。ある県では、荒物屋に下駄店税、獣肉店に牛肉店税が重複するなど、一戸に五、六税が重複。県税が煩雑なのは、旧大蔵省雑税表の誤用が原因。

②一切の煩雑な税法を止め、商税工税に統一（酒煙草税は除く）

税法に基づき職種届け出が必要なため、「職業選択の自由」が制限されている。

③正税納期の新法は、国民の苦しみの大端（大切な入口）

初回納期は、青草も獲れぬ時期のため、貧困者は富豪に借金しなければならない。田舎では、一月の利息が一割という。

④大区小区区割りは多くが人為的、旧郡村の自然な区割りに及ばない

大区設置は、重複に似て文書停滞のステーションで、廃止により県庁と小区を連携させ経費を節減すべき。戸長は、国民に直に接する官吏だが給与が民費で、地方争議の種。官給とし、人材を精選すべきだ。区会県会の制度権限を定めないまま、県の裁量に任せ

開会させたことは、後日、収拾できない勢いとなろう。社金郷備金の備えがなければ、凶作時に人民離散を救う道がない。地方の融通の道が塞がれているのは、都会の比ではない。金納米納の両方を認めるべきだ。

以上、**小民の疾苦は取るに足らないようだが、実は国家の命脈に関わる**。政府は内外問題で多忙のため、国民の困窮の実態が宮中に達しないことも多い。学校病院道路の土木建築の成果を誇る弊害を避け、表面文飾の風潮を制し、着実の治術を誘うべきだ。

二、**地租徴収及び延納処分規則改正意見**

「国民の苦しみが多い中、地租納付期限がその最大のものだ。第一期は九月三〇日だが、大蔵省達地租徴収及延納処分規則では、納期を五、六期に細分、七月中の初納を命じる。七八九月期は、新穀いまだ熟せず旧穀既に尽き、日用食料さえ困るのに徴収告知が下り、官吏が家に来て督促する。蓄えなき国民（小民）は、富豪に借金し目前の叱責を免れるしかない。田舎は都会に比べ融通の道が塞がれ、米を売り青田を担保に借金するしかない。富豪は担保の半分～三分の二しか貸さず利息は月一割で、倒産・離散の禍が相次ぎ残酷さは言うに忍びない。二年の豊作にも小民の状態が回復しないのは、以上の事情からである。凶作時の困苦は如何。**本税法は官にも民にも利なく、富豪のみに利がある**。法改正は、官民に不利はなく、民への恩恵は大だ。政府は過ちを改めるに憚ることなく大蔵省布告第三号をやめ、地租納期を最終期一度とし、延納期を設け半分納付させるなど、各県官の判断に任せ民の便宜を図るべき。来年の納期に間に合うよう、新布告をお願いします」

毅が、国民の実態を把握していることに驚かされる。

（註）【地租改正】明治九年末、地租軽減運動が行われ、県官の威圧や戸長の背信に対し、三重・愛知・茨城はじめ各地で一揆が発生。明治一〇年一月、地租は三％から二・五％に軽減された（角川『日本史辞典』六二〇頁）。毅意見は、政府もこれを採用した。

三、府県税沿革現況

「（**府県税沿革**）旧幕以来、農業税が正税、商業工業税は雑税。維新当初、雑税は大蔵省に納入。明治八年二月布告で雑税廃止、府県に営業取締り税（観劇・俳優・曲芸・娼妓・茶屋・揚弓・旅宿・質屋・寄席・古着・古鉄商）徴収許可、八年八月布告で府県税と名称変更。九年二月布告で府県税使途限定（病院・貧院・学校・道路・橋梁・堤防・溝渠・邏卒・消防・営繕・布告・布達等）。八年二月布告への対応は、①布告遵守（東京府・浜松・滋賀等）、②布告解釈を広げ職業税徴収で民費不足を補う（京都・大阪・兵庫・堺等）の二通り。（**府県税現況**）八年八月布告は範囲を明文化せず、府県税の多くは旧雑税である一方、商工業に及ぶ事あり。三重は県税を作り滋賀は取締り税にとどまる等近県でも異なる。京都から滋賀に転居し府税を避けた人あり。菓子屋でも五円（栃木）も五〇銭もあり、売り上げ課税（英国のインコンタキス、兵庫大阪で調べ中）もあり、府県任せで基準がない。税法は政治の根幹で、斟酌節度は最至難だが、府県任せは税法の平均主義に背き、民情不服の一因。以上、改正を要する所以である」

四、民費賦課法意見

「民費は、①国費で賄う（府県庁・監獄建築費、布告布達費、山林・戸籍・徴兵調査費など）、②民費で賄う（道路堤防橋梁費、区戸長給料出張費、区扱所費、府県郷村社神官給料、学校費、道路清掃費、消防費、巡査費、地券調費など）、③国民の請願により賦課し官吏が賦課すべきでない、の三通りとすべき。民費賦課法は、地租に課す場合と戸籍に課す場合を併用。府県税を創設し民費と相補うべき」

五、地方区割り改正案（松方大蔵大輔宛書簡、六月二二日付）

「国民が馴染んできた区を郡に変えれば、国民の信頼を失う。政府は、区を一の制度とし、区を基準に戸籍も地租改正も民費も決めてきた。地方官は区割りを作り、国民も受け入れたが、急に郡にすれば、地方官は何によって政府を信頼したら良いか。国民も政府を信頼しなくなる。区の廃止は断じて不可。郡は、大宝時代の区画に過ぎない。今後、『区画重複などの煩雑さは民費を増やし、事務停滞を起こすため、地方に任せ、漸次、区を併合し、旧郡制に近づける』のが良策で、ダシヌケの改革は避ける」

毅は、「幸いに松方説と同じ」と記した。

（註）【書簡記載年】記述はないが、明治一一年松方は欧州滞在であり、毅はこの「府県税沿革現況」を明治一〇年に記したものと思われる。

六、行政区割り意見案（明治一一年執筆）

「岩倉公に『一国一県』を提言したものがあるが、これに反対する。提言は、『一国一県』及び戸長を名主庄屋に戻すという。これは、①洋風をまね、前日は英国、翌日は仏国、後日は普国を模範とすること、②官吏の学問の進歩や、官吏更迭による改変、に起因する。度重なる変更は、政府を軽くし、国民の信頼を失い、国民の遵法精神を弱め、軽躁の慣習が、国会開設後、輿論の保守精神を喪失させる。欧州の地方制度は、英国は自治に任せ区画は小さい、仏国は中央集権で県・郡・町村を置く、普国は道・県・郡・町村を置き事務が停滞する。故大久保内務卿は、中央集権の仏国制度に似た区割りを採用。家康公遺訓は、『政を為すことは、たとえば刀を鋳るようなこと』で、『もし子孫がその好みに合わせて刀を改作すれば、刀全てを失う』という」

毅は、制度の性急な変更を戒め、「一国一県」への変更に反対した。

第一から第六まで内容に重複が見られ、明治九年以降一一年頃までに記し、後にまとめたものだろう。毅の地方改革意見要旨は、次の通り。

①**税制簡易化と軽減**　地方税には、府県税・民費・課金がある。各職業の営業取締り税は、明治八年八月大蔵省布告で府県税と改称されたが、府県による拡大解釈で問題が大きい。営業取締りの性格を持つ府県税を廃止し、商工税（酒・煙草税を除く）とする。地租納期は、収穫前の初回（七月）を廃止、年度最終期とする。金納物納の両納とする。国税の二割は府県交付。学区課金（一戸二〇銭）廃止。

②**地方区割りの改良（区制度廃止）**　事務停滞の元凶の大区廃止。県庁と小区を直結し、小区を徐々に合併し郡制に戻す。戸長給与を官給とし、戸長人材を厳選。

毅は、急激な地方制度改変と新旧税制の問題点を示し、制度変更は徐々に実施すべきとした。毅提言は、明治六年、欧州で学んだ「ワンゼルーの説」を基本に置き、税の公平と慣習を重んじるもので、明治一二年地方長官会議で実現された。毅が記したように、国民の政府への信頼は、家康公遺訓に示されるように漸進主義によってしか培われないことを、毅は示したのである。

（註）**【明治九年一〇月神風連乱後】**その際、毅は帰熊しており、熊本の民情を十分調査したと思われる。「地方政治意見」にも、調査結果が反映されたと推察される。

憲法制定の聖勅（明治九年九月）

明治九年九月七日の「憲法制定の聖勅」は、憲法が国体にふさわしいものであるべきと宣言した（『明治天皇詔勅謹解』五〇九頁）。「建国の体」とは、国体をさす。

【憲法制定の聖勅】（「元老院議長熾仁宮《たるひとのみや》に憲法草案起草を命じ給ふ勅語」）

朕爰《ここ》ニ我建國ノ體《たい》ニ基キ廣《ひろ》ク海外各國ノ成法ヲ斟酌《しんしゃく》シ以テ國憲ヲ定メントス汝等ソレ宜《よろ》シク之カ草按《そうあん》ヲ起創シ以テ聞セヨ朕將ニ撰《えら》ハントス（大意）（私はここに日本の本来の姿である国体に基づき、広く海外の成法をくみとり憲法を定めようと思う。あなたたちは、私に憲法草案を奏上せよ。それに基づいて、私が憲法を選ぼうと思う）

この日、天皇は、英国人トッドの『英国議院政治について』を有栖川宮熾仁《たるひと》親王に下賜された。トッドの著書（原題「On parliamentary government in England; its origin, development and practical operation, 1866」）は、英国憲法が英国史の中にあるという（『明治天皇詔勅謹解』五一〇頁）。この本は、吉井友實（明治七年宮内少輔）が、英国留学中に手に入れ、天皇に献上した。金子堅太郎は、天皇が有栖川宮にトッドの著作を下賜された理由につき、次のように語った（『憲法制定と欧米人の評価』二一八頁、一部読みやすくした）。

当時、憲法に関する書類が多くある中に、この「トッド」の原書だけを御下賜になった御思召は如何であるかわからないが、あるいは**英国憲法は歴史の中にあるから、この本を研究して憲法を起草せよとの御思召しではなかったか。**

天皇がトッド本を有栖川宮に下賜された理由は、①英国憲法のおおもとが英国史にある、②憲法は国史と国体に立脚すべし、と考えられたためだろう。六年後（明治一五〜一六年）、伊藤博文は欧州で「憲法は国の歴史伝統に基づくべき」ことを学んだが、明治九年既に、天皇が「憲法は国体に基づくべし」と宣言されたことは重要である。

（註）**【毅とトッド】** 明治二二年春、毅は黒田清隆首相宛意見書にトッド著『英国議院政治論』を引用。毅も同書を読んでいた（『井上毅傳』史料編第二巻八三頁）。**【尾崎行雄】** 明治一五年、トッドの著書を翻訳出版（『英国議院政治論』）。**【元老院の憲法案】**「憲法制定の聖勅」を受け、元老院は日本固有法と各国憲法の研究を開始（『大日本帝国憲法制定史』一一〇頁）、明治九年一〇月に憲法案起草（「第一次國憲按」）。**【英国議会制度の由来】** 英国議会政治は、英国史に由来。一八世紀の英国王は、アン女王、ジョージ一世、ジョージ二世。アン女王は酒びたり、ジョージ一世・二世とも英語を話さずドイツ語で過ごし軍事を好んだ。政治に無関心な国王が三代続いたため、政治は国王の内閣（キャビネット・原意は「台所〜小

部屋」の意）と議会がおこなうようになり、「国王は君臨すれども統治せず」という英国型議会制度が定着していった（林信吾『英国議会政治に学べ』三九・四〇頁）。**【英国王の権威】**英国王は、「聖俗両界の唯一人の至上の統治者」（一五五九年制定）とされ、日本では想像できないほどの権威を持つ（『平成新国体論』一九九頁）。英国王は、法的には議会の承認なしに宣戦布告もできる（『英国議会政治に学べ』二二頁）。ブレア内閣時、首相が書いた施政方針演説原稿を、エリザベス女王が読み上げたように、英国王は議会で施政方針演説を行う（読売新聞、平成一八年一一月一六日）。平成二九年六月二一日、エリザベス女王は、チャールズ皇太子を伴い、メイ首相の施政方針演説を議会で読み上げた（産経新聞、平成二九年六月二二日）。英海軍・空軍・海兵隊は全てロイヤルの名が冠され、王室の軍隊とされる。英海軍は「ロイヤルネイヴィー（王室海軍）」といわれ、軍艦に「女王陛下の艦」の呼称がつけられる。明治憲法下で、軍艦の舳先に菊のご紋章が付けられていたことは、英国で「王室の軍隊」や「女王陛下の軍艦」とされていることと同じといえよう。**【ウィンストン・チャーチル】**チャーチルは、英国憲法の特徴が権力を国王・上院・下院の三者に分割したことにあるとして、次のように述べている。「三百年以上にわたるわれ等の先祖の叡知は憲法で力の分割を求めた。国王と上院と下院は、お互いを阻止し、抑制して来た」。（チャーチル、石川欣一訳『人生と政治に関する我が意見』創元社二〇五頁）**【立憲君主制度の利点】**チャーチルは、立憲君主制度につき次のように記している。「昨今他の国々の無知な人々は、進歩が君主政治を共和政治に変えることから起ると、とかく想像しがちである。英国のわれわれは立憲君主政体の有難さを知って来た。伝統的で立憲的な大きい出来ごとが次々と起って、書きとどめられぬ一つの整理、一つの状態をつくりあげることになり、それが英国の事柄を、わたしが円滑さと民主的進歩のより高い水準と信じるもので進行させている」（同上一一六頁）

毅の「憲法意見」（明治九年夏）

明治九年夏、毅は、「憲法制定の聖勅」への意見を求められ、「憲法意見」を岩倉に提出した（『井上毅傳』史料編第一巻九二頁）。

【毅の「憲法意見」〈要旨〉（明治九年）】

憲法には、①聖徳太子「十七条の憲法」に代表される政治のあり方と朝廷の規則を示すもの、②君権を制限する政治機構を実現し「立憲政治」を行うためのもの（『コンスチチュシオン』）の二つがある。「憲法制定の聖勅」は、後者の西洋型憲法制定をめざしている。その為、憲法の性質と目的を次のようにすべきだ。

憲法の性質　「国憲政治」は「専制政治」の対極にあり、憲法で君権を制限し国民の権利を保障する。憲法は国王と国民が相計ってつくり、君民ともに憲法を護ることで「**君民同治**」が実現する。民選議院なくして憲法は成立しない。

憲法の目的　西洋型憲法に倣い、立憲政体確立を明確に目的とすべき。そうしなければ、今後、仏国革命のような大争乱が起こらないとも限らない。

毅の言う「国憲政治」は、君権を含む統治機構の全権力を憲法により制限し、国民の権利を保障する政治を意味している。中川八洋氏は、この点から見ても、本意見書が米国憲法（一七八八年）を嚆矢とする立憲主義への毅の理解の正しさを示しているという（『国民の憲法改正』一四三頁）。毅（法制局主事）は、我が国古来の「君民同治」を基本に憲法を制定すべきと考えていた。「君民同治」は、天皇と国民が一体となって国を治めることで、日本の国体に基づく。「君民同治」を記した最も古い文書は、著者の知る限り、大化二年（六四六）孝徳天皇の「東国の国司に下し賜える詔」である。

「君民同治」は、日本の伝統

日本の国体は、「君民一体」を旨とし、肇国以来、天皇を本家、国民を分家とする、天皇を中心に大家族を形成している点に特徴がある。君民一体という国体から、「君民同治（共治）」は自ずと生まれてきた。日本は、天皇が権威を保持し、公家や武家が政治を行う、という役割分担が千年以上続いた歴史を持つ。更に、鎌倉～江戸幕府の封建時代に各地の自治が完成。民が自ら治めることで、「君民同治」が推し進められた。西ヨーロッパでも、封建制度によって自治及び国民の権利が拡張された。ユーラシア大陸の東西で、「君民同治」が発展した。一方、「君民同治」となりえないのは、封建制度を経験していないロシア・シナ・コリアがその代表で、自治が育たず絶対君主による専制が唯一の統治法となる。シナや北朝鮮では、今も共産主義を信奉する独裁政治が行われている。韓国は、法治国家では禁止されるべき遡及法（日本への協力者の子孫の財産没収）制定から、朝鮮本来への先祖帰りを見せている。

「君民同治」を示す文書は、次の通り。

1、孝徳天皇の「君民同治」（大化二年三月二日、六四六年）

大化の改新後の『東国の国司に下し賜える詔』（『二千五百年史（上）』一六七頁）（『みことのり』六〇頁）。

夫《そ》れ天地の間に君として萬民を宰《おさ》むることは、獨り制《さだ》むべからず。要《かなら》ず臣の翼《たすけ》を須《ま》つ。これによりて代々我《わ》が皇祖等《すめみおやたち》、卿《いましら》が祖考《おや》と共《とも》に倶《とも》に治《おさ》めたまひき。朕復《ちんまた》神護《かみのまもり》の力《ちから》を蒙《こうむ》りて、力《つと》めて卿《いましら》等と共に治めむと思欲《おもほ》す（大意）（天地の間に君主として万民を治める者は、独り掟を定め国民に指図すべきではない。必ず臣下のたすけを待つべきだ。これによって、代々の天皇は、あなた方の先祖と共に、国を治めてきた。私もまた、神のご加護を受けて、

あなた方と共に国を治めようと思う）

「君民同治」は、天皇と国民が共に国を治めることを意味し、日本の国体に根ざしている。

2、山階宮晃親王殿下の「君民同治」（明治二年三月）

天皇から求められた「五箇条の御誓文」に関する山階宮上奏文（『続法窓夜話』四〇頁）。

御国中大小種々御変更可被為行《おこなわせらるべき》条々《じょうじょう》可被為在《あらせらるべく》候得共《そうらえども》、尤《もっとも》重大《じゅうだい》ノ事ハ国憲ト奉存《ぞんじたてまつり》候《そうろう》、全ク郡県《ぐんけん》全ク封建《ほうけん》ノ事ハ方今《ほうこん》決而《けつして》不可行《おこなうべからざる》哉《や》ト奉存《ぞんじたてまつり》候《そうろう》、乍恐《おそれながら》君政三箇、民政二箇ノ中、君民同治ニ被仰出《おおせいだされ》、公明正大確然《かくぜん》不抜《ふばつ》之《の》国憲ヲ御創立被為在《あらせられ》候《そうら》ハヾ《わば》、御中興ノ御盛業ト奉存候（大意）（わが国には、陛下が大小様々変更をなさるべきことがありますが、最も重大なのは憲法と思います。〈奈良平安の〉全くの郡県制や〈旧幕時代の〉全くの封建制は、現在では決して行なってはならないと思います。恐れながら、五箇条のご誓文のうち、君政三個、民政二個の中で『君民同治』について述べられ、公明正大でしっかりした物に動じない憲法をおつくりなされれば、中興の盛大な事業となりましょう）

（註）**【確然】**確かに、しっかりと。**【不抜】**意志が固い、物に動じない。

山階宮は、明治天皇が最も信頼された皇族。文化一三年（一八一六）生まれ、伏見宮邦家親王の第一皇子、幼時に勧修寺門跡《かじゅうじ》となり、元治元年（一八六四）還俗《げんぞく》し親王。慶応四年二月堺事件では外国事務総督として仏公使ロッシュの希望にそって、仏軍艦へ謝罪に出向かれたほど豪胆な方。早くから海外事情に詳しかった（深沢美佐子『明治天皇が最も頼りにした山階宮晃親王』九七頁）。

3、毅の「君民共治」（明治一三年一二月）（『井上毅傳』史料篇第六巻九九頁）

唯國會ヲ起シテ以テ君民共治ノ大局ヲ成就《じょうじゅ》スルハ、甚《はなは》タ望ムヘキ事ナリト雖《いえど》、事苟《いやしく》モ國體《こくたい》ノ變更《へんこう》ニ係《かかわ》ル、實《じつ》ニ曠古《こうこ》ノ大事、決シテ急躁《きゅうそう》ヲ以テ爲《な》スヘキモノニアラス（大意）

（国会を開設し、君民共治の大きな流れを成就するのは、望むべきことだが、事がらが国体の変更にも関わる恐れがあり、前例がないので決して急いでなすことではない）

伊藤参議の依頼で、毅が起草した「憲法政体ノ建議」（一三年一二月一四日）の一節。毅は、当時の混乱の原因を、①家禄を失った士族の不満、②仏革命以降に顕著な王権と民権を対立と捉える世界潮流、の二つとした。改善策として、①元老院を再建し、華族・士族から選出した議官が法律制定、②県会議員から選出した公選検査官による財政審議、を提案。仏革命議会のような国会ならば、「君民一体」の国体が消滅するとして、現時点の国会開設は時期尚早とした。「君民共治」は「君民同治」と同義語である。

（註）【曠古（こうこ）】古今未曽有【躁急】気短なこと

4、中江兆民の「君民同治」（明治一四年）

兆民は、「君民同治」あるいは「君民共治」を唱えた（『中江兆民評論集』一九〜二四頁）。

ああ聖天子御にあり賢宰相位にあり、仁を布き義を施し、徳沢油然《とくたくゆうぜん》として雨露の原野を潤ほすが如く、化理沛然《はいぜん》として波濤の江海に迸《ほとばし》るが如く、往《い》きには詔を下して立憲の制に循ふの意を宣せり。立憲は即ち吾輩のいはゆる君民同治なり（明治一四年三月二三日、東洋自由新聞社説）（大意）（ああ聖なる天皇がおられ、賢明なる宰相がいる。仁政をしき、義を施し、恵みは雨露が原野を潤すように、国民を治め文化を進めるのは大雨が降り大波が海川に飛び散るように、さきに詔勅を出されて、立憲制度に従うとのお考えを宣言された。立憲は、私の言う「君民同治」のことだ）

（註）【徳沢】徳の恵み【油然】盛んなさま【化理】治理教化、治化

兆民は、「君民共治が実現すれば、共和制支持者が恨まず、君主制支持者が憂いを抱くこと

もない」（一四年三月二四日、東洋自由新聞）と述べ、単なる民約論者ではなかった。

（註）【国体】国体は国家の体質で、国毎に異なる。君民一体の国体に基づく日本の国体精神は、三種の神器（勾玉・鏡・刀）が示す愛民・敬神・尚武（『平成新国体論』）。愛民により天皇は国民を慈しみ、敬神により天皇は皇祖皇宗を敬い、尚武により国土国民を護る。【八木秀次氏の謬説】八木氏は、「井上毅ははじめプロシア憲法に固執し、ようやく明治一九年になって国史に学ぶ姿勢を持つに到った」と、誤って解釈している（『明治憲法の思想』七一頁）。毅は、明治六年、ワンゼルーの言葉（「自らの法に従って生きよ」）を重んじ、「甲の法を乙に移すことの非」を説くなど、欧州憲法・法律の鵜呑みを厳しく戒めている。明治七年、『欧州模倣を非とする説』では、ベンサム氏の言葉（「国家の法制は善良でも他国に移すべきでない」）を引用している。明治八年、『王国建国法』では、プロシア憲法を国の歴史伝統文化を研究せぬまま机上で作ったため、土俗を良くする事がないと批判した。以上のことは、明治九年「憲法意見控」で、役人の定め書き（「十七条の憲法」）ではなく、西洋憲法（コンスチチュシオン）の形をとるべきと主張したことと何ら矛盾しない。明治九年「憲法制定の聖勅」が、「建国の体」に基づいた憲法にすべしとしたように、毅は憲法の根本を自国の国体に置くべきと考えていた。明治一四年六月、毅の岩倉宛意見書に「憲法は国体に基づくべし」としていることからも明らかで、八木説は全くの誤りだ。

第二回地方長官会議（明治一一年四月〜五月）

第二回地方長官会議（議長・伊藤博文参議）は、明治九年奥羽地方巡幸と明治一〇年西南戦争のため、一一年四〜五月開催。①府県会開設と国民の参加、②地方税創設と地方税による府県自治、③町村自治、が議題となった。一一年三月、毅は地方官会議御用掛兼任となり、七月、地方制度確立のための三新法起草（府県会規則・地方税規則・郡区町村編成法）（『井上毅研究』一三六頁）。廃藩置県、村落廃止、人為的大小区設置（革命仏国制度に倣った）、官選区長戸長による中央集権化推進が、士族反乱や一揆の原因ともなった（同上一三七頁）。熊本でも反対が強く、明治九年早くも県民会開催（『熊本県の歴史』文画堂二六五頁）。三新法は反発が強い人為的区割りをやめ、歴史的区割りに戻した。

一二年三月二〇日東京府会、同年四月五日大阪府会開催。東京府会議長福地源一郎、副議長福澤諭吉。府議県議に一流の人物が選出された。帝国議会議員の多くは、府県会議員から選出された（『明治天皇詔勅謹解』四九三頁）。一三年二月二七日、第三回地方長官会議開催。

（註）【木戸議長通達（明治八年七月一七日）】「各地方漸次町村會開設之儀此度其地方ノ適宜ニ被任候ニ付、右準則追テ御渡可相成候條此段相達候事。但已ニ民會開設有之向追々伺出候分モ有之候處、右者町村會準則制定相成候上何分之御指令可有之候事。右之通太政大臣殿ヨリ被相達候ニ付、此段相達候事」（『明治天皇詔勅謹解』四九二頁）（大意）「各地方で次第に町村会開設の件、各地方一任のため、町村会準則は追ってお渡しになる旨通達する。但

し、既に民会開設したところは、追々、伺いが出されているが、町村会準則制定後に指令が出される。以上、太政大臣の通告を報告する」

元老院の「国憲按」（明治九年一〇月、一一年七月、一三年七月）

明治九年九月八日の「憲法制定の聖勅」を受け、元老院議長有栖川宮は、議官（柳原前光、福羽美静、中島信行、細川潤次郎）四名を国憲取調委員に任命し意見を求めた（尾佐竹猛『日本憲政史』一五七頁）。

元老院「日本国憲按」（第一次草案、八篇八八カ条、明治九年一〇月）と「日本国憲按」（第二次草案、九篇九一カ条、一一年七月）は、西南戦争や岩倉の反対で、天皇に上奏されなかった。一二年一二月、岩倉は三条宛書簡に「**前ニ元老院議長ニ勅シ憲法ヲ起草セシメ給フ、而シテ其稿已ニ成ルト雖、我カ國體ト相符ハサル所アルヲ以テ未タ進奏スルニ至ラス**（元老院が起草した国憲案は、国体にそぐわないため上奏に至らず）」と記した（同上一七二頁）。元老院「国憲」案（第三次草案、九篇八八カ条、一三年七月）は、岩倉修正を経て、元老院議長（大木喬任）から上奏された（一三年一二月二八日）。本案は、元老院顧問フルベッキやジプスケの影響があり、プロシア・オーストリア・オランダ・ベルギー・イタリア・スペイン・ポルトガル・デンマーク憲法等を参考とした（同上一七五頁）（『大日本帝国憲法制定史』一五九・一六四頁）。

（註）【ジプスケ（デュ・ブスケー）】仏国人、左院顧問・元老院顧問、司法省通訳。日本語漢学堪能（『江藤新平』一五九頁）。【有《あり》栖《す》川宮《がわのみや》熾仁《たるひと》親王《しんのう》（天保六年〜明治二八年）】東征大総督、会津征伐大総督、明治三年兵部卿、八年七月元老院議官・議長、九年九月国憲草案起草の勅命。一〇年二月西南戦争征討総督、一三年二月左大臣、参謀本部長、近衛都督、参謀総長、日赤総裁。

伊藤博文は、岩倉に「各国憲法を集め焼き直した第三次草案は、我が国の国体と人情に注意していない」と不満を示した（『日本憲法大綱』六九頁）。明治一三年八月、岩倉は本案に反対し、「形は整ったが内容が伴わない。憲法関連法の審議が必要で、太政官に憲法審査部局を設け、元老院はじめ官吏から約四、五〇名を選び審査委員にし、統括する総裁を立て、広く欧州各国憲法を斟酌し、発布までに詳細調査すれば、立派な憲法になろう」と天皇に建議（『日本国憲法大綱』六九頁）。第三次草案は、第一篇第二章「帝室継承」があり、憲法と皇室典範をあわせたもの。皇位継承が憲法に入れば、議会闘争による皇統紊乱の恐れがある。更に「帝位継承」第三条（「止ムコトヲ得ザルトキハ女統入テ嗣グコトヲ得」）はオランダ憲法を準用し女系天皇を容認、男系継承という伝統無視のため、岩倉・伊藤・毅は反対した（『大日本帝国憲法制定史』一六一・一六三・一七一頁）。

（註）【現行皇室典範】憲法の下位法とされ国会で改正されるため、皇統紊乱の危険がある。平成

一七年の小泉内閣による皇室典範改悪（女系天皇容認）の企図もその一例。**【不備の多い元老院案だが】**第三次草案第一篇第一章「皇室」に「**萬世一系ノ皇統八日本國ニ君臨ス**」とするなど明治憲法の雛形となった（『明治憲法成立史』上巻三〇七頁）。

四　スペンサー・元田永孚・グラント

スペンサーの意見

ハーバート・スペンサーは、「政治体制は歴史の進展に応じて進む」と社会進化論を提唱。歴史・伝統・文化にそぐわぬ憲法・法に反対、明治六年（一八七三）から交遊していた駐米公使森有礼に、漸進主義によるべき、英国議院内閣制は混乱を招き行うべきでない、強力な政府により改革を進めるよう進言した。猶、保守主義に立つ森は、家父長を単位とする「家父長制選挙制度」を枢密院の憲法審議で提唱（『大日本帝国憲法制定史』三一一頁）。

（註）スペンサーの社会進化論のあと、社会契約説は旧説化した（同上三〇七頁）。

元田永孚の「憲法意見書」（明治一二年六月）

明治一二年六月、二等侍講・元田永孚（兼皇后宮大夫）は、参議より早く憲法意見書を上奏（『明治憲法成立史』上巻四三四頁）（『明治天皇紀』四巻六九一頁）。

【元田の憲法意見要旨】

①**祖宗が創られた国体を変更すべきでない**　自国の国体変更は、天地の公道に背き祖宗の規範に悖り、国を衰退させる。

②**政体は、国の創設期には民情・土俗に応じ自然に形成され、時代に従い変化する**　十七条の憲法・大化の改新・大宝律令・貞観延喜の増補・明治維新のように**時代に応じ政体を変更したのは、国体を護るためである。**国体がかわる恐れがあれば、決定された政体であっても復案し国体を護るべき。

③**陛下の決断により憲法を定める**　憲法は、陛下の決断により定める。国体に基づき、古今上下の民情・風俗にあわせ、十七条の憲法を拡充し、大化・大宝律令を潤色し、憲法をつくる。

④**陛下は「立憲政体」といえるが、国民は「君主親裁立憲政体」というべき**　国民が立憲政体といえば、「君主親裁」の国体を「君民同治」と混同する恐れが生じる。

⑤**君主に威厳があり国体が明らかで、政体が定まり民情に通じていることは天下の快事**

元田は、日本の政体変更は国体護持のためだったという。さらに、国会で議論を尽した上で得た衆論（多数意見）は、必ずしも公論（正論）ではないとした。元田は、多くの意見から天皇が「其中を執り、公論を決す」ことで親裁の実を天下に示すよう望んだ（『明治憲法成立史』上巻四三四頁）（『明治国家の建設』二二七頁）。

（註）【中ヲ執ル】「衆論ヲ集ムト雖トモ、公論ノ決ニ至テハ唯陛下ノ其中ヲ執ルニ在ルノミ」（『明治憲法成立史』上巻四三五頁）【其の中を執れ】論語「允《まこと》に其の中を執《と》れ（允執其中）」（諸橋徹次『中国古典名言辞典』九四・一五三頁）。

グラントの助言（明治一二年八月）

八月一〇日、天皇は、浜離宮で米前大統領グラント（七月七日来日）の意見を聞かれた（『明治天皇紀』第四巻七一九・七二二頁）（『大日本帝国憲法制定史』三〇三頁）。

【グラントの助言〈要旨〉】

・欧米国は政党があるのを常とし、政党間の掣肘で乱政を予防
・政府転覆を企図する政党は「有害な悪政党」
・議会急設は乱れの本で、漸進を基本とすべき

・国内有力者を召集し顧問議院を開設し、立法権でなく討議権を付与。選挙権・参政権付与前に、教育を充実し選挙権・参政権の意義を教える

グラントは、議会開設は漸進を基本とすべきで、急な変革は国の発展を阻害するとした。注目すべきは、「政府転覆を企図する政党は悪政党」とした点。政府転覆は国体と国家の破壊を意味し、「建国の基本である米国国体の変更を許さないのが、政治の大使命」とする考えが示されている。米国は、現在も共産党禁止法を持つ。

グラントは、「憲法起草は、日本の歴史と習慣を基礎とすることを望む」と述べた（『明治天皇詔勅謹解』六三九頁）（『憲法制定と欧米人の評価』三三頁）。これは、『立憲政体樹立の詔』（明治八年四月）の「建国の体に基づき憲法を制定」と一致する。岩倉らは、グラントの意見に意を強くしたものと思われる。

（註）【米国共産主義者コントロール法】昭和二九年、米国は共産党の非合法化法を制定、現在も有効。提案者、民主党ハンフリー上院議員（『皇統断絶　女性天皇は皇室の終焉』二〇九頁）（『戦後日本を狂わせたOSS日本計画』一四四頁）。【英国共産主義取締法】英国も共産主義者団体の非合法化法を持つ（英国憲法原理からも正しい立法）。【日本治安維持法】（一九二五～一九四五）】皇室と私有財産への攻撃を取締り。但し、大正～昭和、大学・政官界・マスコミは共産思想蔓延、マルクス全集等の出版は自由だった（『国民の憲法改正』六〇・七三頁）（『福田和也と《魔の思想》』二六五頁）。【グラント前大統領】一八七〇年、

人種差別撤廃の憲法修正断行。米憲法に通じた人（『大日本帝国憲法制定史』三〇一頁）。
明治四年、岩倉視察団訪米時の大統領。

元田永孚の「国憲大綱」（明治一三年九月）
九月三〇日、元田は「国憲大綱」を記した（『明治憲法成立史』上巻四三五・四三七・四三九頁）
（『大日本帝国憲法制定史』一七〇頁）。

【元田永孚の国憲大綱（大意）】
・日本国は、万世一系の天皇が治める
・国民は、天皇を敬い戴き、何らかの事変でも天皇に背くことはできない
・国教は仁義・禮譲・忠孝・正直を主義とし、天皇と国民は共に遵守すべき
・天皇は神聖にして犯すべからず、何らかの事変でも天皇の身体を拘束しない
・天皇は国民の教育の権をまとめる
・天皇は国民の賞罰・昇進降格・生殺の権をまとめ、憲法により決まりをつける
・国民は身体・居住・財産の自由権を持ち、法律によらず権利を制限されない
元田は、以上七条を必須な憲法条項とした。又、天皇も国民も遵守すべき国教として、「仁

義・孝・礼・譲・忠・正直」を主義とし、憲法・法律もこの主義に基づくとした。
元田は、欧米政治が、憲法だけでなく、キリスト教信仰で形成される国民精神によって初めて成立することに着目した。英国は、プロテスタントの名誉革命以来のアングリカン・チャーチ（英国国教会）の信仰、及び、国王が信仰の守護者であることが、国民精神の基盤である。日本は、歴史・伝統に根ざす道義（仁義・孝・礼・譲・忠・正直）を国民精神の基盤とすべきと考えた。**元田は、一三年一二月、エドマンド・バーク『政治論』（金子堅太郎訳）を読み、明治天皇に供覧した**（『明治天皇紀』第五巻四〇〇頁）。このように、元田は英国保守思想にも通じていた。『君主の無答責』を意味する元田の「天皇ハ神聖ニシテ犯ス可カラス」は、明治憲法第三条のひな型となった。

（註）**【元田永孚】** 明治四年～二四年侍講、宮中顧問官、枢密顧問官。文政元年一〇月一日、熊本（山崎町）生まれ。一一歳時習館入学、一五歳横井小楠（二四歳）に出会う、二〇歳時習館居寮生（三年半で修了）、実学党。安政五年家督相続、大目付、五五〇石。慶応三年高瀬町奉行、明治元年側用人兼奉行、明治二年長男永貞に家督を譲り大江で隠居（東野と号す）、明治四年藩知事細川護久侍講として上京、明治四年廃藩置県の意見書を政府に提出、大久保利通がこれを嘉賞。明治四年六月四日、明治天皇（二〇歳）侍講として出仕（五四歳）、論語進講、明治五年以降皇后（昭憲皇太后）にも進講。明治二四年一月二二日没（七四歳）、同日男爵を授かる（墓所・東京青山墓地、広瀬中佐隣）。大久保利通は「君側に元田がおれ

ば大丈夫」とし、副島種臣は「明治第一の功臣」とした（熊本地歴研究会『元田永孚先生』昭和五年、二・三・三〇・三七頁）。

五　各参議の憲法意見

各参議の憲法意見提出（明治一二年一二月〜一四年五月）

明治一二年一二月、岩倉の意向を受け、三条太政大臣は、天皇と相談の上、各参議に憲法意見を求めた（『日本憲法大綱』七一頁）。各参議から意見が上奏された（一二年一二月山県有朋、一三年二月黒田清輝、同六月山田顕義、同七月井上馨、同一二月伊藤博文、一四年三月大隈重信、同五月大木喬任）。大隈を除けば、何れも漸進的な立憲政治を求め、国会開設は慎重にというものだった（『明治天皇詔勅謹解』六四〇頁）。

さらに、岩倉は、三条と有栖川宮に次のように要請した（一三年二月三日）。

廟堂《びょうどう》宜ク速《すみやか》ニ國會開設ノ期ヲ豫定シ、我カ國體《こくたい》ヲ本ト爲シ、旁《かたわ》ラ欧米各國ノ良制ヲ酌《しん》衷《ちゅう》シ、以テ憲法ヲ起草スヘシ、其草案成ルノ日ニ及ハハ、聖上、既往ニ鑒《かんが》ミ、將来ヲ慮リ、

得失利害ヲ審カニシ給フテ、之ヲ裁定シ、以テ億兆ノ臣民ニ昭示シ給ハハ、冀《ねがわ》クハ、國家ノ平安ヲ永遠ニ保持スルヲ得ン、是レ具視ノ切望シテ已マサル所ナリ（大意）（内閣は速やかに国会開設の時期を予定し、わが国体を本として、欧米の良い制度を借り、もって憲法を起草すべきだ。草案ができれば、歴史にてらし、将来を見通し、利害得失を明らかにする、陛下が御裁定され、憲法を国民に明示いただければ、国家の平安を永遠に保つことができましょう。以上、私の切望するところです）（『岩倉公実記』）（尾佐竹猛『日本憲政史』一九七頁、一部読みやすくした）

（註）【山県有朋】明治一二年一二月、民心安定のため国会開設すべきとの意見を提出。立憲政体樹立を「君民両権」の実現ととらえた（『明治国家の建設』一五四頁）。【大木喬任】国会を神話の「天の安川の会」になぞらえた（同上一五六頁）。

毅が執筆した伊藤博文の「立憲政体建議案」（明治一三年一二月）

一二月一四日、伊藤は、「立憲政体建議案」を政府に提出した（『井上毅傳』資料篇第六巻九二頁）。

【毅が執筆した伊藤博文の「立憲政体建議案」要旨】

現在の混乱の原因は、①家禄を失った士族が、政府に不満を抱き、②世界的潮流として、仏革命以降、王専裁が廃り王と人民が政治の権を分つようになった、ことである。今後の方策として、①元老院を盛んにし、②公選検査官を設置すべきである。元老院は、国政担当能力を持つ華士族から議官を選出（定員一〇〇人）、法律審議の実をあげる。公選検査官は、府県会議員から選出し、財政実態を調査・検査、さらに公開し、国民議論を起こすことが立憲制度の初歩である。国会開設は大事だが、国体変更の恐れがあるため急ぐべきではない。

毅起草の「伊藤博文の建議」の特徴は、早期国会開設ではなく、元老院の充実、財政実態を調査する公選検査官の選出だった。元老院を、国会開設後の上院（貴族院）の基礎とすることを予定していた。公選検査官による財政検査は、政治不信を払拭する狙いがあった。

各参議憲法意見への元田永孚の見解（明治一四年七月六日）

元田は、「各参議の憲法意見」の評価を天皇に上奏した（『明治天皇紀』五巻三九四・三九五頁）。

大隈説は、急進党を促す恐れがあり、参議意見中で最も採用すべきではありません。政府に政党官と永久官を採用する説は、将来はやむを得ないとしても、政党政治を進める弊害があり今行うべきでありません。輿望のある者を明察し、内閣を組織させることは良いとしても、上下二院の議決によって内閣を組織させるべきではない。**井上馨**の「民法は習慣に成る」は確乎不抜の論だが、元老院廃止と公選上院設置は、国会開設論に口実を与えるため採用すべきでない。**伊藤**の「元老院更張と公選検査官設置」は卓見だが、元老院議員を華族士族から県毎に公選するとの説は採用せず、勅選とすべきです。**大木喬任**の「帝憲（皇室典範）と政体をわけて立てる」という説が最も相応しく、現在の急務は帝権の確守と国体の扶植です。

願わくは、速やかに憲法を制定すべきです。但し、国会開設時期の公表は、紛糾を起こしかねないので避けるべきです。

元田は、さらに次のように記している〈要旨〉（『明治天皇紀』第五巻三九六頁）。

身に自ずと度があり家に法があるように、国に憲法があるのは道理です。わが国では、万世一系の天皇が君臨されるのは万古不易です。更に、上が行なうところを国民が見てこれに倣い、上が命じるところを国民が聴いて守り、政教一致君民愛敬、神州確乎不抜の国体で、必ずしも憲法を必要としません。西洋各人種が、君主を選び憲法を立て上下の権限を守り漸く争乱を抑えたことと、わが国の事情は異なります。しかし、（わが国も）世の中の開化に伴い国民は知識を逞しくし、全てが紛擾を起こし、上下互いに疑い、信頼するところがなくなった為、初めて十七条の憲法を制定、次に大宝律令を定め、国民上下に規則を守らせたのは、自然の国体に従ったまでです。維新後、急に欧風に移り、時勢の赴くところ、民権・国会・自由・共和説が横行し、国民が狂乱の中に卒倒し方向を見失っていることは、かつての百倍にもなります。国体に従い帝憲（皇室典範）・政憲（憲法）・民法を定め国民に明示し、我が神州の国体が万国に優れている理由、及び、民法が外国と異なる理由、更に、西洋法から採用すべきところと採用すべきでないところを知らせるべきです。

帝憲（**皇室典範**）**を万世に維持し、政憲**（**憲法**）**を当世に守り行い、民法を全国に一定する**所以です。憲法制定を他日に譲れば、欧風憲法を勝手に論議するなど事態が日に日にひどくなり、遂に抑制出来ず、帝室の危殆は測れないほどになります。以上が、私が今日憲法を立てる必要があるとする理由です。

元田は、元老院を三五名から一〇〇名に増員し勅選として「帝権保存」し、人心の向うところを一定させるとの自説を披瀝し、さらに、次のように述べた。

わが国は万世君主を戴き、英国制度を採用してもその地位は定まっている。言葉は世論に求めても、万機（天皇の政務）は天皇の決裁を経ないことはない。従って君主立憲というべきで君民共治というべきでなく、憲法を制定しても国体がかわるわけではない。孔子が言うように、名を正すことを先にすべきです。名のある所、実は名に従う。


元田は、憲法制定が国体変更につながらないとする一方、「君民共治」説を採るべきでないとした。英国制度は採用しても良いが、日英の国体が異なるため「政務の最終決定は天皇の裁可が必要」とした。元田は、横井小楠の教えを受け、欧州立憲制度にも通じていた。

元田説の優れているのは、「国体を継承する帝憲（皇位継承法）を万世に維持し、政憲を当世にまもる」とした点にある。日本は、神話に示された国体を維持してきた。建国以来、政憲（政体を示す憲法）は時代に応じ変わったが、帝憲は万世に維持し護ってきた。それこそ日本国民の使命であることを示した元田説だった。

元田が示す民法を含む三者の関係は、次の通り。


帝憲（皇位継承法・皇室典範）＞政憲（憲法）＞民法（諸法律）

元田は、帝憲は万世に維持し、政憲は時代に合わせ変更可能とした。毅も、元田説を参考にしたものと思われる。

（註）【現行憲法と皇室典範の関係】現行憲法下では、憲法 ＞ 諸法律（皇室典範を含む）。つまり、皇室典範は、一般の法律と一緒で、憲法の下位法という扱いであり、元田の考えと全く逆。【皇室典範と憲法の分離】両者の分離を唱えたのは、毅・元田・大木の三人。

六　一四年の政変

大隈密奏事件（明治一四年三月）

一四年一月、伊藤・大隈・井上馨は、国会開設と政府系新聞発行で合意（熱海会談）。三月末、大隈は、三者合意を破り両者に相談なく、左大臣有栖川宮を通じ、憲法意見を天皇に提出した（『伊藤博文の情報戦略』九三頁）。有栖川宮は、その急進性に驚き、意見書を天皇から預かり、三条・岩倉に提示（『明治天皇紀』第五巻三〇八・三一四頁）。六月、岩倉が、「この案に伊藤も同意しているか」と尋ねると大隈は「同意を得た」と答えた。しかし、六月二七日、三条から大隈案を見せられた伊藤は、「私は、大隈に相談し上奏したが、大隈から相談はない。意図が理解できないので、同じ内閣にいられない」と辞意を表明し大隈案を筆写した（同上五巻三二四頁）（『岩倉公実記』下巻六九九頁）（『伊藤博文秘録』二一六頁）。一五年国会議員選挙、一六年国会開設、議員を大臣に任命、一年以内の憲法制定を求める大隈案に、岩倉・井上馨は反対した。

（註）**【伊藤の大隈観】**伊藤は、「西南戦争後のインフレで苦境に立たされていた大隈は、憲法で主導権を握ろうとした」とのちに原敬に述べた（『原敬日記』第三巻三一一頁）。**【岩倉の配慮】**岩倉は、明治一四年三月三一日、大隈に手紙で「伊藤に大隈案を提示しないよう」要請し、大隈と伊藤の衝突を避けようとした（『伊藤博文の情報戦略』九四頁）。**【東北行幸】**天皇は、一四年七月三〇日～一〇月一一日、有栖川宮・大隈・黒田清隆・米田虎雄侍従長と東北巡行中（『明治天皇紀』第五巻四一七頁）。**【八木秀次氏の謬説】**八木氏は、一四年六月二九日付、伊藤から毅宛の手紙に「愚考も大差は之無き様に存じ候」とあるのを、伊藤が大隈案に賛成だった証拠という（『明治憲法の思想』五四頁）。これは八木氏の明らかな誤読で事実と異なる。六月二九日の伊藤の毅宛書簡は、同日の毅からの手紙への返事であり、「(毅の意見に)愚考も大差八無之様奉存候へ共、……」と書いているのである（毅への返書『井上毅傳』史料編第五巻二三頁）（伊藤への書簡『井上毅傳』史料編第六巻二四九頁）。八木氏は、史料をまともに読んでいないのか読解力に欠けるのか、事実を捻じ曲げて、伊藤や大隈を手玉に取る陰謀家として毅を描いている。八木氏は、「琉球処分問題で清との外交交渉に失敗して閑職にあった井上毅が、政府部内での自己の身の置き所に危機感を感

じていたこともあっただろうか」と何の証拠も示さず、事実と異なるウソを書いている（『明治憲法の思想』五二頁）。毅は、日本最西端の宮古・八重山の二島の領有問題に関する北京での日清交渉で、李鴻章等と交渉する宍戸公使を助け、二島割譲を阻止し国益を守り抜く功績をあげて二度の北京出張を終え、帰朝したばかりだった（『井上毅先生傳』三五三・三五六頁）。明治一三年一一月三〇日、毅は伊藤から「日清交渉は、毅案の通り御前会議で閣議決定された。北京出張前で申し訳ないが、明朝九時に来駕を乞う」旨の手紙を貰っている。一三年一二月一日、岩倉は毅宛書簡に添え、北京出張用の防寒用二品を毅に贈った。岩倉・伊藤が、毅をいかに頼りにしていたかがわかる（同上三四九頁）。八木説には、毅への悪意さえ感じられる。**【明治一三、一四年日清談判】**明治一二年頃より、清国は、廃藩置県に伴う琉球帰属問題に関し、グラントを通じ、宮古・八重島割譲を要求した。日本は、毅の考えに基づき、二島を清に譲る一方、欧米並みの清での通商の自由を求めたが、清国は一方的に交渉を中止した。交渉中、李鴻章や総理衙門大臣は、暴言を吐き続けた。交渉には宍戸公使か竹添進一郎があたった。毅は、岩倉と井上馨外相の命により二度北京に長期出張（同上三一九～三五六頁）。

大隈重信の「憲法案」（明治一四年三月）

大隈案は、「物事の根本を立てて枝葉が茂るように、大綱をあげ細目が定まる。今日の政務において、まさに立てるべき根本と大綱がある。今や朝廷の評議の主題は、明治八年の詔勅

(立憲政体樹立の詔)であり、国会開設の件である。私の意見を論述し、進言する。ご採択賜れば幸いです」として、次のように述べた(『伊藤博文秘録』二〇八頁)。

①人心の進展に遅れないように法制整備を進め、議会開設の年月日を明らかにし、憲法制定委員を定め、議事堂建設を始める

②天皇の人材抜擢は、国民の輿論を察し、政府の顕官を任用すべき

③政党官と永久官にわける

④欽定憲法の体裁を取る

⑤一五年末に選挙を行ない、一六年初に議院を開く

⑥施政の主義を定める

矢野文雄(太政官大書記官)が大隈案を執筆した。矢野は、三条・岩倉・有栖川宮の三大臣に見せるため、大隈の依頼で大隈案を執筆したと証言している(『伊藤博文秘録』二一六頁)。大隈案は、矢野らが書いた「交詢社の私擬憲法案」(一四年四月二五日)と基本は同じ(『明治天皇詔勅謹解』六四二頁)。

(註)【交詢社憲法案】福沢派の矢野文雄らが執筆。第一三条「内閣宰相タルモノハ元老議員若シクハ國會議員ニ限ルヘシ(内閣大臣は上院または下院議員に限定)」、第一二条「首相ハ天皇衆庶ノ望ニ依テ親シク之ヲ撰任(首相は天皇が国民多数の支持する者を選ぶ)」と議院内

閣制を採用。議院内閣制は、英国の歴史から生まれたもので、日本に相応しいか否か時間をかけ研究しなければならない。立法府に強い権力を与える議院内閣制は、政党が未熟な日本では、仏革命のような大変革に向かう恐れがある。立法府の意向で国体が破壊される。それを避けるには漸進主義をとるべきで、大隈案と交詢社案への反対は、岩倉や毅にとっては当然の事だった。交詢社案は、憲法の冒頭に天皇に関わる条文を掲げるなど、構成では見るべき点もあるといわれる（『大日本帝国憲法制定史』二五三頁）。しかし、第二条「天皇ハ神聖ニシテ犯ス可ラザルモノトス」は、一三年の元田の「憲法大綱」からの丸取り。**【交詢社】** 一四年一月末、青松寺（港区芝）で設立総会開催。福沢諭吉主宰の実業家社交倶楽部。**【大隈案に関する矢野文雄証言】**「大隈の私擬憲法といわれたものは、全文私が執筆した。当時、私は英国法を研究し、議院制度の調査では第一人者だと自認していたので、これに関する意見書は何度となく書いた。そのうちの一つがこれで、私が執筆したことについて、大隈侯は全く発言されなかった」（『伊藤博文秘録』二一八頁、著者要約）。**【矢野文雄】** 大分生まれ、英国留学、慶応義塾出身。統計院幹事兼太政官大書記官。一四年の政変時、辞職。（瀧井一博『伊藤博文』七二頁）（『大隈重信』八二頁）**【小野梓】** 土佐生まれ、法制局で毅の部下、民法改正に関係。小野も、「大隈の私擬憲法」に関わっていた。木村時夫氏は「井上毅が部下である小野に嫉妬し、小野が一部執筆した『大隈の私擬憲法』を排除した」と記した（『知られざる大隈重信』一二五頁）。しかし、これは、小野の個人日記（「留学斎日記」）を偏重したための間違いだ。小野も勤皇家（『明治憲法の思想』一二二頁）。**【矢野文雄は、明治一九年、ようやく毅の正しさに気づいた】** 矢野は、一四年の時点では、日本も英国同様の議会運営が可能と信じていた。しかし、一八年～一九年欧州に滞在し、各国憲法と国民性を比較し、「立憲政体の仕組みは身体にたとえられ、沈重温厚の国風は魂にたとえられる。沈重温厚の精神がなければ立憲政体の仕組みは、国家に何の幸福ももたらさない」ことに気づいた（『大日本帝国憲法制定史』五一三頁）。議会制度が機能している英国に比べ、仏・スペイン・南米のラテン諸国では機能しないことに気づいたからだ。矢野は、明治一九年になりようやく、①憲法は自国の国風に相応しいものであるべき、②立憲議会政治には慎重で思慮深く温厚な国民精神が必要なことを悟った。矢野は、憲法は自国の国体を継承すべきもので、時間をかけ憲法を制定し、法律の整備を図り、政治体制を作り上げていかねばならないとした、岩倉や毅らに遅れること一五年ほどでようやく毅らの正しさに気づいたのである。毅は、明治五、六年には既にワンゼルーの説などから、これらのことに気づいていた。**【英国憲法政治の根本は譲歩の精神】**伊藤博文は、「英吉利の憲法政治はなぜ斯くの如く能く往て、外の所は能く往かんかと云って聞いて見ると、取りも直さず英吉利人は譲歩の心が強い。外は譲歩の心が少ない。譲歩の心の少ない者は、憲法政治には不適当な人民」とし、憲法政治には、譲歩の精神が必要だと述べた（瀧井一博『伊藤博文』一六六頁）。**【立志社の憲法案（一四年九月頃）】**植木枝盛、片岡健吉らが執筆。条文がこなれておらず、草稿に過ぎない。米国型三権分立を採用。①行政は、長官である天皇親裁としながら、天皇に任命された摂政官（任期四年）がこれを行う、天皇は陸海軍の最高司令官、②立法は、選挙で選ばれた議員からなる議会（一院制）が行う、天皇は法律への拒否権を持ち、自ら法律案を議会に出せる（『大日本帝国憲法制定史』二六二頁)。第四一条(「国民の武器所有権」)があることから、米国憲法のコピーの性格が強い(同上二六八頁)。第七二条「國帝ハ宣戦講和ヲ公布ス(天皇が宣戦講和を公布する)」は、第一〇〇条「宣戦講和(實)權ハ國會之レヲ掌握ス(宣戦講和の実権は議会が握る)」と矛盾する。第九七条「國会ハ帝位ヲ認定ス(議会が天皇を認定する)」は、日本の国体にそぐわない。

毅の憲法意見(明治一四年六月)

有栖川宮から大隈案の急進性を知らされた岩倉は、一四年六月上旬、毅(太政官大書記官)に憲法制定調査を命じた。一四年六月、毅は、「大隈案」への反論と憲法基本方針を岩倉に提出(『井上毅傳』史料編第一巻二三一頁)。毅は、九つの意見書を記した。

(註)**【毅の九つの憲法意見書】**一四年六月、毅の憲法意見書は、「欽定憲法考」、「憲法意見一・二・三」、「政府施政意見」、「憲法草稿手続意見」、「憲法綱領意見」、「憲法制定意見案」、「憲法制定意見」。「憲法制定意見」のみが伊藤宛、他全て岩倉宛(同上第一巻二二五頁)。

【維新以来の大方針は、自由寛仁】(同上第一巻二三二頁)

毅の『政府施政意見』(一四年六月)は、「凡そ一国を主宰する政府は、一定の性質を持ち一定の路線を取るべきだ。日本は、『自由寛仁《かんにん》』であり、漸進主義」としている。「自由寛仁」は、自由で寛大で情け深いことを意味する。

「自由寛仁」が政府の基本方針である根拠は、次の通り。

①廃藩置県
②武士による政治及びその特権の廃止、門閥によらず公平な人材登用
③地租改正により、農民に恩恵を与え
④司法事務を拡張して刑法を公布し、監獄を造り囚人に恩恵を与え
⑤警察設置による国民保護

さらに、「その他、維新から十数年のうちに、上の権利を減らし下に益を与え、猛を去り寛を主とし、私を捨て公の意によることを方針としてきた。衆思を集め公議を広めるため、明治元年五箇条の御誓文、明治八年立憲政体樹立の詔を基本として、明治八年元老院・地方官会議設置、明治一一年府県会議などの法律が整備された。政治のかじ取りは、岩礁を行く一艘の船のようなもので、紛争をさけ国民の希望を容れながらゆっくりと進む漸進主義でなければ座礁してしまう」という。

また、毅は、「そもそも政府が一定の性質（自由寛仁）を持ち、一定の路線（漸進主義）を誤らなければ、断じてこれを行わねばならぬ。物議に振り回されず、結果を恐れずこれを

断行する。すでに天皇の詔勅が出され、大臣が行なえば、内外百官一致して事にあたることが出来る。もし、政府が徳を分散し、大臣が志を異にすれば聖徳を助けることは出来ない」と述べ、毅の決意の強さがわかる。

【毅の憲法意見】（同上第一巻二二四〜二二六・二三〇・二三三・二三七頁）

さらに、憲法につき次のように述べた。

①憲法は、国体・民俗に相応しいもの　憲法は、国体・民俗・慣習や文化の進展度に相応しいものにすべきだ。欧州でワンゼルーなどを学び、毅の考えとなっていた。

②欽定憲法　欽定憲法の欧州君主国に倣い、日本も欽定憲法にすべきだ。重要なことは、欽定憲法はスウェーデンのように議会審議をへて公布されることだ。議会審議をへずに公布された欽定憲法は、英国マグナカルタとプロシア憲法のみ。マグナカルタは、国民に屈し国王が出し、国民の同意を得たことと同じである。プロシア憲法は、議会でまとまらず、止むを得ず政府専権で公布された。欽定憲法**は、**国王が国民に権利を授与する形をとるが、**実際は内閣の責任で策定され、国王の私案ではない**。君主国は「国約憲法」を採用できない。国民主権を唱えるルソー民約論は、歴史と伝統を破壊するため受け入れられないからだ。

③**漸進主義**　大隈の急進論を排し、漸進主義をとるべきだ。英国会は立法権と行政権を握っており、日本への導入は大混乱を招く。英国会は二大政党制で多くの人材を抱え、選挙結果で優勢政党が組閣するのに対し、日本の政党は未熟であるなど事情を異にする。**プロシア憲法を採用出来るかと云えば、プロシアは圧政に近いから、それも違う。**

以上から見ても、「毅はプロシア憲法を手本にした」とする説には根拠がない。毅は、欧米憲法の丸呑みではなく、国体や文化に相応しい憲法に仕上げようとした。

（註）**【毅の記述「プロシアは圧政に近い」（一四年六月）】**「**政論家ノ論説ニ従ヘハ普魯社ノ國憲ハ幾分ノ壓制ヲ免レザル者ニシテ普魯社ノ議院ハ完全ノ氣力ナキ者トス**」（著者現代語訳「政論家の論説によれば、プロシアの憲法は幾分圧政を免れず、プロシア議会は完全な気力がない、という」との毅の記載（『井上毅傳』史料編第一巻二三〇頁）。**【法律顧問ロエスレル】**　毅は、憲法制定にロエスレル意見を参考にした。ロエスレルは、ビスマルクのドイツ政治に反対し、また、歴史伝統を破壊した仏革命を批判し「主権在民」の弊害を指摘した真正自由主義者（『平成新国体論』二四三頁）。グナイストは、伊藤博文に「ロエスレルは自由主義者でプロシア政治の反対者」と警告。ビスマルクも、青木公使に対しロエスレル採用に反対（『大日本帝国憲法制定史』二九九頁）。**【民会も国体に関わる】**　毅は、「民費意見案」で「**民會ハ國体ノ關ハル所ニシテ而シテ各縣之ヲ設クルアリ設ケザルアリ**」とし、府県会などの民会設置で衆議を集める政治が日本の国体にかなうとした（『井上毅傳』史料

編第一巻一四〇頁、一部読みやすくした)。

毅の『欽定憲法考』(『井上毅傳』史料編第一巻二二三頁)

明治一四年六月、岩倉から執筆を依頼された毅の『欽定憲法考』要旨は、次の通り。

○聖徳太子の十七条憲法は、一般の法律にあたる。近代憲法は、明治八年の「立憲政体樹立の詔」にいう憲法だ。立憲政体を樹立する憲法公布は、①国王が詔勅の形で出すもの、②立憲代議士の名の下に公布する、もしくは国王と代議士の共同公布によるもの、の二種類の方法がある。

「欧州の**チャートという言葉は、厳粛な儀式の下に臣民に権利を授ける詔勅をいい、日本でいう欽定憲法にあたる**」

○欧州の欽定憲法は、例えば、スウェーデン憲法があり、一八〇九年六月六日、議会の議決後、国王が批准した「政体法」の緒言にいわく、

「神のご加護により国王たるチャールスは、全幅の信頼をもって委任した国会が決定した政体新法を、国家の永遠の独立と繁栄の為、ここに公布する」

一八三〇年、仏国王ルイ・フィリップの欽定憲法にいわく、

「朕、一八一四年憲法勅令を、八月七日、両院修正を経て、八月九日、公布する」

○君民合同で公布した憲法には、一七九一年仏国憲法があり、第三編第二条に「仏国政体は代理政体であり、国民の代理人は議院および国王」としている。つまり、国王と議会を同一視している。

○立憲君主国では、欽定憲法と否とに関わらず、必ず立憲代議士を招集し、議会の承認を経て公布する。近年の説では、特別の立憲代議士は必ずしも必要でなく、通常の代議士の承認でよいとされる（仏国学士ブロック氏など）。憲法を創立して、議会の審議を経ない例は、甚だ少ない。中古の時代の、国民に権利を付与した詔勅は、民議を経ていないものが多いが、その実、人民の脅迫によって出された場合が多い。英国大憲（マグナカルタ）がその例である。最近では、議会で結論が出なかったため、プロシア国王の専権で、議会を解散し、憲法を公布した例があるのみである。にもかかわらず、「欽定憲法の主義は、勅令によって人民に権利を授与するところにあって、ここが国約憲法と違うところだ」と、彼の日日新聞が盛んに宣伝しているが、これは誤解である。**欽定憲法も、国約憲法も、同じく民議を経たものである。**

○国約憲法は、君主国においては決して採用してはならない。一七九一年仏国憲法は、ルソーの「主権は国民に在り、社会は約束（契約）により成立する」との考えに則っており、ゲルマンの学者（ブロンチュリー氏など）の排撃するところだ。日日新聞の社説に「天皇と代議士とともに調印する」などというのは、全く国約憲法の体裁であり、ルソー主義に陥っている。

○以上、要約すれば、立憲君主国は国約憲法を用いず、必ず欽定憲法を採用すべきだ。そして、公布前に代議士による承認を得なければならない。

毅意見の要旨は、次のようになろう。立憲君主国は、欽定憲法を採用すべきだ。「国約憲法（＝民約憲法）」は、ルソーの「社会契約論」に基づき、国家を転覆し、国家を歴史伝統文化から切り離し、空想上の人工国家に造りかえるものであり、立憲君主国は、決して採用してはならない。欽定憲法は、国王が公布する前に、議会の承認が必要とされる。

（註）**【日日新聞】** 東京日日新聞（『明治憲法成立史』六〇二頁）。**【明治憲法は議会の承認を受けたか】** 答はイエス。天皇臨席のもと枢密院で精密な審議を経て公布された。

毅が執筆した岩倉「憲法綱領」（明治一四年七月）

明治一四年六月上旬、岩倉の執筆依頼を受け、毅は「憲法綱領」を岩倉に提出した（七月）。七月六日、三条と有栖川宮も同案に賛同（『大日本帝国憲法制定史』三三五・三三七・三四〇頁）。

【岩倉の憲法綱領】（毅・執筆）（著者現代語訳）

一　欽定憲法（天皇が決定された憲法）の体裁をとる

一　欽定憲法と国約憲法の違いは別紙で述べる

一　漸進主義を失わない

　附　欧州各国の憲法を取捨選択すれば、プロシア王国憲法が最も漸進主義をとる。プロシア王国憲法制定時のドイツ国内の紛争は後述

一　**皇室継承法は祖宗以来の規範に従い、憲法には定めない**

一　天皇陛下御自ら陸海軍を統率し、外国に宣戦講和し、外国と条約を結び、貨幣を鋳造し、勲位を授与し、恩赦を行う

一　天皇自ら文武の官僚を選考し、進退を決める

　附　内閣大臣は議員であるなしを問わず

　内閣組織は、議会に左右されない

一　大臣は、大政の根本以外は、主管事務に責任を負い、連帯責任の法に依らない

　附　法律命令には大臣の署名を要す

一　立法権を分け、元老院と民選議院を設ける

一　元老院は特選議員と華族士族中の公選議員により組織する
一　民選議員の選挙法は財産制限を用いる
一　およそ議案は政府より提出する
一　予算案が政府と議会が折り合わず、徴税期限前に議決できない時、または、議会解散の場合、または、議会自ら閉会する場合、または、議会が定員に満たず議決できない場合、政府は前年度予算により当該年度の予算を施行できる
一　一般国民の権利各件（規定のこと）

毅は、「最も漸進主義」と評価したプロシア憲法を、次のように批判している。

【毅によるプロシア憲法批判】

①『憲法綱領』の六年前（明治八年三月）、毅は、仏法学者ラヘリエルが欧米憲法を仏語に翻訳した『欧米諸州建国法』から、プロシア・ベルギー両国憲法を邦訳し、『王国建国法』として出版（『井上毅研究』一九九頁）。毅は、プロシア憲法を、国民権利保護は十分だが、条文の矛盾及び民心への配慮が足りないため混乱を生じているとした。
②一四年、毅執筆の「憲法意見」の中で、「政論家の言葉によれば、プロシア憲法は幾分圧

政を免れず、プロシア議会は気力がないとされる」と記した。

毅は、明治一四年以降、独諸邦、英、米、仏、ベルギー、オランダ、スウェーデン、スペイン、ポルトガル等の憲法各条文、及び、その背景の法理を研究した。一八年、独法学から日本固有法学へと研究を進めていった。

（註）【プロシア憲法は幾分圧政を免れない】一四年六月の毅の「憲法意見」での記載（政論家の言葉によれば、プロシアの憲法は幾分圧政を免れない）からみて、「明治一四年憲法綱領」を根拠に「憲法はプロシア憲法の引き写し」とすることは出来ない。【立憲主義】統治機構内のいかなる権力も、憲法で制限されるという一七八八年の米国憲法を嚆矢とするアメリカ的憲法原理（『国民の憲法改正』一四三頁）。【当時の日本経済】米など物価急騰で国民生活は逼迫、政府財政破綻も必至と見られていた（『明治天皇詔勅謹解』六四〇頁）。予算削減の為、明治一二年以降、お雇い外国人を解雇。工部省約九〇名減、文部省約三〇名減、陸海軍三分の二減、大蔵省半減（山口康助『技術史のなかの日本人』近代文芸社二一頁）。【毅の日本固有法の研究】毅が日本固有法学の研究を始めたのを『大日本帝国憲法制定史』（五二八頁）は、明治一九年としているが、これは間違いであろう。毅は、明治一八年に上総を巡っていることから、この年から国典研究を開始したと判断されるため、本書では明治一八年に固有法研究に入ったと記載した。

毅、伊藤博文に憲法制定を勧める（明治一四年七月）

毅は、伊藤に憲法制定を担当するよう勧め、そのことを岩倉に進言した。

【毅の伊藤宛書簡要旨（明治一四年七月二日）】（『井上毅傳』史料編第四巻四五頁）

大隈の憲法案で安危の時機は今日です。後日の風雨地震雷の日には挽回不能で、今なら一度に事態を好転出来ます。伊藤公、雑事はなげうち戊辰以来の大業の憲法制定を進んで成就されるよう願います。自ら高みにより憲法制定の上流を占めていただければ、小生も体が弱いとの誹りを得て残念に思う時だけに必死で尽力します。

毅は伊藤に二案を進言した。

第一案　伊藤公が進んで憲法制定にあたる（三大臣の一人に指導を依頼）

第二案　第一案が無理ならば、伊藤は退官して私擬憲法を作り、天皇に上奏する

伊藤が担当しないなら、何の望みもないので故郷で療養すると毅は述べた（『井上毅先生傳』一三二頁）。伊藤は、第一案を採用した。毅は、政府の頭脳であり、牽引役であることを行動で示した。

（註）**【七月一二日、毅の伊藤宛書簡】**「昨年と違い、憲法制定要求の声が聞かれないのは、各地

で福沢の交詢社案をもとに憲法研究を始め政党の組織作りに入ったからだ。交詢社は全国を籠絡し、人々の脳漿に浸み込み、無人の野を軍勢一〇万で進撃する勢いだ。政府が、名ばかりの王政である英国の実質民主政でなく、プロシア流君主政を採用すれば、明治八年『立憲政体樹立の詔』を実行し政府主義の憲法を設け、世論の防塁となるだろう。今なら英国流政治は国民に浸透せず、プロシア流憲法が可能」（『井上毅傳』史料編第四巻四七頁）。

【毅の考え】毅は、英国型議院内閣制を非としたのではなく、あくまで日本の現状や国民性から英国型議院内閣制の導入が無理と判断した。欽定憲法であるプロシア憲法（独逸帝国憲法ではない）を雛形として憲法制定を進めれば、ルソー型のものとはならないと考えたのである。

大隈罷免の御前会議（明治一四年一〇月）

開拓使官有物払下げで、大隈の密奏問題が再浮上した（『自由党史・中』三八頁）。開拓使廃止のため、一四〇〇万円以上かけた官有物（屋舎、器具、船舶など）の五代友厚（関西貿易商会）への払下げ（三九万円）を福沢らが攻撃（『知られざる大隈重信』一三一頁）。一四年七月から東北北海道巡幸中の天皇の帰還当夜（一〇月一一日）の御前会議で、大臣参議全員が参議筆頭大隈罷免を進言した。「薩長による大隈排除では」との天皇の疑念に、参議らは「大隈が、福沢らと共謀し、憲法にからめ他参議の追い落としを図った」と説明した。国会開設・大隈罷免・払下げ中止が閣議決定された。大隈は、一〇月一一日夜、西郷従道・伊藤の辞職勧告を受け、一二日辞表を提出した（『明治天皇詔勅謹解』六四四頁）。

毅の岩倉への献策（一四年一〇月七、八日）

岩倉は、伊藤博文が書いた「大隈罷免の詔勅案」を呈示し、毅に善後策を尋ねた。毅は、次の献策を示した。

第一　主上聖慮確定廟議画一を示す。

第二　内閣の一致を示す（猶直接に云へば薩長の一致を示す）。

第三　此の人心動揺の際此勅諭あるにあらざれば挽回覚束なくさらに換言すれば人心の多数を政府に篭絡すること覚束なし。

第四　此の勅諭は仮令急進党を鎮定せしむること能はずとも、優に中立党を順服せしむべし。

（『自由党史・中』七〇頁、一部読みやすくした）

七　毅の憲法構想

毅が起草した岩倉の「大綱領」（明治一四年）

明治一四年政変後、毅が起草した岩倉の「大綱領」は、次の通り（『明治天皇詔勅謹解』六九二頁）（『大日本帝国憲法制定史』三三五・三三九頁）。

【岩倉「大綱領」（著者要約）】（『井上毅傳』史料編第一巻二三五頁）

欽定憲法（天皇が定め国民に示す）の体裁とする。皇位継承法は、憲法でなく皇室典範にまとめる。天皇は、①陸海軍統率、②宣戦講和、③貨幣鋳造、④大臣以下重要官僚任免、⑤位階勲等授与、⑥恩赦、⑦議院開閉・解散の諸権を持つ。

大臣は、天皇に重い責任を負う。法律命令は、大臣の副署が必要。

立法権を分けるため、元老院と民選議院を設置する。元老院は、特選議員及び華族・士族中の公選議員とする。民選議員は、財産制限（一定以上の収入がある者）とする。

予算案否決の場合、前年予算を執行する。

国民の権利義務を明記する。議院・裁判の権限を明記する。

明治一四年七月六日、本綱領は三条太政大臣・有栖川宮左大臣に提示された（『大日本帝国憲法制定史』三三五頁）。穂積八束《やつか》が、「**憲法ノ大綱ハ全ク此ノ時ニ於テ確定シタルモノト視ルコト**

ヲ得ヘシ、是ヨリ以後憲法制定ノ歴史ハ流水ノ如ク滑カニ進ム（憲法大綱は全くこの時に確定したと見ることが出来る。これ以降、憲法制定の歴史は流水のように滑らかに進んだ）」と記した（『穂積八束集』一〇五頁）。穂積のいうように、毅の記した欽定憲法及び皇位継承法の憲法との分離（皇室典範制定）の二原則により、制定は進められた。

（註）**【毅の「憲法綱領」】**ボアソナードとロエスレルの意見を参考にした。ロエスレル意見は、バイエルン憲法を反映（『大日本帝国憲法制定史』三六六、五二七、五二八頁）。**【ヘルマン・ロエスレル】**一八三四年（天保五年）一二月一八日、ニュルンベルグ近郊ラウフ生まれ。五人兄弟次男。父はバイエルン控訴院検事、母はロストック大学教授カール・フリードリッヒ・ネーゲルスバッハの妹。一八五六年（安政三年）エアランゲン大卒。ロストック大教授（国法学担当、一七年間奉職）。著書は、ドイツ帝国憲法批判の『ドイツ帝国憲法の立憲的価値についての所信、ロストック一八七七』（明治一〇年刊）、革命批判の『仏国革命論』（一八年刊）。一一年（一八七八）一〇月、カトリックに改宗。同月五日、日本外務省公法助言者として六年間契約（同書三三頁）。反ビスマルク、反マルクス主義。（『井上毅とヘルマン・ロェスラー』一四・一八・二六・三二頁）。**【穂積八束《やつか》】**（一八六〇〜一九一二）安政七年二月生まれ。宇和島藩出身。東京帝大教授。貴族院議員。陳遠は次兄。

毅の紫溟会《しめいかい》結党檄文（明治一四年九月）

「国会開設の勅諭」渙発前、保守政党紫溟会《しめい》が熊本で結成された（九月一日）。

【紫溟会綱領】（『井上毅研究』二二四頁）

①皇室を仰ぎ戴き、立憲政体を協力して立て、国権（国の力）を拡張する
②教育を篤く行ない、道徳を確立し、社会を進展させる
③国民生活を豊かにし、国民の独立を完全にして、国家の富強を図る

紫溟会綱領要旨は、立憲君主制を立て国力を増進し、教育により国民道徳を正し社会を進め、国民の豊かさと自立を全うし、国家の富強を図るというもの。第一の『国権拡張』は、日本が立憲政体を樹立して、欧米諸国から対等国家として承認され、治外法権撤廃と対等条約締結まで視野に入れたものである。国際社会で日本の権利が増大すれば、外国から侮られず、国民の権利も国内外で増進する。国民生活の安寧と国民の権利の増進には、国力の増進が必要である。何れも、立憲君主国をめざす日本としては当然の内容であった。

紫溟会は、毅と参事院議官安場保和《やすばやすかず》（小楠の弟子）が呼びかけ、佐々友房を中心に木村弦雄（のち済々黌々長）、津田静一（エール大卒）、古荘嘉門（のち第一高等学校長）など熊本の保守派を中心に結成されたもので、全国の保守政党のリーダー格となった（『自由党史』中、九七頁）。小楠の弟子である安場安和はじめメンバーは、頑迷固陋な守旧派でなく、伝統を重んじる漸進的

な自由主義（真正保守）者だった。
毅の檄文は、ルソーを徹底批判した（『井上毅傳』史料編第五巻三七二頁）。

【毅の紫溟会檄文〈要旨〉（一四年末）】

今日、我が国の政党は、耳目を集めやすい過激論をみだりに称揚し、不偏不党の中立論を持つ政党が少ない。天賦人権説などの過激論は、人類相憎むの私心に発していることが多い。欧州各国の歴史を見れば、過激論は政府と国民の対立を引き起こし、社会の転覆を生じせしめる結果となることは、明らかだ。過激論を主張する政党が国会で多数を占めれば、国が不安定になり、日本がインドの二の舞となることは火を見るより明らかだ。さきに、天皇は立憲の詔勅を出され、漸進主義を基本とするようにお示しになられた。陛下の思召しは、過激論ではなく、漸進主義だ。私の主義は立憲尊王で、共和の説を採らず、国民の参政権を願い、改革を進める緩急には、陛下の御聖慮を待つべきと考える。紫溟会は、国が次第に改良進歩することを願い、権勢を望まず求めない。天下の志士にして、本趣旨に賛同者のあることを希望する。

毅の考えは、ルソーの「天賦人権論」による激変を退けて、国の漸進的な発展を図り、国民の権利を拡大しようというもの。国民団結の源である皇室を保ち日本の国体を護り、憲法政治を実現するもので、毅は「立憲尊皇」主義と呼んだ。毅は、国王処刑に始まる自国民虐殺が仏国革命の実態であり、国家破壊というべき仏国革命が、ルソーの「天賦人権論」により人間の憎悪や嫉妬心を煽ることで成就されたことを見抜いていた。熊本の指導層がルソー主義の欺瞞性を見抜いていたことは、江戸期からの熊本の学問の確かさを証明している。紫溟会は、一七年、自由民権運動が下火になったことで紫溟学会と改め、政党ではなくなった（『肥後先哲評傳』日本談義社、昭和一六年刊、一七頁）。

紫溟会発足とその趣旨は、報知新聞（九月二四日）に掲載され、毅や佐々友房ら率いる熊本の動きが、全国を巻き込む論争を起こした。

【紫溟会への高知新聞による反論】（『明治憲法成立史』上巻六〇一頁）

高知新聞（自由党系）は、植木枝盛による紫溟会への反論を掲載した（一〇月七日）。

ルーソー氏ガ所謂社會ハ民約ニ始マリタル者ナリト云フカ如キハ多少實事ト相反スルコトナキニアラサルヲ以テ吾儻《ごとう》ハ容易ニ之ニ雷同スルコト能ハサレトモ社會ハ民約ニ由テ爲サヽルヘカラサルノ理ハ天下ノ定則タルヘキヲ信ス又吾儻ハ主權ハ國民ニ存スヘキヲ信ス

如何ントナレハ民ハ國ノ素ナレハナリ民無クシテ國ハ建ツヘカラサレハナリ民有レハ君無クトモ社會ハ存スヘケレハナリ（ルソー氏が社会は民約に始まると述べたのは多少事実と異なるため、我が党派は簡単にこれに同意するわけではないが、社会は民約によってなすべきとの理は天下の定則であることを信じる。我が党は、主権は国民にあると信じる。民は国の素だからだ。民がなければ国を建てられない。君なくとも社会は存在するからだ）

植木の反論は、ルソーの社会契約説を鵜呑みにした浅薄なものだ。植木の間違いは、優秀な頭脳で描きさえすれば、理想的な良い社会を実現出来るという、ルソーの扇動を真に受けた悲劇である。その後、東京日日と毎日の論争が始まった。日日新聞は毅を支持、毎日はルソーを支持した（『明治憲法制定史』上巻六一一頁）。

（註）**【熊本と高知】** 高知は兆民・植木枝盛などがルソー民約論に染まり、天皇暗殺を企てたアナーキスト幸徳秋水まで生んだ。熊本との違いは、江戸期の学問の深さ以外には考えられない。熊本には、朱子学に止まらず、「堯舜孔子の道」を究めた小楠や天才・毅を生んだ学問と風土があった。毅によるルソーの徹底批判もあって、明治中期まで熊本にルソー主義者やアナーキストは出なかった。**【民権即ち国権】** 佐賀の乱檄文、自由民権運動の筑前共愛会等も「民権即ち国権」を主張し、民権確立のための国会開設、国権確立のための条約改正の同時推進を唱えた（『大日本帝国憲法制定史』一二九頁）。**【安場保和】** 天保六年（一八三

五）生まれ。小楠の弟子。熊本藩士。戊辰戦争（京海道鎮撫総督府参謀）。明治四年大蔵大丞。岩手、福島、愛知、福岡、北海道地方長官。九州鉄道、筑後川改修、門司築港。貴族院議員。明治三二年没（六五歳）（『熊本人物鉱脈』七二頁）。

毅が執筆した「国会開設の勅諭」（明治一四年一〇月一二日）

明治一四年一〇月、毅は「国会開設の勅諭」を執筆した（尾佐竹猛『日本憲政史』二九五頁）。

【国会開設の勅諭〈要旨〉】

二五〇〇年余の皇統を継ぎ、鎌倉以降失った大権を張り直し大政を掌握した早期から、立憲政体を樹立し、皇孫に継承させたいと願った。明治八年の元老院設立、一一年府県会開会も、基礎から順をおって事を進める道による。国民の理解を望む。顧みれば、建国の体も国毎に異なる。立憲は非常の事業で、軽々しく実行出来ない。皇祖皇宗の功績を一層輝かせ、偉大な計画を拡大し、古今の状況を考慮し、今に適応させ、立憲を行うことは私の責任だ。明治二三年を期し、議員を召集し国会を開き、初志を実現したい。今、大臣閣僚に命じ、時間を与え立憲にあたらせたい。自ら指揮し制定にあたり、その中を執り完成させ公布したい。思うに、国民の気持ちは進歩に偏り、早期の国会開設を競っている。根拠のない風説が飛び交えば、計画は挫折する。計画を明らかにし、朝野の臣民に公示したい。急を争い、扇動し、平安を害する者は、法律に基づき処分する。ここに言明し、なんじ国民に諭す。

詔《みことのり》を承る　　太政大臣　三条実美

勅諭は、国体にふさわしい憲法を天皇の指揮の下に制定し明治二三年に国会開設することを宣言し、国民の軽挙妄動を戒めた。大隈の憲法密奏事件から僅かな期間で、憲法制定の基本方針を示した政府対応には、毅が大いに貢献した。勅諭渙発後、国民の関心は憲法案に移り、多くの私擬案が発表された（『明治天皇詔勅謹解』六三七・六四四頁）。

（註）**【軍人勅諭】**一五年一月、軍人勅諭発布（『大日本帝国憲法制定史』三七八頁）。立憲政治では、議会での言論により輿論が形成され政治が動く。軍人が政党を応援すれば政治への圧力となり、政治を損なう。立憲政治の実施以前に、軍人の政治中立を徹底する必要があり、軍人勅諭が出された。勅諭は、「国会開設の勅諭」と「軍人勅諭」だけである。**【毅と軍人勅諭】**軍人勅諭は、山県有朋が起草を思い立ち、西周が原案を起草し、毅が簡潔な内容に修正したが、結局、原案に山県が手を入れて完成（伊藤之雄『山県有朋　愚直な権力者の生涯』一八八頁）。毅が軍人勅諭執筆を最後まで担当すれば、簡潔明瞭に軍人のつとめを示し政治への干渉を禁じる勅諭になったものと思われる。**【「国会開設の勅諭」】**「朕祖宗二千

五百有餘年ノ鴻緒ヲ嗣キ中古紐ヲ解クノ乾綱ヲ振張シ大政ノ統一ヲ總攬シ又夙ニ立憲ノ政體ヲ建テ後世子孫繼クヘキノ業ヲ爲サンコトヲ期ス嚮《さき》ニ明治八年ニ元老院ヲ設ケ十一年ニ府縣會ヲ開カシム此レ皆漸次基ヲ創メ序ニ循テ歩ヲ進ムルノ道ニ由ルニ非サルハ莫シ爾《なんじ》有衆亦朕カ心ヲ諒トセン　顧ミルニ立國ノ體《たい》國各宜《おのおのよろし》キヲ殊《こと》ニス非常ノ事業實ニ輕擧ニ便ナラス我祖我宗照臨シテ上ニ在リ遺烈ヲ揚《あ》ケ洪模《こうぼ》ヲ弘メ古今ヲ變通シ斷シテ之ヲ行フ責朕カ躬ニ在リ將ニ明治二十三年ヲ期シ議員ヲ召シ國會ヲ開キ以テ朕カ初志ヲ成サントス今在廷臣僚ニ命シ假スニ時日ヲ以テシ經畫《けいかく》ノ責ニ當ラシム其組織權限ニ至テハ朕親ラ衷ヲ裁シ時ニ及テ公布スル所アラントス朕惟フニ人心進ムニ偏シテ時會速ナルヲ競フ浮言相動カシ竟ニ大計ヲ遺《わす》ル是レ宜シク今ニ及テ謨訓《ぼくん》ヲ明徵シ以テ朝野臣民ニ公示スヘシ若シ仍《な》ホ故《こと》サラニ躁急ヲ争ヒ事變ヲ煽《せん》シ國安ヲ害スル者アラハ處スルニ國典ヲ以テスヘシ特ニ茲ニ言明シ爾有衆ニ諭ス

奉勅《みことのりをうけたまわる》　太政大臣　三條實美」【変通】物事にこだわらず、自由自在に変化していくこと【謨訓】国家の計画【奉勅】詔を承ること

八　毅のルソー批判

明治一四年九月、毅は、ルソーの危険性を国民に訴えるため、熊本に保守政党・紫溟会を作り、ルソー批判を展開した。一五年、ルソーを信奉する植木枝盛は、紫溟会牽制のため、英国

保守思想家エドマンド・バークの批判書（『バークを殺す』）を出版した。一六年、中江兆民はルソーの社会契約説の解説書（『民約論』）を出版。

ジャコバンの独裁により、国王処刑、さらに、キリスト教を捨てないという理由で仏国民数一〇万人が虐殺され、その後一〇〇年程の間に共和政帝政王政と変転し、憲法は七度作っては棄てられた。そのような一〇〇年に及ぶ変転極まりない仏国の大混乱の元凶が、ルソーだったことを知る毅は、日本国内に蔓延しつつあるルソー思想の徹底批判が必要と考え、明治一四年九月、熊本に紫溟会を立党し、一五年『主権論序』を著わした。本論は、一四年の金子堅太郎によるエドマンド・バーク（『政治論略』）出版とともに、国内でのルソー批判の嚆矢である。さらに、毅は一五年『政党論』を記したが、これもルソー批判だった。

（註）**【明治初期、反ルソーと親ルソーの言論戦】**明治七年八月、毅は、『治罪法備考』に「革命政権はみな理学の党で、キリスト教を排撃し、心理こそが神との説を唱えるに至った。（中世キリスト教徒の）糾問法を廃止し、心証の原則をたてたのは、教会の旧則に反対だったからだ。理学家は、本心の自由を説く。心証の法も、これに由来する」と記している。

八年　加藤弘之『国体新論』親ルソー（『日本の名著三四』三八三頁）
一四年九月　熊本・紫溟《しめい》会結党（保守政党）反ルソー
一四年末　毅、紫溟《しめい》会檄文（ルソー徹底批判）
一四年　金子堅太郎『政治論略』反ルソー

一五年　井上毅『主権論序』反ルソー
一五年　植木枝盛『バークを殺す』親ルソー
一五年　加藤弘之『人権新説』反ルソー（同上四一一頁）
一六年　中江兆民『民約論』（『民約訳解』）親ルソー
一八年　ロエスレル『仏国革命論』反ルソー
（以上、『小林よしのり「新天皇論」の禍毒』二六六頁）などを参照）

（二）毅のルソー批判その①『主権論序』

1、毅の『主権論序』（シュルツェ『国権論』について）

毅は、明治一四年一〇月政変後から一五年始め、シュルツェ『国権論』につき小論（原文・漢文）を記し、ルソー批判を展開した（『明治憲法成立史・上巻』五三七頁）（『小林よしのり「新天皇論」の禍毒』二六五頁）（一部読みやすくした）。

佛國ニルソー氏ナル者有テ……ソノ説ク所ヲ要スルニ主權ハ民ニ在リテ君ニ在ラズト謂《い》フ民意ノ同キ所以《ところもっ》テ……君ヲ奉ズベク亦以テ君ヲ廢スベシ。顚覆《てんぷく》ヲ天權トシ衆ニ違フヲ悖《はい》逆《ぎゃく》トス……其毒ノ慘ナル亦未ダルソー氏ノ如ク甚シキ者ハアラズ（仏国にルソーという者がいて……その説は、主権は民にあり君主にはないというもの。民意の一致する所をもって……君主を奉じることも廃することも出来る。国家転覆は天から与えらた権利とし、民意と異なることを反逆とした。……害毒の悲惨さは、ルソーより甚だしいものはない）

本論は、一五年一月二六日出版（独逸学協会）の木下周一訳『国権論』序文として掲載された。一五年一月～五月、『国権論』第一号から第四号が出され、七月全訳本『孛漏生《ぷろしあ》国法論』（木下周一・荒川邦蔵共訳）として出版された（『明治憲法成立史・上巻』五三七頁）。毅の『国権論』序文は、『梧陰存稿』（明治二八年刊）に『主権論序』として再収録され、その要旨は、次の通り（『井上毅傳』史料編第三巻六九二頁）。

天下の大数（おおよそ）をもって主権論を論じる際、一〇〇年も一瞬に過ぎないのが天下の公是だ。主権論は、一時の風潮によって断定できない。豪傑の士は、世の危機に乗じ、古今、世間が変遷する機会に身を投じ、社会の不正を憂い嘆いて気を吐く。滔々と弁を奮い、天下に号令する。禍の勢いの盛んなことは一〇〇年に及び、一世を鼓動した。その勢いは、洪水や猛獣のようであり、流れの前に立ち勢いを止めることは出来ない。……今から一〇〇年余り前、仏国にルソーが現れ、世を憤り人々を矯正しようと放言した。その書は、たくみに人々の精神を刺激し、激昂させ何物にも束縛されない心を持たせ、恭しさや敬意、更に法や秩序を守る志を失わせた。ルソーは、「主権は民にあり国王になし。旧来の法は打ち破り、民の望む所により法を作るべきだ。君主を戴こうが、あるいは、君主を廃し国家を転覆しようが、何れも民の権利である。民に逆らう者は逆賊」と説いた。人心が乱を望むことは、お湯が雪を解かすように、容易に人心に入る。後に、ルソー説を実行するもの（ジャコバン党）が現れ、架空の理論を典章となし、万世不磨の基本法とした。一七九一年の仏国憲法は、「主権の大本は国民にあり、何人も国民より出るにあらざれば、政権を行うことができない」とする。一八三一年のベルギー憲法は、君主国だが政権は国民より出るとし、ルソー説を行うものだ。

毅は、「天下の歴史の流れの中で、一〇〇年は一瞬で、流行思想をもって、国家の主権論は断定できない。世が危機を迎えると乱臣賊子が出現し、一人の姦雄《かんゆう》が号令すれば、その流れをとめることは困難」とし、姦雄の代表がルソーだという。

（註）**【毅のルソー批判】**毅のルソー批判は次のように言い換えられる。○ルソーは、歴史的に発展を遂げてきた国家を、頭の中で描くように改造できると妄想した。ルソーは、人々に、国家を形づくる既存のあらゆるもの（国王・組織・法・秩序・キリスト教・地域共同体など）への怨念を植え付け、全ての秩序を破壊せよと命じた。歴史も文化も秩序も切り捨て

られた。〇ルソーの社会契約論は、人々の契約で国が出来るという絵空事だ。歴史や伝統から切り離されてアトム化し、孤立した人間の存在が前提となり、教団のような組織でしか成立しないものである。

毅は、ルソー批判を続ける。

その後、ルソー説がもたらす害の大きさが明らかになった。しかし、一〇〇年にわたりルソー説に絡めとられていたため、学者はルソー説を脱却できず、主権を君主と国民に分ける折衷説がここ数一〇年有力とされている。そもそも、主権は限るべきであり分けられない。国は一生活体に譬えられる。主権はその首領に譬えられる。生を失わずに、首領を二分したものはいまだかつてない。主権分割説のように、世に広まって理に悖るものはない。……仏国に隣接して主権分割説に染まらぬ国は、ドイツだけである。ドイツ各国は憲法明文により主権を維持している。バイエルン王国憲法とヴュルテンベルク王国憲法は、国王は国の首長たり、最上国権を総覧し、憲法に従いその権を施行するとしている。ドイツ人が国体を論じるのは、仏国やベルギー国と大いに異なる。近年のドイツ碩学は、ルソーとモンテスキューを排撃し、両者の折衷論も退け疑問の余地がない。一〇〇年の過ちを摘発し、人々の耳目を覚醒させた功績は大である。

ルソー説の誤りが認められたあとも、完全にルソー説（民約論）から脱却できず、折衷案として、主権を国王と国民に分ける考えが採用されている。折衷案に染まらず、理に悖る主権分割を排除するのはドイツの碩学であり、代表がシュルツェだ。バイエルンとヴュルテンベルクの両王国憲法は、①国王は国の首長、②最上国権を総覧し、③憲法の定めるところにしたがって、これを行うとしている。ドイツは、ルソーの社会契約論、モンテスキューの三権分立論、折衷論、君主専制、すべてを排除する。

毅は、「国権は君主に発する」とする一方、「君主専制」は否定する。毅は、シュルツェ国権論の全訳本の余白に、朱筆で「王有主権而無特権是独逸國法之義也（**『王は主権ありて、特権なし』がドイツ国法の主義である**）」と書いた（『明治憲法成立史・上』五四二頁）。

毅のルソー批判を応援するため、ロエスレルは『仏国革命論』（明治一八年）を出版した。加藤弘之（東大総長）も、ルソーを批判する『人権新説』を出版した（明治一五年）（『日本の名著　西周・加藤弘之』四八九頁）。

（註）**【『主権論序』】**『主権論序』は、毅の逝去後（明治二八年）に出版された『梧陰存稿』に収載されており、毅が本論を重要視していたことがわかる（『井上毅傳』史料編第三巻六九二

頁)。**【主権の掌握と行使の区別】**明治憲法第四条「**天皇ハ國ノ元首ニシテ統治權ヲ総攬シ此ノ憲法ノ條規ニ依リ之ヲ行フ**」明治憲法が国権の掌握と行使を区別したのは、シュルツェ説を参考にしている。**【稲田正次】**「国王は国の首長たり、最上政権を総覧し」と引用している(『明治憲法成立史・上巻』五三七頁)。ここは、毅の『梧陰存稿』の『主権論序』に記されているように「最上国権を総覧し」とするのが正しい(『井上毅傳』史料編第三巻六九二頁)。「最上政権を総覧し」では意味不明。**【加藤弘之】**加藤はルソーを信奉していたが、スペンサーの社会進化論を読んでルソーの誤りに気づき、『人権新説』を著わしてルソーを批判した。明治中期までの学者は殆どが武士で、間違いに気づけば非を認め自説を撤回することに憚ることはなかった。横井小楠も、話す時には最後に「今日考えている所はこうです」とつけ加えていた。

2、シュルツェ「国権論」(明治五年、一八七二年)

シュルツェ「国権論」要旨は、次の通り(『明治憲法成立史・上』五三九頁)。

国権は、有機体としての国家が持つ至上の権力である。国権の淵源は、ルソーの民約論でも、国王が法の上にあるというローマ主義の君主専制論でも、モンテスキューの三権分立論でもない。自身も法の下にあり法を遵守し、一切の特権を持たない国王こそ、国民の自由の源泉である。立憲君主政は、国毎に異なり、一つのモデルで示すことはできない。国内に主権者はいないとする点に、シュルツェ『国権論』の特徴がある。法の下にある国王は法の番人で、国民の自由を保障する存在だとシュルツェはいう。

（註）**【栗城壽夫氏の「ヘルマン・シュルツェの憲法原理」】**栗城氏によるシュルツェ『国権論』要旨は、次の通り（『明治国家形成と井上毅』六五四〜六九三頁）。

国家は、①有機体、②実証的存在であり、国土・国民・国民の働きによって成立する

国権は、分割できず、君主主権と国民主権の両者を否定する

立憲君主制は、国家の歴史により異なる、一つのモデルを示すことはできない

国王は、①機関、②元首、③主権者で、国民の自由の源泉なり。

国王の名の下に、権力は統一され、行政権も司法権も施行される。

立法権は、議会の協力において、実施（あらゆる法律は、議会の承認を要す）。

建国の体と憲法の関係

毅が引用した、シュルツェの言葉（「立憲王国でも、国毎に建国の体が異なり、国王の役割も異なる」）について、各国別に考えてみよう。

①**【英国】**　現英国王室（第二次大戦以前はハノーヴァー朝といわれていた）の初代国王・ジ

ヨージ一世は、ドイツ・ハノーヴァー出身のドイツ人で、ドイツ語しか喋れず、英語の勉強はしなかった。そのような国王が何代か続いた。チャールズ皇太子を始め歴代皇太子の指輪には、「わたしは奉仕する」とのドイツ語の刻印がある（『イギリス、滅亡しない伝統国家』一〇四頁）。このようなことから、「君臨すれども統治せず」の英国国体が形成されていった。英国には、成文憲法はなく、歴史の中で発展してきた英国憲政史があり、国王と国民が作り上げてきた英国の国体 constitution を明示するものである。それは英国の伝統・習慣であり、英国の体質 constitution ともなっている。マグナカルタはじめ、国王の宣言や臣下と取り交わした文書がその中核をなし、裁判所の判例なども加わる。

②【プロシア】ドイツの一領主に過ぎなかったが、一八世紀初頭、プロシア王国となり、一九世紀半ばドイツの盟主になり帝国となった、急速な発展の原動力には、国王による陣頭指揮があった。プロシアには、「国が軍を持つのではなく、軍が軍営として用いる国を持っているのだ」という言葉があった。

③【ベルギー】ベルギーは、ナポレオン戦争後、オランダから独立した。軍は、勇猛精強で知られ、国民の独立の気概は強い。ベルギー国民は、政治の安定化のためにドイツ人を国王として招いた。一八三一年制定の憲法第二五条「全て権力は、国民に由来する」としており、つまり、「国家主権の拠り所は、国民にある」とする（『世界憲法集』岩波文庫七四頁）。

この条文は、国王を中心に全員で国を守り抜こうとする、意気込みを示したものだ。ルソー思想の影響を否定できないが、それだけではないのである。共和政でなく君主政を採用したのは、革命後大混乱を呈している仏国を見れば当然の選択であり、ベルギー国民の知恵だったといえよう。

④【日本】わが国は神武天皇以来、天皇が統治される国である。政治の実権は、次第に天皇の手を離れ、摂関政治、武家政治、明治維新後の内閣・議会制度と移り変わったものの、天皇が統治される国であることに何らかわりがない。しかも、歴史上天皇専制はなかった。平安時代において、天皇の詔書は、議政官（大臣、大中納言）全員の副署を必要とし、副署なき詔は無効であった。閣議の際は、全員が気兼ねなく発言できるように、官位の低い議政官から発言をした。太政官のトップである左大臣でさえ、専権をふるうことはできなかった（『王朝政治』四四・四八・五五頁）。以上から、明治憲法下の天皇の地位と、明治以前の天皇の地位に、なんら違いは認められない。「和を以て貴しとなす」という「十七条憲法の精神」が、現代まで引き継がれている。

以上のように、歴史と国体が異なれば、憲法も自ずと異なる。国が違い、歴史が違う国同士で、同じ憲法を採用することは考えられない。

（註）【ドイツ諸国王の果たした役割】シュルツェ『国権論』は、ルソーの社会契約論に対抗する

もので、立論の根拠はドイツ諸国王の役割による。プロシア王国を例にとっておさらいしてみよう。フリードリッヒ・ウィルヘルム大選挙公（在位一六四〇～八八）は、①自身が指揮官として陣頭指揮、②軍隊は、ルター派教会を支配するウィルヘルム大選挙公に絶対服従、③ユグノー（大農場主で小貴族）の子弟が将校、の三要素により、統率のとれた精強な軍隊を育て、最強のスウェーデン軍を破った（フェルベリンの戦い）。大選挙公の息子、初代国王フリードリッヒ一世（一六八八～一七一三）は、ハプスブルグ家の承認を受けプロシア国王となった。第二代・フリードリッヒ・ウィルヘルム一世（一七一三～四〇）は、「ポツダムの巨人軍」（別名・ウィルヘルムの青色制服衆）を育てた。プロシアは、「国が軍を持つのではなく、軍が軍営として用いる国を持っているのだ」といわれるまでになった。第三代・フリードリッヒ大王（一七四〇～八六）は、七年戦争（一七五六～）で墺仏露三国相手に負けなかった（『ドイツ参謀本部』一八・三三・三七頁）。プロシア王国が瞬く間に欧州の最強国となった理由は、国王率先の伝統による。国王は、宮廷での安逸な生活に浸るのではなく大元帥として陣頭指揮を執った。**【勅旨】**詔書と異なり、勅旨は、天皇が議政官（大臣か大・中納言）一人の承認を得れば出すことが出来た（『王朝政治』四四頁）。**【聖徳太子「十七条憲法」】**①和を以て貴しとなす忤《さから》うことなきを宗とせよ、②篤く三宝を敬え。三宝とは仏法僧也、③承詔必謹（詔を承けては必ず謹め）、④群卿百寮、礼を以て本と為す、⑤餮を断ち欲を棄て、明らかに訴訟を弁ぜよ、⑥懲悪勧善、古の良典、⑦人各任あり、⑧群卿百寮、早く朝に出て遅く退け、⑨信は義の本なり。群臣共に信あれば何事かならざらん、群臣共に信なければ悉く敗れん、⑩心の忿《いか》りを断ち面の瞋《いか》りを棄てよ、人の違《たが》うを怒るなかれ。人皆心あり。心は各執ることあり。⑪功過を明察し、賞罰必ず当を得よ、⑫国司、国造、百姓におさめとるなかれ、⑬諸の任官者、同じく職掌を知れ、⑭群臣百寮、嫉妬有ることなかれ、⑮私を背き公に向うは是臣《やっこ》の道なり、⑯民を使ふに時を以てするは、古の良典なり、⑰大事は独《ひと》り断《さだ》むべからず。必ず衆《もろもろ》と論ずべし（『日本憲政史と日本国憲法』二五頁）。**【維摩経と「十七条の憲法」】**維摩経に「仏陀が浄土を作る菩薩の心事を十七項目挙げてある」ため、十七条憲法となったといわれる。聖徳太子は、維摩経研究書を執筆している（渡部昇一『日本史から見た日本人・古代編』一〇六頁）。

（二）毅のルソー批判その②『政党論』（明治一五年）

1、毅の『政党論』

明治一五年、前年の国会開設の勅諭渙発後、各地で政党が作られ、政党の害も認められるようになった。今後生じる政党の諸問題に対し、注意を喚起するため、毅は、『政党論』を記した。その要旨を三部に分けて述べる（『井上毅傳』史料編第一巻二八八頁から要約）。

【『政党論①』】

政党には、良い政党（公党）と害の多い政党（私党）がある。世間は、政党の利と害を知っているが、利を進め、害を抑えること、つまり政党の活用法は知らない。良い政党を育て、その活用法を研究すべきだ。政社が、秘密規則や罰則を持ち、所属員への制約が大きいのに比べ、政党は、出入り自由、かつ、考えを同じくする者の集まりである。政党が盛んな時は、国家の隆盛期であり、政社の盛んな時は国家の衰退期ないし戦乱期である。

文明国で政党のない国はない。政党は、議会に議席を持ち、政党間の議論で真実を発見する。政党員が二つの政党を出入りしても、何ら怪しむ者もいない。英国のグラッドストンは保守党から自由党、ディズレイリは自由党から保守党、ブロンチュリーはスイスの保守党からプロシアの自由党に移っている。

国家の危機に際し、英雄が現れ、人心を籠絡し、政社を作る。政社は、組織維持と勢力拡大が自己目的化する。その一例が、仏革命時のジャコバン党であり、国家国民に与えた被害は甚大で、公党ではなく私党だった。政党ですら弊害を生じ、私党の害に陥る。まして、政社の害は言うに及ばない。

日本の青少年が、政党の美名に酔い、政社の害に陥り、日本がフランスのような混乱の多い国とならないよう、原因を調べ、対策を講じておくことが必要だ。

毅の『政党論①』要旨は、以下の通り。

○仏国ジャコバン党の前轍を避ける

○政党と政社の違い、公党と私党の違いを認識すべき
○日本の青少年の陥りやすい弊害への、予防策が必要

【『政党論②』】

議会の多数党が内閣に入り、党首が首相となり、閣僚を指名すれば、内閣は政党の専有物となる。立法府と称される議会は、行政権も手にいれ、国王は虚名の肖像となる。一七八〇年以来の英国がそうである。仏第三共和政・前大統領のチエル氏（ルイ・アドルフ・ティエール）は、オルレアン王朝（国王ルイ・フィリップ）の首相だった時、英国の君主制を仏国に導入しようとして、「国王は統べて治めず」と述べた。これは「国王は統べずして、政党が治める」という意味である。「議会は、男を女にし、女を男にする以外、何でもできる」ということわざは、英国議会の力を物語っている。

碩学シュルツェ氏は、「立憲王国でも、国毎に建国の体が異なり、国王の役割も異なる。プロシア及びドイツ諸邦では、国王は安静なる生活に隠れることがない。欠字の空隙に朕と記名し、他人（議会の多数党）の意志を施行する虚位の彫像でもない。即ち、国王は、憲法の範囲内において、親裁する主治者である。ドイツ諸王国の内閣は、政党内閣ではなく、国王の内閣である。政府は、議会の政府ではなく、国王の政府だ。各大臣は、国王に

属し、首相に属さず、また議会の多数党に属さない。政府は、政党の外に立って、あらゆる国政を統治し、一党に左右されない」と述べている。

一八六三年、ビスマルクは、プロシア議会で、「わが国の内閣は、議会に任命されるのではなく、国王の命令を奉じており、英国とは全く異なる。英国の首相（著者註【プライムミニスター】ミニスターは召使・大臣・公使・牧師・奉仕者）は、名称は何であれ、議会の多数を代表し、議会政府をつくる。プロシアの首相は、国王の首相であり、議員諸君が建議書にいう、国王と政府を区別するという考え方を、私は採らない。私は、国王を首相の盾にしたいのではなく、国王の庇護を必要とするのでもない。諸君の建議を非とするのは、それが真理を隠してしまうからだ。プロシア憲法第四五条に『首相の進退は国王に帰する』とあり、国王の信認が首相の要件である。もし、議会の多数党が大臣を選任すると仮定する場合、多数党が大臣に不信任をつきつければ、日頃諸君が大臣の非をあげつらうことを喜ぶ風潮から、大臣は数日以内に辞職せざるを得ないと予言できる」と述べている。

ビスマルク演説は、偏った部分があるが、プロシアの制度が英国と異なることを証明している。プロシアでは、多くの大臣が政党員か、政党と親交がある。しかし、内閣は、政党の内閣ではない。大臣は議員を兼ねず、党首を兼ねない。

私は、憲法未定の今日、英国とプロシアの制度を考慮し、行政内閣が、帝室に属するか、議会に属するか、何れが我が国の国体に適するか、何れが我が国の治安につながるか、議論することを欲しない。このことは、行政要領の第一に属し、天皇の徳に属すものであり、国民が論議するものではない。大令渙発政治更新の時（つまり、憲法公布後）に、憲法につき、将来の大局の得失を論じても遅くないと信じる。

そもそも、立憲国であっても、内閣と政党の関係は、国毎で異なる。第一は、内閣は政党が組織するもので、党首は内閣首相である。内閣は、議会に属する。第二は、内閣は政党外にあり、政党が干渉せず、政党の左右するところではない。内閣は国王に属する。この両者の違いは、建国の体が異なること、及び、王室と政府の関係の親疎による。

なお、国会開設の勅諭が出され、憲法が制定されていない現在においては、わが国の内閣が政党に属してないことは明らかである。

（註）【普仏戦争】一八七〇年。【プロシア王国憲法第四五条】「行政権ハ国王一人ニ屬ス　国王ハ諸執政ヲ命ジ之ヲ免ズ」

毅の『政党論②』の要旨は以下の通り。

○シュルツェ曰く「立憲王国でも、国毎に建国の体が異なり、国王の役割も異なる」。

○英国流に議会最大党から首相大臣を出すか、プロシア流に国王が首相大臣を任免し、内閣は議会に独立するかに関して、現時点では議論しようとは思わない。

○今後、天皇から委任された欽定憲法制定担当者が、英国かプロシア、何れの制度が日本の国体に相応しく、国の安定につながるかを検討することが必要となる。

（註）毅は、小文字で「先日、内閣諸大臣が、立憲帝政党の綱領へ支持表明をしたが、だからといって、立憲帝政党が現内閣を組織したわけではない」という趣旨を記している。

【政党論③】

異なる政党同士でも、同一の憲法を護れば、国内は安定する。政党が、異なる憲法を主張しあえば、争乱を生じ、国は乱れる。

英国のように、旧をまもる保守党と新を競う改進党が、憲法遵守で一致すれば問題はない。一方、仏国の場合、各政党が異なる憲法を主張し、政権がかわるたびに憲法もかわった。数一〇年の中に七度憲法をかえ、国の法律は変転し、政治も定まらず、最後は兵武の禍乱まで生じ、姦雄が専横する国となった。国民は安心して手足を置くこともできず、民力は疲弊し、財政は困窮した。

わが国は、国会開設の勅諭が出され、政党が相次いでつくられたが、各政党とも詔勅を奉じる点では一致する。**私の心配は、政党が、その源を政治学のみにとり、政治史にとら**

ないことだ。政治学は、国毎に源を異にしている。欧州には、共和国あり、君主国あり、君主国といいながらその実共和国あり、主権が国王にあるもの、主権が国民にあるもの、主権が君主と国民にあるもの、統一の国あり、連邦の国あり、三権が君主にあって各機関と協同するもの、三権が分立するもの、三権が議会にあるものと、さまざまだ。わが国の政論家は、英書を読む者は英国制度を、仏書を読む者は仏国制度を採用し、**ルソーを読む者はルソー党ならんと考えている。**あたかも、女性が演劇を見て俳優にあこがれ茫然自失となっているさまと異ならない。**わが国の政党は、海外の政治学の形だけの物まねに終始するという過ちに陥っている。**

詔勅にしたがい憲法が制定され、臣民が憲法を遵守するという、仁政に浴する日も遠くない。その時は、国民は、意見をつつみ隠さず直言公論し、議会で勝敗を決すべきだ。もし、青少年が、英に仏に米にプロシアの書をよみ、先入主に泥《なず》み、憲法外に出でて、憲法と異なる条文を、欧米に似せて作り、実施しようとすれば、仏国の前轍を踏むことになる。仏国は、一〇〇年間に、共和政を三回、ローマ帝政を二回、英国王政を二回採用した。空中の楼閣を作っては壊すことの繰り返しであり、政権が交代するたびに憲法も一変した。仏第三共和政の前大統領チエル氏は、当時、「今回採用した共和は、政党の共和であり、共和の共和ではない」と述べた。

青少年が、政論に熱中すれば、暗中に妄動することを免れない。政治が歩みを誤れば、その禍は一〇〇年に及ぶ。政党が同一憲法下で争えば国は安泰である。政党が異なる憲法を採用しようとすれば、国は潰乱し、統一を期すことができない。今の論者の多くが、好んで英国を論じており、英国をもってこのことを明らかにするよう願う。

毅の『政党論③』の要旨は、以下の通り。

○英国の政党は、君主制という英国憲法（英国国体）をまもる点で一致。
○仏国の政党は、憲法観で一致せず、百年間に七回憲法を変更。
○第三共和政初代大統領チエル氏は、「（今回の）共和は、共和の共和ではなく、政党の共和」とした。これは、過去一〇〇年の仏国政治を反省し、政党間に、互譲の精神、及び、憲法遵守の精神がなければ、国に災厄をもたらすことを、明示したものだろう。
○日本の政党と青少年が、過激な政論に熱中し過ちをおかさぬよう、憲法を遵守し、さらに、英国史に英国安定の理由を学ぶべき。

毅の政党論全体の要旨は、以下の通り。

①政党には、良い政党（公党）と悪い政党（私党）がある

②世間は、政党の利と害を良く知るが、政党の利を伸ばす方法を知らない
必要なことは、良い政党を育てること。政党が盛んな時は、国家が隆盛の時である
③仏ジャコバン党による大争乱の予防のため、その原因究明と対策が必要
④欧米各国は、歴史が異なるため、政治制度もそれぞれ異なる
シュルツェの言葉「立憲君主国でも、国王・内閣・議会の関係は国毎に異なる」
⑤日本の政党に欠けているのは、各国の政治史の研究
日本の政党は、欧米の政治学を学んで、欧米の制度の猿まねだけに終始している。
一国の政治制度の由来が、その国の政治史にあることを知らない。
⑥日本の青少年は、政治史を学べ
日本の青少年は、政治史を知らぬまま、国毎に源を異にする政治学に没頭する。英国が良い、仏国が良い、プロシアが良い、ルソー主義が良いと、俳優に憧れる女子のように茫然自失となる。
⑦安定した政治と政党のあり方を学ぶには、英国に学べ
政治史に学べという考えを、毅は、抱き続けた。当時、青少年、言論人、政治家が陥ったように、時務策の模索だけでは現象に振り回され、解決策は生まれない。のちに、毅は、毅の国

典研究助手・池邊義象に、法制史研究を続けるよう指示した（『井上毅傳』史料編第三巻七〇二頁）。

（註）【毅の政党意見（二三年一一月）】毅は、『政党論』から八年後の二三年一一月一四日、『政党意見』を記した（『井上毅傳』史料編第二巻二八八頁）。

「従来、我が国には、政社（ポリチカル・アソセーション）があって政党がなかった。

『内部組織を設け、加盟名簿を作り、資金を募るのが、政社の性質である』

政社は、米英を除き、学問上有害とする議論が多く、ナポレオンは禁止し、オーストリア・プロシアは制限している。日本に結社法がある所以だ。一方、政党は何らの制限も必要ない。国会開設以前には、政社の必要があり、真の政党は成立しなかった。今や、議会開設にあたり、在野の人々は、なお政社の結合に汲々とするだけでなく、あるいは、政社をもって議員の思想の自由を束縛しようとし、警察は誤解から政党の自然な集合も政社法律の中に追い立てて（大成会のように）制御した。これは我が憲政史上おかしな事例だが、誰一人批判する人がない。

明治一六年、これを（東京）日日新聞で論じたことがある。

一人の豪傑が現れ、本問題を人々に訴え、国家の為又議員や官衙の為に、無益な労力を省いておくべきだ。しかも、国民の為、時を失うことなく今解決しておくべき」

【集会及政社法（明治二三年法律第五三号）抜粋】

一条　此ノ法律ニ於テ政談集会ト称フルハ何等ノ名義ヲ以テスルニ拘ラス政治ニ関ル事項ヲ講談論議スル為公衆ヲ会同スルモノヲ謂フ政社ト称スルハ何等ノ名義ヲ以テスル

ニ拘ラス政治ニ関ル事項ヲ目的トシテ団体ヲ組成スルヲ謂フ
二条　政談集会ニ八発起人ヲ定ムベシ。政談集会ヲ開クトキ八開会ニ四時間以前ニ会場所在地ノ管轄警察官署ニ届出ヘシ
三条　日本臣民で公権を持つ成年男子でなければ政談集会の発起人たりえず
四条　現役及び召集軍人、警察官、官公私立学校教員及び生徒は発起人の資格なし
五条　外国人は政談集会の論議者たりえず
六条　政談論議は屋外開催不可
七条　屋外の公衆会同は四八時間以前に警察署に届け出て、認可を受けるべし
八条　現役・召集軍人、官公立私立学校教員生徒、未成年男子、女子、外国人、加入不可
二八条　公衆を誘導し支社を置き、他政社との連結通信不可
二九条　議員の発言及び表決に対し、場外でので責任追及不可。安寧秩序妨害あれば、内相の禁止命令　　明治三三年三月廃止（三条以降は、要点のみ）

【大成会】　明治二三年七月二三日結成（『井上毅傳』史料編第二巻二八八頁）。代表は、増田繁幸・堀部勝四郎・俣野景孝。他に杉浦重剛・津田真道・末松謙澄。**【立憲帝政党】**　多くの大臣が、立憲帝政党（明治一五年六月設立）に賛同を表明したため、「今の内閣は立憲帝政党が組織したのではないか」との誤解も生じていた。**【ヘルマン・シュルツェ】**　一八二四年イエナ生まれ。一八五〇年イエナ大教授、一八五七年ブレスラウ大教授、一八六九年プロシア王室顧問、一八七八年ハイデルベルグ大教授、プロシア貴族院議員（『明治国家形成と

井上毅』六四九頁)。**【仏前大統領チエル(ルイ・アドルフ・ティエール)(一七九七・四・一六~一八七七・九・三)】**ブック・ベル・エール生まれ、政治家・歴史家(『世界の歴史』第一二巻四八七・四八八頁、第一三巻七九頁)。一八七〇年、普仏戦争でビスマルクと講和を結び、アルサスロレーヌ割譲。首相二回一八三六・二・二二~九・六、一八四〇・三・一~一〇・二九(ルイ・フィリップ国王)。第三共和制初代大統領一八七一・二・一七~一八七三・五・二四。**【国王ルイ・フィリップ(一七七三~一八五〇)】**王位一八三〇~一八四八、オルレアン家出身。二月革命で英国亡命。自ら「共和派」と称し、「フランス人の王」と言われた(『世界の歴史』第一二巻二二五頁)。**【福地源一郎(桜痴)(一八四一~一九〇六)】**東京日日新聞社長・代議士。長崎出身。一五、六歳で名村花蹊から蘭語を学び、名村について出島のカピタン通訳や情報翻訳助手をしながら、欧米新聞の存在を知る。江戸幕府外国方。文久元年(一八六一)遣欧使節団、明治四年岩倉使節団参加(『日本の近代十六日本の内と外』四一・五〇頁)。

2、憲法政治には、成熟した政党が必須

英国議院内閣制であれ、プロシア流内閣であれ、成熟した議会と政党が必要だ。成熟した政党なくして、議院内閣制は成立しない。毅の言葉を借りれば、公党なくして議会は成立せず、まして議院内閣制は実現できない。何れにせよ、急速な変化は、国家を衰退させるという、毅の考え方を見ることができる。明治憲法では、実際、どうなったか。

【明治憲法第一〇条】

天皇ハ行政各部ノ官制及文武官ノ俸給ヲ定メ及文武官ヲ任免ス但シ此ノ憲法又ハ他ノ法律ニ特例ヲ掲ケタルモノハ各〻其ノ條項ニ依ル（天皇は行政各部の規程を定め、文武官の俸給を　決め、文武官を任免する。但し、憲法及び法律の特例による場合は、その条項による）

【ベルギー憲法第二九条】

行政権は、この憲法の規律するところにしたがい国王に属する

第六五条　国王は、大臣を任免する

第六六条　国王は、軍における階級を授与する

【プロシア王国憲法第四五条】

行政権ハ国王一人ニ属ス　国王ハ諸執政ヲ命ジ之ヲ免ズ

明治憲法第一〇条は「天皇が、首相大臣を任免する」とし、プロシア憲法第四五条（「行政

権は国王一人に属す」）と同じに見えるが、ベルギー憲法も「国王は大臣を任免する」（第六五条）としている。

毅は、『憲法義解』の中で、「大臣の責任を問うのは、天皇、及び、国民の代表の議会の双方にある」としている。毅は、議会が質問を出し大臣の答弁を求め、これに大臣が答え、さらに議会が大臣答弁を追求することで、大臣の責任を問うことが可能だとした。間接的ではあっても大臣の責任追及が可能としている（『憲法義解』八七頁）。そこに、権力を一つに集中させない、毅の強い考えが見られる。毅が、例えば明治一三年一二月に述べている「君民共治」の一つの形であろう。さらに、毅の考えが、一八六七年のビスマルク演説の真逆であることも理解される。ビスマルクは、「内閣への不信任は、国王への不信任である」と述べ、議会軽視の態度を表明している。一方、毅は、国民の代表である議会が、内閣への質問により、内閣の責任を問えると『憲法義解』で述べている。

（註）**【立憲帝政党】** 明治一五年六月設立。政府の伊藤博文・井上馨・山田顕義らが設立を主唱し、在野の福地源一郎・丸山作楽・岡本武雄らが結成。東京日日新聞紙上に、同社主宰・福地源一郎、帝大教授・渡辺穂積・関貞彦らが論陣を張り、最も言論活動が盛んな政党となった。熊本の紫溟会も帝政党系にあたる（尾佐竹猛『日本憲政史』三〇五・三〇七頁）。**【山田顕義（弘化一年〜明治二五年）】** 薩摩藩士、陸軍少将、一八年一二月発足の第一次伊藤内

閣法相。二三年大津事件の際も法相（『伊藤博文演説集』四二六頁）。毅より一歳年下。**【マグナカルタ（一二一五年）】**「大憲章」と訳される（『伊藤博文演説集』四二四頁）

九　岩倉具視の『大政紀要』

岩倉具視の『大政紀要』編纂

政府は、憲法制定に直ちにとりかかったのではない。岩倉は、憲法について相談する外国人顧問（ロエスレルら）に、日本の歴史・国体を理解してもらうことが重要だと考え、毅（四一歳、内閣法制局長官兼参事院議員）に意見を求めた。毅は、明治一六年三月、行政史編纂（国体及政体史調）に関する意見を岩倉に提出した。（『井上毅研究』三二六頁）

【毅の行政史編纂（国体及政体史調）編修方針（明治一六年三月一三日）】

今朝、仰せつけられました編纂の事業は、必要であり、最大の事業で細密の調査を要するので、以下の件をご予定下さい。

1、原稿期限を決めること　　最低六ヵ月、さらに、内閣の承認を受け、独仏語などの

各国語に翻訳するのに一ヵ月を要す

2、上古から明治維新前、及び、維新後から現在までの二部にわけ、主任を置く

3、各部の委員長に、取捨選択添削など全権を与え、委員選任も委員長に任せる。総裁は、全体の体裁と方向を編修委員全員に訓示・監督する。

4、全委員に六ヵ月間は、職務の兼任を許さず。

5、維新後には、次の項目を入れる。

皇室、政府（太政官）、華族・士族・人民、

地方行政（区画、町村、地方税、府県会、警察、衛生）

陸海軍兵役、教育、刑法・治罪法・訴訟法、勧業、

工業・鉄道・電信、財政、租税

また、幕政、王政に移る事情、廃藩置県、歴次詔勅、漸次立憲政体樹立の詔の趣旨等をまとめ各編冒頭に総記として入れる。前半の編修委員長を福羽美静、後半を細川潤次郎司法大輔又は神田講平議官にする。

毅の編修方針をもとに行政史編纂（国体及政体史調）が始まり、名称は『大政紀要』とされた。重大な編修事業の基本方針を、半日でまとめ上げる人材は、毅以外にはなかった。『大政

紀要』（本編一一八巻）は、八ヵ月間でまとめられた。

【岩倉の『大政紀要』編纂の建白書〈要旨〉（一六年三月）】

およそ、体が違えば、用い方が異なるのは道理であり、建国の体が違えば国の治め方も異なる。私（岩倉）が思うに、わが国は帝位継承、君民の関係、公私の法律、治民の政法など、数種の不文法とこれに属する多くの良い習慣がある。これらの法が、分かれて政体となり、合して国体となる。わが国の国体は、神武天皇の即位から連綿として絶えず、盛んであることは天地に比べられ、明るさは日月に比べられる。

二千五百余年という歴史の期間に不心得者もいたが、よこしまな人物がかわるがわる権力を奪い、乱が相次ぐ外国に比べれば、違いは明らかだ。わが国は国体が定まって不動であり、上は位を汚さず、下は分限を守り、政体は確固として動かない。これによって、国民を治める道があり、（下の願いを上に申し上げるための）奏上職がある。

しかし、先々の小さい弊害の発生は免れられない。これに取って代わる良い方法があるといっても、急な改革がもたらす激変によるわざわいは、測りしれない。天智天皇が唐の政治制度を取り入れ、維新後西洋の方法を選択した際の、急速な改革は予想外のところに弊害を生じ、万世不変の国体をゆり動かす勢いとなった。日本の国体は、他に例を見ない国体であり、外国の国法を採用すれば、一部分の改正でも、種々のそしりを受け、全てが覆るような間違いが起きるだろう。

岩倉は、日本の国体にふさわしい憲法にしようと考えた。明治維新も「日本の西洋化」でなく、外国の制度や技術を「日本化」して取り入れるという、日本の国体精神に基づくべきことを、岩倉はよく承知していた。憲法や法律起草に助言を与える招聘外国人に、日本の歴史・国体についての基礎知識を共有してもらうための『大政紀要』編纂だった。

毅は、事業を引きついだ三条実美から『大政紀要』監修を依頼され、第一稿を読んだ上で、伊藤に次の手紙を書いた（一六年一二月二八日）。

昨日、三条公からご依頼のあった『大政紀要』監修の件につき、初稿を一覧しましたが、二、三校を経て十分に手を入れなければ、宮内省特撰史の名を辱めることになります。命じられれば、参事院議官を辞め、宮内省御用掛又は修史館御用掛として、一年半〜二年をかけて考証編成にあたりたいと思います。いろいろと難しいことを申し上げるようですが、歴史編纂の事業は一つの建築でして、なかなか官務多忙の余暇に出来ることでもなく、岩倉公のお考えで始まった事業ですので、是非とも完成させたいと存じますので宜しくお願いします、以上につき、書面を山県有朋参議にお渡ししましたが、行き違いがないようご連絡します。(『井上毅傳』史料篇第四巻七四頁)

『大政紀要』を完璧なものにしたいという、毅の意欲を示す書簡だ。一六年一二月、『大政紀要』は、一応天皇に上呈された(『明治天皇紀』第六巻一五五頁)。しかし、毅は監修に従事出来ず、『大政紀要』は毅の望む形に仕上げられることはなかった。

『明治天皇紀』(一六年一二月二八日)は、その間の事情を記している〈要旨〉。

(天皇を交え)『大政紀要』修訂の議がなされた。『大政紀要』が完成したとはいえ、急いで編修されたため、遺漏欠失を免れない。参事院議官・井上毅が考えるに、およそ一冊の歴史書が仕上げられるには、少なくとも六、七回の修正を経て大成する。この書は、完成を急いだため、稿をかえる暇もなく、その成果も知れよう。一時の事情から、このまま刊行すれば、世間の失笑をかうだけだ。毅は、三条実美の依頼を受けた監修作業に専念しようと思い、毅自ら、今の官職をやめ、宮内省御用掛として監修に専念しようとした。しかし、このことが行われなかったことを、人々は惜しんだ。

『大政紀要』校訂の必要性について、三条・伊藤・山県らから上奏されたと思われるが、一年余の期間、監修校訂に専念したいという毅の希望はかなわなかった。憲法制定も、刑法・民法整備、内政外交の諸案件も毅を必要とし、『大政紀要』への専念は許されなかった。外国人顧問による日本の国体の理解は、『大政紀要』を読むことだけでなく、毅の直接の説明によってなされたものと思われる。

（註）【岩倉具視】岩倉は、『大政紀要』完成前、明治一六年七月二〇日逝去（五九歳）。前日、天皇が見舞われた様子を描いた絵画が、聖徳記念館（明治神宮外苑）にある。岩倉は、「伊藤博文の帰国までもたせてくれ」と主治医ロッシュに頼んだが、間に合わなかった。岩倉は、憲法に関し伊藤に言い残したいことがあったのだろう。【福羽美静《ふくばよししず》】（一八三一～一九〇三）津和野藩士、国学者、侍講、神祇官副知事、教部大輔、参事院議官、元老院議官、貴族院議員、鶏鶴間祇候、子爵（尾佐竹猛『大津事件』二八一頁）。【聖徳太子「十七条憲法」】十七条憲法は、近代憲法ではないが、格調の高さと徳目といい日本の国体を受け継ぐ「真正憲法」。日本国憲法は、生存の最低条件としての「人権」「生存権」を保障するにとどまり、国体を破壊する意図をもつ外国人がつくった点において「真正憲法」とはかけ離れている。日本国憲法が正統性を持つとすれば、明治憲法を改正して出来た点にある。つまり現行憲法は、第一～第三条の「天皇条項」によって正統性を保っている。現行国憲法下においても、明治憲法は生きていると考えられる。

毅と岩倉具視

毅は、『梧陰存稿』に「岩倉公逸事」と題し、岩倉に関し次のように記した（『井上毅傳』史料篇第三巻六六一頁）。

○明治維新を神武創業の精神に立ち返ることを原則とした功績

建武の中興で後醍醐天皇を支えた北畠親房公は、優れた学識を持っておられたが、延喜天暦の時代に戻ることを理想とし、神武の時代に戻ることを知らなかった。世間の人は、明治維新を武門の政治をやぶったというが、これは間違いだ。心ある人は、明治維新は、王政が天皇の手を離れ摂関の下に渡るという、天平以来の宿弊を破ったと見ている。岩倉公は、「王政は公武の別なし」ということを看破されたが、このことが、明治維新の成功の秘訣だった。

○剛毅・剛胆の人である

岩倉公は、征韓論の議論が生じた時期に、ある陸軍将校の訪問を受け議論を交わしたことがあった。その将校が、目を充血させ、その上、脇差を左手で鞘も撓む程握りしめたまま、岩倉公を「貴殿、もし、意見を枉げなければ御身のため悪いことになりましょう」と脅した。両者は、膝と膝の距離が一尺ほどに近付いていた。しかし、岩倉公は表情一つ変えずにいたと言われている。

○己の功を誇らず、人に譲った

死去する前年に、毅ほか二名を呼び、「私の初期の功績は、玉松操の力だ」と語り、玉松の功績を記し後世に残してほしいと懇願された。その折の公の話によれば、公が蟄居中、急に天皇のお召しを受けた折（慶応三年・一八六七）、大嚢を持参されたが、その中身は全て**玉松操**の起草した復古経綸策であった。神武復古説を抱く玉松は、公の蟄居先に一室を与えられ、公と起居を共にして、策を練った。維新後、公が攘夷を実行せず、開国に踏み切った為、玉松は公のもとを辞し、世間との交渉を絶った。公は、玉松に賞を与えることができなかったことを惜しまれた。

○国体の重みを知っていた

公は、国体の基礎を重んじ、宮内省に帝室制度取調局を創設。これは、祖宗遺制（神武天皇はじめ歴代天皇が残された制度）の貴さを国民に知らせるためだった。

○勤倹の二文字を大政の本とした

公は、政治の基本を勤倹に置いた。家でも倹約を旨とされ、岩倉村蟄居時代を忘れず、奢侈を戒め、倹約に励めと家人に言い聞かせた。死去五日前（一六年七月一五日）、遺言を門人に書き取らせ、「自分の墓は父君・具慶の墓石と同じ大きさに揃えよ」と述べた。公は倹約だけでなく、親を思う心も強かったことがわかる。

○日本の安寧を願っていた

岩倉公は、死去する年の春、ある人に次の歌を送っている。

さりともとかきやる浦のもしおくさ　たかおりたちてかつきあくらむ

（さりともと掻きやる浦の藻塩草　誰が降り立ちて担ぎあぐらむ）

藻塩草をかき集めたが、これを誰かが担ぎ上げてくれるだろうか、という趣旨の歌であろうか。後進の人々に対し、今後の日本をあやまりなく導いてくれとの岩倉公の思いが込められている。

○出処進退を明らかにすることを心がけた

公は、明治維新の英雄の多くが、晩節を全うしないことを惜しんだ。公自ら、病気が重くなりこれ以上任務に堪えないことから、骸骨を乞われ、これが陛下に認可され厚情あふれる詔まで頂戴した。その夜、殊のほか、体調がよく、起き上がって酒を家人にふるまい自らも酒を飲まれた。翌日、公は亡くなられた。

公の功績として、王政復古の第三日目に女房の請謁を禁止し、永年の宿弊を除いたこともあげた。毅は、公と深い信頼で結ばれ、公の人となりをよく理解していた。

（註）【玉松操《たままつみさお》】文化七年～明治五年（一八一〇～一八七二）。公家山本家（西園寺末流）に生まれる。大国隆正に入門、尊皇家、国学者。慶応二年（一八六六）、岩倉と知り合い、岩倉の王政復古を助けるも、岩倉の政治方針に不満で疎遠となる。内国事務局権判事、侍読など（大久保利謙『岩倉具視』二〇〇頁）。

十　伊藤博文の欧州憲法調査

伊藤博文の欧州派遣（明治一五年三月）

一五年三月、次の詔勅が出され、伊藤は欧州に派遣された（『明治天皇詔勅謹解』六八四頁）。

『立憲制度調査のため伊藤博文を欧州に派遣し給う勅語』（一五年三月三日）

朕明治十四年十月十二日ノ詔旨ヲ履《ふ》ミ立憲ノ政體ヲ大成スルノ規模ハ固ヨリ一定スル所アリト雖其經營措畫《そかく》ニ至テハ各國ノ政治ヲ斟酌シテ以テ采擇ニ備ルノ要用ナルカ爲ニ今爾ヲシテ歐州立憲ノ各國ニ至リ其政府又ハ碩學ノ士ト相接シ其組織及ヒ實際ノ情形ニ至ルマテ観察シテ餘薀《ようん》無カラシメントス茲《ここ》ニ爾ヲ以テ特派理事ノ任ニ當ラシメ爾カ萬里ノ行ヲ勞

トセスシテ此重任ヲ負擔シ帰朝スルヲ期ス（一四年一〇月一二日の詔勅の主旨をふみ、立憲政体を作るという仕組みは定まっているが、その方策につき各国政治を参考にしながら採択する必要がある。今、伊藤を欧州に派遣し、各国政府や学者と接し、組織と状態に至るまで徹底して観察せよ。ここに、なんじを特派し、万里の労を厭わず責任を果たすことを期待する）

伊藤に加え、山崎直胤（太政官大書記官）、伊東巳代治（参事院議官補）、河島醇《あつし》（大蔵権大書記官）、平田東助（大蔵少書記官）、吉田正春（外務少書記官）、三好退蔵（判事）、西園寺公望（参事院議官補）、岩倉具定（参事院議官補）、広橋賢光（参事院議官補）などが参加した。伊藤派遣は、岩倉具視の推挙によるが、伊藤を最適任者として岩倉に推薦したのは、毅だった。毅が派遣されなかったのは、明治五、六年に十分に憲法研究を済ませ、かつ、国内に欠かせない存在となっていたからではないか（『井上毅先生傳』一三二頁）。一行は、一五年三月一四日横浜出航、イタリアを経て、五月一六日ベルリン着後、ビスマルクを訪問した。青木公使の紹介でグナイストに英独憲法の比較講義を受けた（『明治天皇詔勅謹解』六九七頁）。

（註）**【青木周蔵】**青木周蔵は、伊藤博文に憲法、他の随員に行政法を研究するように勧め、グナイスト教授の講義は、青木が通訳した（『青木周蔵自伝』一一三六頁）。

グナイストの意見

ベルリン大学グナイスト教授（憲法学・行政学）は、独帝国議会議員・最高裁判事などを歴任し、『英国憲政史』を執筆した法学者。『英国憲政史』は、独語で書かれ、英国議会創生期から一九世紀までの英国憲法史である。グナイストは、本来ローマ法研究者で官吏の経験もあった（『国のつくり方』一一一頁）（『大日本帝国憲法制定史』三二二頁）。

【グナイストの教え】（尾佐竹猛『日本憲政史』三三八頁より要約）

憲法は法文ではなく精神であり、国家の能力である。私はドイツ人で欧州人だ。欧州のことは一通り知り、ドイツのことはよく知るが、日本のことは知らない。日本の今日までの君民の実体、風俗人情、歴史などを明瞭に説明して貰いたい。そのあと、参考になることは申し述べてもよいが、憲法編纂の根拠になるか自信がない。

グナイストの指摘は、次の通り。

①憲法は、法文そのものより精神

②憲法制定には、その国の歴史・伝統・文化・民情を精査しなければならない

③憲法は、単に法律を定めた条文ではなく、一国の歴史・伝統・文化を考慮に入れ、その精神を受け継ぐものでなければならない

グナイストは、サヴィニーの歴史法学の流れをくむ法学者であり、各国の歴史は異なる以上、憲法も国毎に異なるべきだとした。サヴィニーは、「法は民族の歴史の所産」とする歴史法学の創始者（『大日本帝国憲法制定史』三一五頁）。

伊藤は、グナイストの「各国法制を参考としても、うのみにしてはならない」との考えを十分理解した。しかし、この考えは、毅が執筆した岩倉綱領には既にうたってある。明治九年『憲法制定の聖勅』にも「国体に基づき制定せよ」とあるように、伊藤を含め岩倉・大久保利通・毅は、このことを早くから認識していた。伊藤は、グナイストに学び、「五箇条の御誓文」に始まるこれまでの憲法制定方針に、自信を深めたと思われる。

（註）【日本国憲法】日本の歴史国体を理解しないGHQ（憲法専門家はいなかった）が一週間で作成。その目的は、日本の歴史と国体の破壊にあり、グナイストの教えとまるで逆だった。

伊藤は、グナイストの教えを取捨選択した。グナイストは英国流軟性憲法の採用を勧めたが、日本は米国流硬性憲法（完全形の成文憲法）を採用した。英国流軟性憲法とは、必要に応じ立法を進め、施行後に整備するものである。憲法改正に関しては、毅の意見を入れていくつかの条件を置いた。

グナイストは、①「内乱時の国事犯は、鎮圧軍による特別法廷により裁くべし」、②「国民の権利保障や司法権の全面的独立は、当分見合わせるべき」を提言したが、明治憲法はこの提言を採用しなかった。グナイストは、下院選挙をプロシア流等級選挙にすべきと主張した。これは選挙権を所得別の二等級に分ける間接選挙を意味したが、日本は採用しなかった（『大日本帝国憲法制定史』三二〇頁）。また、「ロエスレルは自由主義者でプロシア政治の反対者」というグナイストの警告を、伊藤は「法律顧問ロエスレルには政治の助言を求めない」として聞き容れなかった（同上二九九頁）。

（註）【ロエスレル】反ビスマルク主義を理由にドイツを追われた。ビスマルクは、ロエスレルの招聘契約時にも日本に抗議した（同上二九九頁）。【フォン・グナイスト教授】歴史法学者で『英国憲法史』（一八八二年）の著者（『明治天皇のみことのり』日本教文社一四三頁）（『明治憲法の思想』一一三頁）。

伊藤は、グナイストの弟子モッセ、さらに、一五年九月、ウィーンの公法学者シュタインに学んだ。一五年一一月～一六年二月、ベルリンでモッセから行政法の講義を受けた（『明治天皇詔勅謹解』六九八頁）。モッセの講義は四四回おこなわれた（『井上毅と明治国家』一三九頁）。この後、伊藤は、ドイツ皇帝とビスマルクに面会した。

（註）【グナイストの言葉】グナイストは、伊藤に対し、議会で兵備・徴税・外交を討議すべきで

はないとして次のように述べた（『大日本帝国憲法制定史』三三三頁）。「（条約などは）国民にはわからない。外交のことに不案内な（一般）人が口出しすることは、只々、困ることだ。民法・刑法は、国民にも理解できることなので、議会での審議に適している。……軍事・税金・外交は、国王に属せしめるべきで、特に軍事・税金は重要だ」。議会審議が始まると、軍備・税金・外交問題が最も多く取り上げられ審議された。明治憲法が、グナイストの意見をそのまま容れなかった証拠である。

独皇帝ウィルヘルム一世の教え（明治一五年八月）

伊藤博文は、ウィーンでシュタインの講義を受けているさなか、ポツダム宮殿でドイツ皇帝と夕食を共にした（八月二八日）。ウィルヘルム一世の質問に、伊藤にかわり青木が答えた（『青木周蔵自伝』二三八頁）。

皇「ドイツに憲法調査に来られたことは喜ばしいが、憲法は自国の歴史を基礎に置かねばならない。外国のドイツになぜ来たのか」

青「憲法が国の歴史を基礎にすべきことは存じているが、君主国として優れた憲法を持つ貴国は、必ず参考になると思う」

皇「王政復古で諸侯を廃止したと聞いたが、すこぶる急激な変革ではないか。憲法制定は、行政法完備の後にすべきだ。憲法が花なら、行政法は根幹だからだ」

青「無論、憲法と行政法の両者の調査研究に来ました」

皇帝の主な意見は、①憲法は基礎を国の歴史に置くべき、②王政復古での大名廃止は急激すぎ、③憲法は各種行政法完備の後に制定されるべき、④立憲政治には地方自治が重要、などだった。青木は、①憲法が国の歴史を基礎とすべきことは知っているが、ドイツが君主国で優れた憲法を持っているので研究に来た、②憲法と行政法の両者を調査研究の予定、と答えた。その後の動きをみれば、伊藤の考えは、ドイツ憲法のモノマネでなく、「憲法は国の歴史に基礎を置くべきで、外国の借り物ではいけない」という皇帝の考えに一致していた。

伊藤・ビスマルク会談と岩倉の指示

伊藤が学者招聘をビスマルクに相談したところ、ビスマルクは官僚経験のある学者派遣を申し出た。これを伊藤は岩倉に報告したが、岩倉は次の電文を伊藤に返信した。

【岩倉具視の伊藤宛返信】（『大日本帝国憲法制定史』三六八頁）

顧問招聘の事に依りて、ビスマルク及び独逸勢力の日本に及ぶことなからしむるを要す。

……**又凡そ純然たる独逸流の憲法及び諸法規を移入せんとするが如きは我が意にあらず**

（憲法顧問の招聘で、ビスマルクとドイツ勢力が日本に及ばぬようにすることが必要だ。

……又、純然たる独憲法を入れることは私の考えではない）

重要なことは、岩倉が「純然たるドイツ流憲法及び法規の移入は、我が意にあらず」と断言した点だ。日本が招聘した仏国軍人によって陸軍情報が仏国に伝わり、日本が仏国の支配下にあるような様相を呈したことがあった。ビスマルクが推薦する学者の招聘も同様の事態となり、岩倉が恐れるドイツ流憲法採用の可能性すらあった。国体と歴史を継承する憲法をめざす岩倉には、ドイツ流、英国流、仏国流などのモノマネで事足れりという考えは微塵もなかった。

（註）**【岩倉憲法綱領（雛形はプロシア憲法）と、伊藤宛岩倉書簡（純然たるドイツ憲法の導入を望まぬ）は矛盾せず】** 毅は、『王国建国法』でベルギー憲法をプロシア憲法より評価したが、それは明治一五年もかわっていなかった。但し、ベルギー憲法第二五条「凡て政権は国民から生ず（政権の根源は国民から生じる）」は、根源にルソー社会契約論があるだけに許容できなかった。この時点で、ベルギー憲法を推奨すれば、自由民権派の思う壺となったに違いない。仏国は、革命以来、混乱が続いていた。日本が仏国の前轍を踏むことも予想された。一五年憲法綱領は、ベルギー憲法と同じく英国憲法に源流を持つプロシア憲法を雛形とすることを宣言した。**【坂野潤治氏①】** 坂野氏は、「大隈重信、福沢諭吉のイギリス型議院内閣制に対して岩倉具視、伊藤博文、井上毅らのドイツ型専制憲法が対抗馬として登場してきた」とし、明治憲法を「ドイツ型専制憲法」と断定している（『日本近代史』一九

一頁）。坂野説に対する強力な反証が、岩倉の「純然としたドイツ流憲法及び法規の移入は、私の意図ではない」という言葉だ。**【坂野潤治氏②】** 坂野氏は、毅と伊藤博文を貶めることを目的として『日本憲政史』を執筆。例えば、「交詢社私擬憲法案を机の前に置いて、明治一四年（一八八一）から明治二二年（一八八九）まで八年も費やせば、井上毅でなくて筆者でも、交詢社案の仕掛けは見抜ける」（同上六八頁）、「筆者が強調したいことは、それだけを取り出せば人智の極のように見える井上毅らの明治憲法は、交詢社私擬憲法案のワナを避けているうちに、結果的に出来上がったものに過ぎない点である。……同じ借用でも井上毅の素早さには敬意を表せる」（同上六九頁）、「相手が明治憲法ではなく交詢社私擬憲法案である場合には、井上は独創性を誇るわけにはいかない。井上は、交詢社私擬憲法案を机上において、保守派にとってその何処が具合が悪いかを指摘しただけだからである」「井上毅が明治一四年（一八八一）に、交詢社私擬憲法案を眼の前に置いて、その都合の悪いところを直して、彼の憲法意見を作り上げたことだけを確認して置こう」（同上七〇頁）という。坂野氏は、毅を「人の意見を素早く盗用する、狡猾卑劣な人物」と言いたいのである。日本史上至高の天才毅を、ここまでこき下ろす坂野氏は、「毅は剽窃魔」「明治憲法は盗用憲法」という宣伝に邁進するアジテーターである。**【坂野潤治氏③】** 坂野氏は明治憲法を交詢社案の剽窃という。同氏は、「交詢社案と明治憲法のこの部分を併読すれば、交詢社の第六条を項目ごとに分解したものが、そのまま明治憲法の第六条、第七条、第一一条、第一二条、第一三条になることがわかる」と強弁する（同上六六頁）。交詢社案は「第六条　天皇ハ法律ヲ布告シ、海陸軍ヲ統帥シ、外国ニ宣戦講和ヲ為シ、条約ヲ結ヒ、（中略）国会院ヲ解散スルノ特権ヲ有ス」。明治憲法は「第六条　天皇ハ法律ヲ裁可シ、其公布及執行ヲ命ズ」「第七条　天皇ハ衆議院ヲ解散ス」「第十一条　天皇ハ陸海軍ヲ統帥ス」「第十二条　天皇ハ陸海軍ノ編成及常備兵額ヲ定ム」「第十三条　天皇ハ戦ヲ宣シ和ヲ講シ及諸般ノ条約ヲ締結ス」である。坂野説は、一見正しいように見えるが、明治憲法への言いがかりだ。毅は、交詢社案が出される六年前の明治八年『王国建国法』で、ベルギーとプロシア憲法を比較解説したが、それを読めば交詢社案はベルギー憲法をなぞっているに過ぎないことがわかる。ベルギー王国憲法は、「第六八条　国王は、陸海軍を統帥し、戦を宣し、講和条約、同盟条約及び通商条約を締結する」、「第六九条　国王は、法律を裁可し、これを公布する」、「第七一条　国王は、両議院を同時に、または各別に解散する権利を有する」である（『世界憲法集』岩波文庫八六～八八頁）。交詢社案の大部分は、ベルギー憲法の焼き直しだ。言い換えれば、毅が交詢社案を盗用したのではなく、交詢社案こそが、毅が翻訳したベルギー王国憲法を盗用したのである。坂野氏の言い回しを使えば、「毅が明治八年翻訳出版したベルギー憲法を、机の前に置いて拵えたのが、交詢社私擬憲法である。交詢社案などは、毅の『王国建国法』をまねれば誰でも直ぐに出来る」といえよう。毅による明治八年のベルギー憲法翻訳出版に言及しない坂野氏は、毅を貶めたいだけではないか。**【板垣、仏国に失望】** 明治一五年欧州滞在中の板垣退助は、仏国政治に失望。革命・ナポレオン帝政・ブルボン帝政・第二共和国・ナポレオン三世の帝政・第三共和国と変転した仏国は、憲法制定七回、憲法の平均寿命一〇年（『憲法及憲法史研究』三二五頁）。仏国民は安逸に流れ精神は退廃し、政治家は受けばかりねらった。板垣は、「其政治家の買はんと欲する処の歓心は、少数の智者にあらずして多数の愚者にあり、即ち中等以下の人にあるを以て、……（その政治は）到底不完全を免れず」とした。王党派が最優勢だった明治一〇年代、仏国内書店では「そんな際物（憲法関連本）は扱っていない。新聞屋にでもいったらどうか」と言われたという（『大日本帝国憲法制定史』三七一・四九六頁）。**【変転極まりない仏国憲法】**一七八九年九月三日仏国第一次憲法、一七九一年六月二四日改正憲法、一七九五年共和国三年憲法、一七九九年共和国八年憲法、一八一四年ルイ一八世憲法（君主主権憲法）、一八三〇年憲法、一八四八年憲法、一八五二年第二次帝政憲法（ナポレオン三世）、一八七〇年憲法（共和政）、一八七五年憲法。

シュタインの意見（明治一五年八月）

伊藤は、一五年八月上旬以降、ウィーンのシュタイン教授から、①自身が日本の国語・歴史・風俗を解さないため憲法起草に役立てない、②憲法制定は、欧米憲法のモノマネでなく、各国の政治民俗歴史を含めた研究により各国憲法の成り立ちを調べた上で、欧米憲法を参考にしながら実施すべき、③憲法制定は日本に相応しいものにすべき、との教えを受けた（『大日本帝国憲法制定史』三二七頁）。伊藤は、独皇帝・ビスマルク・グナイスト・シュタインなどの教えに沿い、自国にふさわしい憲法制定に努めた。明治憲法がプロシア憲法の引き写しという指摘が、いかに間違っているかがわかる。

明治天皇も、シュタインに学んだ

天皇は、侍従・藤波言忠をシュタインのもとに派遣し、憲法講義を記録させた。天皇は、藤波からシュタイン講義を三三回に分けお聞きになった。天皇は、多くの欧州憲法学説を学ばれたが、シュタイン説を最も理解されていた（同上三二四頁）。元老院議官・海江田信義及び丸山作樂が、明治二〇年頃シュタインから講義を受け、内容をまとめた『須多因氏講義筆記』（宮内省発行）は、憲法制定後に出版。「歴史教育の必要性」に関するシュタイン講義は、次の通り（同上三二七頁）。

【シュタイン講義「歴史教育の必要性」〈要旨〉】

今日日本の歴史がふるわないのは、日本の教育上一大欠陥である。歴史書を国民に読ませるだけで、十分だとは言えない。老人も若者も、朝夕、心に国家の過去を回想し、これを基に国家の将来への方策を定めることによって始めて、国に歴史ありと言うべきである。外国の国民は、皆、国家の連続した歴史を心に持っている。日本のみが、そうではない。……従って、わが欧州では、各学科において歴史派というものがいて、その学問の歴史に関する物事の変遷を明らかにし、それによって、今後の学問への対応を説いている。その効力は大きいと言える。しかし、日本では、各学問に歴史派がいまだにない。……又、私が見るに、日本人の従来の歴史上の考えは、大いに日本文化とシナ文化を混同している。……世人は、日本文化の源は、シナにありと考えている。しかし、日本は自ら、日本特有の文化があることを知るべきである。シナ文化は外敵の征服により形成されてきた。これに反し、日本は四面海に囲まれ外敵を入れなかったため、その文化は必ず日本国内で自然に発達しなければならなかったのである。

シュタインは、日本と西洋の歴史に類似点が多いと考えた（同上三二六頁）。日本文化へのシュタインの洞察力に感服するほかない。日本史や地政学的特徴から、日本文化の特徴を言い当てたシュタインに、伊藤ら政府首脳は信頼を寄せたと思われる。

（註）【ローレンツ・フォン・シュタイン】ウィーン大学政治経済学教授（『榎本武揚から世界史が見える』一八九頁）。ヘーゲル学派の歴史観を持ち、日本に英国流軟性憲法を勧めた。日本はこれを採用せず、米国憲法並みの硬性憲法を採用、憲法改正にかなりの条件が加えられた（同上三二六頁）。【国教問題】明治一七年二月一二日、尾崎三良は、毅から、陸奥宗光が「全国人民の宗旨を改めることが外国と対等交際のために必須である」と主張していることを聞いている（『日本の内と外』一三〇頁）。毅は神道にせよ仏教にせよ国教には反対だった。【シュタイン講義「歴史教育の必要性」】「今日日本ニ於テ歴史ノ振ハザルハ日本

教育上一大欽點トス。歴史ノ書ヲ讀マシムルノミニテハ未ダ以テ足レリトセズ。老ト無ク幼ト無ク朝夕心中ニ國家ノ過去ヲ回想シ、之ニ基テ其將来ニ對スル所爲ヲ定ムルニ於テ始メテ國ニ歴史アリト謂フ可キナリ。他國ノ人民ハ皆其國家ノ連續セル歴史ヲ心中ニ有セリ。獨リ日本ノミ之レアラザルナリ。……サレバ我ガ欧洲ニ於テハ、各科ノ學術ニ於テ所謂歴史派ナル者アリテ、其學ノ關スル所ノ事物ノ變遷ヲ審ニシ、以テ之ヲ處スルノ法ヲ説ケリ。其效力ヤ大ナリト謂フ可シ。而シテ日本ニ於テハ此派ノ學未ダ有ラザルナリ。……又余ヲ以テ見レバ、日本人從來ノ歴史上ノ考ヘニ於テハ、大ニ日本ノ文化ニ屬ス可キ者ト支那ノ文化ニ屬ス可キ者トヲ混雜スル所アルニ似タリ。……世人ハ日本ノ文化ノ源ハ支那ニ在リト思ヘリ。然リト雖モ日本ハ自ラ日本ニ特有ノ文化アルコトヲ知ラザル可カラズ。支那ノ文化ハ征服ニ因テ生ジタル者ナリ。之ニ反シテ日本ハ四面海ニ濱シテ外敵ヲ容レザリシガ故ニ、其文化ハ必ズ内國ニ於テ自然ニ發達シタル者ナラザルヲ得ザルナリ」

伊藤博文に憲法取調の勅旨（明治一七年三月）

一六年八月帰国した伊藤に、一七年三月、憲法取調の大命が下り、宮中に制度取調局が作られた。局員は、毅、寺島宗則、尾崎三良、鹽田三郎、伊東巳代治、金子堅太郎、周布公平、牧野伸顕ら（『明治天皇詔勅謹解』八〇二頁）。制度取調局は、宮中と府中を分け、行政組織を整えることを目的とした。

（註）【制度改革】一七年七月七日華族令、一八年一二月二二日内大臣・宮中顧問官設置、太政官制度廃止、内閣制度創設、伊藤博文内閣成立、一九年二月四日宮内省官制。

毅、金子堅太郎を伊藤に紹介（明治一七年四月）

金子は、制度取調局員となった理由として、毅による伊藤への紹介をあげている。

明治一七年四月、伊藤参議が制度取調局長官となった時、ある朝井上毅が突然私（金子）の家に来て、「伊藤参議が君に会いたいと言われるから、今から同行しよう」と藪から棒にいってきた。私が「何用があって私を伊藤参議が呼ばれるか」と聞くと、毅は「知らない」という。そこで、私は「用件もわからないまま往って、伊藤参議から何か尋ねられた時、答えに窮することがあっては困る」と言うと、毅は「マア、そんな事を言わずに兎も角も往ったらどうじゃ」という。（『憲法制定と欧米人の評価』八〇頁から要約）

毅が常に人材登用を心がけていたことがわかる。毅と金子のやりとりから、明治の雰囲気と毅のおおらかな人柄が浮かび上がる。金子は、英国エドマンド・バークの『フランス革命について の省察』、『新ウィッグから旧ウィッグへの挑戦』を抜粋翻訳した『政治論略』を元老院から出版していた（明治一四年）。金子にバーク本出版を勧めたのは元老院副議長佐々木高行で、陰で支えたのが元田と天皇だった（『明治天皇紀』第五巻四〇〇頁）。毅は、『政治論略』を読み金子と何回も会った（『憲法制定と欧米人の評価』八〇頁）。毅は、英国保守思想に通じた金子を、歴史と国体に基づいた憲法・行政法立案に適材と考えた。一五年植木枝盛『バークを殺す』、一六年中江兆民『民約論略』が出版され、ルソーの過激思想が国内に蔓延する恐れがあった。そんな風潮にブレーキをかけ、日本の国体を護ろうとしたのが明治天皇であり、毅・金子・元田・佐々木らだった。毅は、親交のあった中江や植木の説得にもあたったと思われる。

（註）**【金子堅太郎**（嘉永六年〜昭和一七年）**】**福岡藩士。明治四年、団琢磨らと米国留学。明治一一年、ハーバード大卒（セオドア・ルーズベルトと同級）。日露戦争時、欧米の支援取付けに奔走。**【エドマンド・バーク**（一七二九〜一七九七）**】**アイルランド・ダブリン生まれ、英下院議員、グラスゴー大学学長。『フランス革命についての省察』、『新ウィッグから旧ウィッグへの挑戦』の著者。

十一　憲法制定

伊藤博文の憲法方針

欧州より帰国した伊藤（総理大臣）は、毅らと協議の上、毅・金子堅太郎・伊東巳代治に憲法制定方針を示した（『憲法制定と欧米人の評価』一一九頁）（『明治天皇詔勅謹解』八〇四頁）。

【伊藤博文の憲法制定方針】

①皇室典範を制定し皇室に関する綱領を憲法制定より分離
②憲法は日本の国体と歴史に基づき起草
③憲法は政治に関する大綱にとどめ、条文も簡潔明瞭にし将来国運の進展に順応できるよう伸縮自在とする
④議員法、衆議院議員選挙法は別に法律で定める
⑤貴族院は勅令で定める、但し、勅令改正は貴族院の同意を得ること
⑥帝国の領土区域は法律で定める
⑦大臣弾劾は採用せず、上奏権を議院に付与する

特筆すべきは、伊藤が、憲法を国体と歴史に相応しいものとした点にある。さらに、将来国運の進展に順応できるよう伸縮自在とした。

（註）【憲法は国体を変更するか】明治一七年一二月頃、伊藤と金子は、憲法が国体を変更するか否かで論争した。伊藤は、「憲法で政体がかわり、政体がその一要素である国家の構成（ナショナル・オーガニゼイション）を変更し、国体も変わる」と主張。金子は、「国体は神武以来政体を超越。憲法政治を採用した為、政体はかわるが国体はかわらない」と反論（『憲法制定と欧米の評価』九四頁）。

内閣制度創設（明治一八年一二月）

一八年一二月二二日、大宝律令以来の改革（太政官廃止、内閣制度創設）が断行された（『井上毅先生伝』一四一頁）。太政官通達は次の通り（『大日本帝国憲法制定史』四二七頁）。

【内閣制度の太政官通達（要旨）】

太政大臣・左右大臣・参議・各省卿の職制を廃止し、内閣総理大臣及び宮内、外務、内務、大蔵、陸軍、海軍、文部、農商務、逓信大臣を置く。総理大臣、外務、内務、大蔵、陸軍、海軍、文部、文部、農商務、逓信大臣で内閣を構成する。

特徴は、①宮内大臣は内閣に入らない、②参議の廃止、国務大臣が各省長官を兼務（これまで大臣と各省長官は別）、③内閣統一のため総理を置く、など。総理の下に法制局を創設、憲法制定機関としての参事院と制度取調局を廃止（『大日本帝国憲法制定史』四二八頁）。総理には、大臣の指導監督、全法律への副署等の権限が与えられた。

（内閣職権）（尾佐竹猛『日本憲政史』三四九頁）

第一条　総理大臣は首班として職務を奏上し陛下のお考えを受け、大政の方向を指示し、行政各部を統括監督する

第五条　全ての法律命令には総理大臣が副署し、各省に事務に関する総理及び担当大臣が副署しなければならない

内閣制度に関する太政官通達が出される一八年一二月までの間、同年一〇月頃から、毅・金子堅太郎・伊東巳代治は、午後四時に太政官を退庁、伊藤参議官舎で午後一二時頃まで殆ど毎晩、極秘裡に内閣制度の準備にあたった。明治二三年の憲法制度にあわせ太政官制度を廃止、内閣各省及び県庁・郡役所など地方組織を改編（『大日本帝国憲法制定史』四二二・四二三頁）。宮

内大臣・土方久元が三条太政大臣に尋ねたところ、三条は、「議会相手という内閣首班の激務に耐えぬ」と辞意を表明。要請を受けた毅は、三条の上奏文（太政官制度廃止、②内閣制度創設、③三条に代わる首班指名を戴く）を執筆（同上四二四頁）。

（註）**【太政官通達】**「今般太政大臣左右大臣参議各省卿ノ職制ヲ廢シ更ニ内閣総理大臣及宮内外務内務大蔵陸軍海軍司法文部農商務逓信ノ諸大臣ヲ置ク　内閣総理大臣及外務内務大蔵陸軍海軍司法文部商務逓信ノ諸大臣ヲ以テ内閣ヲ組織ス　明治十八年十二月二十二日　奉勅太政大臣　公爵　三條実美」**【内閣職権】**明治二二年（一八八九）一二月二四日、内閣官制改正で、①各省専任事務への首相副署は不要、②「総理の指示・統督」は削除、③総理は「行政各務ノ統一ヲ保持ス」（内閣職権第二条）とされた（『明治天皇詔勅謹解』七六六頁）（『大日本帝国憲法制定史』四二八頁）。強い首相権限が英国流の議院内閣制に通じることを危惧する、毅の意見によるとされる。毅は、政党が実力を伴わない現状での議院内閣制が国をあやまる点を心配した。**【土方久方と三条実美】**七卿の都落ち以来、両者は苦楽を共にした（「帝国憲法制定の由来」一二二頁）。

毅の憲法初稿（明治二〇年三月頃）

毅は、明治五年以来の研究の結果、憲法は国体と固有法を継承すべきと考えた。明治八年四月毅が起草した『立憲政体樹立の詔』は、司法（大審院の設置）・行政・立法（元老院・地方長官会議の設置）の三権を体系化し、将来の立憲政体への移行を宣言し、引き続き元老院で憲法起草が始められた。
明治九年夏、毅は、「憲法意見」に、①立憲政治とは、君権を制限し、国民の権利を保障すること、②君民ともに憲法をまもり、議会政治を通じて「君民同治」「上下同治」を実現することと記している（『井上毅傳』史料編第一巻九二頁）。

（註）毅は、「『コンスチチュシオン』ヲ守ルハ必ス君民同治ノ法ニ依ルナリ（コンステチューションを守るのは君民同治の古き法による）」、「君民ノ間ノ約束ヲ定メ上下同治ノ基礎トナサントスル歟（君民の間の約束を定めて上下同治の基礎をつくるか）」と記している。

明治一四年、毅は『国会開設の勅諭』を執筆し、各国憲法を比較し国体にふさわしい憲法を起草すべきとした。『国会開設の勅諭』は、外国憲法の安易な模倣を戒め、「建国ノ体」に基づく憲法起草を進めるものだった。その後、明治一八年〜二〇年、毅は富士山・上総・常陸などを旅して国典研究に励み、国体にふさわしい憲法起草に取りかかり、最初の草案が、毅の「憲法初稿」であった。
毅の憲法初稿は、日本固有法の発展形として起草された点に特徴がある。決して外国のモノマネではなかった。第一条は、天皇統治の特徴を明確に示す「しらす」という言葉を掲げた。

知ることを意味する「しらす」は、天つ神から統治を委託された国土国民の現状を、天皇がよくお知りになることであり、天皇統治の本質を示している。第一条に「しらす」を用いたことは、憲法は日本の国体と固有法を継承すべきとする、毅の心意気が感じられる。

「万世一系」は、①皇統が途絶えることなく連綿と継承されること、②皇統が分かれないこと、の二点を意味する（『憲法義解』）。毅は「皇統は一系にして分裂すべからず」とし、南北朝時代のような事態が皇位継承を危機に陥らせると述べている。

天皇大権は、大綱を前文に示しているだけだ。第五条「**日本帝國ニ於テ公權ノ享有ヲ得ル爲ニハ、日本國民タルヲ必要トス**（公権を持つのは日本国民のみ）」とし、国民の権利の詳細は法律に譲り、大綱を前文に示した。天皇大権と国民の権利の詳細を憲法条文に掲げなかったのは、日本固有法の発展形としての憲法にふさわしいと考えたためだ（『大日本帝国憲法制定史』五三一頁）。また、第七条「**内閣ハ天皇臨御《りんぎょ》シ各大臣ノ輔弼《ほひつ》ニ依リ萬機《ばんき》ヲ總《すぶ》ルノ所ナリ**」と、天皇が閣議に出席出来るとし、これは憲法甲乙案にも継承された（同上五三二頁）。

（註）**【「しらす」から「統治」への変更】**明治二〇年八月の夏島修正以降、「統治」に変更（『明治憲法成立史』下巻五〇頁）。**【「万世一系の天皇」という表現は、毅の造語ではない】**巌垣《いわがき》松苗《まつなえ》（大舎人助《おおとねりのすけ》兼音博士《おんはかせ》、公家）の『国史略』の中に、「歴世天皇　正統一系、亘万世而不革（歴代天皇の正統は連綿としてひとすじに続き、万代にわたってかわることなし）」との

表現がある。毅は、これから「万世一系」という表現を使ったものと思われる。『国史略』は江戸期の武士子弟の教科書・手習い書であり、明治初頭にも再版を重ねていた。毅も熊本時代に読んだと思われる（『徳仁《新天皇》陛下は、最後の天皇』一五九頁）（『女性天皇は皇統断絶』二六頁）。**【毅の国典・固有法研究】**毅は、国典と固有法研究を小中村清矩に学んだ。直接の相手は小中村の養子・池邊義象だった。明治一八年には上総・常陸・富士山、明治一九年末から翌二〇年一月には千葉・上総・相模の名所旧跡を回った。池邊は、のちに固有法を研究し『日本法制史』（明治四五年）を著わした。**【毅が調べた古典】**古事記・日本書紀・続日本紀・六国史・令義解（特に職員令・神祇令・儀制令・公式令）・古語拾遺・万葉集・類聚国史・延喜式・貞観儀式・江家次第・姓氏録・和名抄・玉海・禁秘抄・神皇正統記・職原抄・大日本史・本朝皇胤紹運録・古事記伝・職官志・弘道館記述義・新論など（『大日本帝国憲法制定史』五〇二頁）。

その他、憲法初稿には次の特徴がある。

○**明治憲法第三条「天皇ハ神聖ニシテ侵スヘカラス」の記述なし**　毅は、君主の「神聖不可侵」条文を、天皇と国民の関係から見て「無用の贅言」と考えた。「君主の無答責」を意味する「神聖不可侵」条文は、ローマのユスティニアヌス法典に由来するといわれる（『大日本帝国憲法制定史』五三〇頁）。

○**議院内閣は採用せず**　議院内閣の不採用は、当然のことだった。最初の明治二三年選挙でも過半数をとる政党はなかった。毅は、議院内閣を採用することの弊害を危惧し、制度変更は時代の進展とともに進めるべきと考えた。ボアソナードの議院内閣反対は、明治一四年『岩倉綱領』をまとめる毅の助けとなった（同上四九七頁）。

毅の憲法甲・乙案（明治二〇年四月〜五月）

毅は、憲法初稿のあと、四月から五月にかけ、憲法乙案ついで甲案を作成した（『明治憲法成立史』下巻六六頁）。甲乙案を比較すれば、毅は、日本固有法を反映する甲案を推していたと思われる。

【毅の憲法甲案（二〇年五月下旬）】

甲案は、毅の憲法初稿と同じく日本固有法の精神を反映。天皇の大権（文武官制、官吏任免、勲章授与、陸海軍統帥及び編成、宣戦講和条約など）は、上諭に書かれ、憲法条文には特に書かれていない。毅の憲法初稿が「国民の権利」を大綱前文に示していたのに対し、憲法甲案は、第七条に一一項目（法の下の平等、営業の自由、居住の自由、財産権、信仰の自由、通信の自由、言論の自由など）を掲げている。「法律起案権」は、憲法初稿と同じく「天皇の大権によ る」とした。しかし、カッコつきながら「議会は法律案を添えて天皇に上奏できる」として

「上奏権」を認めている（第一九条）。国民が議会を経て天皇に上奏でき、国民が各大臣に質問できるとしている（第四二条）。

【穀の憲法乙案（二〇年四月下旬）】

乙案は、欧州各国の条文から取捨選択したもの。条文毎に、参考とした独・英・米・仏・オランダ（一八一五年）・バイエルン（一八一八年）・ポルトガル（一八二六年）・ベルギー・スペイン・イタリア・プロイセン・オーストリア・スウェーデン・デンマーク・スイスなど各国条文を列記している（『大日本帝国憲法制定史』五三六頁）。

両案とも、第一条「**日本帝國ハ萬世一系ノ天皇ノ治《しら》ス所ナリ**」とし、天皇統治を示す「シラス」を採用している。「天皇の神聖不可侵」は、両案とも記されていない。

夏島での憲法草案作り（明治二〇年六月～九月）

穀の憲法甲乙案をもとにした草案作りは、最初は伊藤の官邸で、次いで神奈川県金沢の旅館（東屋）で、最後に伊藤の別荘（神奈川県夏島）で行なわれた。草案作りが始まる際、伊藤（首相）は、穀らに次のように語った（中村菊男『伊藤博文』二一四頁）。

憲法を議論するのに、総理大臣も秘書官もない。この伊藤も、一憲法学者であり、諸君も憲法学者である。ここに、憲法学者が四人集まって憲法を討論研究するのに、長官だ秘書官だということを念頭から消し去ってほしい。従って、もし私の意見に非があれば、その非をどこまでも攻撃せよ。私も君達の意見がわからなければ、どこまでも攻撃する。互いに攻撃し議論するのは、憲法を完全ならしめるためである。ゆえに、長官と秘書官という考えを去って、全身の熱心さをもって討論して、憲法を完全なものにしてほしい。これが私の望みである。

伊藤の言葉通り、四人の活発な議論があった。毅が憲法と皇室典範、金子堅太郎が貴族院令と衆議院議員撰挙法、伊東巳代治が議院法を担当。起草案ができるまでは、永田町の首相官邸二階に午後四時集合し意見を交換した。案文ができたあとは、新橋から横浜まで汽車で、横浜から神奈川県庁の小蒸気船で護衛の警察官とともに、夏島（横須賀港口の小島）に渡り、伊藤の別荘で作業を続けた。毅は、鎌倉の金沢の宿から毎日小舟で通った（『井上毅先生傳』一三四頁）。ロエスレルも、必要に応じ説明に来た（『大日本帝国憲法制定史』五五二頁）。

伊東によれば、夏島での四人は、朝九時から夜一二時まで、南向き一二畳の部屋で茶卓を囲んで、筆を執っている時以外は食事中も議論をした。毅と伊東が伊藤を攻撃し、しばしば舌戦となった。伊藤は、形勢不利となれば毅らを「腐儒奴、三百代言奴」（腐れ儒学者め、三百代言の口先野郎、という意）と大喝した。翌朝になると、伊藤は、「まあ、昨日のことは、腐儒奴の言分を通してやろうかい」と意見を聞き入れたという（中村菊雄『伊藤博文』八九頁）。伊藤の立腹がひどい時は、毅はさっさと帰り支度を始めた。伊藤が「まだ会議が済まんではないか」と言うと、毅は「大臣御不興、議論無用」（「大臣はご機嫌が悪いので、議論無用」）と言って退去した。金子と伊東も、毅に続いて伊藤を残し退去した（『憲法制定と欧米人の評価』一二六頁）。伊藤と毅の関係はユーモアを交えたもので、毅のへつらわない性格も窺える。

夏島の会議で特に重要な点は、議会権限に関する議論であり、特に問題とされたのは、①上奏権、②議案提案権、③大臣弾劾権、④予算審議権だった。

（註）**【夏島での毅】**伊東巳代治によれば、「当時夏島では伊藤公を始め吾々一同の勉強は実に非常なものであった。毎朝九時には井上君が旅館からやつて来る。四人の顔が揃ふと議論を始める、その儘中食もせずに晩まで続けたこともすくなくない、夜も概ね一二時頃まで議論を闘はした……時には伊藤公の意見を攻撃したことも一度や二度ではない」といい、金子は「井上毅だけは宿所を金沢の東屋に定めていたので、毎朝小舟に棹して来り」と述べている（伊藤之雄『伊藤博文』二一八頁）（『井上毅先生傳』一三三頁）。伊東と金子の証言通り、毅が毎朝船で夏島に来ていたことは間違いない。しかし、こんな事実にも関わらず、八木秀次氏は、「伊藤がこの三つの草案を神奈川県夏島で伊東・金子の両名と合宿を行って

協議し、八月に夏島草案といわれる修正案を作成することで明治憲法の制定作業は本格化する。夏島草案作成に井上が参加していないのはボアソナードとともに……」としている（『明治憲法の思想』八一頁）。毅が毎日夏島に行き議論は勿論憲法執筆を行っていたことは伊東や金子の証言で明らかであるにもかかわらず、八木氏は、毅が夏島草案に参加していないと全くのデタラメを書いているのである。**【伊藤の四天王】**毅と、金子堅太郎、伊東巳代治、末松謙澄《けんちょう》の関係はどうのようなものだったのか。四人の関係は、毅が三人に出した書簡の宛名を見るとわかる。毅が三人に「君」を使うのに対し、三人は毅に敬語を使った（『伊藤博文の情報戦略』五三頁）。**【末松謙澄《けんちょう》】**安政二年（一八五五）、小倉藩大庄屋に生まれ、東京師範進学後、日報社記者時代に伊藤の知遇を得て、明治八年一二月正院御用掛（非常勤）、明治九年四月工部権少丞、一〇年一月太政官権少書記官、一一年一月駐英公使館付一等書記官、一五～一九年ケンブリッジ大学留学（留学中、源氏物語の英訳出版）、二二年伊藤次女生子と結婚、二三年衆議院議員、二六年伊藤内閣法制局長官等歴任。明治三七年日露戦争中、同盟強化のため英国を講演旅行（『伊藤博文の情報戦略』四七頁）（『日本の内と外』一六三頁）。

夏島での議論①（議会の上奏権など）

明治二〇年八月、毅は、「議会上奏権」・「請願権」を削除しようとする伊藤に反論した（『大日本帝国憲法制定史』五七五頁）。

憲法ナク議院ナケレハ已《や》マンノミ既ニ憲法アリ議院アルトキハ少クトモ相當ノ權利ヲ以テ議院ニ予《あた》ヘザルヘカラズ憲法ヲ設ケ議院ヲ開クハ主要ノ目的トシテ以テ權勢ノ平衡ヲ保チ偏重ノ專横ヲ防カントス此事獨《ひとり》現在ノ爲ニ謀《はか》ルニ非《あら》ス卽チ將来ノ爲ニ國ノ幸福ヲ永久ニ維持セントスルナリ此レ固《もと》ヨリ喋《ちょうちょう》ゝヲ假《か》ラズ

議院ノ政府ニ對スルノ權如何

一　大臣弾劾《だんがい》ノ權

一　行政審査ノ權

一　政府ニ質問シ辯明《べんめい》ヲ求ムルノ權

一　請願ヲ受《う》クルノ權

一　建議奏上ノ權　總代ヲ以テ直奏スルコトモ得セシムルアリ

第一ノ權ハ英國ニ起源シ佛白西伊葡澳丁等各國皆之ヲ与《あた》ヘタルモ普ハ予奪《よだつ》ノ間ニ依違《いい》シ其他ノ獨乙《どいつ》各小邦ハ之ヲ許サヾル者アリ（大意）（憲法なく議院なければ全ては無に終わる。既に憲法あり議院ある時は相当の権利を議院に与えるべきだ。憲法をつくり議院を開く主な目的は、権力を均衡して保ち、偏りによる独裁を防ぐことだ。立憲政治を始めるのは、現在だけでなく将来の国の幸福を永久に維持するためで、もとより多言を要しない。

政府に対する議院の権利は、①大臣弾劾権、②行政審査権、③政府への質問権、④請願権、⑤上奏権である。大臣弾劾権は英国に起源し、フランス・ベルギー・スペイン・イタリア・ポルトガル・オーストリア・デンマークは、議会に与えている。プロシアは与え奪うの間ではっきりせず、ドイツの小国は与えていない国がある）

毅は、①憲法を制定し議会を開く以上、議会に相当の権限を与えなければ意味がない、②憲法制定と議会開院の目的は、権力の平衡を図ること、③以上は将来にわたり日本の幸福のために必要、と主張した。毅は、英国に起源を持つ議会の「大臣弾劾権」が、フランス・スペイン・イタリア・ベルギーなどで認められている一方、プロシアではそうではないと述べ、プロシア憲法に懐疑的だった。毅は、文中、「**此レヲシモ愛惜《あいせき》シテ予《あた》エズトナラハ憲法ハ何ノ爲《ため》ニシテ設クルコトヲ知ラズ**（これらの権利を惜しんで議会に与えなければ、憲法は何のために設けるのかわからない）」と、これらが議会にとっていかに重要かを記している。この一文からも、「明治憲法はプロシア憲法の引き写し」とする意見が、間違っていることがわかる。毅の決意通り、最終的に上奏権から議案提案権まで十分な権利を議会に与える憲法となった。

夏島での議論②（議会の予算審議権）

議会の予算審議権も活発に議論された。伊藤は、ロエスレル同様、予算審議権を削除しようとした（『大日本帝国憲法制定史』五六六頁）。衆議院・貴族院の承認なしでも天皇の裁可で予算が通る伊藤修正案では専制政治になると毅は心配し、次のように記した。

本條ハ千八百六十三年ニ於ケル「ビスマルク」侯ノ議院ノ演説ヲ採用シテ正條トナシタル者ナリ本條ノ主義ヲ略言スルトキハ、政府ト議院ト豫算ノ叶議《きょうぎ》整ハザルトキハ政府之ヲ斷行スト云ニ過キズ果シテ然ラハ始メヨリ豫算ヲ議ニ付セザルニ若《し》カズ又始メヨリ議院ヲ設ケザルニ若カズ又始メヨリ憲法ヲ定メザルニ若《し》カズ……今我カ國ニ於テ又此ノ如キ立憲ノ主義ニ背《そむ》ケル專制ノ舊態《きゅうたい》ヲ愛惜セントナラハ何ヲ苦ンテ立憲政體ヲ設ケラル乎《か》乃《すなわち》是《こ》レヲ以テ憲法ノ正條トナサントスルニ至テハ憲法亦憲法ニ非サルヘキナリ何トナレハ天下豈《あに》專制ノ憲法アラン乎《か》（大意）

（〈伊藤提案の〉本条は、一八六三年のプロシア議会でのビスマルク首相の演説を採用して正式の憲法条文としたもので、条文趣旨は、政府と議会の予算についての意見が異なるときは、政府の意見が通るということになり、これでは最初から予算を議会にかけないほうがいい。また、最初から議会など作らず、憲法も作らないほうがましだ。……今、わが国でこんな立憲主義に反する専制の古い体制を愛するならば、どうして苦労して立憲政体を作る必要があるか。これを正式の条文とすれば、そのような憲法は憲法ですらない。なぜなら、専制の憲法など世界のどこにあろうか）

政府の思うままに予算を執行できる専制政治を作るようでは、憲法を制定し議会を開く意味がなく、憲法も議会もつくらないが良い。毅は、ビスマルクの非立憲・専制主義を、憲法に書き込むことなど許されないと批判した。

（註）**【伊藤修正案の第八五条】**「帝國議會ノ一院ニ於テ豫算ヲ議決セズ又ハ豫算ニ關《かん》シ政府ト帝國議會ノ一院トノ間ニ協議整ハサルトキハ少クモ一院ノ承認ヲ得ルニ於テ勅裁ヲ經之ヲ施行ス、若シ兩院共ニ議決セス又ハ豫算ニ關シ協議整ハサルトキハ、勅裁ヲ經、内閣ノ責任ヲ以テ施行ス」（大意）（帝国議会の一院が予算を議決しない場合、又は、予算について議会の一院と政府で協議が調整できない場合、残る一院が予算を承認し天皇の裁可を経て予算を施行する。もし、両院共に予算を承認せず、又は、予算の協議が整わないときは、天皇の裁可を経て、内閣の責任で予算を施行する）（同上五六三頁）**【ビスマルクの憲法違反】**一八六三年以来のビスマルクの予算強行を、一八六六年プロシア国王ウィルヘルム一世勅諭は憲法違反と認めている。毅は、ロエスレルが、ビスマルク流の違法な政略を憲法に採用するよう提言したのは、「畢竟東洋ノ立憲ハ名義ノ立憲ニシテ未タ眞ノ立憲ヲ行フノ度ニ達セズトノ度外ノ推測ニ由ルニ過キザルノミ」、つまり、東洋の立憲は名義の立憲で真

の立憲を行う民度に達していないと考えているためと記した（同上五六六・五六七頁）。**【普仏戦争】**一八七〇年七月一九日～一八七一年五月一〇日。**【ドイツ帝国】**一八七一年一月一八日～一九一八年一一月九日。

毅は、予算が承認されない場合の前年度予算執行を提案し、最終的に伊藤も容認した。これは行政空白を防ぐ条項で、一四年「岩倉綱領」に毅が既に記している。

（註）**【一四年岩倉綱領（前年度予算執行の原則）】**「予算について政府と議会が一致せず徴税前に議決できない時、または、議会解散の場合、または、議会が自ら散会する場合、または、議会が定員に満たず決議できない場合、政府は前年予算の執行できる」というもの。毅は、「前年度予算執行」条項をスペインやスウェーデン憲法から採用。スウェーデン憲法には、一八〇九年王国憲法から現憲法まで「前年度予算執行条項」が存在する（『大日本帝国憲法制定史』五六三頁）。同原則はプロシア憲法にはない。**【スペイン憲法（一八四五年）】**「モシ歳計予算法ニ付立法両院ノ間ニ協議ヲ得ザル時ハ前年ノ予算法ヲ適用スベシ」（現代語訳）（もし、歳計予算法が議会両院間で協議が整わない場合は、前年度予算を執行）（同上五六八頁）**【スウェーデン現憲法一〇九条（一八〇九年）】**「期待に反し国会が新会計年度前に予算案を可決せず、又は新税を可決しない場合、新予算案が可決され、かつ、新税が可決されるまで、旧会計年度の予算および税は効力を有する」

伊藤博文の憲法再修正案（明治二〇年一〇月）

伊藤は、毅とロエスレルの意見を受け、高輪の自邸で毅や金子らと討議し、二〇年一〇月末までに再修正案を策定。「上奏権」、「請願受理権」、「質問権」など議会の権利は、毅の主張通り復活したが、「議会の法案提出権」は書かれていない（『大日本帝国憲法制定史』五七九頁）。

毅の本領（明治二〇年六月）

毅は、夏島会議の最中、金沢の宿で次のように記した（『井上毅傳』史料編第五巻六九六頁）。

自今一年、従事立憲、三年従事經濟、又三年、従事國典國語、
一、一身孤孑《こげつ》、爲國犠牲《くにのぎせいとなり》、以遂素志《もってそしをとげ》、聊可補前過《いささかぜんかをおぎなうべし》、瀝精耗神《れきせいもうしん》、亦何所吝、投難致節、甘如菁薺《かんじょせいせい》、
右六月十九日在金澤客舍、追懐舊事、省侮前過、不堪痛戚、恍然得此數語、援筆書之、
毅

（大意）（今より一年は憲法起草、三年は経済、又三年は国典・国語に従事する。この一身を国のために捧げ、平素の志をとげ、いささか前過を補うことが出来るだろう。精神を惜しみなく注ぎ、難問に身を投じ、道筋を立てれば、菁《かぶ》や薺《なずな》のように甘く素晴らしい事だろう。明治二〇年六月一九日、金沢の宿で、過去を思い起こし、足りない点を反省し痛惜にたえず、突然ひらめいた数語を書き記した。毅）

（註）【瀝】したたる、注ぐ【耗】減らす【薺】ナズナ、ぺんぺん草【菁】かぶ、ニラの花【孑《げつ》】単独、残り

夏島会議初期の二〇年六月、二二年までは憲法研究、二五年までは経済研究、二八年までは国典研究の実行を誓った。国典研究はなぜ必要か。毅の「国典講究ニ関スル演説」〈要旨〉（二一年一二月六日）は、次の通り。（『井上毅傳』史料編第五巻三八三頁）

国典講究は政治上随一の必要がある。憲法及び政治全般につき、淵源基礎を自国の歴史典籍に取らぬ国はない。国の歴史上の沿革及故典慣例は、憲法と政治の源だ。……国典は国民教育のために随一必要。国民が集まって国をなす以上、国を護る必要がある。国民が自ら国を護ることは、国民が国を愛することから生じる結果だ。愛国心は、普通国民教育で発達する。ゆえにどの国も独立を保つため国民教育を第一としなければならぬ。国民教育の材料は、普通教育の生徒に国史と国語を教えること。国典は国の祖宗と先哲の偉業を教え、自国の尊いことを感触せしめ、自国が母国であることを脳髄に銘刻させる。

毅は、国典研究を、①憲法及び政治全般、②国民教育、の二点から必要とした。①は「**憲法及び政治全般の源は国の沿革及び典籍にあり、これを怠ると憲法運用も政治もうまくいかない**」とし、②は「**国語と歴史なしに国民教育は成立せず**」とした。国民活動は全て、国語で成立する。国典は、国語の原点で日本人の生き方の根源だ。国典研究のさらなる進展が必要と、毅は考えた。

保安条例に反対（明治二〇年一二月）

毅が憲法と皇室典範起草中の明治二〇年一二月二五日、清浦奎吾（内務省警保局長）起草の「保安条例」が施行された。山県内相は、警察官・憲兵・近衛兵を動員し、大蔵省・小石川工廠・皇居等を警護した。「保安条例」は、反政府分子を皇居から半径一二キロメートル以内から三年間退去させ、野外集会の解散を可能とした（『山県有朋』二二四頁）。毅（宮内省図書頭）は、施行前の「保安条例」につき、三島通庸警視総監と激論を交わした。松方蔵相は、両者の対立を憂慮した（『大日本帝国憲法制定史』五一一頁）。毅は、二〇年一〇月七日、山県内相と大磯にいたが、一一日、内相の許可で上京し辞表を提出した（『井上毅研究』四八一頁）。

（註）【清浦奎吾】熊本県山鹿市来民《くたみ》生まれ。首相・内相・司法相・農商務相・枢密院議長など歴

任。日田の広瀬淡窓の咸宜園《かんぎえん》出身。**【新聞条例・集会条例】** 明治二〇年七月、谷干城農商相は、両条例で国民が政府に不平を言えず、三年後の議会開設以降、政府と国民の対立が激化、公議輿論を推し測れないとして辞表提出（『大日本帝国憲法制定史』四七一頁）。**【土佐派による主要大臣暗殺計画】** 土佐派運動家が大臣暗殺を計画したため、一二月二六日〜二八日、星享・尾崎行雄ら五〇〇名以上が東京追放された（尾佐竹猛『日本憲政史』三五五頁）（平塚篤編『伊藤博文秘伝』七九頁）。

毅の保安条例反対の理由は、言論を踏みにじり、憲法と国体に悖るからだ。二〇年一二月二九日、毅は、立憲制度の将来を危惧する書簡を伊藤首相に提出（『大日本帝国憲法制定史』五一一・五一二頁）。このまま推移すれば、政府系議員が少数派となり、予算・法律否決、憲法停止、国会閉鎖の可能性を示唆した。言論の自由は、毅が常に心がけたことだった。毅の辞表は、受理されなかった（『井上毅研究』四八一頁）。

（註）**【毅の伊藤宛書簡要旨（明治二〇年一二月二九日）】**「心静かに今日の情勢をみれば、政府の人望は実に地に墜ちている。自己の考えをまげて政府の短所を擁護しなければ、隠しきれない事実だからである。現況を一変できなければ、国会開設に際し多数を得ることが全く望めないばかりか、少数を得ることもできず、国会はあげて政府に反対し、施政上非常に困難な事態を生じ、遂に国会を廃絶し、憲法を中止し、トルコの先轍を踏み、そのため、欧州人の失笑を招き、あるいは惨憺たる国運に陥り、挽回できないかもしれません。閣下が、愚かな私を憐れんで、天皇に奏上していただき（辞職をお認めいただき）療養地での

生活を許され、閣下の温情により読書と病気療養ができれば、とるに足らない小身の私にこれ以上の幸いはありません。私は、ひそかに天皇の御恩のあつさを感じ、又、閣下のよしみに感服しています。その気持ちは、自己の進退に関わらず、かわるものではありません」【トルコ（都児格《トルコ》）憲法（一八七六年発布）】露土戦争の為、七七年憲法停止。

明治二〇年、条約改正に反対、再三辞表提出

二〇年、毅は、井上馨外相の条約改正に反対し辞表を提出した。毅が容認できなかったのは、①新たな国内法施行の八ヵ月前に、西洋各国に法律条文を提示、②むこう一五年間、国内法廷への外国人判事の採用、だった。これらは、日本の立法権・司法権を奪うものだった（『大日本帝国憲法制定史』四四三・四四七・四五〇・五〇一頁）。幕末以来これまでの治外法権下では、日本人原告が外国人判事による領事裁判を受ける一方、日本人被告は日本人判事による国内裁判を受けられた。今回の条約改正では、国内裁判に外国人判事を採用し、日本人は原告・被告を問わず、一定の確率で外国人判事の裁判を受けることになる。ボアソナードも、交渉成立で主権が侵され国民の権利も著しく損なわれると、毅に指摘した（同上四五〇頁）。

（註）【毅が記した辞職理由主旨（二〇年七月三〇日）】「外国人判事採用は、憲法と矛盾し国会と両立しない。改正時期の一五年後、外国人判事廃止は同意を得られず半永久的に継続され

よう。エジプトは、国会開設後、外交問題を引き起こす恐れから国会を停止したが、日本も同様の事態になろう。条約改正は、主権回復に寄与せず、内政干渉を受ける半独立国の状態を少しも改めない。依然として『城下の盟』同様の条約にかわりがない。半独立国では、憲法法律調査は到底出来ないため、辞職をお許し下さい」（同上四八〇頁）。

枢密院設置

明治二一年四月、伊藤首相は天皇に憲法諮詢案を奉呈した（『大日本帝国憲法制定史』五八一頁）。憲法案をどこで審議するかにつき、①内閣閣議、②元老院、③国民会議、④勅令による憲法会議開設、⑤枢密院、の五案が検討され、枢密院と決定した（同上五九三頁）。四月二八日、枢密院設置の「枢密院官制上諭」が出された。伊藤は首相を辞職し、枢密院議長に就任（四月三〇日）（『明治天皇詔勅謹解』八〇〇頁）。毅（法制局長官）は枢密院書記官長兼務、金子堅太郎・伊東巳代治は枢密院書記官及び枢密院議長秘書官となった。議題は、①憲法と附属法の解釈、予算その他会計に関する疑義、②憲法改正と附属法改正、③重要な勅令、④新法草案また現行法律改廃に関する草案、列国交渉の条約及び行政組織の計画、⑤その他（行政又は会計上の重要事項につき特に勅令で意見を尋ねる時、又は法律命令で枢密院の意見を求められた時）（同上八〇一頁）。

枢密院は、憲法施行後は、国会の違憲立法防止と国政の逸脱防止を担った。枢密院は、国会に独立、護憲のための天皇の顧問会議と位置付けられた（同上八〇二頁）。

（註）**【枢密院官制上諭】**（明治二一年四月二八日）「**朕元勲及練達ノ人ヲ撰ミ國務ヲ諮詢シ其啓沃《けいよく》ノ力ニ倚《よ》ルノ必要ヲ察シ樞密院ヲ設ケ朕カ至高顧問ノ府トナサントス茲《ここ》ニ其官制及事務規程ヲ裁可シ之ヲ公布セシム**（私は、元勲と練達の人を選び国務につき尋ね、忌憚のない意見を述べて貰う必要があり、枢密院を設け私の最高顧問府としようと思う。ここに官制と事務規則を認め公布する）」**【啓沃《けいよく》】**心中を包み隠さず主君に述べること。**【枢密院】**副議長は寺島宗則（宮中顧問官）、顧問官は大木喬任（元老院議長）、河村純義（宮中顧問官兼議定官）、福岡孝弟（宮中顧問官）、佐佐木高行（宮中顧問官）、副島種臣（宮中顧問官）、佐野常民（宮中顧問官）、東久世通禧（元老院副議長）、吉井友實（宮内次官）、品川弥二郎（宮中顧問官）、勝海舟、河野敏謙、土方久元（宮内大臣）、**元田永孚**（宮中顧問官）、吉田清成（元老院議官）、鳥尾小彌太（元老院議官）、野村靖（逓信次官）。天皇、皇族（有栖川宮熾仁親王、伏見宮貞愛親王、北白川宮能久親王、有栖川宮威仁親王）、内閣大臣、**三条実美**内大臣が枢密院審議に参加。

枢密院での審議（明治二一年五月）

枢密院は、二一年五月八日、天皇臨席のもと開院された。皇室典範（五月二五日〜六月一五日、計八日・一三回審議）、憲法（六月一八日〜七月一三日、計一〇日・一九回審議）が審議され、枢密院書記官長の毅が説明した。九月一七日～一二月一七日、議院法・会計法・衆議院議員選挙法・貴族院令が審議され、金子・伊東が説明した。伊藤は、最初に憲法につき次のように演説した〈要旨〉。

憲法制定には、まず国の機軸を確定すべきだ。機軸を明らかにせず、国政を国民の論議に任せれば、国は乱れ衰亡する。国家生存と人民統治に深く思慮して統治の効用を保つことを期すべきである。西洋は、憲法政治完成まで一〇〇〇年以上を要し、国民が憲法政治に習熟し、キリスト教が機軸となり国民の心に浸み込んでまとまった。日本には機軸の宗教がない。仏教は一旦興隆を見て人心を繋いだが今は衰退している。神道は祖宗の遺訓に基づくが人心をまとめる力が弱い。機軸は皇室のみである。憲法制定には、基軸である皇室に留意し、君権を尊重しなるべく束縛せぬよう勉めた。

（註）【国教導入】国教に、シュタインは神道、グナイストは仏教を提案（『明治天皇詔勅謹解』六一一頁）。【枢密院での伊藤挨拶】「今憲法を制定せらるることに方《あたり》ては、先づ我國の機軸を求め、我國の機軸は何なりやと云ふ事を確定せざるべからず。機軸なくして政治を人民の妄議《ぼうぎ》に任す時は、政其統紀を失ひ國家亦た隨て廢亡す。苟も國家が國家として生存し人

民を統治せんとせば、宜く深く慮りて以て統治の效用を失はざらん事を期すべきなり。抑欧洲に於ては憲法政治の萌《きざ》せる事千餘年、獨り人民の此制度に習熟せるのみならず、又た宗教なる者ありて之が機軸を爲し、深く人心に浸潤して人心此に歸一せり。然るに我國に在ては宗教なる者其の力微弱にして一も國家の機軸たるべきものなし。佛教は一たび隆盛の勢を張り、上下の人心を繋ぎたるも、今日に至ては已に衰替《すいたい》に傾きたり。神道は祖宗の遺訓に基き之を祖述すと雖も、宗教として人心を歸向せしむる力に乏し。我國に在て機軸とすべきは獨り皇室あるのみ。是を以て此憲法草案に於ては專ら意を此點に用ひ、君權を尊重して成るべく之を束縛せざらん事を勉めたり」（同上八一一頁）

伊藤の指摘は正鵠を射ていた。憲法政治は、実行者が大臣、政治家、国民の三者であり、憲法のみでは成立しない。立派な憲法も、遵法精神という国民道徳の確立がなければ画餅に終わる。欧米では国民道徳の基盤にキリスト教が存在する。日本は何を機軸とすべきか。伊藤も毅も、皇室以外にはないと考えた。

（註）**【大隈の発言ゼロの謎】**明治二二年二月一日、井上外相の後任として内閣復帰した大隈は、金子堅太郎によれば、一四年政変時のように「政党内閣論」を唱えることが予想され、枢密院側も準備を行なっていた。大隈は、憲法審議に五回出席したが、発言ゼロ（『憲法制定と欧米人の評価』一五五頁）。一四年の大隈急進論は、ハッタリ、または閣内で主導権をとる手段に過ぎなかったと考えるのが妥当だ。但し、改進党副総理・河野敏鎌（枢密院顧問

官）が質問したので、大隈は必要がなかったとも言える（『大日本帝国憲法制定史』五二〇頁）。大隈が伊藤首相に示した入閣条件は、①明治二三年国会開設、②国会開設後八年以内の責任内閣制の採用。**【責任内閣】**「議会で不信任となった内閣は、選挙敗北で退陣」の意（同上五一七頁）。

第一審議会（明治二一年六月一八日～七月一三日、一〇回開催）

枢密院は、毎回、午前一〇時～午後三時過ぎまで開催（『大日本帝国憲法制定史』六〇〇頁）。毅が憲法条文を説明し、以下の議論があった。

1、第一条「日本帝國ハ萬世一系ノ天皇之ヲ統治ス」

国名を「大日本帝国」にとの意見が多く、「日本帝国」から「大日本帝国」に変更された。「大」という接頭語は、国土の広さなどに関係なく、例えば「大英帝国」などで使用される美称である。

（註）**【統治】**毅憲法原案の「しらす」にかわり、憲法に採用された言葉。新たな訳語ではなく、水戸の会沢正志斎『新論』上篇『国体　上』で大化の改新を論じた部分に出てくる（同上五五三頁）。**【独逸人顧問ロエスレル】**「永遠に中断されない系統」を意味する「万世一系の天皇」（第一条）を「創始以来中断されしことなき系統」に変更するとした（同上五五七

頁）。カトリック教徒のロエスレルは、皇統の将来は神のみぞ知る事で人間が予見すべきではないとした。ハノーバー王家も、八百年もしくは九百年祭を行なって二、三年後にプロシアに併合された。

2、第五条「天皇ハ帝國議會ノ承認ヲ經テ立法權ヲ施行ス」
「承認」を「翼賛」に変更。「翼賛」は、力添えして助ける意。天皇と国民が助け合う「君民一体」の日本には、「翼賛」がふさわしいという議論がなされたと思われる。

（註）**【翼賛】**力を添え助ける　**【翼】**親鳥が翼で子をかばう様　**【賛】**助ける

3、第二章「臣民権利義務」
森有礼は、「臣民の権利義務」は法律に入れ、憲法では「臣民の分際」にすべきとした。「臣民」は天皇に対する言葉で、英語の「サブゼクト」にあたると説明（『大日本帝国憲法制定史』六〇一頁）。「『分際』は英語では何か」という毅の問いに、森は「レスポンシビリテー（責任）」と答えた。森は、英国のH・スペンサーから「憲法はより保守的であるべき」との助言を受けていた。伊藤は、「森説は、憲法に反対の説で、憲法学及び国法学に退去を命じる」とし、次のように反論した。憲法制定の精神は、君権の制限、臣民の権利保護にある。「臣民ノ権利義務」を除外した憲法は、人民の保護者たることができない。「臣民の義務」のみの憲法は、「臣民の無限責任」、「君権の無制限」を意味し、「君主専制国」を意味する。

森は、再反論し、日本の歴史の中から自然に保持するに至った国民の「財産、言論の自由などの権利」は法律で保護し制限し、憲法で初めて発生したようにすべきでない。「国民の権利義務」を憲法に記載すれば、それが天皇に対するものか国家に対するものか疑問が生じる。西洋では、君主と国家の思想及び区別が歴史上出来ており、国民が君主と国家に対しそれぞれ割合に応じ権利を有している。日本では、「国民が天皇に対し権利義務を有する」とは意味をなさず、又有すべきでもない。森は、憲法に「第一章　天皇」、「第二章　臣民」とのみ記すとした。

森説は否決されたが、重要な指摘を含む。王・貴族・国民の抗争から議会が生まれ、欧州諸国民や貴族が諸権利を獲得してきた。わが国とは歴史も国体も異なる西洋の「権利条項」を、天皇と国民が一つの大きな家族を形成している日本に援用できない、と森は主張した。憲法は、国の歴史伝統を継承すべきとの提案だった。伊藤の主張も、堂々たる憲法論だ。憲法制定の意義が、①「君権の制限」、②「臣民の権利の保護」の二点とし、その上で「臣民の権利の保護」の除外は、「憲法が人民の保護者たることができず」、憲法制定の意義がなくなると主張。伊藤は、「ビスマルク流」憲法論を信奉しなかった。

(註)**【森の保守思想】**国民の権利は、歴史の中で発展してきた。人は生まれながらに人権を持つとする「天賦人権論」は、ルソーの妄想にすぎない。万世一系の天皇を中心とした時間軸、

及び、家族・地域共同体・学校・信仰などの中間組織といった空間軸の両者が生み出す、国民一人一人を守る確かな防壁が、国民の権利を確立してきた。天皇が国民を「大御宝」と慈しんできたからこそ、国民の権利が守られてきたという自負心が、森にはあった。森は、バーク思想に通じる保守思想を持っていた。

4、第二八条「日本臣民ハ安寧秩序ヲ妨ケス及臣民タルノ義務ニ背カサル限ニ於テ信教ノ自由ヲ有ス」

佐々木高行は、「官吏が宮中祭祀に従わぬ事態が予測される」と質問。伊東巳代治は、「服務規則により、官吏は宮中祭祀への参拝義務があり、起こり得ない」と回答（『大日本帝国憲法制定史』六〇五頁）。鳥尾小彌太は、「信仰の自由を盾に、官吏の祭祀への不参加は国体からは失礼。措置を講じるべき」と佐々木に賛同したが、採決結果は原案通り。

（註）**【佐々木・鳥尾の危惧】**昭和五〇年代以降、天皇負担軽減を理由に祭祀減少が現実化。

5、第三九条「両議院ハ新法ノ制定又ハ現行法律ノ改正廃止ニ関ル意見ヲ建議スルコトヲ得但シ其採納ヲ得サルモノハ同會期中ニ於テ再ヒ建議スルコトヲ得ス」

「岩倉綱領」も憲法草案も、議会に法案提出権なく建議権（法律制定・改正・廃止に関する）だけとした。鳥尾は、「法案提出権なければ、立法院の名称と実質が異なり、議員と国民の不満となり、議会が法案を作り提案し、憲法の基礎を揺るがす。法案提出権を与えるべき」

と主張（『大日本帝国憲法制定史』六一〇頁）。鳥尾は、第三九条を「兩議院ハ、新法ヲ制定又ハ現行法律ノ改正廢止ニ関スル法案ヲ提出スルコトヲ得、但シ其裁可ヲ得サルモノハ同會期中ニ於テ再ヒ建議スルコトヲ得ス」と修正すべきとした（『樞密院会議議事録・第一巻』二七〇頁）。副島種臣も賛成したが、結果は原案通り。

6、第四七条「両議院ノ議事ハ過半数ヲ以テ決ス可否同数ナルトキハ議長ノ決スル所ニ依ル」

森は、議会権限の制限を主張。米大統領拒否権、英上院による下院チェックなど立法暴走の予防をあげ、過半数で議決とすれば、天皇から議会に大権が移り、英国流の政治となる。また、議会通過法案への、天皇の拒否権は、国民を「大御宝」とする国体にもとる。森は、「議決には出席議員三分の二以上の賛成を要す」と提案。結果は原案通り（『大日本帝国憲法制定史』六一〇頁）。

（註）**【英米議会の暴走予防】** 米議員は、下院二年、上院六年と任期が異なる。下院通過法案は、各州二名（州議会から選出、有識者揃い）の上院で慎重審議。三分の二以上の賛成議案は必ず法律になるが、三分の二以下なら法律と認可するかは大統領に権限あり。英国は、下院が政府実権を握るが、上院が米大統領のような権限を持つ。下院通過法案が、何年も上院を通過しないことがある。

7、第四九条「両議院ハ其ノ意見ヲ天皇ニ上奏スルコトヲ得」（上奏権）

毅は、「上奏権」を「**政務ノ得失ヲ論ジ、官吏ノ非違ヲ矯正シ、大臣ノ淑慝《しゅくとく》ヲ甄別《けんべつ》スルノ意ヲ述ルモ、皆妨ゲサル所ナリ**（政務の得失を論じ、官吏の過誤を正し、大臣の私行の是非を区別する意見を上奏することも全て妨げない）」とし、日本の国体からして「上奏権」が必要で、大臣官吏の清廉さに関し上奏可能とした（『大日本帝国憲法制定史』六一二頁）。

「上奏権」に内閣弾劾を含むか（内閣を退陣させうるか）が議論された。伊藤議長は、大臣任免権は天皇に属し、「上奏権」に「大臣弾劾」を含まないと説明。河野利鎌は、①大臣に関する弾劾権の下院付与に賛成、②解釈混乱の予防のため条文の「意見」につき委員会で研究、③大臣が任免権を握る官吏に関し議会の関与は必要ない、とした（同上六一二頁）。鳥尾も、「内閣弾劾権は議会が持つ」と主張し、「国会は、官吏の過誤を正し、大臣の私行の是非を審査し、場合により告発できる。大臣でも過ちを犯す。これを天皇に通知できるのは国会以外にない。弾劾は、国政上必要。疑問が生じないよう『大臣弾劾』の注釈をつけるべき」とした。原案に賛成一二票、反対九票で原案通りとなり、「上奏権」に大臣弾劾を含まないと決した（同上六一四頁）。

（註）**【上奏権】**『憲法義解』は、「上奏権」につき「**上奏は文書を上呈して天皇に奏聞するを謂ふ。或は勅語に奉對し、或は慶賀弔傷の表辭を上り、或は意見を建白し請願を陳疏するの類、皆其の中に在り。而して或は文書を上呈するに止まり、或は總代を以て覲謁《きんえつ》を請ひ之を上**

呈するも、皆相當の敬禮を用うべく、逼迫強抗《ふくはくきょうこう》にして尊嚴を干犯することあるを得ざるべきなり」(『憲法義解』七九頁)とし、第四九条は「大臣への弾劾権を含まない」と説明。しかし、のちに、第四九条「上奏権」によって、内閣弾劾上奏や外交軍事の上奏もなされるようになった。【淑慝《しゅくとく》】淑(いやしくない、しとやか)慝(けがれている、よこしま、悪事)【甄《けん》】見分ける、はっきり区別する。【黜陟《ちゅっちょく》】無能者を降格・免職し、有能者を昇進・採用。

枢密院における天皇

枢密院憲法審議に、天皇は毎回出席され、討議を妨げぬよう発言されなかった。天皇は、審議進行や条文について、会議後、伊藤や毅に質問された。質問の的確さに、両者感服した(『大日本帝国憲法制定史』五九六頁)。皇室典範審議中、三条実美が「皇族の臣籍降下」に関する条文の不備を指摘し、毅と論争になった。天皇は、会議後、「三条のほうに理があった」と述べられたが、修正は求められなかった。衆議院議員選挙法を審議していた明治二一年一一月一二日、猷仁親王薨去の知らせが入ったが、天皇は席を立たれず、伊藤議長以外誰も親王薨去を知らなかった。天皇のお姿に列席者は感銘を受けた(同上六一九頁)。

内閣修正案

枢密院第一次審議会が終了した。明治二一年七月一三日までに、伊藤議長が、憲法審議報告を奏上した。天皇は、枢密院の議論を全て聞いた上で、内閣修正後、再審議を希望された（同上六一八頁）。黒田内閣での憲法案修正会議は、首相官邸で開催され、各大臣及び伊藤枢密院議長も参加、毅も参加したと思われる。内閣修正案は二二年一月一二日に閣議決定、二四ヶ条に修正が加えられた（同上六二〇・六二五頁）。

重要なのは、『岩倉綱領』にない「議会の法案提出権」が盛り込まれた点である。伊藤は、第二次審議会で「法案提出権は、法理論からでなく今日の事態を観察してこのようにした」と説明した。伊藤は、内閣と民間の希望をいれ、「議会の法案提出権」を容認すべきと考えた。元田永孚（枢密院顧問官）は、「上奏権」濫用を避けるべきと考え、伊藤に賛成。「上奏」に真摯に取り組まれる、天皇のご心労を心配したためだ。元田は、伊藤に「**起案権を議院へ御附與ニ相成上奏之件ヲ御取省キニ相成候儀者最御修正案を賛成仕候**」（議会への法案提出権付与で、上奏権省略の修正案に賛成）との書簡を送付した（同上六二八頁）。

（註）【「法案提出権」】一四年、毅が執筆した『岩倉綱領』は、「凡ソ議案ハ政府ヨリ發スル事」とし、法案提出権は議会にはなかった（同上三四一頁）。

第二次審議会

明治二二年一月一六日、第二次審議会が開催された。伊藤議長は、内閣修正案に基づき「議会の法案提出権」を提案し可決された。「上奏権」は削除された（元田らの希望に沿い）。河野敏鎌は、「法案提出権」「上奏権」ともに必要と発言した（『大日本帝国憲法制定史』六三〇頁）。

（註）**【河野敏鎌の発言要旨】**「法案提出権のない西洋の議会はない。法案提出権がなければ、上奏権を与えなければならぬ。法案提出権は、条文を練りあげる知識・材料を要し万全を期すから、無暗に法案は出されない。上奏権だけなら、法案上奏が頻繁に行なわれるだろう。上奏権は、大臣の不徳がある場合必要だ」

第三次審議会

第三次審議会で「上奏権」は復活した。これで「議会の法案提出権」（第三八条）と「上奏権」（第四九条）が認められた（同上六三〇頁）。伊藤議長は、「上奏権がないのは欠点との意見が多いため再提出した本条は、第一審議会で可否半ばのため熟慮を願う」と述べた。また、予算改廃に関する第六七条は、「**憲法上ノ大權ニ基ツケル既定ノ歳出及法律ノ結果ニ由リ又ハ法律上政府ノ義務ニ屬スル歳出ハ政府ノ同意ナクシテ帝國議會之ヲ廢除シ又ハ削除スルコトヲ得ス**（憲法上の大権に基づく既定の歳出及び法律による歳出については、議会は、政府同意なしには廃止も削減もできない）」となった（同上六三三頁）。但し、憲法大権による予算も、初年度は議会承認を要し、衆議院の予算先議権は守られた（第六五条）。結局、①**法案提出権**、②**上奏権**、③**予算審議権の全てが議会に与えられ**、英国並みの強い議会が可能となり、**明治憲法は「責任内閣制」を認める内容を持つに至った**。第三次審議会は、明治二二年一月三一日に終了した（同上六三四頁）。

（註）**【憲法六七条】**「憲法上の大権に基づく既定の歳出」は、①行政各部の官制、②陸海軍の編制費用、③文武官の俸給、④外国条約に要する費用。「法律の結果による歳出」は、①議院費用、②議員歳費手当、③諸般の恩給、④法律による官制費用と俸給の類。「法律上政府の義務に属する歳出」は、①国債の利子と返済、②会社営業の補助又は保証、③政府の民法上の義務又は諸般の賠償の類（『憲法義解』一一二頁）。

十二　憲法に対する国内外の評価

政府部内から見た憲法

勝海舟は、枢密院の全会議に出席し、「初めは朝野の風評でドイツ流の憲法のようなものが出て来るかと思っていたので御忠告もしたが、原案を見ると大変良いので、ただ黙って聞いている」と金子堅太郎に述べた。勝は、憲法制定後、伊藤宛に「これで保安条例の輩も殺気が消えた口振だ」と書き送った（『大日本帝国憲法制定史』五一一・五九八頁）。「保安条例の輩」とあるが、勝は、中江兆民と憲法などを話していた為、民権派の考えに詳しかった。

国民から見た憲法

高田早苗（英国流議院内閣制を提唱、立憲改進党）は、『憲法雑誌』（明治二二年二月一七日創刊）に、次の「帝国憲法を讀む」を執筆した（同上六八九・六九〇頁）。

余ハ大日本帝國憲法を良憲法と思ふなり、聞しに優る良憲法と思ふなり、未だ憲法の發布せられざる日に當りて、世間に種々の風評を爲す者ありき、日本の憲法ハ君民同治の主義に基く乎《か》、覊束無しといふ者ありたり、日本の國會ハ發議の權を有する乎、心もとなしと説く者ありたり、余ハ心痛せり、憖に《なまじい》政治の學に志し、憲法の如何なる者かといふことを、少しばかり學しだけに、殊に心痛したりしが、今に至りて回想し、杞憂に過ぎざりしを覺悟したり（私は、大日本帝国憲法をいい憲法だと思う。聞きしに勝る良い憲法だと思う。憲法発布前の日にあたり、世間にいろんなうわさを流す者があった。日本の憲法は君民同治か否か、覚束ないと言うものがあった。国会は発議の権利があるかないか、心もとないという人があった。私も心を痛め、なまじ政治学を志し、憲法がどのようなものかをすこしばかり学んだだけに、ことに心痛したが、今になって回想すれば、杞憂であったことを悟ったのである）

高田は、憲法を、簡明、伸縮自在、不都合な条文がないとした上で、①議会が法律と予算の協賛権を持つ、②議会が法律の発議権を持つ、③国民に各種の権利・自由を欧州先進国並みに与えていること、の三点が規定されたことは立憲主義に立つ以上当然のことながらも、評価されるべきとした。また、「君民同治の主義に基づく」憲法とした。高田が欧米先進国並みと評価した明治憲法が、国体を継承し、日本の固有法に根拠を持つことに注目すべきだ。高田は、「明治憲法イコールドイツ流憲法」などの文言を一切使っていない。論文は、「**寶祚萬歳國民多福帝國家法萬々歳**」と締めくくられている。

（註）【臣民】臣と民をさす。臣は天皇に仕える官吏を、民は衆庶・国民をさす。本来、別々の言葉を臣民として使用するようになったのは、憲法制定時から（穂積陳遠『続法窓夜話』五二頁）。

欧米より見た明治憲法

欧米諸国は、憲法をどう見たか。金子堅太郎が、各国語に翻訳した憲法を示し、欧米の政治家や法学者に意見を聞いたが、評判はすこぶるよかった。

①米国務長官ブレイン（明治二二年八月二三日）（『憲法制定と欧米人の評価』一七九頁）

大臣の責任は英國の慣例より發達し來りて、各國皆な其の流儀に從ひ、大臣にして一たび君主より任命せられたる以上は、其の責任は全く君主に對するものにして、議院に於て敢て之を進退すべきものにあらざるなり。……現に米國大統領及び大臣は國民一般に對し責任を有するも議會に對しては直接に責任を有せざるなり（大意）（大臣の責任は英国慣例から発達してきたもので、各国みな自国の流儀に従って異なるが、一たび国王に任命された以上、その責任は全く国王に対するものであり、議会に負うものではない。……実際、米国大統領及び閣僚は国民一般に責任を負って、議会に対してではない）

ブレインは、「私は共和政治の政権担当者だが、憲法ではドイツ学説を推奨する。私の目から見て、日本がドイツ学説をとり、『国務大臣は直接君主に対し責任を有すると断言している』点は実に憲法学の進歩というべき」とした（『日本の内と外』一一三頁）。米国務長官は、米国閣僚が責任を議会に負わず国民に負うのと同じく、日本の閣僚が議会に負わずに天皇に負うことを賞賛した。米国は三権分立の国として議会の独走を制限しており、閣僚の議会からの独立を明治憲法が採用した点を、憲法の進歩として認めたものと思われる。また、ブレインが、立憲制度を始めた英国も、閣僚は国王に責任を負い、議会に負わないのを原則としている点にも注目すべきである。「日本憲法がドイツ学説をとり」としているのは、毅が研究したシュルツェ学説などをさすと思われる。

②イェーリング（明治二二年一〇月二六日）

ゲッティンゲン大学イェーリング（『権利のための闘争』著者）は、プロシア議会経験から、次のように述べた（『憲法制定と欧米人の評論』一八五頁）。

日本の勅令に依れば上院は皇族、華族及び勅選と民選との議員を以て成立するものとす。是予の尤も賛成する所たり。殊に帝王に終身議員を選任するの権を與へたると、地方の大地主及び、資本家をして上院に列せしむるとに至りては、予が平生懐抱する宿論に適したり……上院を設けたるの必要は、下院の急激なる議決を調停するにあり（大意）（日本の勅令によれば、上院は皇族・華族と勅撰議員で構成される。これは、私が最も賛成する所である。特に天皇に勅撰議員を選ぶ権利を与え、地方の大地主や資本家を上院議員としたことは、私が平生考えていた持論に合致する。……上院を置くことは下院の急激な議決を調停する点にある）

イェーリングは、民選議員で構成される下院を急進論に陥り危機を招く恐れがあるとした。下院の危険性を薄め政治の安定のため、上院の構成・権限に注意すべきとした。

③露国蔵相ウシノグラスキ（明治二二年一一月）

ウシノグラスキ蔵相は、次のように話した（『日本の内と外』一一四頁、著者要約）。

蔵相「現今、世界の独裁国家は東洋の貴国と西洋の露国のみ。しかるに貴国は西洋の民約論に駆られ来年から議会を開設するというが、誠に残念だ」

金子「天皇は内外の形勢を達観し、憲法制定と議会開設を決定された。貴国と我が国の何れの制度が優っているか、歴史の証明するに待たん」

ウシノグラスキの金子堅太郎への話の中に、「日本憲法は、君主独裁をやめ民約論に走り、日本の将来に禍根を残す」との言葉には「民約論に走り」などの事実誤認もあるが、明治憲法が独裁と対極のものだったことがわかる。

（註）戦後、井上清などが明治日本を「天皇による絶対主義国家」としていたことが、いかに歴史の真実とかけはなれていたか、反日プロパガンダに過ぎなかったかがわかる。

十三　毅と皇室典範

毅が記した皇室典範義解前文〈要旨〉は、次の通り（『憲法義解』一二七頁）。

つつしんで思いますに、皇室典範は皇室の基礎を益々強固にし、皇室の尊厳を極まりないものにするため欠かせない憲章である。

皇祖皇宗が創られたわが国は、一系の子孫が継承し、天地とともに極まりなく続くもの。皇位継承には、言説を用いずとも一定の規範があり、不文の決まりを不易の規準にしたものだ。今、人文が次第に進み、守り遵《したが》うのは必ず明文化した憲章による。皇室典範は、祖宗の遺志を明らかにし、子孫の為に永遠に刻まれる法典として遺《のこ》すためだ。皇室典範は皇室自ら家法を決めるもので、公式に国民に公布するものではない。将来やむを得ない理由で条文を改定しても、議会の協賛を要しない。皇室の家法は皇祖皇宗から子孫に伝えるもので、天皇が任意に制作するものではない。国民のあえて干渉するものでもない。

（註）【皇室典範前文】「恭《つつしみ》て按《あん》ずるに、皇室の典範あるは益〻其の基礎を鞏固《きょうこ》にし、尊嚴を無窮《むきゅう》に維持するに於て欠《か》くべからざるの憲章なり。祖宗《そそう》國を肇《はじ》め、一系相承《いっけいあいうけ》け、天壌《てんじょう》と與《とも》に無窮《むきゅう》に垂《た》る。此《こ》れ蓋《けだし》言説を假《か》らずして既に一定の模範あり。以て不易《ふえき》の規準《きじゅん》たるに因《よ》るに非《あら》ざるはなし。今人文漸《ようや》く進み、遵由《じゅんゆ》の路《みち》必憲章に依る。而《しか》して皇室典範の成るは實《じつ》に祖宗の遺意《いい》を明徴《めいちょう》にして子孫の爲に永遠の銘典《めいてん》を貽《のこ》す所以《ゆえん》なり。

皇室典範は皇室自ら其《そ》の家法を條定《じょうてい》する者なり。故に公式に依り之を臣民に公布する者に非ず。而して將來已むを得ざるの必要に由り其の條章を更定《こうてい》することあるも、亦《また》帝國議會の協賛《きょうさん》を經《へ》るを要せざるなり。蓋《けだし》皇室の家法は祖宗に承《う》け、子孫に傳《つた》ふ。既に君主の任意に制作する所に非ず。又臣民の敢《あえ》て干渉する所に非ざるなり」

毅は、皇室典範は、①神武天皇から護持されてきた皇室の家法で、②天皇ご自身も任意に改廃出来ない、③議会や国民は口出し出来ない、④国民に公表する必要なしと、戒めた。皇室典範が示す皇位継承法は、人智の及ばぬ古代からの法（古き法）であり、後世の人間が手を加えることを禁じる。将来やむ得ない状況から改定を要する時も、議会協賛を要せずとした。英国法思想家E・コーク卿は、ジェームス一世に対し「国王は（全臣民の上にあるが）神と『法』の下にある」と述べ、国王も「古き法」に手を加える権利なしとした（『皇統断絶』一三四頁）。

毅の「君主の任意に制作する所に非ず（天皇も『法』の下にある）」という考えは、コーク卿と一致し、「古き法こそ良き法」との古来ゲルマン法思想と重なる。

毅の考えをまとめると、一系の子孫が皇統を嗣《つ》ぐという「皇室の家法」は、歴代天皇が護り伝えてきたもので、慣習こそ正統性の証であり、人智の及ばぬ「法」である。この「法」を未来の子孫に伝えねばならない、という。

（註）【毅の『古き良き法』という思想】①明治五年の欧州研究によるワンゼルーの言葉、②国典研究などを通じた国体研究、③神武創生に戻る明治維新の精神、④熊本藩の文教の高さ（刑罰も古き法に基準を求める、また、より根本を極める実学党思想）などから形成された。【中川八洋氏の説】同氏は「皇室典範義解前文」を次のように述べている（『皇統断絶』一二一頁）。「①皇室に伝わる『祖宗の遺意』を〝法〟として、これを明文化する」。「②『皇室の祖宗に承けて子孫に伝える』、つまり祖先がつくった過去の〝法〟を現在のわれわれがまず尊敬をもって相続し継承し、そして未来の子孫へとさらに〝相続〟させていく。……皇室の家法として、皇室の先祖が幾代をも通じて伝えてきた〝法〟は、この先祖代々から伝わってきたということによって正統性が附与されているのであって、又それゆえに人智が及んではならないという聖域に屹立《きつりつ》する〝法〟となる」という。【皇室典範改定】皇室典範改定は、天皇が皇室典範審議に臨席されたように、枢密院での審議を要する。【皇室典範公布】明治四〇年公布（『皇統断絶』一二七頁）。【E・コーク卿（一五五二〜一六三四）】英国法曹家。「権利の請願」（一六二八年）の主起草者。著書『英国法提要』『判例集』。米

国憲法は、コーク卿の二書を下敷きに起草された（『悠仁親王と皇室典範』一六六頁）。**【践《せん》祚《そ》と受禅《じゅぜん》と即位】**天皇の崩御に伴う即位を践祚《せんそ》、譲位による即位を受禅《じゅぜん》という。即位は、即位の大礼をいう（『悠仁親王と皇室典範』五七頁）。**【古き良き法】**フリッツ・ケルンによれば、①法は古いもの、②法は良いもの、③古き良き法は、非制定で不文、④古い法は新しい法を破る、⑤法の改新は古き良き法の再興、である（フリッツ・ケルン、世良晃志郎訳『中世の法と国制』）（『概説西洋法制史』九一頁）。

毅の皇室典範「三原則」

毅は、「男系男子の万世《ばんせい》一系」という不易の法の護持のため、他の二原則とあわせて「三原則」とした。「三原則」は、毅が発見再興したもの。中川八洋氏のいう、毅の「三原則」は、現行典範にも残されている（『悠仁親王と皇室典範』八頁）。

【毅の皇室典範「三原則」】①男系男子の万世一系、②女性宮家の禁止、③養子の禁止

①男系男子の万世一系

（皇室典範第一条）「**大日本國皇位ハ祖宗ノ皇統ニシテ男系ノ男子之ヲ繼承ス**」

（現行典範第一条）「**皇位は、皇統に属する男系の男子が、これを継承する**」

国体は、国家の体質である。日本の国家の体質の中心は、皇室であり天皇である。皇室典範は、皇位継承法を明文化し、国体を明示するものでなければならない。毅は、日本の歴史慣習に学び、「古き法」を発見した。国典研究の師・小中村清矩（東大教授）の『女帝考』を読んだ毅は、「**古来女帝を立《たて》させたまひしは、不得止御時《やむをえざるおんとき》に限《かぎ》れる事にて**」と書き、女性天皇はやむを得ない時の例外と記した。毅は『旧典類纂《るいさん》皇位継承篇』（元老院議官福羽美静校閲）も参考にした（『明治国家形成と井上毅』三七二・三七五頁）。

（註）**【旧典類纂皇位継承篇】**「皇位ノ継承ハ男子コレヲ承《う》ク、是恒典《こうてん》ナリ、女子ノコレヲ承《う》クルハ時ニ事故アリテ已《や》ムコトヲ得ザルニ出デ、、而《しか》シテ必ス竢《ま》ツコトアルナリ、其ノ竢《ま》ツコトアリトイフハ何ゾ、其ノ立ツベキ皇子アリト雖《い》ヘドモ、年尚幼ケレバ其ノ長ズルヲ竢ツト、皇子年長ズト雖ヘドモ、事故アリテ其ノ時ノ至ルヲ竢ツトナリ、故ニ今、其ノ大意ヲ略記シテ以テ捷覧《しょうらん》ニ備フ」（『明治国家形成と井上毅』三七二頁）

女性天皇は、在位中独身で皇婿《こうせい》は持たず、幼少の次期天皇のための中継ぎ（摂位）で、多くは皇后。つまり、女性天皇に関し、①結婚禁止（出産出来ない）、②男系男子天皇の〝中継ぎ〟（摂位《せつい》）という「古き法」（不文律）が存在する。しかし、「天理人情」や明治の時代背景から、「女性天皇の結婚禁止」の明文化は憚《はばか》られた。男系皇統維持と女系天皇予防のため、毅は「女性天皇排除」を選択した（『悠仁親王と皇室典範』七八・七九頁）。「男系男子の皇位継承」という「古き法」護持のため、「女性天皇」を排除した点に「皇室典範は皇室の基礎を鞏固《きょうこ》にする」と述べた理由がある。称徳（孝謙）天皇が道鏡に譲位しようとしたように、女性天皇の存在が皇統を断絶させ得る恐れがあることから、毅の正しい判断だったといえる。

（註）**【八人の女性天皇】四方**（推古・皇極・持統・元明天皇）は皇后又は皇太子妃。四方（元正・孝謙・明正・後桜町）は生涯独身。八方全員、在位中は独身。八方の中、皇太子だったのは孝謙（称徳）天皇のみ。六歳で即位された明正天皇の在位中（一四年間）、父君・後水尾上皇が院政を布いた（『皇統断絶』一四七・一四九頁）。**【女性天皇容認は、皇統断絶】**女性天皇を容認すれば、女性天皇は結婚出産され、次期天皇は血統上男婿の家系に属する親王（内親王）がなられる。その段階で、一系の男系天皇による皇統は断絶する。血統を唯一の根拠とする皇統の正統性は消滅する。**【毅の『謹具意見』】**「**欧羅巴ノ女系ノ説ヲ採用シテ我カ典憲トセントナラハ序《つい》テニ姓ヲ易《か》フルコトヲモ採用アルヘキカ最モ恐キコトニ思ハルヽナリ女系ノ内親王ヨリ出タル皇孫ナラハ更ニ是ヨリ甚《はなはだ》シ**（ヨーロッパの女系説を採用して、わが国の皇室典範とするならば、ついでに易姓を採用すべきだろうか。これが最も恐いことと思われる。女系の内親王の子である皇孫ならばこれ以上甚だしいことはない）」（『井上毅傳』史料編第二巻七〇〇頁）（『明治憲法成立史』下巻九六一頁）（『悠仁親王と皇室典範』八〇頁）**【欧州君主国の女王容認】**欧州君主国の女王容認は、①「国は国王の私産」であり、②男婿も王族出身者であり王位継承資格者、だからだ。**【サリック法】**サリック法は、フランク王国創建者クローヴィス（サリー系フランク人）が、五〇七年から五一一年の間に編纂したフランク王国の法典。サリック法第五八章（一男子のみの王位継承を認

める」）が後世に受け継がれ、ベルギー憲法（一八三一年）、プロシア憲法（一八五〇年）、スウェーデン何れも女王を認めなかった（『概説西洋法制史』六五頁）。毅も、『謹具意見』で「サリツク法」に言及し、「政事法律百般ノ事ハ盡々ク欧羅巴ニ模擬スルコト可ナリ皇室繼統ノ事ハ　祖宗ノ大憲ノ在ルアリ決シテ欧羅巴《ヨーロッパ》ニ模擬スヘキニ非《あ》ラス此《こ》ノ理《ことわり》ハ欧羅巴各國ノ同キ所ナリ故ニ欧羅巴ニ在テモ『サリツク』法ノ國ハ婦人ノ王位ニ卽《つ》クコトヲ許サズ……日耳蔓《げるまん》人種ノ王位相續法ハ上古以來家産相續法ヨリ來ル者ニシテ卽チ王位ヲ以テ私有トセルノ陋俗《ろうぞく》ノ遺物ナリ……各國遽カニ自ラ其舊典《きゅうてん》ヲ棄テヽ他國ノ例ニ模擬スルノ太早計ナルコトヲ見ルヘキナリ（政治法律百般は欧州に範をとっても良いが、皇室相続のことは、皇祖皇宗の大憲があり決してヨーロッパを模倣すべきではない。この原理は欧州各国でも同じで、従って、欧州でもサリック法の国では、女性が王位につくことはない。……ゲルマン人種の王位相続法は古くから家産相続法から来たもので、王位は私有のものとする陋習の遺物である。……各国とも、にわかにその古い法を捨て、他国の例を模倣するのは甚だ早計であることとしているを見ておくべきだ）」と記した（『井上毅傳』史料編第二巻七〇〇頁）（『明治国家形成と井上毅』三六四・三七二頁）。【陋俗《ろうぞく》】卑しい風俗。

②女性宮家の禁止

（皇室典範第四四条）「皇族女子ノ臣籍ニ嫁《か》シタル者ハ皇族ノ列ニ在《あ》ラス但シ特旨《とくし》ニ依リ仍《なお》内親王女王ノ稱《しょう》ヲ有セシムルコトアルヘシ」

（現行典範一二条）「皇族女子は、天皇及び皇族以外の者と婚姻したときは、皇族の身分を離

れる」
嫁したる女子は夫の身分に属するため、臣籍（民間人）に嫁した皇族女子は、皇族に列しない。近時の例から、臣籍に嫁しても、特旨があれば内親王・女王の名称を許される。何れにせよ、女系天皇を生じる恐れのある女性宮家は認められない。

③養子の禁止

（皇室典範第四二条）「**皇族ハ養子ヲ爲《な》スコトヲ得ス**」

（現行典範第九条）「**天皇及び皇族は、養子をすることができない**」

皇族互いに男女の養子を禁止するのは、「宗系紊乱《そうけいびんらん》の門《もん》を塞《ふさ》ぐ」ためである（『憲法義解』一六四頁）。

（註）**【毅の治罪法に関する言葉】**「法ヲ議スル者、當《まさ》ニ務メテ國俗《こくぞく》慣習ヲ考ヘ、愼重《しんちょう》シテ以《もっ》テ參《しん》酌《しゃく》スヘシ、遽《にわ》カニ它國《たこく》ニ假《か》リ、固有ノ舊制《きゅうせい》ヲ紛更《ふんこう》スヘカラザルナリ」（法を審議する者は、努めて国の風俗や慣習を考慮に入れ慎重に行なうべきで、急いで他国の制度をとり入れ、国固有の旧制度を変更すべきではない）（『井上毅傳』史料編第三巻一一六頁）。**【皇位継承問題の今日性】**毅の皇室典範の原則は、現行典範にも受け継がれ、女性天皇を否認。これに対し、現在、皇族女子に皇位継承資格を与えよという議論がある。以下いくつかの問題を考える。**《皇統断絶をいかに回避するか》**喫緊《きっきん》の課題は、①秋篠宮殿下、悠仁親王殿下、常陸宮殿下以外の皇位継承者を増やす、②女性天皇を認めよとの世論を鎮める、の二点。

①と②を一挙に解決するには、旧宮家復活しかない。そうでない限り、四〇～五〇年後、悠仁親王殿下は、男児のご誕生がなければ、「最後の天皇」となられる。《**平成三一年四月三〇日、陛下は譲位され、令和元年五月一日に新天皇即位**》先帝である上皇陛下は、ここ数十年間に及ぶ、マスコミや国会議論、さらに宮中内の動きの奥にある何か（例えば、①皇太子ご一家への悪意ある報道、②昭和天皇の靖国神社に関わるお言葉の捏造報道、③陛下があたかも愛子内親王殿下の即位に賛同されているかの如きウソ報道など）を感じ取られ、徳仁皇太子殿下のご即位を陛下自ら確認されるために、譲位を決断されるに至ったと推測される。《**「女性天皇」論者が毅を貶める理由**》中川八洋氏曰く「共産革命家たちの前に、旧・皇室典範は今もって不動明王のように、立ち塞がっている。このため、……旧・皇室典範をいかに貶めるか、〝明治日本屈指の大学者〟井上毅に『矮小な法制官僚にすぎなかった』の偽イメージをいかに植えつけるか、に腐心する。毅の実像が知られるのをいかに阻止するかは、今でも、『女性天皇』推進派に共通する、喫緊のプロパガンダ作戦となっている」（『皇統断絶』一〇九頁）。

〈コラム〉**【憲法と陪審制度】**

大正期、原内閣提出の陪審制度法案は、両院で可決されたが戦時中に停止された（『明治・大正・昭和政界秘史～古風庵回顧記』二四五・二四七頁）。若槻禮次郎は、貴族院で「本法案は憲法違反だ。あなた方の目の前にある法案は、憲法違反の法案なのである。それでも賛成するか」と演説し、陪審制度に反対した。若槻が陪審制度に反対した理由は、①憲法を書いた毅自身が陪審制度に反対、②「日本人は裁判を受ける権利を失うことなし」と規定した憲法に違反、③情実に流され易い日本の国民性、の三つだった。

若槻は、陪審法審議の際中、毅の養子の井上匡四郎《きょうしろう》から、毅が残した陪審制度に関する資料を提供された。資料は、ボアソナードと英人法律顧問が記した陪審制度に関する意見書だった。ボアソナードは賛成で、英人顧問は「英国で弊害を認めている陪審制度を、日本で行なうべきでない」として反対した。若槻は、毅が陪審制度に関する賛否両論を聴取した上で、陪審制度を憲法に入れなかったことから、毅の周到さに感服している。猶、当時の陪審制度は、英国のように大審問に陪審員も参加し起訴か否かを決めるのではなく、起訴後に被告が希望した場合に限り、陪審員が参加した（同上二四六頁）。

（註）**【明治憲法第二四条】**「日本臣民ハ法律ニ定メタル裁判官ノ裁判ヲ受クルノ権ヲ奪ハルヽコトナシ」**【原敬の官界入りは毅が仲介】** 明治一四年三月二日、毅の仲介で、原は井上馨外相と面会し、政界入りした（『明治外交官物語・鹿鳴館の時代』一四六頁）。**【裁判員制度】** 毅は、現行の裁判員制度に断固反対するだろう。猶、戦前の陪審制度は、被告本人の希望に限定されていた。

第四章　明治憲法とは何か

一　憲法は国体を継承する

「憲法」を英語でいえば、コンスティチューション（constitution）で、医学では「体質」を意味する。人間の「体質」を意味する「コンスティチューション」を、国家にあてはめれば「国家の体質」、つまり、「国体」を意味する。従って、「憲法は国体を継承する」ことも容易に理解される（『平成新国体論』）。

国家には、固有の国体がある。自国の国体を把握し、それにふさわしい憲法を作らねばならない。欧米憲法を借りて自国の憲法とはしてはならない。毅は、そのことを念頭に置いて憲法制定にあたったが、明治五、六年の欧州視察の際、すでに気づいていた。毅は『憲法義解《ぎげ》』に、次のように記している（『憲法義解』二二頁）。

恭て按ずるに、天皇の寶祚《ほうそ》は之を祖宗に承《う》け、之を子孫に傳《つた》ふ。國家統治権の存する所なり。而して憲法に殊に大權を掲げて之を條章に明記するは、憲法に依て新設の義を表するに非ずして、固有の國体は憲法に由て益々鞏固《きょうこ》なることを示すなり（大意）（謹んで考えますと、天皇の御位〈あまつひつぎ〉は、これを祖宗に受け子孫に伝えることが、国家統治権の存在する所以である。そうして、憲法に大権を掲げて明記するのは、憲法によって新たな意義を示すのではなく、固有の国体が憲法によって益々強固になることを示すものである）

毅は、「憲法は、国体を継承し、国体を強固にする」という。憲法発布の勅語に「不磨の大典」（とこしえに滅びない、偉大な法）というのは、憲法の条文をかえてはならないという意味ではない。「不磨の大典」の意味するものは、憲法が国体を明示し、子々孫々これを継承すべきものであるが故に、国体をそこなう憲法改正は許されないとする大原則を示していると解釈される。憲法が国体を受け継ぐ「真正憲法」で「西洋憲法の物まね」ではないとの毅らの自負心もうかがえる。日本の国体とは、天皇と国民が共に国造りをしてきた君民一体の国体をさす。

（註）【大日本帝國憲法発布の勅語（明治二二年二月一一日）】「朕國家ノ隆昌《りゅうしょう》ト臣民ノ慶福《けいふく》トヲ以テ中心ノ欣榮《きんえい》トシ朕《ちん》カ祖宗ニ承《う》クルノ大權ニ依リ現在及將来《しょうらい》ノ臣民ニ對《たい》シ此ノ不磨《ふま》ノ大典ヲ宣布《せんぷ》ス　惟《おも》フニ我カ祖我カ宗ハ我カ臣民祖先ノ協力輔翼《ほよく》ニ倚《よ》リ我カ帝國ヲ肇造《ちょうぞう》シ以テ無窮ニ垂《た》レタリ此レ我カ神聖ナル祖宗ノ威徳《いとく》ト竝《ならび》ニ臣民ノ忠實勇武《ちゅうじつゆうぶ》ニシテ國ヲ愛シ公ニ殉《したが》ヒ以テ此ノ光輝アル國史ノ成跡《せいせき》ヲ貽《のこ》シタルナリ朕我カ臣民ハ卽チ祖宗ノ忠良ナル臣民ノ子孫ナルヲ回想シ其ノ朕カ意ヲ奉體《ほうたい》シ朕カ事ヲ將順《しょうじゅん》シ相與《とも》ニ和衷《わちゅう》協同シ益〻我カ帝國ノ光榮ヲ中外ニ宣揚《せんよう》シ祖宗ノ遺業《いぎょう》ヲ永久ニ鞏固《きょうこ》ナラシムルノ希望ヲ同《おな》クシ此ノ負擔ヲ分ツニ堪《た》フルコトヲ疑ハサルナリ」（『明治天皇詔勅謹解』八二一頁）（大意）（私は国家の繁栄と国民の幸福を喜びとし、歴代天皇から受け継いだ大権によって、現在と将来の国民に、この不磨の大典を公布する。私の祖先は、国民の協力によって、わが帝国を建国し、永遠にのこされた。わが神聖な祖宗の威徳と、国民の忠実勇武と愛国心と公に従う精神によって、この光輝ある歴史の成果をあげたのである。私はわが国民が、祖宗の忠良な国民の子孫であることを思い、私の意志を謹んでおこない、私の事業をたすけ従い、共に、心と力を合わせで、益々わが帝国の栄光を内外に示し、祖宗の遺業を永久に強固にするという希望を共に持ち、この負担を国民と分け持つことに疑問を持たない）【祖宗】祖は始、宗は本、歴代天皇の意【寶祚《ほうそ》】天子のみくらい、あまつひつぎ

『憲法義解《ぎげ》』が教える明治憲法の本質

明治憲法は、日本の古代法に根拠を持ち、日本の国体を継承する。この重要な点が見過ごされ、「憲法はドイツ憲法の引き写し」とする誤解がまかり通っている。岩倉の憲法綱領には、憲法は国体にふさわしいものにすべしと記され、毅もこれを護った。毅は、国体と憲法につき次のように述べた（『憲法義解』二一・二二・四五頁）。

○「君民の分義は既に肇造の時に定まる」

　神武天皇による建国の時点で天皇と国民の分限（あり方・権利義務）は定まっていた。

○「憲法に依て新設の義を表するに非ずして、固有の國体は憲法に由て益〻鞏固なることを示すなり」

　憲法は新たな意義を示したのでなく、憲法条文を通じ、国体を益々強固にした。

○「祖宗の政《まつりごと》は専ら臣民を愛重して名《なづ》くるに大寶《おほみたから》の稱を以てしたり」

　歴代天皇は、国民を大寶《おおみたから》（公御財《おおみたから》）と呼び、国民を慈しむ政治を行なった。国民は自ら御民《みたみ》と呼び、天皇を尊崇した。役所では大寶を公民と表記した。

（註）**【海犬養宿祢岡麻呂《あまのいぬかいのすくねおかまろ》の歌】**天武天皇の詔に応じ詠んだ歌「**みたみわれ　いけるしるしあり　あめつちの　さかゆるときに　あへらくおもへば**」（天皇の民である私には生きている甲斐

があるなあ。天地の栄える御代に出会っていることを思えば）。【憲法義解《ぎげ》】毅は、憲法起草中、欧米憲法研究や国史・皇室史などの研究成果をもとに、二、三の憲法学者と毅で検討したものを刊行し、国民のために役立てようと考えていた。毅は、憲法発布後、このことを療養中の金子堅太郎に話している（明治二二年二月一四日）（『憲法制定と欧米人の評価』一七六頁）。時間がたつほど、憲法解釈に幅が出てくることが予測されたからだ。憲法義解は、伊藤博文の著作として刊行されたが、執筆者は毅。【憲法は議員を守る】昭和一九年、内閣打倒をめざした東方会・中野正剛代議士が「国政変乱罪」に問われ拘束された。東条首相は逮捕令状を要求したが、検事総長は憲法違反の疑いありとして応じなかった。中野代議士は東京地裁小林予審判事の取調べを受け、「逮捕は『憲法義解』に照らして憲法違反」として釈放された（『守衛長の見た帝国議会』二〇〇頁）。【占領中の憲法停止】第二次大戦中も日本国内に戒厳令が布かれず、明治憲法は停止されなかったが、占領下では、GHQ指令で停止された。例えば、共産主義者は刑事犯も釈放された。農地解放も、国家による私有財産没収という憲法違反。日本国憲法は、憲法停止下、つまり、主権喪失下の「憲法改正」であるため本来は無効と考えられる。

日本に独裁は存在せず

天皇が国民を「大宝《おおみたから》」と呼ぶ関係は、三つの国体精神（愛民・敬神・勇武）の中、「愛民」から形成された（『平成新国体論』）。「大宝」や「愛民」の言葉から想像されるように、古来日本で独裁が戒められてきたことは、聖徳太子の「十七条の憲法」にも明示されている。

【「十七条の憲法」第十七条】

大事は獨り斷《さだ》む可《べ》からず。必ず衆《もろもろ》と與《とも》に宜《よろ》しく論《あげつら》ふべし。少事は是れ輕《かろ》し。必ずしも衆とす可《べ》からず。唯大事を論《あげつら》ふに逮《およ》びては若《も》し失《あやまち》有らむことを疑ふ（大意）（大事は独りできめず、必ず皆で話し合って決めるべき。小事は皆で決めなくてよい。大事を話し合う場合、間違いがあることを心配する）

「十七条の憲法」は、「大事は、独断でなく合議で決めよ」という。平安時代においても、天皇の詔書（改元など重要事項）は、太政大臣・左大臣・右大臣・大納言・中納言など議政官全員の副署が必要で、一人でも署名しなければ詔書は成立しなかった。議政官の副署が不要な勅旨（実際の政治に関わる）も、大臣・大納言・中納言のうち、一人の同意が必要とされ、その上で文書化され各地に送付された（森田悌『王朝政治』四四頁）。

毅は、明治憲法で天皇と大臣の権限を次のように規定している。

【明治憲法第五五条】

國務各大臣ハ天皇ヲ輔弼《ほひつ》シ其ノ責ニ任ス　凡《すべ》テ法律勅令其ノ他國務ニ關ル詔勅ハ國務大臣ノ副署ヲ要ス

明治憲法は、詔勅のみならず法律勅令に至る全てが、担当大臣の副署がなければ無効とした。天皇の名の下、大臣が行政全てを行なう。大臣は、さらに、議会を通じ国民に責任を負う。毅は、「大臣による天皇の輔弼」が日本の古き法に基づいているとして、『憲法義解（第五五条解説）』に「孝徳天皇の詔（大化二年三月二日）」を掲げている（『憲法義解』八四頁）。

（註）**【孝徳天皇の詔（大化二年三月二日）が示す『君民同治』】**国体精神の一つ「愛民」に基づく政治は、「君民同治」と言われ、毅も『憲法義解』に孝徳天皇の詔を引用している（『憲法義解』八四・八九頁）。孝徳天皇の詔は、「**夫君於天地之間而宰萬民者、不可獨制、要須臣翼**（夫れ天地の間に君として萬民を宰《おさ》むることは、独り制《さだ》む可からず。要《かなら》ず臣の翼《たすけ》を須《ま》つ）」、「**是に由りて代々の我《わ》が皇祖等《すめみおやたち》、卿《いましら》が祖考《みおや》たちと共《とも》に倶《とも》に治めたまひき。朕復神《ちんまたかみ》の護《まもり》の力《ちから》を蒙《こうむ》りて、卿等《いましたち》と共に治めんと欲す**（これによって、代々の天皇は、あなた方の先祖と共に、国を治めてきた。私（天皇）もまた、神のご加護を受けて、あなた方と共に国を治めようと思う）」とし、天皇と臣下が一致協力して政治を行うことを宣言したもの。山階宮晃親王（明治二年）、毅（明治一三年）、中江兆民も『君民同治』の用語を用いた。この孝徳天皇の詔は、「十七条の憲法」第一七条に由来することもわかる。

世界の優れた憲法は「主権在民」を排す

明治憲法は、日本の古き法に基づき独裁を排除した。このことは、国内政治上の主権者の排除及び憲法上の「主権」概念の排除を意味する。明治憲法同様、「主権」概念を排除したものに、米国憲法（一七八八年制定）がある。米国憲法は、「人権・主権在民・国民主権」を一切排除した（『正当の哲学・異端の思想』二三二頁）。

政府顧問・ロエスレルは、「主権在民」の危険性を指摘し、憲法から排除するように助言し、『仏国革命論』（明治一八年）に次のように記した（平泉澄『先哲を仰ぐ』四二八頁より要約）。

【ロエスレルの「主権在民」反対論】

政府を不正とし、政府を追及する原告である国民を正当化する。国民による政府転覆も、政治上の犯罪も犯罪ではないと、なんでも自由の名において許される。革命の権利が国民にあれば、国家と政府にとり最も危険だ。中でも危険なのは『主権在民』説である。主権在民説では、国権の掌握・使用が民意で変更でき、国民はいつでも政権を転覆し、法律によって認められている国権の統治者を廃止することができる。主権在民主義は、米合衆国などの共和国も認めていないが、仏国では一般の認知を受けている。

ロエスレルは、国家を破壊する革命思想の根本に「主権在民」があり、これを憲法に入れないよう進言した。

（註）**【「アメリカは主権を徹底的に廃止した」とのハンナ・アレントの言葉】**「政治それ自体における偉大な、そして長期的に見れば最大のアメリカ的革新は、共和国政治体内部において主権を徹底的に廃止したということ、そして、人間事象の領域においては、**主権と暴政が同一であることを洞察した**」（『正当の哲学・異端の思想』一三三頁）**【ロエスレル】**一八三四年ドイツ・バイエルン生まれ、憲法学者。仏革命研究者で一八六一年ロストック大学国家学教授、一八七八年（明治一一年）来日。**【米国憲法は「主権」を排除し、「人権」を記載せず、「国民の権利」を掲げる】**ハンナ・アレントによれば、米国憲法は徹底して「主権」を排除しており、「国民主権」という語句もない（中川八洋『国民の憲法改正』一四三頁）。米国憲法の父アレクザンダー・ハミルトンは、「権力を制限する憲法とは、立法権に対して特定の例外、例えば、私権剥奪法や事後法などを通過させてはならないことなどを想定した憲法を意味する」と述べており、米国憲法は、行政権の制限同様、立法府の暴走も制限したことがわかる（中川八洋『正統の憲法・バークの哲学』二二七頁）。**【英国『権利の請願』】**『権利の請願』（一六二八年）は、「国民の権利」を「臣民の権利」とし、先祖から相続され、「国王陛下の臣民は、国会の一般的承諾に基づいて定められていない限り、税金、賦課金、援助金、その他同種の負担の支払いを強制されない、という自由を相続し

ている」という（『国民の憲法改正』一五五頁）。

二　明治憲法の特徴

①予算は議会の協賛を要す（第六四条）

（第六四条）　國家ノ歳出歳入ハ毎年豫算ヲ以テ帝國議會ノ協賛ヲ經ヘシ（国家の歳出歳入は毎年予算をもって議会の承認を受けること）

（第七一条）　帝國議會ニ於テ豫算ヲ議定セス又ハ豫算成立ニ至ラサルトキハ政府ハ前年度ノ豫算ヲ施行スヘシ（帝国議会で予算を議論せず、又は予算成立に至らない場合、政府は前年度の予算を施行すること）

毅にとり、議会の予算議決権は、君民一体の国体から当然のことだった。一方、ロエスレルと伊藤は、予算議決権に反対した。欧米議会の予算案否決により、国政に支障が出たことが稀ではなく、米陸軍給与支給は三ヵ月間停止（一八七七年）され、豪州メルボルンの全予算は否決された（『憲法義解』一一八頁）。

予算議決権を制限する、伊藤案（第八五条）は、次の通り（『大日本帝国憲法制定史』五六三頁）。

（伊藤・夏島草案）**帝國議會ノ一院ニ於テ豫算ヲ議決セズ又ハ豫算ニ關シ政府ト帝國議會ノ一院トノ間ニ協議整ハサルトキハ少クモ一院ノ承認ヲ得ルニ於テ勅裁ヲ經之ヲ施行ス、若シ兩院共ニ議決セス又ハ豫算ニ關シ協議整ハサルトキハ、勅裁ヲ經、内閣ノ責任ヲ以テ施行ス**（議会の一院で予算を議決しない時、又は、政府と議会一院の意見調整が出来ない時は、少なくとも一院の承認があれば、天皇の裁可を経て内閣の責任で予算を施行する。もし、両院とも予算を議決せず、又は、政府と議会間で予算調整出来ない場合、天皇裁可を経て内閣の責任で予算を施行出来る）

伊藤案では、予算が議決されない場合、勅裁を経て内閣が予算を決定できるとし、政府は議会を無視し予算を執行できる。これでは、議会の権限はないに等しいと考えた毅は、「憲法逐条意見」で反論した（『井上毅傳』史料編第一巻六〇六頁）。

本條ハ千八百六十三年ニ於ケル「ビスマルク」侯ノ議院ノ演説ヲ采用シテ正條トナシタル者ナリ（憲法案第八五条は、一八六三年プロシア議会のビスマルク首相演説をそのまま条文にしたものだ）

毅は、一八六二〜一八六六年、ビスマルクのプロシア政府が、議会が承認しない予算を政府の意のままに決めたことを「立憲の当然に非ず」とし、立憲政治に反する専制だと指摘した（『憲法義解』一一八頁）。一八六六年プロシア国王勅諭も、一八六三年ビスマルク演説に示されたやり方を、やむを得ない事情による憲法違反と認めている。毅は、憲法がビスマルク流専制を容認するなら、何のために苦労して憲法制定・議会開設するのかとした（『井上毅傳』史料編第一巻六〇六頁）。

毅の意見が通り、①予算の議決権は議会にあり（第六四条）、②議会の一院もしくは両院が予算を議決しない時、前年度の予算を執行、となった（第七一条）。「前年度予算施行」は、一八七四年『岩倉綱領』で毅が提唱しており、スペインやスウェーデン憲法を参考にした。

（註）【スペイン憲法（一八四五年）】「モシ歳計予算法ニ付立法両院ノ間ニ協議ヲ得ザル時ハ前年ノ予算法ヲ適用スベシ」（『大日本帝国憲法制定史』五六三頁）【現スウェーデン憲法に継承されている前年度予算執行】「期待に反して国会が新会計年度の始まる前に予算案を通過させず、又は新税を可決しない場合には新予算案が通過し、かつ、新税が可決されるまで、旧会計年度の予算および税は、なお効力を有する」【ビスマルク（一八一五〜一八九八）】普国宰相（一八六二〜一八七〇）、独帝国宰相（一八七一〜一八九〇）。一八六二年、プロシア議会予算委員会で「議論や多数決より鉄と血が必要」と語った（山川出版世界史B用

語集一七八頁）。

②国民および議会は上奏権をもつ

（第三〇条）日本臣民ハ相當ノ敬禮ヲ守リ別ニ定ムル所ノ規程ニ従ヒ請願ヲ為スコトヲ得
（第四〇条）兩議院ハ法律又ハ其ノ他ノ事件ニ付各〻其ノ意見ヲ政府ニ建議スルコトヲ得

毅は、国民と議会に上奏権を付与すべきとし、ロエスレルも賛成。国民の上奏権は、君民一体の国体から生まれ、憲法に入れることは、毅には当然のことだった。大化改新の詔にも上奏権が示されている。大化元年（六四五）八月五日、孝徳天皇は「朝廷に鐘《かね》を懸《か》け匱《ひつ》を置き、国民に訴えがあれば上奏せよ。民の訴えを審らかにせず匱《ひつ》にしまいこんだ伴造《とものみやつこ》は罰する」と詔された。上奏権は、多くの詔に示されている。

（註）**【『上奏』を求める詔勅】**（森清人『みことのり』五四・五九・七九・一四九頁）

①孝徳天皇『朝《みかど》に鐘《かね》・匱《ひつ》を設けて民《おおみたから》の訴を聴き給うの詔』（大化元年八月五日）
「訴ふる者鐘を撞《つ》くべし。是に由りて朝《みかど》に鐘を懸《か》け匱《ひつ》を置く。天下《あめのした》の民《おおみたから》、咸《ふつ》に朕《あ》が意《こころ》を知れ」（訴える者は鐘《かね》を撞《つ》くべし。これに基づき、朝廷に鐘を懸け、匱を置く。天下の民、皆朕がこころを知れ）（宇治谷孟『日本書紀』下巻一六二頁）

②孝徳天皇『直言を求め給うの詔』（大化二年二月一五日）
古の明哲は、**「鐘を門《みかど》に懸け、民の憂いを観て、巷に家を立て行く人の謗《そし》りを聴き」**、

草刈りの人や童であっても、民の直言を自ら集めたと記してある。

③天武天皇『百官に下して国利民福の奏言を求め給うの詔』（下意上達の詔）

「若《も》し国を利《とま》し百　姓《おほみたから》を寛《ゆたか》にする術《みち》有らば、闕《みかど》に詣で親しく申せ。則ち詞《ことば》理《ことわり》に合《かな》へらば、立《たちどころ》に法則《のり》と為さむ」

④元正天皇『直言を求め給うの詔』（養老五年二月一六日）（面従腹背の禁止）

「朕が徳菲薄にして民を導くこと明かならず。夙《つと》に興《お》きて以ちて求め、夜は寝《い》ねて以ちて思ふ。身は紫宮《しきゅう》に居て心は黔首《けんしゅ》（人民の意）に在り。卿等《なんじたち》に委《い》すること無くば、何ぞ天下を化せむ。國家の事、萬機を益《やく》するあらば、必ず奏聞すべし。如《も》し納《い》れざることあらば、重ねて極諫《ごくかん》を爲《せ》よ。汝《なんじ》面従ひて退きて後言《しりつごと》あることなかれ」

⑤元正天皇『直言を求め給うの詔』（養老五年二月一七日）

前日に続いて出された詔で、「直言意《こころ》に尽くして隠す所あることなかれ。朕将に親しく覧《み》むとす」と記されている。

③議院内閣制を見通す

憲法は、将来の議院内閣制を容認し得るものだった。毅は、「大臣の任免は天皇大権に属し、議会にはない。しかし、議会は①質問を通じ大臣の答弁を求め、②天皇に意見を上奏できる。つまり、議会が世論の後押しを受けている場合、間接的に大臣の責任を問うことができる」とした（『憲法義解』八七頁）。

『憲法義解』は、「議会は、大臣の間接的任免権を持つ」とし、議院内閣制への移行を見通していた。そのことは、原敬内閣以降、天皇が多数党から首班を指名した歴史が証明している。議会が予算と法律の決定権を握る限り、早晩、議院内閣制に移行せざるを得ないのである。

（註）**【責任内閣制】** 大臣は、天皇に輔弼責任を負うと同時に国民に間接責任を負う。国民への間接責任とは、国民の代表である議員が質問を通じ大臣の責任を問える。大隈重信らは、明治憲法によって「責任内閣制」が可能となり、さらに「議院内閣制へと発展する条件を具備する、希望通りの憲法が出来た」と述べた（『大日本帝国憲法制定史』五二〇頁）。

④国民の所有権を護る

（第二七条）日本臣民ハ其ノ所有權ヲ侵サル、コトナシ公益ノ爲必要ナル處分ハ法律ノ定ムル所ニ依ル

所有権（私有財産）は、国民の権利中、最重要で一人一人の権利を護る防波堤。国家は、これを擁護する義務を持つ。

（註）**【英米の共産主義取締法】** 英「共産主義者団体の非合法化」（英国憲法原理から正しい立法）。米「共産主義者コントロール法」（昭和二九年〜現在）。米英は、私有財産の保護を重んじる観点からも、現在も共産主義取締法を持つ。因みに、日本の治安維持法は、私有財産保護と皇室護持を目的とした。

三 「統帥権」とは何か

憲法第一一条「天皇ハ陸海軍ヲ統帥ス」

(『憲法義解』) 今上《きんじょう》中興の初、親征の詔を發し、大權を總攬し、爾来《じらい》兵制を釐革《りかく》し、積弊を洗除し、帷幕《いばく》の本部を設け、自ら陸海軍を總《す》べたまふ。……本條は兵馬の統一は至尊の大權にして、專ら帷幄《いあく》の大令に屬することを示すなり。

憲法第一二条「天皇ハ陸海軍ノ編制及常備兵額ヲ定ム」

(『憲法義解』) 本條は陸海軍の編制及常備兵額も亦天皇の親裁する所なることを示す。此れ固より責任大臣の輔翼《ほよく》に依ると雖、亦帷幄《いあく》の軍令と均《ひとし》く、至尊の大權に屬すべくして、而《しか》して議會の干渉を須《ま》たざるべきなり。所謂《いわゆる》編制の大權は之を細言すれば、軍隊艦隊の編制及管區方面より兵器の備用、給與、軍人の教育、檢閲、紀律、禮式、服制、衛《えい》戍《じゅ》、城塞《じょうさい》、及海防、守港並に出師《すいし》準備の類、皆其の中に在るなり。常備兵額を定むと謂ふときは毎年の徴員《ちょういん》を定むること亦《また》其の中に在るなり。

(註)【帷幄《いあく》】大将居室にめぐらす幕、帷幄中で作戦を立てる人。【帷幄上奏】軍事機密を天子に

上奏。

明治憲法で問題とされるのは、「統帥権」である。しかし、憲法条文にあるのは「統帥権」ではなく、「統帥」である（『昭和天皇の研究』一八三頁）（『大日本帝国憲法制定史』六五八頁）。結論から言えば、明治憲法に従えば、「統帥」は陸海軍大臣の輔弼によるのであり、天皇に一任されない。そもそも、「統帥」とは、第一一条（「天皇ハ陸海軍ヲ統帥ス」）の「陸海軍の作戦指揮」をさすが、これに加え、第一二条「天皇ハ陸海軍ノ編制及常備兵額ヲ定ム」）の「軍の編制」（編制大権といわれる）の両者が、あいまって軍は運用される。両者が天皇の権威によって行われることが、条文の主旨であり、天皇の意志により軍を動かせるわけではない。『憲法義解』によれば、「出師の準備」を含む「軍の編制」（一二条）は大臣の輔弼でなされる。大臣の輔弼なしには戦争の準備も遂行も出来ない。更に、戦争に必要な予算には、内閣と議会の承認が必須で、軍や参謀本部の意思だけでは軍は動かない。

三権（行政・立法・司法）も軍の統帥も、国王（天皇）の権威によって行われるというのが、立憲君主国に共通の解釈だ。他の立憲君主国同様、戒厳令・法律発布及び施行・国会の開会及び解散など全て、天皇の権威に基づく（『憲法義解』二七頁）。裁判も、天皇の権威に基づくが、天皇が裁判に干渉することは不可能で、国家を揺るがした大津事件（明治二四年）の裁判にも天皇は一切関わっていない。

（註）憲法第五七条「司法権ハ天皇ノ名ニ於テ法律ニ依リ裁判所之ヲ行フ　裁判所ノ構成ハ法律ヲ以テ之ヲ定ム」（『憲法義解』九二頁）

現在も、英国・スウェーデン・ノルウェー・ベルギーなど立憲君主国では、国王が軍を統帥する（『国民の憲法改正』八四頁）。共和国では、元首である大統領が最高指揮官。

【立憲君主国の現行憲法における「統帥」】

スウェーデン憲法第一四条「国王は、国軍の大元帥である」

ノルウェー憲法第二五条「国王は、王国の陸海軍の総司令官である」

ベルギー憲法第六八条「国王は、陸海軍を統帥し、戦を宣し……」

明治憲法下の天皇の権限は、現在の英国王の権限と比べても小さい。英国王は、行使するか否かに関わらず、首相の任免権、議会解散の認可権または拒否権を持つ（ボグダナー『英国の立憲君主政』九一頁）。英国王は、首相の上奏を頻繁に受け、助言を首相に与え、首相の施政方針演説を議場で朗読する。例えば、平成一八年一一月一五日、エリザベス女王によるブレア首相施政方針演説朗読（読売新聞、平成一八年一一月一六日）がある。

岡崎久彦氏は、「統帥権」を独立した天皇大権ではないと水野広徳の言葉を引用している（『百年の遺産』一六九頁）。

憲法第十一条は「天皇ハ陸海軍ヲ統帥ス」とあるが、第十五条は「天皇ハ爵位勲章ヲ……授与ス」とあり、だからといって恩賞権は独立して総理大臣が関与できないことはない。それと同じことだ。

（註）**【水野広徳】** 海軍評論家。日清戦争時、水雷艇長として金鵄勲章受勲（同上）

岡崎氏の意見は、まっとうなものだ。人事、条約締結、法律、予算などの内政、外交などの文書は勿論のこと、天皇のおことばという意味を持つ「みことのり（詔勅）」ですら、大臣の副署がなければ無効（憲法第五五条）。因みに、教育勅語だけは、大臣の副署がなく、明治天皇個人のご著作であることがわかる。

（註）**【憲法第五五条】「國務各大臣ハ天皇ヲ輔弼シ其ノ責ニ任ス。凡テ法律勅令其ノ他國務ニ關ル詔勅ハ國務大臣ノ副署ヲ要ス」** 詔勅は大臣副署がなければ全て無効。

山本七平氏は、「チャーチルは、『戦争責任は戦費を支出した者にある』という意味のことを言ったそうだが、きわめて卓見であろう。もちろんこのことは、この権限を持つ政府と議会にあるということである」とし、さらに「政府は予算を通じて統帥部を制御できる」という（『昭和天皇の研究』一八四頁）。

なぜ「統帥権」が問題視されるのか。昭和四年、ロンドン海軍軍縮会議後、政友会（犬養毅や鳩山一郎）とマスコミが、条約調印が「統帥権干犯」にあたるとして、民政党内閣（濱口雄幸首相）の倒閣に利用したことに起因する。また、「統帥権」を「悪の元凶」と言い募る背景には、反明治憲法イデオロギーが存在する。岡崎久彦氏は、軍部大臣現役武官制こそ問題の元凶として次のように述べている（『百年の遺産』七六頁）。

軍部大臣現役制度こそは、昭和期に議会制民主主義を否定させ、軍閥の専制に道を開かせた元凶です。統帥権の独立が悪の根源のようにいわれますが、それよりも、実際の運用上猛威を振るったのはこの制度で、軍の意向に従わない内閣は陸海軍大臣を得られないので組閣不可能になってしまいました。

岡崎氏の指摘通り、昭和期に重大な問題を引き起こしたのは、軍部大臣武官制である。そもそも、明治憲法は、陸海軍大臣を武官と規定せず、文民を排除していない。軍部大臣武官制は、憲法の責任ではない。大正二年六月、山本内閣は、武官制を廃止した（『参謀本部と陸軍大学校』

一五七頁)。二大政党による議会政治(大正デモクラシー)が、広田弘毅首相による軍部大臣武官制復活(昭和一二年)まで続いた。

(註)**【「統帥権」は、天皇が作戦を立てることも命令することも含まず】** 日清開戦に反対の明治天皇は、開戦の閣議決定に反対されなかった。昭和天皇も、満州事変の際の熱河作戦に反対だったが、閣議決定(昭和八年二月一七日)に反対されなかった。昭和天皇は、「軍の態度に疑念あり。日支両国平和をもって相処すべく、兵威を以て相見るべきでなく、兵をきわめ、武を汚すことは立国の道ではない。(大元帥の)統帥最高命令により、これを中止させることは出来ないか」と、奈良侍従武官長に意見を求められた。奈良武官長は、「国策上に害があることであれば、閣議において熱河作戦を中止させることが出来る。**陸軍の決定は内閣の仕事**であって、閣外のものがあれこれ指導することは許されない。もし陛下の命令でこれを中止させたりすれば、それは大きな騒擾を惹き起こすこととなり、政変の因とならない保証はない」と答えた(『昭和天皇の研究』一八四・三二七頁)。

四　毅の陸海軍意見

毅の「陸軍軍政意見」（明治二一年四月）

明治二一年当時、総理又は大臣の副署が必要な陸軍に関する詔勅を廃止し、副署不要の陸軍令に変更するという意見書が、陸軍から出された。

毅は、次のように反論した〈要旨〉（『井上毅傳』史料編第一巻一九頁）。

憲法精神から考えれば、陸軍部内の告知を除けば、軍事も全て国務の一部として勅令によって施行し、国務大臣（総理または陸軍大臣）がこれに副署し、その責任にあたるべきだ。責任副署の勅令を一変して、無責任の軍令とすることは出来ない。

以上のように、毅は、軍事も国務の一部であり、大臣の副署を要する詔勅を、副署が不要な陸軍令に変更する陸軍意見は、憲法違反だと断じた。軍時に関する内閣・大臣の責任を明らかにし、軍の独断を禁じていることがわかる。

（註）**【毅の意見】**「要スルニ憲法ノ精神ニ依ルトキハ軍機軍務ノ専ラ陸軍部内ニノミ宣布スル者

ヲ除クノ外ハ**凡ソ軍事モ亦総テ国務ノ一部トシ勅令ヲ以テ施行シ国務大臣**（**総理大臣又ハ陸軍大臣**）**之ニ副署シ其責ニ任スヘシ**即責任副署ノ勅令ヲ一変シテ無責任ノ軍令トナスコトヲ得サルヘシ」「故ニ軍事ノ勅令ヲ改メテ陸軍令ノ名称ヲ用ウルハ陸軍提出案ノ眼目ニシテ而シテ裁可セラレ難キノ第一要件トスルナリ（従って、軍事の勅令を改め陸軍令の名称を用いるのが、陸軍提出案の眼目であり、裁可されない第一の要件だ）」

毅の「海軍改革意見」（明治二六年）

明治二六年一月、仁礼景範海相は、海軍参謀本部を海軍省から独立させる条例案を内閣に提出（『参謀本部と陸軍大学校』八六頁）。これに対し、毅は「海軍改革意見」を記し反論した。

【毅の「海軍改革意見」その①】（『井上毅傳』史料編第二巻五八〇頁）

毅は、次のように海軍大臣・次官の武官制廃止を提言した。

海軍大臣ノ資格ハ必シモ武官ニ限ラザルコト今日便宜ナルベシ次官モ亦同ジ（海軍大臣の資格は必ずしも武官に限定しないことは今日の便宜である。次官も大臣と同じく武官に限定しない）

毅は、非武官、つまり、文民・文官も海軍大臣・次官に就任出来るとした。また、米国のように、次官は武官に限定しても良しとした。

軍令軍政ノ形式ヲ區別スルハ固ヨリ善シト雖、海軍省ノ外ニ別ニ司令本部ヲ設クルニ至リテハ、却リテ政令多岐ノ弊ヲ生セントス各國ノ例ヲ按スルニ、大抵海軍省ヲ以テ海軍司令本部ヲ兼子《ね》、或ハ省ノ下ニ參謀部ヲ置ケリ（軍令と軍政の形式を区別することは良いが、海軍省の外に司令本部を設けることは、軍政と軍令が多岐に亘る弊害が生じてしまう恐れがある。外国の例をみると、大抵、海軍省が海軍司令部を兼ね、あるいは、海軍省の下に参謀部を置いている）

毅の意見は、次の通り。

・省外に司令本部を置けば、政令（軍令）が二か所から出る弊害を生む。
・海軍省の下に参謀部を置くという、今の日本の制度は、仏国と同じ。
・海軍大臣・次官は武官に限定せず。次官二人を置く（軍政は文官、軍令は武官担当）。
・主計・軍医・技術は軍属、会計・文書は文官を用いる。主計・軍医等学校は廃止する。

毅は、軍政と軍令の区別は良いが、海軍参謀本部と海軍省を別にすれば、政令が分裂し弊害を生むとして反対した。さらに、軍部大臣・次官は文民・文官で良いとした。そもそも、憲法は「軍部大臣武官制」を規定していない。毅は、数一〇年後の事態（大臣武官制により軍が内閣を操る事態）を予測していたように思われるが、毅の提言が実現されなかったことは悔やまれる。結局、海軍の条例案は内閣で裁可され、陸海軍の協同なき戦争が遂行される事態が現実化したが、毅や明治憲法にその責任はない。

（註）**【軍部大臣現役武官制は、山県有朋が作った】** 明治三一年、隈板内閣は五ヵ月しか続かなかったが、政府のめぼしい役人と県知事を政党員にしてしまった。次の山県内閣は、政党員を締め出すため文官任用令を作り、試験を受けた者しか役人になれぬようにした。また、文官懲戒令を作り、役人の首を簡単に切れぬようにした。更に、官制を改正し、別表に大臣次官局長参事官書記官等の定員・官等があって、その備考欄に「陸海軍大臣は現役大将または中将に限る」と書きこんだ（『明治大正昭和政界秘史』三八七頁）。これが「軍部大臣現役武官制」の始まりで、明治憲法とは一切関係がない。

【毅の「海軍改革意見」その②（明治二六年）】（『井上毅傳』史料編第二巻五八五頁）

①海軍大臣の軍政軍令に対する責任を明らかにする

現行制度で鎮守府だけは天皇直属で、これを海軍大臣管轄にすべきだ

大臣と海軍参謀部の関係は、次の何れかにする
・大臣が、参謀本部長を兼務し、軍政と軍令を管轄（現行通り）
　これは、実質は現行通りで、次官を二名とし、軍政、軍令に分ける
・海軍省とは別に、参謀本部を設置（やや重大な変更）

②**海軍増強のため海軍組織を縮減**
艦船製造・士官教育・兵器整備に経費集中、冗費削減に以下を提案
・造船所・軍監獄（陸軍監獄又は一般監獄の利用）縮小
・鎮守府縮減
・陸海軍造兵廠合併（毅の先見の明を示す）
・軍医学校・主計学校廃止（文官任用）
・北海道軍港調査と千島調査を急ぐ（ロシアに備える）
このように、毅の提言は、現実を見極め、将来を見通していた。

（註）**【統合参謀本部】**それ以前、統合参謀本部は解体されており、更に大本営から陸海軍大臣を除外しようとの動きがあった（『参謀本部と陸軍大学校』八六頁）。天皇の唯一の幕僚長とされる陸軍参謀総長の下に、海軍大臣が置かれていたことを海軍が嫌ったためだ。最終的に、陸海軍大臣は大本営に加わることとされ、陸海軍参謀本部間の争いは日露戦争までは

表面化しなかった。**【海軍軍令部条例及び戦時大本営条例】**明治二六年五月一九日、裁可。これで、戦時には、軍部大臣、軍事内局、兵站総監部、大本営幕僚（参謀総長が参謀本部次長と軍令部長を統括）、管理部から構成される大本営が設置された（同上八四頁）。**【渡部昇一氏】**同氏は、①「統帥権干犯問題」が政党政治を破壊、②その原因は憲法にある、とした（『日本史からみた日本人・昭和編』二二一頁）しかし、②は謬見であろう。**【統帥】**すべひきいる。**【帥】**軍指揮官。**【参謀本部の独立】**伊藤之雄『山県有朋』一七六頁に詳しい。

〈コラム〉【明治憲法と現行憲法】

明治憲法は、三権（司法・立法・行政）の正統性の源を天皇とした。現行憲法でも、天皇が三権に正統性を与えている。しかし、その根拠は、明治憲法に比べ曖昧となっている。その隙を突いて、平成二一年五月五日、ＮＨＫは、「ジャパンデビュー第二回天皇と憲法」において、三人の学者を使い、「主権在民の日本には天皇は不要」と述べ、皇室廃止論だけを垂れ流す放送法違反の偏向報道をおこなった。ロシアやエチオピアなどで王室廃止後に易々と共産政権が樹立され自国民虐殺が始まった事態を、日本で再現しようとも思える悪意ある番組だった。

第五章　憲法政治と毅

一　憲法政治の三つの徳義

天皇大権

憲法が掲げる「天皇大権」を、明治日本が「絶対主義国家」だった証拠とする誤った解釈がある。実際には、「天皇大権」は現在の欧州立憲君主国の「国王大権」と同じであり、例えば英国王は、国家主権の象徴である国家の長（元首）、国軍最高指揮官としての統帥権、行政府の長としての行政権、正義の源としての司法権（裁判所は国王の裁判所といわれる）、立法府の一部、などの大権を有する。英国王は、行政府の長として、議会の同意がなくとも、条約を結び宣戦する権利を有しているとされる（『英国の立憲君主政』七七頁）。

ヴァーノン・ボグダナーは、英国王の大権を、①首相任命の大権、②議会解散の拒否の大権、の二つとする（同上九一頁）。第一の「首相任命の大権」に基づき、英国王は、前首相や枢密顧問官などに意見を聞き（聞かない場合もある）、下院第一党の党首を首相に任命する。しかし、国王は、第一党党首を首相にしない権利も持つ。また、国王は、議会に支持された首相の解散請求は承認するが、別の内閣組閣が可能な時や首相が内閣・政党の支持を失った時には、議会解散への拒否権を持つ。これが第二の大権である。

英国「国王大権」は、明治憲法の「天皇大権」と同じかそれ以上であり、例えば、現在でもエリザベス女王が首相所信表明演説を議場で朗読する（読売新聞、平成一八年一一月一六日）（産経新聞、平成二九年六月二二日）。英国を議会制デモクラシーの国とする一方、明治憲法を絶対主義国家の憲法とする議論は、プロパガンダに過ぎない。

（註）【ウォルター・バジョット】同氏は、英国王の大権を、相談を受ける権利、助言する権利、警告を与える権利の三つという（『世界の名著72』一二四頁）。【英国民】女王陛下の下に戦い、裁判を行い、政治を行い、立法に参加。

超然内閣は不可能

明治二二年二月一一日（紀元節）、憲法が発布された。一二日、黒田首相は、地方長官を官邸に招き、「憲法発布により来年冬に議会が開会されるが、内閣は政党外に超然として政治を行うから、地方長官も政党には関係せず超然として職務を行うべき。選挙も政党外に超然として監督すべき」と演説した。一三日、地方長官会議席上、伊藤枢密院議長は「政府は政党外に超越し、高所より大局に鑑み憲法政治を行う方針だ。諸君も其の方針で地方行政に当たられたい」と訓示した。黒田首相、伊藤の両者が「超然内閣」を提唱したのに対し、毅・金子・伊東・末松の四名は、「総理演説と伊藤議長の訓示、何れも政府は政党に超然として憲法政治を行うというが、不可能だ」と伊藤に伝えた。

（註）**【毅らと伊藤のやりとり】**（『憲法制定と欧米人の評価』一七二〜一七四頁）

毅「憲法政治が多数政治である以上、政府も味方党派を作らねば政治は出来ない。政府は欽定憲法の精神に則り、皇室中心主義を標榜し、党派を募り、味方の議員を集めるべき」

伊「ドイツはビスマルクの超然内閣でうまくやっているではないか」

毅「ビスマルクの超然内閣は政党を操り成功しているが、日本にはビスマルクはおらずドイツ流政治は成立しない」

伊「政府党を作るのは容易ではない。まず超然主義で様子を見る」

毅は、多数決を原則とする憲法政治を「多数政治」とした。ドイツ帝国憲法の下、ビスマルクと皇帝の強い絆で成功したドイツ流「超然内閣」と較べ、伊藤らがいう明治憲法下の「超然内閣」は、予算が通らないまま停滞することが必至だった。そこで、毅は、憲法精神と皇室中心主義に同調できる党派作りと味方議員結集の必要性を伊藤に説明した。伊藤がビスマルクであったとしても、**議会承認なしには予算が執行出来ない明治憲法と、議会の承認がなくても予算が組めるドイツ帝国憲法とには、大きな違いがあった**。

歴史と伝統に根差した日本にふさわしい憲法政治の形は何か、それをいかに達成するかを、毅は考えていた。そして、憲法政治の発達には憲法の正しい解釈が必要であり、明治二二年以降、「憲法の擁護者」としての毅の姿が見えてくる。毅は、英国の歴史の中から生まれた英国型議院内閣を、そのまま日本に導入してもうまくいかないことを知っていた。フランスも、英国型議院内閣を導入したが失敗している。明治二二年、憲法発布後、伊藤博文枢密院議長は、毅を臨時帝国議会事務局総裁に任命した（『憲法制定と欧米人の評価』一七七頁）。

憲法政治の「三つの徳義」（明治二二年春）

毅は、黒田首相への意見書に次のように記した（『井上毅傳』史料編第二巻八三頁）。

憲法已《すで》ニ發布《はっぷ》セラレテ我カ帝國ハ進《すすん》テ立憲ノ國トナラムトス抑《そもそも》聞ク所ニ據《よ》レハ憲法ハ

單一ノ法律ニ非スシテ専《もっぱら》徳義ニ依テ成立スル者ナリ故ニ立憲ノ美果ヲ收ムルハ憲法ノ條文ノミニアラザルナリト　憲法ノ徳義トハ蓋《けだし》一ニ曰《いわく》君主ノ徳義二ニ曰輔相《ほそう》ノ徳義三ニ曰議會ノ徳義是ナリ（大意）（憲法は既に発布され我が国は進んで立憲国家となろうとしている。聞く所によれば、憲法は単一の法律でなく、もっぱら徳義によって成立する。従って、憲法の成果を収めるには、憲法条文だけを根拠とするのではない。憲法の徳義とは、一に君主の徳義、二に大臣の徳義、三に議会の徳義）

憲法政治は、憲法条文だけでは成立せず、天皇・内閣大臣・議会の徳義により成立する。何れかが欠けても、憲法政治は成立しない。三つの徳義中、特に「輔相（大臣）の徳義」が重要として、毅は次のように記した。

輔相ノ徳義ノ立憲ニ関係スル者ヲ詳言《しょうげん》スレハ第一誓《ちかっ》テ憲法ノ精神ヲ維持スル事第二君主ノ為ニ責ニ任スル事第三内閣ノ一致及機密是《これ》ナリ（大臣の徳義は、一に憲法精神維持、二に天皇に責任を負う、三に内閣の一致と閣議の機密だ）

毅は、「憲法精神の維持」について「**憲法は国の生命である。**国民の憲法遵守精神が弱ければ国の健全さは望まれない。仏国の八〇年間で九回の憲法改正は、禍の最たるもの」とし、仏国民の憲法遵守精神の欠如を嘆いた。「天皇のために責任を負う」は、政治の成果は君主に帰し、過失は内閣大臣の責任とすること。「内閣の一致と閣議の機密保持」は、大臣は一致して君徳を助け、閣議の機密保持に努め、国民の信頼を裏切らず、離職後も同様とした。

さらに、「**立憲徳義ノ慣習ハ之ヲ初歩ニ養ハサルヘカラス慣習一タヒ潰《つい》ユルトキハ百年ノ毒ヲ流スヘシ**」（大意）（憲法政治の徳義の慣習は、初期に養うべきだ。慣習が一度なくなれば一〇〇年の毒を流すことになろう）として、初期議会で、憲法政治の徳義を確立すべきと述べた（『井上毅傳』史料編第二巻八五頁）。初期に、立憲の要素である大臣の徳義を完全にしなければ、議会及び国民に影響し、政治の中立は失われて権力争いの場となり、憲法は変転し、憲法政治は日本には無理だったという、欧米の嘲笑を招くとしている。

（註）【憲法政治】日本の国体に基づく政治でもある。そのため、毅は、①自由討論で衆議を集め正理に基づく政治、②国家国民のため、政府と議会が歩み寄る政治、が必要だとした（『井上毅と明治国家』二二二・二二八頁参照）。

憲法政治の徳義の確立をめざして

毅は、議会開会前に、憲法第六七条（議会による予算削減の対象を確定）、六一条（行政裁判の構成法を確定）、議会選挙法（実施細則）、官有財産（処分法）、憲法に反する法律の改定、など一一項目を着手すべきものとして掲げた（『井上毅傳』史料編第二巻二〇六頁）。毅は、明治二二年冬から二三年にかけ、矢継ぎ早に議会準備のため、種々の対策を記した。憲法の生みの親は、育ての親でもあった。

（註）【憲法六一条「行政裁判」】「行政官廳ノ違法處分ニ由リ權利ヲ傷害セラレタリトスルノ訴訟ニシテ別ニ法律ヲ以テ定メタル行政裁判所ノ裁判ニ屬スヘキモノハ司法裁判所ニ於テ受理スルノ限ニ在ラス」行政処分による国民の被害は、行政裁判に訴えることが出来ることをさす。司法裁判が行政を裁けば、行政が司法からの独立を保てず、隷属することとなる。

【初期議会対策】（同上二〇八頁）

毅は、議会対策として、高等警察などの法案は避け、教育又実業の法案または私権に関する法案を出すべきとした。さらに、精密で組織された法案を出し、学理的、実際的な考察を加えた議論を議会で行うのを方針とした。そのため、①鉱山法（農商務）、②帰化法（内務か司法）、③民法人事編（司法）、④商工会議所法（農商務）、⑤小学校令（文部）、⑥興業銀行法（農商務）、⑦水利土功組合条令（内務）、⑧道路条例（内務）をあらかじめ準備し、この中、五法案を提出すべきとした（カッコ内は担当省庁）。このように、毅は、政府と議会の力関係、議会の能力等を勘案し、議会に提出すべき法案まで用意した。

また、議会での民党の主張は、政費節減、地租軽減、法律八七号廃止、政社集会・新聞条例改正・保安条例廃止、民法商法中止、地方自治拡張、選挙法改正、議員法改正、官有財産管理法、と予測。この中、政費節減・法律第八七号廃止・民法商法中止は採用、地租軽減、政社集会・保安条例・新聞条例は斟酌、地方自治拡張と選挙法改正は拒絶すべきとした（同上二九〇頁）。

又、次の対策を記した（同上三二〇頁）。

「ある政党は、政治費節減と地租軽減を第一の武器とする。浅薄な説に似るが、今日、有利な位置を占めるのは、中等以下の国民の意に沿うからだ。従って、民党の論説の絶対的な拒絶は、治安上不適当だ。勿論、議会解散は容易で、予算不成立の場合（憲法七一条適用で）前年度予算執行は容易だが、火に油を注ぎ天下の人心失い、姦雄に功名をあげさせる。政党の意見は、事態や議論の転回に用い、拒絶すべきでない。談笑して意見を磨くことに努め、（政府と議会の）怨みの相乗は避ける。立憲の大事の成就には、平凡な思想の外に出て非常の英断をもって行なう。

以上の実行のため、以下のことを行なう。

第一　文官俸給を二四〇万円減

第二　冗官を減らし、一一〇万円減

第三　不急の臨時費を減じ、二九万円減

臨時費は臨時収入より支弁し、経常収入からの支弁は今後止めるべきだ。明治元年から一三年までの臨時費（毎年三〇〇〜五〇〇〇万円）に比べ、一四年以降増大した臨時費（一〇〇〇〜一五〇〇〇万円）は建設土木軍事費だが、国力増進のために継続する。二四年度は、諸官衙《が》及び議院建築（二四年度経費七一万一六〇〇円）、帝大建築（三万円）、高等商業建築（一万九三三三円）、大阪郵便電信局建築（四万円）を中止する。

官吏冗員を減らす。官吏は、明治九年一万九一二〇名、二一年四万四八四一名、二二年四万八三七二名で、一〇余年間に三、四倍に達する。

地方分権を進める。明治二一年市町村制施行、本年の府県制郡制施行により、中央政務を地方庁に分任し、地方分権を進める。農工商務の一部と衛生事務は、地方に権限分与し、事務重複を避ける。そのため、内閣統計局の記録局への合併、法制局減員、農商務省地質調査所の鉱山局合併、内務省衛生局廃止と府県庁への業務移譲、大蔵省関税局廃止と税関長及び主税局への業務移譲、など行政改革を実施し約一〇万円を減じる」

以上のように、毅の研究は詳細を極めた。毅は、議会討議を、民党と大臣の足の引っ張り合いでなく質の高いものにしたいと考えていた。大臣代議士の多くは士族で、天皇への尊崇と儒学の素養を持ち、毅の望みは困難とは思えなかった。毅は、民党の政費節減を受け入れるよう、建築中止や官員削減などによる冗費節減を呼びかけた。維新以来の必須政策（軍事・インフラ投資など）は、譲歩すべきでないとした。毅は、政府と議会が考えを共有できる議案を出し、両者の成熟した議論により憲法政治の成長を図ろうとした。

二　議会の正しい姿を求めて

第一議会（明治二三年一一月二九日開会）

第一議会開催に際し、毅（法制局長官）は、予算未成立・議会解散・憲法停止・戒厳令というトルコの前轍を履むことを恐れた。憲法政治は、①自由討議を通じ衆議を集め正理に達する、②政府と議会の互譲の精神、の両者が必要と毅は考えた（『井上毅と明治国家』二二一・二二八頁）。予算成立が最重要だが、民党は大幅な予算削減を議決するだろう。毅は、政府の譲歩を重要としつつも無原則な譲歩を戒め、正論を主張し、憲法を基本とすべきとした。毅は、予算に冗費が存在しないことを論証した（『井上毅先生傳』一四九頁）。

【毅執筆の「山県首相施政演説」〈要旨〉（明治二三年一二月六日）】

毅が執筆した山県首相施政演説は、三〇〇年の遅れを取り戻すため二〇数年努力したが半分も達成出来ていないと、次のように述べた（『井上毅傳』史料編第六巻二一二頁）。

帝国憲法は我々が奉じてはじめて生命をなす。**国を愛する者は憲法を愛すべし。天皇を尊敬する者は憲法を尊敬すべきだ。**憲法の効力を破壊・弱体化しないよう、憲法を全力で永遠に保持すべきことを、我々と諸君は肝に銘じなければならない。歳計予算が国家存立に必要なのは、憲法に対し、天皇大権と法律又は法律上の国家の義務を保全しなければならないからだ。政府は、諸君の慎重公平な審議につき、法律と日程の許す限り和衷協同し、率直に意見を聞き、政府・議会・国民が安心出来る美果を収めようと思う。

国民の憲法遵守により憲法に生命が宿る。その上で、憲法政治を行うことが重要だ。政府と議会が憲法を尊重し、公平慎重な審議を行い、国家の独立を全うすべきだという。

我々の眼前の共同目的を忘れ、かの一、二の国家の歴史に見るように、政府と国民の間に城壁を設け、権力を競い、事の末節に異同を争い、全く相容れない異質のものを見るような形勢になれば、我々が均しく負う一大義務を捨ててしまうことになる。大局が一度分裂し立憲上の徳義を失えば、怨みは相重なり、怨みを晴らした側の感情は快くなっても、国家国民の不幸は極まりないこととなる。

政府と議会の眼前に横たわる、政治は国家国民のためという共同目的を忘れ、仏国歴史などに見られるように政府と国民の対立をあおり、権力を争いあげ足取りに終始すれば、互いに敵愾心を抱く事態に陥る。政府と議会が負うべき一大義務を捨て、憲法政治の徳義を失えば、国家国民の不幸は極まりないこととなるという。

国家独立自衛の道は、第一に主権線を護り、第二に利益線を護ることだ。主権線は国境で、利益線は国境の安全に関係する区域のことだ。独立国が、主権線を護らないことはなく、利益線を保たないことはない。国家の独立の維持には、主権線だけを護れば足りるわけではなく、進んで利益線を防護し、常に敵に対し有利な位置を占めねばならぬ。利益線を防護できない国が主権線のみを守ろうとしても、他国の保護に頼るしかなく、完全な独立国たることは望めない。

（註）**【原文】**「蓋《けだし》國家獨立自衛ノ道ハ、一ニ主權線ヲ守禦シ、二ニ利益線ヲ防護スルニ在リ、何

ヲカ主權線ト謂《い》フ疆土《きょうど》是ナリ、何ヲカ利益線ト謂フ、我カ主權線ノ安危ト緊《かた》ク相關係スルノ區域是ナリ、凡ソ國トシテ主權線ヲ有タザルハナク、又均シク其利益線ヲ有タザルハナシ、方今列國ノ際ニ立チテ、國家ノ獨立ヲ維持セントセハ、獨リ主權線ヲ守禦スルヲ以テ足レリトセズ、必ヤ進テ利益線ヲ防護シ、常ニ形勝《けいしょう》ノ位置ニ立タザルヘカラス、蓋《けだし》利益線ヲ防護スルコト能ハザルノ國ハ、獨其ノ主權線ヲ退守センルトスルモ、亦他國ノ愛護ニ倚《よ》ラザルコトヲ得ズ、而シテ仍《なお》完全ナル獨立ノ邦國タルコトヲ望ムベカラザルナリ」

日本は、独立自衛のため、主権線（国境）と利益線（国境の安全に密接に関係する地域）を守らねばならない。主権線を守っても利益線を守れなければ、完全な独立国ではない。

今、我々が主権線を守るだけでなく利益線も守り、進んで独立を完全にするには、空言ではなく、必ず国の財力の許す限り、軍事力を徐々に積み重ね高きをめざし、成果を出さねばならない。これは我々の共同作業であり、唯一の国家の目的はその大体において、諸君が協賛一致する**こと**と本官は信じる。目的に達する方法は、事業と財力の関係次第とみなければならない。軍事力整備を徐々にするか急ぐか、または、日本が徐々にし他国が急ぐか、日本が急ぎ他国が徐々にするか、政府はほぼ成案をそなえ議員諸君の議論に付し、諸君と軍備を計画しようと考える。

主権線と利益線の防衛には、財力の許す限り軍事力の着実な増強が必要だが、これは政府と議会の共同作業である。しかも、軍備増強は他国との競争である。政府案を議会の議論に付し、政府と議会が共に軍備計画と予算（歳出の大部分は軍事費）を考えるべきだという。

【民党の要求】

議会の多数を占める民党は、「政費節減・地租改正」を掲げ、地租の二分五厘から二分への引き下げを要求した。直接税の九七％を占める地租（四〇〇〇万円）の二割削減（八〇〇万円）となれば、大混乱が予想された。民党の掲げる「政費削減」は、予算を精査し冗費を算出したのではなく、地租改正による八〇〇万円減税ありきの案だった（坂野潤治『日本憲政史』九一頁）。八〇〇万円の予算減額も貴族院が否決すれば、憲法に従い前年度予算が執行される。地租改正案は、衆院は通過しても貴族院は否決するだろうから、成立の見込みはなかった。

【名誉ある熊本籠城之位置と存候（明治二三年一二月三〇日）】

明治二三年一二月、毅は渡邊國武大蔵次官宛書簡に次のように記した（『井上毅傳』史料編第四巻六六九頁）。

乍去《さりながら》名譽ある熊本籠城《ろうじょう》之《の》位置《いち》と存候、ナマケ候《そうら》ハヽ、メチャ〳〵ニヤラレ可申候《もうすべくそうろう》、迅速と緻密ハ第一の武器なる歟《か》、地租論ハ節減論之根抵と見え候、此根抵ヲ抜ク歟《か》、又ハ譲る歟《か》、病ヲ病源ニ治メ度《たく》候、アヤフヤ説ハ（營業税説ノ如シ）甚《はなは》タ危ク存候、……生少間を得、三浦郡ニ而静養いたし居候、御寸間も有之候ハヽ、兩三日なりとも海濱《かいひん》ニ御散策《ごさんさく》被成間布哉《なされまじきかな》（しかし、政府は西南戦争の名誉ある熊本籠城の位置を占めており、怠れば民党にメチャメチャにやられてしまいましょう。迅速と緻密さが第一の武器となり、地租改正は民党の節減論の根本と思われ、この根本にうち勝つか、譲歩するか。重病化する前に病原から根本治療したいと思います。営業税説などのアヤフヤ説は危険です。私は三浦郡の別荘に静養中であり、時間がおありになり海浜を散策されるならご相談したいと思います）

民党との妥協が必要とされた第一議会だが、主張すべきは主張するという方針を堅持し、議会は自由な言論の場であるべきと、毅は考えた。民党と安易な妥協をしないことを、「名誉ある熊本籠城の位置」としているところが、ユーモアに富む毅らしい。民党の経費節減論の目標が地租改正にあることも毅は見ぬいており、根源を根治するか、妥協するかを選択すべきとしている。

（註）**【明治二三年秋の病状】**二三年一〇月一〇日、毅は山県首相宛書簡で病状を訴え法制局長官の辞職を申し出ようとした。「病気はやや速度を加え、前日は左肺の疼痛だったが右肺にも及び、このままでは劇職には耐えず、神経益々過敏になり寝るに寝られず、憂いと憤りが交々至り、枕を蹴飛ばし狂呼するほどです」（『井上毅傳』史料編補遺第一巻四五頁）。

【シニモセズ、タケビモヤラズ（明治二四年二月八日）】

明治二四年二月、衆院での予算審議中、民党による予算否決の公算大のため、政府内に議会解散の声があがった。毅は、渡邊大蔵次官に次の書簡〈要旨〉を出し、解散を避け公論を形成する努力を続けるべきと主張した（『井上毅傳』史料編第四巻六八〇頁）。

憲法政治の原則は公開にある。万衆の前に肝胆を吐露し、輿論《よろん》に訴える誠の心がなければならない。政府が職責を尽さず、議会の過失を責め容易に解散などとは驚き入るしかない。政府演説は時に要にして簡潔、時に詳細流暢に、輿論の感情に訴えるべきだ。別冊は私が心を砕いて記した甲乙二案です。松方蔵相を通じ（渡邊）次官も読まれたかもしれませんが、両案とも行なわれないでしょうか。政府は、行動すべき立場にありながら、議会に言い負かされ沈黙し木偶《でく》状態なのは情けない限りです。別冊は一見後直ちに返却下さい。私一身は病魔に悩まされ、一日中胸も腸も痛みを覚えるが、顔面はシンシンと涙が流れ大声も出せない。この際、実に残念な状態です。御諒察下さい。

シニモセズ、タケビモヤラズ、蠢《うごめ》ケル、虫ノマ子《ね》シテ世ヲカコツカナ

続けて「**西南之役ニ、渕邊といふ勇士ハ一日ニ馬五匹乗潰《のりつぶ》シタリ、政府ニ三四輩之渕邊あらしめハ、豈如是萎靡《いび》、乎**（西南戦争に渕邊という勇士は、一日に馬を五頭乗り潰すほど活躍したが、政府大臣に三、四人の渕邊がいれば、現在の衰退はなかったろう）」とし、大臣に勇士がいないことを嘆いた。

（註）【萎靡《いび》】なえしおれる

毅の甲乙案は、次の通り。

（甲案）官制軍制は政府の専権事項で、予算減額の議決に政府の同意を要す（憲法六七条）。政府同意のない、官制軍制予算の減額議決は憲法に反する。議会が非を認めず取り消さぬなら、直ちに議会解散。

（乙案）ブルンチェリー氏国法汎論　君主は、官制権の源泉である。「全官制は君主が設

置し君主に属する」の原則は、国家機関を統一する強固な基礎で、近世再確認された（一八二六年スペイン憲法、一八四九年オーストリア憲法、プロシア憲法第四七条）。官職権が君主からの階級にしたがい導き出されたという考えを、本原則は維持しうる。

この場合、毅は、甲案と乙案を別の方策として掲げたのではない。官制に関わる予算の議会による減額が、（甲）憲法六七条違反であること、（乙）憲法六七条の根拠としてブルンチェリー氏国法汎論があることを掲げたに過ぎない。ブルンチェリー氏国法汎論（乙）は、「官制権は全て君主に発する」ため、議会も官制軍制に関わる予算減額は、政府の同意なく出来ないという。

毅は、政府閣僚の誠心からの堂々たる言論による公論形成を期待し、西南戦争時、一日で馬五頭を乗り潰した渕邊のような勇者の出現を望んだ。すなわち、政府閣僚は、政府の同意なく官制軍制予算を削減することは、議会による憲法六七条違反だと、甲乙の根拠により主張すべきと考え、安易に解散すべきではないとした。但し、議会が非を認めない時にはじめて解散すべきと述べた。

さらに、毅は、渡邊宛書簡に「憲法一一四条の『憲法義解』を見よ」と記しているが「六四条」の誤記と思われる。憲法六四条（**國家ノ歳出歳入ハ毎年豫算ヲ以テ帝國議會ノ協贊ヲ經ヘ**

シ　豫算ノ款項ニ超過シ又ハ豫算ノ外ニ生シタル支出アルトキハ後日帝國議會ノ承諾ヲ求ムルヲ要ス）は、予算は議会の協賛を要するという趣旨の条文。六四条の義解の要旨は、「予算は、本来、政府の政策執行に必要な予算に制限を加え規律を持たせるものに過ぎない。欧州では予算を法律と解釈している国があるが、これは予算を議会で審議する結果の誤解釈に過ぎない。従って、予算減額をもって、既にある法律を変更することは許されない」という。つまり、減額した予算をもとに法律を変更してはならないと、毅は述べている（『憲法義解』一〇六頁）。毅にとり、議場は、閣僚と議員に憲法を理解してもらう教育の場でもあった。毅の体調が、明治二三年秋以降、いよいよすぐれないこともわかる。

【憲法第六七条解釈（明治二四年春）】

二四年春の議会開会中、早朝、毅が首相の山県邸に行くと、山県は予算の憲法解釈演説を準備していた。毅は、蔵相の答弁を勧めたが、山県は「首相が味方の旗色が悪いと云って尻込みすべきではない」と答えた。毅は、山県の勇気に驚いた。当時、白根内務次官と渡邊大蔵次官以外、答弁する大臣官僚はいなかったと、毅は記した（『井上毅先生傳』一四八頁）。議会の自由討論を望んでいた毅は、積極的に答弁した。憲法六七条に関する高垣徳治議員の質問に、毅は次のように答えた（同上一五〇頁）。

英国の憲法は、「議会は政府の同意を得ることなく、予算の増額は出来ない」と規定している。トッド氏は、自著（『英国議院政治』第一巻第七項）で、予算増額の議決の場合、議会は、議決前に「親しく国王に接近して憲法上の意見を上奏するの自由ある者とす」、また、同書七〇一頁に「議会は政府に予算増額の動議を出すべき」と記し、国王に上奏するか、政府に動議を提出すべきだという。英国下院書記官長バルグレーブ氏は、「国庫負担（予算）を増額する、議員の発議・動議は、予め蔵相と協議し同意を得ることを要す」としている。衆議院が憲法六七条規定に従わない場合、つまり、内閣承諾なしの予算削減の議決は憲法違反である。日英両国は増減の違いはあるものの、予算の変更には政府の同意を要する点では一致している。

英国議会は予算増額を議決するには、国王又は内閣の同意を要する。日本では、議会が単独で予算減額が出来ない場合を規定（憲法六七条）している。日本と英国で増減の違いがあるものの、予算変更が議会単独では出来ないとされている。予算に関し政府と議会の協力がなければ、国と国民に深刻な被害をあたえるからだ。英国では、国王か政府の同意があれば良いとされているが、建前上「君主内閣制」を採る英国王は、天皇より強い権限を持っていたことがわかる（「非議院制内閣」参照）。

（註）【憲法第六七条】「憲法上ノ大權ニ基ツケル既定ノ歳出及法律ノ結果ニ由リ又ハ法律上政府ノ義務ニ屬スル歳出ハ政府ノ同意ナクシテ帝國議會之ヲ廢除シ又削減スルコトヲ得ス（憲法上の大権による既定の歳出、及び、法律に基づく歳出予算は、政府の同意なく議会は削除削減出来ない）」大権に基づく予算とは、行政各部官制・陸海軍編制・文武官俸給・条約締結に伴う費用をさす。

【第一議会終結】

第一議会は、明治二四年二月、衆院で予算審議を開始した。民党は予算を承認せず、政府は解散に傾いたが、二月二〇日、衆議院本会議で政府との融和を図る決議が可決され、六五一万円削減の上、予算は成立した（三月二日）。毅が恐れた議会解散・戒厳令との事態にはならなかった。板垣の助言による自由党（土佐派の林有造、竹内綱、三崎亀之助ら）の協力があった。彼らと陸奥農相らのつながりも奏功した（『井上毅傳』史料編第四巻二九〇頁）（『井上毅と明治国家』二三一頁）（『山県有朋』二五七頁）。

（註）【林田亀太郎】熊本藩士。第一議会で、政府は自由党の土佐派と妥協を図った。衆議院書記官の林田は、松方蔵相官邸から曽禰荒輔書記官長官舎まで土佐派代議士三名（林有造、竹

内綱、三崎亀之助）を護送し、暴漢を刀（秋広）で撃退（『守衛長の見た帝国議会』一二五頁）。

【初期議会で、議院内閣制は不可能だった】

明治憲法を「議院内閣制を認めない古い憲法」とする意見は、当時の状況を全く無視している。明治二三年七月一日の第一回衆議院選挙当選議員の所属は、次の通り。

中立派六七名　大同倶楽部五五名　改進党四六名　愛国公党三五名
保守派二二名　九州同志会二一名　官吏一八名　自治党一七名
自由党一七名　無所属二名　計三〇〇名

各党派は過半数に達せず離合集散し、議院内閣の可能性はなかった（『大日本帝国憲法制定史』六四七頁）。議員や政党が未熟な議院内閣制は、国家を破壊する。そのことを毅は恐れた。明治二二年五月、板垣は、民党に政権能力のなさを認め、次のように記した（坂野潤治『日本憲政史』八六頁）。

今議会にたって堂々と主張し、勝ちを収めることは容易だが、その結果は解散に次ぐ解散を招き、議会の度に社会混乱を招けば、どこに国民の幸福を求められようか。たとえ議会は解散されなくても、内閣大臣に職を簡単に退かせ、民党が藩閥政府と交代しても、永く専制政治のもとで養成された陸海軍は立憲政治で養成されたものと異なり、これを制御することは容易ではない。

板垣は、民党が内閣を作っても、陸海軍はもとより行政全体を制御する能力はないとした。民党が政府に協力しなければ、国を損なうと板垣は考えた。

第二議会

【毅の第二議会対策（明治二四年七月一八日）】

毅は、第一議会が予算削減で議会に妥協し守りに徹したのに対し、第二議会は議論を通じ議会の理解を得て重要施策を前進させる、積極策をとろうとした。毅は、松方首相（兼蔵相）に次の提案をした（『井上毅傳』史料編第二巻三八七頁）。

○**遅くとも一一月上旬に議会開会**

○**最初に予算を上程し、予算委員会での十分な審議**　大臣は、委員会に出席し、成案となる前又は成案を議会に報告する前に、異論があれば反復熟議すべきだ。これは各国の例となって

いる。（この点、第一議会は出来ていなかった）

○**予算及び議案に関し、政府は国民に対し十分意見を表明する** 大臣は、憲法上の責任に対し進んで議論に参加し議会で意見を吐露する覚悟を持つべき。大臣が議論に参加せず官僚に任せれば、議会と輿論は内閣をあなどる。

○**前議会の予算削減に伴う剰余金**（六五〇万円）**は、①治水事業、②興業銀行設立、③私鉄購入、④北海道開拓、の何れかに使うよう政府が決定し、議会を説得する** 剰余金の議会任せは、何の成果も生まない。

○民党が要求する地租改正は、政府はこれを転回的に使い、減税分を直接還元せず、『地方基本財産』とし、地方経済の振興を図るべきだ。政府が地租改正に不同意なら、蔵相が議会で正々堂々と考えを述べるべき。

○提出すべき議案は、官有財産管理法、興業銀行、海外渡航婦女保護法、登記法改正、帰化法、議院及び議員特権保護法。

（**人材登用**）毅は、**人材登用の重要性**を指摘している。明治二四年七月五日、伊藤博文への議会対策意見で、「訥々として弁の立たない政府大臣では議会の反発を買うだけで、優秀な人材を登用すべき」として、官僚から枢密顧問官河野利鎌・坂本則美・大石正巳、議会から三崎亀之助・末松三郎を推薦している（『井上毅傳』史料編第二巻三八六頁）。

（現状総括） 毅は、伊藤宛書簡で次のように記した（一〇月二五日）（同上第四巻一八八頁）。

小田原評定ト水鳥ノ羽音ト無要ノ法律研究會ハ禁物トスヘシ、政務部抔ノ茶番狂言モ物笑ヒノ様子ナリ、大勢ノ傾向十五年來歴史上ノ關係ニテ兩分子ノ衝突ナリ、強《あなが》チニ現任當局者ノ過《あやま》チニハ非《あらず》ス、救濟ノ責ハ誰カ之ニ任スベキ（小田原評定と水鳥の羽音を源氏の軍勢と思い敗走した平家と無用の法律研究会は禁物である。政務部は物笑いになっている。大勢は一五年来の歴史上の関係で両分子が対立しており、現担当者の過ちではない。この事態を救う責任を誰に担当させるべきか）

第二議会開催も近い現在、民党を恐れ民党対策の長評定や法律研究に時間を費やすのではなく、打開策を早急に実行に移すべきだと、毅はいう。政務部は、内閣において議会対策を統一して行う組織（部長は陸奥）だが、成果なく一ヵ月後廃部された。

（議会での予算大幅削減） 一一月二一日、第二議会は開会し、三〇日、予算は大幅削減された（『陸奥宗光とその時代』二二八頁）。旧式軍艦（金剛・比叡・磐城）にかわる新艦建造費（三隻）、製鋼所建設、治水事業、海岸防備、北海道開拓は全て否決された（毅執筆『第二議会解散記事』）。

（註）**【現在の国会と変わらぬ政争】** 議会は、経済・国防等の重要政策で反対のための反対をした。

製鋼所建設の反対理由として、製鋼所を建設しても戦時の原料輸入がままならないので無駄だという屁理屈をこねた。毅は、製鋼所があれば、輸入原料を加工し、軍や民生品に役立ち、国内経済と貿易収支にプラスになるとのまっとうな意見を述べた。東北に有力な鉱脈が発見されたことも挙げた（『井上毅傳』史料編第二巻四四七頁）。

二四年一二月七日、毅は、伊藤博文に書簡を出した（『井上毅傳』史料編第四巻一九〇頁）。

お示しのように解散は免れがたい勢いとなり、政党は極めて老熟し、機会を察し、難をさけ、政府との政治衝突を避け、政府の隙を突こうとしているようです。彼らの背後の存在が情報を送っていると思われます。政府の内情を知らなければこのような巧妙なことは出来ません。世は早くも尊氏の世となったようです。

毅は、政府の一部が民党に通じ、「尊氏の世」、つまり、閣僚に裏切り者が横行していると指摘した。毅は、陸奥など民党に通じる存在を常に警戒していた。第二議会の予算削減は、第一議会同様、憲法六七条（「軍制官制の予算削減は、内閣の同意を要する」）に反しており、毅も解散はやむを得ないと判断した。

（註）【内外の敵と戦う】米国上院議員就任の際、議員は「内外の敵と戦う」と宣誓する。日本も、米国に倣うべきではないか。

【毅の第二議会総括】

毅は、議会が政府と議員による議論を通じ国家国民のための公論を形成する場所となるよう努めたものの、闘争の場としか捉えない民党を次のように批判した（『井上毅傳』史料編第二巻四四七頁）。

○**岐阜愛知地震被害への支援**　甚大な地震被害を受けた岐阜愛知両県に対し、政府の責任において二二五万円が緊急支出された。政府は、その重要性から議会開催翌日上程したが、議会は工事細部への質問を繰り返し、議事を遅らせた。本来憲法に基づく成否の判断ですむものを、一ヵ月後ようやく承認した。

（註）【濃尾大地震】明治二四年一〇月二八日午前六時三八分、直下型地震、南北八〇キロの断層を生じた。最大震度マグニチュード8・0。死亡七二七三人、全壊一四万二〇〇〇戸、半壊八万一八四戸。

○**府県監獄費及び修理費の国庫支弁**　本来政府支出であるべき監獄費用が、明治一三年以来、府県支出となっている。地方負担軽減のための国庫支出を、衆院は否決した。

○**鉄道国有化**　政府は、全国交通の拡張及び私鉄国有化のため、鉄道公債法案と私鉄購入法案を提出した。民党は、有事の鉄道徴発で十分とし、国有化法案を否決した。私鉄の設備は、軍用に耐えないことが多く有事に転用できないとの事実を、民党は無視した。

○**河川改修**　河川被害（年平均）は、明治八年～一三年は死者一〇〇名余、損害二七三万円、復旧費七六万円、一四年～二二年は死者三三五人余、損害一〇五七万円、復旧費二〇七万円である（明治一八年損害額二七〇〇万円以上）。木曽川、北上川、最上川の改修が急務。国家課題の河川工事だが、衆院は工事費繰上げ及び新規工事費を全て否決した。

○**海軍整備**　日本の海岸線は七〇〇〇里に及び、国防・貿易・水産のための海軍拡張は急務にもかかわらず、旧式軍艦（金剛・比叡・磐城、計五三〇〇頓）に代わる軍艦建造費（三隻分）を、衆院は否決した。日本は、建造中を含め二八隻（総頓数五万九五〇〇）。英シナ艦隊一八隻三万六二〇〇頓（他にアジア方面三一隻）、露太平洋艦隊八隻約二万頓、仏アジア方面艦隊計五一隻、シナ北洋艦隊四五隻六万八六〇〇頓。

○**砲台備砲**　整備中三砲台（東京湾・紀伊淡路・下関）のうち二砲台（明治三四年完成予定）の備砲建造費六〇万八〇〇〇円を、衆院は否決した。

○以上の重要政策は全て否決される一方、民党による予算削減の剰余金（第一議会だけで六五〇万円）が国庫に放置されていることは、国家国民にとり大きな災厄。

【第二回衆院選挙】

明治二四年一二月二五日、議会解散。第二回衆院選挙（明治二五年二月一五日実施）で、品川内相は選挙に干渉し、死者二五名、負傷者三六六名（『山県有朋』二六一頁）。民党の勢力には変わりなかった。三月一一日、内相は辞任した。

第三議会（明治二五年五月）

第三議会（五月七日開会）も対立に終始（『井上毅と明治国家』二五七頁）。五月一二日、貴族院は選挙干渉の非難声明（「今ヤ地方到ル處、官吏ノ選挙ニ干渉シタルニ忿怒シ官吏ヲ敵視スル状アリ」）を出した。衆院は、内閣弾劾上奏案を僅差で否決したものの、「内閣大臣は良く反省し責任を果たし、いい加減な決定をすべきではない」との声明を議決した。大臣が物事を決定する際、議会の意向を容れて決定せよということであり、議会が行政を支配することにもなりかねず、政府には受け入れ難かった。民党は、貴族院工作も始めた（『井上毅傳』史料編第四巻二〇九頁）。毅は、伊藤宛書簡（明治二五年五月）に、①改進党は貴族院議員の島津忠濟公を首相とし、徳川家達公と近衛公を大臣にする条件で貴族院を勧誘、②自由党員は松方首相辞任を求めるなど、民党による貴族院や大臣への工作を記した。

議会は、海軍拡張追加予算と震災事業費（岐阜愛知の震災支援費）を否決した（『井上毅先生伝』一六九頁）。シベリア鉄道完成・極東ロシア軍増強など国防問題を理解せず、被災者も放置するなど、議場を闘争場と考える民党は憲法政治を破壊すると、毅は考えた。松方内閣は、民党に妥協し、震災事業予算を審議未了にしようとした。憲法政治の根本を忘れた後藤象二郎逓信相・河野農商相も、首相と同罪と考えられた。

（註）【白根専一内務次官】内閣に反対し辞任。佐々友房ら与党も内閣批判。【松方首相】議会閉会翌日（六月一六日）、辞表提出（『井上毅と明治国家』二六六頁）。

【毅、上奏す（明治二五年六月二三日）】

毅は、国政の進展のため、天皇に上奏した（『井上毅傳』史料編第二巻五二二頁）。

臣窃《せつ》ニ思フニ、立憲ノ政、纔《わずか》ニ初歩ニ屬《ぞく》シ、而シテ現在ノ情勢ヲ察スルニ、將來ノ事、大ニ憂虞《ゆうぐ》スベキ者アリ、何ゾ乎《や》政府ノ威信《いしん》漸《ようや》ク地ニ墜《お》チムトシ、人心離散シ黨派《とうは》ノ勢ハ、延《ひ》イテ村邑《そんゆう》ニ及ヒ、民吏《みんり》相罵《あいののし》リ、怨仇《おんきゅう》相乗《そうじょう》ス、是《こ》レ内乱ノ兆《きざし》ナリ（私がひそかに思いますに、立憲政はごく初歩に属し、現情をみれば将来が大いに心配されます。何かといえば政府の威信は地に堕ちようとし、人心は離れ民党の勢いは村々に及び、民間と官吏が罵り

仇となっています。これは内乱の兆しです）

今萬一中道ニシテ、廷臣奉行其ノ宜キヲ失ヒ、大事蹉跌スルガ如キコトアラバ、獨リ陛下ノ聖意ニ乖《そむ》クノミナラズ、將《は》タ　祖宗ノ國家ヲ如何セントス、蓋、寰宇《かんう》変遷ノ際ニ當《あた》リ、各國林立、强弱相乘シ、百年ノ大計、方ニ今日ニ急ニ、國家盛衰ノ機、間ニ髪ヲ容レザルナリ、今ノ時ニ當《あた》リ、大勢ヲ挽回シ、人心ヲ警覺《けいかく》シ、大ニ威信ヲ收《おさ》メテ、上下交泰《じょうかこうたい》ノ塗《みち》ヲ啓《ひら》キ、情弊《じょうへい》ヲ洗《あら》ヒ、急務ヲ擧《あ》ケ、文武ノ政、煥然振作《かんぜんしんさく》シ、以テ維新ノ業ヲ大成スルハ、唯、陛下ノ聖衷《せいちゅう》ニ由《よ》リ、斷シテ之ヲ行ヒタマフニ在《あ》ル耳《のみ》、臣請《こ》フ試ニ其ノ一二ヲ陳《の》ヘテ、以テ　陛下ノ採擇《さいたく》ヲ仰《あおぐ》クコトヲ得ム（今、万一、中途で内閣大臣が処置をあやまり、憲法政治という大事が破綻すれば、陛下の聖意にそむくだけでなく、日本の衰亡に関わる問題となりかねません。世界が変遷する現在、林立する強国弱国が相争う中、百年の大計が急務であり、国家盛衰の機に間髪入れぬ対応が必要です。今大勢を挽回し、国民の精神を覚醒し、政府の威信を収め、政府と国民が通じ合う道をひらき、大臣・議会・国民間の感情のもつれを洗い流し、急いで実行すべきことを掲げ、文武の政治を盛んにして維新の大業を大成するため、陛下の御聖断によって行なうしかありません。試みに一、二の方策をご提案し、陛下の御採択を仰ぎたいと思います）

（註）【情弊】私情にからまってできる感情【交泰《こうたい》】君臣が通じあうこと

毅の提案は、①倹約、②海軍拡張、③北海道開拓、④その他、国政を前進させるだけでなく、立憲政治確立のためだった。

○**倹徳**　倹徳（倹約の徳）が大事とする、陛下の聖意を詔勅で国民にお示しになれば、国民挙って倹約をまもり、宮廷の尊厳と外交を除く華美を去ることと思われる。

○**海軍拡張**　海上貿易が盛んで海軍が強ければ国は栄え、逆なら衰退する。現在、第一等の艦隊は英仏だ。英国は印度艦隊を除き七八〇隻（うち甲鉄艦七八隻）、仏国は四三二隻（うち甲鉄艦五二隻）で甲鉄艦一二隻など建造中（総額約二九四三万円）。米国は、一九〇三年までに四億五四〇〇万円で甲鉄戦艦三五隻、巡洋艦二四隻など建造予定。イタリアは、統一以来三〇年、財政は厳しいが軍艦一八万頓を地中海に有する。日本は国境が海で、海軍でなければ国は守れないが、僅か五万頓の老朽化した艦隊すら補給出来ず、壁がない家に寝ているようなもの。日本を東洋の強大国とするには、海上貿易と海軍を強化せねばならない。国民は眼前の小康に安んじ、世界情勢の変化に通じず、国防の何たるかを忘れ、軍当局も無駄使いを整理できず、海軍拡張問題が官民の大きな争点となっている。そのため、次のことが必要。陛下のご英断で大詔を発し、今後二〇年間毎年宮中費用の一割を海軍拡張に下賜され、国家雄大の気性を発生させ、人心を有為の方向に奮い立たせ、同時に命令され海軍当局を督励し実力を向上させ内部整理を怠らぬようさせて下さい。

○北海道開拓　北海道は国土の四分の一を占める。一〇年後の日露の争いは西の対馬でなければ東の北海道に始まるだろう。維新以来、四〇〇〇万円余を投資したが人口四〇万人に過ぎず、豊かな土地もまだ熊の住処である。かつてあるドイツ人は人口を二〇〇万人に増やさねば開拓できないと建言した。北海道には離宮もあり、陛下自ら巡幸され同地の地理に親しまれ、臣下に命じて開拓計画を策定され、数年内に実行されるべきである。以上は、地方のことのようで、実は精励の誠を天下に示すもので、愛国の志士を感激発奮させるに足る。そのため、①人材を登用して文武の権を与え、②開拓費用を四〇万増の一五〇万円とする、③土地払下げ法を改正、④移住民のため便利な法を定める、⑤水産保護、⑥港湾・道路の整備、を行なう。毅が一〇年後の対露戦争を予想していたこともわかる。

○その他　①条約改正を断行し国民を保護し外交を完全なものとする、②選挙の騒擾は日毎悪化し、村会選挙でも白刃を掲げて争い、財を費やし和が損なわれているため、暴力を制御する法律が急ぎ必要だ。みな政府の責任だが、現状を見ればいい加減なことで免れようとしても無駄に時間を費やすことになる。陛下の大命の下に、綱挙目張《こうきょもくちょう》し、元気を振るい、国民も手足が動くように整然と動き、政府の威信を樹立し、大勢の傾きを挽回し、人心離反を収攬するのは、ただ陛下の御心にたよる他ありません。陛下への上奏は、わが身の分を越え罪も軽くありません。事態は急迫しており、立憲の大事、国家の運命に関わることで、沈黙して日を過すのは陛下の御恩に背くため謹んで奏上し、陛下のご選択に委ねる次第です。

註【綱挙目張《こうきょもくちょう》】要点をきちんと押さえれば自然に解決できる、という意。

毅の上奏は、伊藤に提言した「詔勅政策」を実現しようとしたものだ。例えば、伊藤宛書簡（明治二五年三月九日付）で、「**生《せい》ハ返々《かえすがえす》も宮中費ヲ減シ、海軍ヲ擴張《かくちょう》し、以《もっ》テ因循《いんじゅん》姑息之《こそくの》俗論ヲ警破《けいは》し、大勢《たいせい》ヲ挽回《ばんかい》スル之必要ヲ熱泣《ねっきゅう》いたし候《そうろう》**（私は返す返すも宮中費を減らし、海軍を拡張し、因循姑息の俗論を論破し、大勢を挽回する必要を熱望する）」と記し、詔勅に基づく海軍拡張などを進言していた（『井上毅傳』史料編第四巻二〇三頁）。

（註）【**毅の『国家宏運意見』**】毅の二五年六月二三日上奏文は、松方首相の手元に残され（国家宏運意見）、政府の威信地に堕ち、人心は離散し、党派の勢いは村邑に及び、国民と政府は相罵り、まさに内乱の兆しさえ見える、と記されている（『井上毅傳』史料編第二巻五二二頁）。①人心の離反より大きな政治の病はないので、陛下より勅語を賜い勤倹を重んじ、②陛下より今後二〇年間毎年宮廷費用の一割を下賜いただき海軍充実に充て、③北海道開拓を進め、④条約改正断行と国民の権利保護を図ること、を提案。

第四議会（明治二五年一一月）（第二次伊藤内閣）

明治二五年七月三〇日、松方内閣辞職。八月八日、第二次伊藤内閣発足（『山県有朋』二六四頁）。二五年一一月、議会は開会された。民党多数の衆院は、予算の一一％（八八四万六五〇一円）を削減した（官吏給与一部と軍艦製造費全額）。議会は、第六七条関連予算削減を議決し、政府承認を求めたが政府が拒否すること三度、その都度、停会した。毅は、伊藤首相に「詔勅政策」の実行を求めたが実現しなかった。

【和協の詔勅（明治二六年二月）】（毅・執筆）

議会から内閣弾劾意見が上奏されるに及び、伊藤も毅に同意、天皇の裁可で「和協の詔勅」（二六年二月一〇日）が出された（『明治天皇紀』第八巻一八六・二〇一・二〇六頁）。枢密顧問官で宮内省文事秘書官長の毅が、本詔勅を書いたものと思われる（『井上毅先生傳』一七四頁）。「和協の詔勅」には、次のように記されている（『明治天皇詔勅謹解』九七一頁）。

憲法第六十七條ニ掲ケタル費目ハ既ニ正文ノ保障スル所ニ屬《ぞく》シ今ニ於テ紛議ノ因タルヘカラス但シ朕ハ特ニ閣臣ニ命シ行政各般ノ整理ハ其ノ必要ニ従ヒ徐ロニ審議熟計シテ遺算ナキヲ期シ朕カ裁定ヲ仰カシム（憲法第六七条に掲げた費目は既に正文に保証する所に属

し、紛議の原因となるべきではない。但し、私は特に内閣大臣に命じ、行政各般の整理を必要に従い徐々に審議し慎重に計らって漏れがないよう、私の裁定を仰ぐべきだ）

國家國防ノ事ニ至テハ苟モ一日モ緩クスルトキハ或ハ百年ノ悔ヲ遺サム朕茲ニ内廷ノ費ヲ省キ六年ノ間毎歳三十萬圓ヲ下付シ又文武ノ官僚ニ命シ特別ノ情狀アル者ヲ除ク外《ほか》同年月間其《そ》ノ俸給《ほうきゅう》十分一ヲ納《い》レ以テ建艦費ノ補足ニ充《あ》テシム（国家国防の事はいやしくも一日もおろそかにすれば、あるいは百年の悔いを残すことになろう。私はここに宮廷費の中から六年間にわたり年三〇万円を下賜し、また、政府官僚に命じ俸給一割分をむこう六年間国庫に入れ、ともに建艦費の一部とする）

「和協の詔勅」（二六年二月）と毅の上奏（二五年六月）は、建艦費補助の期間だけが異なる。毅は、「和協の詔勅」が毅案であることを佐々友房宛書簡（二六年二月一六日）に記している（『井上毅傳』史料編第四巻四三二頁）。

今度和協之《の》主張者ハ、即ち小生ニ而有之《てこれあり》、此事《このこと》ニ付而《ついて》者《は》、生ハ不負平生所學《へいぜいまなぶところにまけず》と自信いたし候《そうろう》、畢竟《ひっきょう》勅諭大體《だいたい》之精神ハ、紛争曠日遂遺大計《こうじつついにたいけいをのこす》の非《ひ》ナルニ在《あ》ると認メタルト、次ニハ解散ノ飽迄《あくまで》も今日ニ非策ナルトヲ信シタルニ外《ほか》ならず候、乍去《さりながら》强硬論者之爲ニ擯斥《ひんせき》

ヲ受候《うけそうろう》ハ當然之事ニ而《て》、生ハ勿論一身之血肉《ちにく》ト名譽トハ、今日限と覺悟いたし候而《そうろうて》、不《ふ》肖犬馬《しょうけんば》之《の》行《おこない》を以而《もって》横流《おうりゅう》之《の》衝《しょう》ニ當《あたり》候《そうろう》而已《のみ》ニ有之候《これありそうろう》（今度の和協策の主張者は私である。これについては、私が平生《へいぜい》研究する所で人に負けない自信を持っている。結局、勅語の主な精神は、政府と議会の紛争に空しく日時を費やし海軍拡張などの大計を未完のままに出来ないことを認め、次に、いま議会を解散すべきでないことだ。しかし、解散論の強硬論者が私を排斥するのは当然のことで、私は、勿論、自己一身の血肉と名誉は今日限りと覚悟している。私は全力を尽くして、議会と輿論による政府攻撃という奔流を押し留める覚悟だ）

本勅語が出されたことを喜んだ毅は、翌日、佐々友房と古荘嘉門を自宅に招いた。毅の考えが実現し、第四議会は解散を免れ、海軍拡張も進み始めた。「和協の詔勅」がなければ、解散に次ぐ解散を経て憲法が停止される恐れがあった。しかし、「和協の詔勅」がより早期に出されていたら国家の大方針が実現していたと、後日（明治二七年一一月）、療養中の毅は次のように回想した（『井上毅傳』史料編第五巻五四頁）。

是れより大詔《たいしょう》渙發《かんぱつ》、局面一變《いっぺん》し、中比稍紛議《なかごろややふんぎ》ニ渉《わた》り、内閣ニ解散の説ありし時、余ハ

偶々《たまたま》其の席ニ臨ミ、力を極めて和衷《わちゅう》譲歩《じょうほ》の議を主張し、遂ニ豫算《よさん》議決の後閉會ニ至ることを得たり、只《ただ》タ惜むらくハ此の時英断の行はるゝ稍々《やや》其機を遅《おそ》くし、僅ニ敗局を彌《び》縫《ほう》するの効力ありて、大勢を挽回するの結束を得るに至らさりしことを（これより大詔が出され、局面は一変し、中頃ややもめた時、私は内閣に議会解散説があった時、偶々その席にいて、和衷譲歩の意見を主張し、遂に予算議決と閉会にこぎ着けることが出来た。惜しいことに、「和衷の詔勅」による解決の決断が遅れ、混乱収拾には役立ったが、大勢の大転換は出来なかった）

予算を議決し海軍拡張を進めるだけでなく、他の重要政策を進め憲法政治を確立することが、毅の考える「和協の詔勅」の目的だった。議会での議論を通じ公論を形成し、政府と議会が和協して国家を発展させることが必要だと、毅は考えていた。

（註）**【政府と議会の関係】**明治の議会は現代のそれに比べ遥かに好ましい。政府と議会多数派の政権交代が行われても、国体（皇室）を破壊する事態に陥るはずがなかった。民党の代議士も殆ど士族で、国防を蔑ろにしていいとは考えなかった。反日議員も、アナーキストもいなかった。**【千島艦事件】**明治二六年一一月三〇日、瀬戸内海航行中、新造艦千島が英商船と衝突沈没。毅は、英国枢密院への上訴をやめるよう主張。

【文相就任】

明治二五年八月二九日、毅は、伊藤の入閣要請に対し、体調と議会・閣僚の反発を理由に入閣を固辞し、伊藤・山県・井上馨宛に次のように記した（『井上毅傳』史料編第二巻五二九頁）。

　思想中ニ異分子ヲ包含候《ほうがんそうらい》てハ奉職後ニ十分之盡力《じんりょく》スヘキ方嚮《ほうきょう》ヲ失ヒ却而《かえって》御手モツレ之種子とも可相成歟《あいなるべきか》其邊《そのへん》甚《はなは》タ《だ》恐縮《きょうしゅく》奉存候《ぞんじたてまつりそうら》へハ此際諸公之《しょこうの》御嚴責ヲ仰キ度《たき》心得ニ有之候且《かつ》生ノ思想ハ民黨《みんとう》も能洞知《よくどうち》いたし生之政治上之意見ハツマリ民黨之議論と兩立セザルものニして氷炭《ひょうたん》不同薫之性ヲ具有スル事ハ不可掩候《おおうべからざりそうら》へハ生ノ政府部内ニ今日就職するハ彼レ等之感情ヲ惡《あしく》布シ政府之調和之餘地ヲ存せらるゝ政略ニ對し得策ニあらずと存候（思想上の異分子が内閣に存在しては、入閣後に十分尽力する方向を失いかえって障害のタネとなりましょう。その辺、大変恐縮ですが内閣大臣の批判を仰ぎたい。更に私の思想は民党も熟知し、政治上の意見も民党と両立せず、氷炭相容れないため、私の入閣は民党の感情を害し、調和を図る政府の政略にも得策でありません）

政府と議会が、国民と国家のため、堂々と議論し正論を形成し、天皇を輔翼する政治を進める、これが毅のめざす憲法政治だった。政府が見識を持たず、民党に妥協を重ねて無規範《アノミー》に陥ることは、毅には受け入れ難かった。民党は国防・経済・教育などの視点を欠き、大臣の多くは重要施策への見識もなく、議論する気概もなかった。当時、東北から北海道視察中の毅が求めたのはより質の高い憲法政治だった。毅が結局文相に就任（明治二六年三月）したのも、議会での議論の展開が自らの責任と感じたためだった。

（註）【第二次伊藤内閣】明治二五年八月八日成立。【方嚮】心のおもむく所、方角。

第五議会（明治二六年一一月開会）

第五議会は、停会を繰り返し解散選挙となった。解散になるかまだ不明の時期（一二月二六日）、文相の毅は、「**小生ハ腐敗政府之爲ニ盡力《じんりょく》スルコト出来不申《もうさず》ト決心《けっしん》仕候《つかまつりそうろう》**（私は腐敗政府のためには尽力出来ないと決心した）」と伊藤に書き送った（『井上毅傳』史料編第四巻二四二頁）。伊藤を腐敗の元凶と考えたわけではないが、伊藤内閣を「腐敗政府」と呼ぶ毅の真意は何か。団結せず機密保持も出来ない内閣を「腐敗政府」と呼んだのであろう。閣僚に裏切り者がいれば、「腐敗政府」との表現もさほど過激な表現とも思えない。この時の解散宣言書は毅が執筆したことからもわかるように、伊藤は毅を頼りにしていた。

【衆院解散選挙（二六年一二月）】

毅は、解散前の閣議で後藤と論争し、「倶に朝に立つを欲せず」と述べた（『明治天皇紀』第八巻三六一頁）。伊藤首相は、後藤象二郎農商相の進退を何れ決める考えだったが、毅の発言を受け後藤を更迭した。一二月三〇日に議会は解散し、二七年三月一日の衆院選挙の結果、第一党は自由党、第二党は立憲改進党、第三党は国民協会となった（同上三六〇・三七三・三七五頁）。

（註）【伊藤之雄氏のキテレツ説①「伊藤博文、毅を捨てる」】二六年八月の時点での毅と伊藤の関係を、伊藤氏は、「（博文は毅の）結核が悪化し……精神が不安定になって……こうして重要事項を相談しなくなり、毅の提言を重んじなくなる」と記す（『伊藤博文』三三一頁）。実際は上記の通り、二六年末時点も、解散宣言書を書かせるなど、博文は毅を信頼していた。同氏は、「俊輔」（博文の幼名）と自らの飼い犬に名付け、日々「俊輔」と呼び捨てにしており、博文を尊敬していないことがわかる（同上・奥付）。【伊藤之雄氏のキテレツ説②「毅の君主主権説」】伊藤氏は、二六年の時点で、「井上毅の態度は、彼（毅）が君主主権説を信奉するようになっていたことと関係」と記している（同上三三二頁）。「君主主権説」（君主に主権があるという意味か）とは対極の考え（国内に主権者はいない）で憲法を書いた毅に対し、同氏は根拠がない誹謗中傷とレッテル張りをしている。詔勅も大臣副署なしでは無効との憲法規定があるのに、同氏はいかなる屁理屈で「天皇は主権を持つ」と毅が考えるようになったと強弁出来るのか（「君主遵法主義意見」参照）。

第六議会（明治二七年五月一五日開会）

第六議会も論争に終始し、六月二日、毅も出席した閣議で解散が決定され、同日、衆院は解散となった（『明治天皇紀』第八巻四二五頁）（『世界一わかりやすい日本憲政史　明治自由民権激闘編』一六九頁）。また、六月二日の同じ閣議で、東学党の乱で混乱する朝鮮への混成一個旅団派遣も決定されている（同上一六九頁）。二七年五月三一日、政府委員が、民党の野次により演説を中断し、自席に戻ったのをきっかけに大争乱となった。毅（文相）は病身ながら、「馬」「牛」との罵声をあびながら、「憲法及議員法に於て政府委員は何時たりとも演説することが出来る（「知っている」と発言する者あり）……故に約束通り静かにお聴きなさい」と、毅は演説を始めた（『井上毅先生傳』一七五頁）。毅は、国務大臣政府委員は、議長の許しがあれば、いつでも何の演説でも出来るという、憲法と議員法に対する衆院の理解を促そうとした。議場にいた人々は深く感銘を受け、例えば北垣國道氏は、毅に感謝状を送った（同上一八九頁）。遂に、二七年八月一日、日清開戦を迎えた毅は、八月二九日、文相を辞任した。

第六章　教育勅語と毅

教育勅語とは

毅が起草した教育勅語は、現在、自由社会に逆行する古くさいものとされているが、決してそうではない。日本敗戦後、排除された教育勅語の再評価が待たれる。

（註）【現代日本】教育勅語を国民道徳の基本にする必要があるのではないか。吉田茂も「すくなくとも、『教育勅語』のあったほうが、生きた道標の何もないよりまさっていると思う」と述べている（『回想十年②』中公文庫一一八頁）。

一　教育勅語への道

天皇の帝大視察

明治一九年、天皇は帝大を視察され、西洋学術（理学、医学、法学など）のみの教育に陥っていることに気づかれ、翌年、修身・国漢学・国史学の必要性を総長に示された。明治二二年、ようやく帝大に国史学科が開設された。天皇は、帝大が日本の歴史や道徳の排除を続ければ、維新創業を継承する人材を育成できず、ひいては国民道義も確立出来ないことを憂慮された。天皇は、近代化のため、欧米学術を自家薬籠中のものにすること（「日本化」する）が必要だと考えられた。例えば、欧米の歴史の中から生まれた欧米法は、欧米史を理解しなければ極められない。欧米法を日本に導入するには、日本の歴史にあうように改良しなければならない。そのために、欧米の歴史文化を理解するとともに、日本の歴史伝統を身につけていなければならない。にもかかわらず、教育にそのような観点が欠落していることに、天皇はいち早く気づかれた。

（註）**【東京大学】**明治二年七月職員令に基づき、昌平黌をもとに本校（国漢学）・大学南校（西洋学）・大学東校（医学校と病院）の三部門から構成し設立した。大学本校の国学と漢学の

対立が原因となり、明治三年七月大学本校は廃止、国漢学教師は殆どいなくなった（『江藤新平』一一五頁）。**【帝国大学】**東京大学は、明治一九年、帝国大学となった（『明治天皇詔勅謹解』五五五頁）。

明治二三年の地方長官会議

明治二〇年頃、片田舎でも大人から子供まで洋装し、町の番頭から子供まで教会に通って英語を学んだ（生方敏郎『明治大正見聞史』三〇頁）。福沢諭吉は、明治二二年当時、山村の女子までが英語学校で英文の素読を習っていると記した（『福沢諭吉教育論集』岩波文庫一三三頁）。

欧化主義教育の弊害が顕著となった明治二三年（一八九〇）二月二六日、地方長官会議は、徳育を柱とする教育改革の必要性を政府に働きかけることとした（「**徳育涵養ノ議ニ付イテノ建議**」）。建議書は、義務教育が「国民としての徳性を涵養し普通の知識芸術を修めさせる」べきなのに、現状は知育偏重で徳育に欠けるという。高崎東京府知事は「政府の文教政策は、幼年者を奨励して虚無党を養成しているようなもの」と、児童が知識のない親を軽蔑し、中学生が先生を軽んじる風潮を批判。富岡熊本県知事の「普通では挽回が望めず、陛下の直接のご決定を望む」との発言を受け、天皇に働きかけて教育改善を図ることを決定した。これを受け、山県内閣は、天皇から国民へ言葉（勅語）を頂戴し、人生教育を急ぐべき幼児・学童に繰り返し読んで心に記憶させることを決議。芳川顕正文相（明治二三年五月一七日～二四年六月一日）は、天皇から「徳育の事に十分力を尽くせ」との指示を受けた。

（註）**【天皇の芳川文相への指示は、明治日本が絶対主義だったことを意味せず】** 自由主義国の英国国王は、通常、内閣に三つの権利（①相談を受ける権利、②助言する権利、③警告を与える権利）を持つが、バジョットの「権利の三位一体」として有名である（『英国の立憲君主政』八一頁）。女王の首相への助言は、通常行われている。エリザベス女王は、聖職者の任命や叙勲者の名簿に関し「もっと情報がほしい」といった表現で、女王の意に添わないことを首相にほのめかす。女王は毎週火曜日に首相の拝謁を受けるが、サッチャー元首相は「拝謁が形式的や儀礼にとどまっていると考えるのは間違い。女王は諸問題におそろしいほどの深い理解と幅広い経験を示している」と証言している（同上八四・八五頁）。バジョットが書いた「イングランドの憲制」（The English Constitution）は、ビクトリア女王以降、エリザベス女王、さらにチャールズ皇太子までの歴代王位継承者の教範となっている（同上五一頁）。**【芳川顕正】** 徳島藩士、大蔵省、東京府知事、文相（宮田章『霞ヶ関歴史散歩』四三頁）。**【高崎知事の教育批判】** 今の日本にそのままあてはまる。現在の「虚無党」も学校で養成されている。しかし、現在の知事達は改善を図る考えがないようだ。

勅語起草のポイント

毅（内閣法制局長官）は、芳川文相に依頼され勅語を執筆した。毅は、同郷の枢密院顧問官元田永孚と計一二通の書簡をやりとりした。元田は天皇側近で、天皇の考えを入れた起草となった（徳富蘇峰編著『元田先生進講録』）。

毅は、明治二三年六月二〇日の山県首相宛書簡に留意点を次のように示した。

①天皇がおおらかに国民に諭され、法律のような命令であってはならない。

②国体に合致しなければならない。漢学・洋学・仏教など外国からの借用は排除する。

③宗教からの借用と誤解される「敬天尊神」などの表現は、排除する。

④将来、政争に巻きこまれないように、時の権力者の都合で出されたという印象を避ける。天皇のご署名だけで充分で、大臣副署は不要。

日本古来の道徳

③の「宗教から借用したと誤解されかねない『敬天尊神』などの排除」は特に重要だ。「敬天」は儒学の趣があり、避けるのは当然のこと。「尊神」は、天照大神をはじめとする神々を敬うことで、避けるべきこととは考えられない。にもかかわらず除外すべきという。勅語から神道も含め宗教色を排除し、禍根を残さないようにすべきと考えた。毅は、日本の道徳から、贅肉を削ぎ落とし、核心だけを選びぬいて勅語を作った。その結果、世界中、どの時代にも通用するという自信を持って「之を古今に通じてあやまらず、之を東西に施して悖らず」と宣言

したのである。教育勅語は、明治二三年（一八九〇）一〇月三〇日発布、一〇月三一日に全国学校に交付された。教育勅語を僅か五ヵ月で書きあげた毅に脱帽するしかない。

【教育勅語全文】

朕《ちん》惟《おも》フニ我カ皇祖皇宗國《くに》ヲ肇《はじ》ムルコト宏遠《こうえん》ニ徳ヲ樹《た》ツルコト深厚《しんこう》ナリ我カ臣民克《よ》ク忠ニ克《よ》ク孝ニ億兆《おくちょう》心ヲ一《いつ》ニシテ世世《よよ》厥《そ》ノ美ヲ濟《な》セルハ此《こ》レ我カ國體《こくたい》ノ精華《せいか》ニシテ教育ノ淵源《えんげん》亦《また》實ニ此《ここ》ニ存ス爾《なんじ》臣民父母ニ孝ニ兄弟《けいてい》ニ友《ゆう》ニ夫婦相和《あいわ》シ朋友《ほうゆう》相信シ恭倹《きょうけん》己レヲ持シ博愛衆ニ及ホシ學ヲ修メ業ヲ習ヒ以テ智能ヲ啓發《けいはつ》シ徳器《とっき》ヲ成就《じょうじゅ》シ進テ公益《こうえき》ヲ廣メ世務《せいむ》ヲ開キ常ニ國憲ヲ重シ國法ニ遵《したが》ヒ一旦緩急《いったんかんきゅう》アレハ義勇《ぎゆう》公ニ奉シ以テ天壌無窮《てんじょうむきゅう》ノ皇運《こううん》ヲ扶翼《ふよく》スヘシ是《かく》ノ如《ごと》キハ獨リ朕カ忠良ノ臣民タルノミナラス又以テ爾祖先ノ遺風ヲ顯彰スルニ足ラン

斯《こ》ノ道ハ實《じつ》ニ我カ皇祖皇宗ノ遺訓ニシテ子孫臣民ノ倶《とも》ニ遵守《じゅんしゅ》スヘキ所之《これ》ヲ古今《ここん》ニ通《つう》シテ謬《あやま》ラス之ヲ中外《ちゅうがい》ニ施《ほどこ》シテ悖《もと》ラス朕爾臣民ト倶ニ拳拳服膺《けんけんふくよう》シテ咸其徳《みなそのとく》ヲ一《いつ》ニセンコトヲ庶幾《こいねが》フ

明治二十三年十月三十日

御名御璽《ぎょめいぎょじ》

【教育勅語訳】

私が思うに、私の皇祖皇宗（神武天皇および歴代天皇）が国をつくられたことは、はるか遠い昔で、徳をたてたことは意味深い。私の国民が、わが国の歴史を通じ代々忠と孝の美をなしたことは、わが国の国体の精華であり、教育の目的もこの点にある。国民の皆さん、父母に孝行し、兄弟姉妹に友愛をもち、夫婦相和し、友人と互いに信頼し、自ら身をつつしみ、博愛を多くの人々に及ぼし、学を修め仕事を習い、もって智能をひらき、徳器となり、進んで公益を広め世の仕事を開き、常に国の憲法を重んじ、法律にしたがい、一旦有事の際は義勇心をもって公に奉じ、もって天とともに尽きることない皇運（日本の発展）の一助となるべきである。以上のことがらは、皆さんが真心のある素直な国民であるだけでなく、あなたたちの祖先の残した暮らし方を褒めたたえるに十分であろう。

この道は、わたくしの皇祖皇宗の遺した訓えであり、子孫であるわたしと国民が守るべきことで、これを古今に比較しても間違いではなく、内外に施してもあやまらない。わたくしは、あなたたち国民とともに、この訓えを胸に抱いて、徳を一致させることを願う。

二　教育勅語は日本の国体を伝える

教育勅語の特徴

教育勅語は、「父母に孝、兄弟に友、夫婦相和し、朋友に信、一旦緩急あれば義勇公に奉じ」という。一方、儒学は「父子親あり、君臣義あり、夫婦別あり、長幼序あり、朋友信あり」（孟子）で、「親子は親愛、君臣は義理、夫婦は礼、長幼は秩序、朋友は信義をもととしなければならない」ことを示す。勅語は宥和的で、儒学の五倫は戒律的だ。勅語の徳目は、和を尊ぶ日本の国体に一致し、国民が古来実践してきたことで受け入れやすい。儒学の五倫ではなく、日本古来の徳目によって勅語をつくった理由は、次の通り。

①「君臣の義」でなく「公」

毅は、儒学の徳目の欺瞞性をみぬいていた。本来、日本とシナの国体は水と油ほど異なる。シナの歴史は易姓革命といい、王朝が次々にかわり武力で他を圧倒した者が統治者となる。「王侯諸相《おうこうしょしょう》、寧《いずく》んぞ種《しゅ》あらんや」というように、シナでは力のあるものが支配者となり、力づくの政治となる。支配強化のため「君臣は義理をもととせよ」と民衆に教え、自らを権威付けようとする。しかし、「忠信は礼の本なり。義理は礼の文なり」というように、「義理」さえも形式に陥り、支配者への服従の程度を測る物差しとなる。日本は、「君臣の義」や「君に忠」と言わずとも、君臣の道が定まっている。天皇にかわり支配者になろうとした者もなく、君は君として臣は臣としての道が行われ、シナのように「君臣の義」を諭す必要はない。

日本では、天皇も国民も公に尽すことを重要と考えてきた。天皇は、国民を「大御宝《おおみたから》」として国民の安寧を政治の第一と定め、私欲と無縁な存在であり続けた。国民は、家庭をまもるなど私の務めを果たしながら、公に尽すこともこころがけた。公に尽くすことで天皇と国民が心を一つにできることが、日本の国体の特徴だ。

②「夫婦の和」

シナの夫婦は、往来で相手の非を叫び自己を正当化する。「夫婦別あり」という儒学の徳目は、シナの現実を反映している。古来、シナ女性は、家の財産で、纏足《てんそく》といって幼児期から足型を改造され、夫婦別姓のため結婚後も同姓になれない。日本では、夫も妻もそれぞれの務めを果たし「夫婦相和」して家庭を守り、纏足は受け入れなかった。財布を握るのは昔から主として女で、夫が妻を信頼し夫婦が一体化していたことの証である。

（註）**【ジェンダーフリーという和製英語の横行】**人類の起源以来、文化の進展に伴い定まってきた男女の役割分担を否定し、人間社会の文化（生き方）を根底から破壊する共産主義・無政府主義に根源を持つ言葉。平成一一年、小渕内閣が成立させた「男女共同参画基本法」

は、日本人が創造してきた文化をアッという間に破壊する毒性を持つ。「夫婦相和」して築き上げられた日本の家庭を破壊し、国家を滅ぼす基本法の放置は禁物。日本に「夫婦別姓」を持ち込めば、「夫婦相和さず」、「夫婦別あり」の対立を生むだろう。

③　**「長幼の序」でなく「兄弟に友」**

「長幼の交際は秩序や礼儀をもととせよ」という意味の五倫の「長幼の序」は、形式に陥り儒教社会の発展を妨げた。年長者の前で喫煙を避ける韓国の慣習は、「長幼の序」の形骸化の一例。一方、日本では、「長幼」の基本である「兄弟の慈しみ」という自然な情としての「友（愛）」を大切にし、社会を硬直化させる「長幼の序」を採用しなかった。高杉晋作ら若手を登用した長州藩の人材登用も、「長幼の序」でなく「長幼の友愛」というべき日本の国体精神に沿うもの。

④　**日本の美風を未来に引き継ぐ**

毅は、五倫について次のように記す（毅『五倫と生理の関係』を読みやすくした）。

「五倫といえば、儒教主義の占有物のように、世間の人々は考えていることは、くやしいことだ。倫理とは、人間の構造から、自然に生まれ出てきたもので、古今東西を問わず、人間として世に生きる者が逃れ得ない、生活のみちすじである」

躾は、「五倫」を、儒学の占有物でなく人体構造・生理から自然に出て、古今東西に共通な規範とした。教育勅語の基本には、「忠」（まごころ）と「孝」（親孝行）がある。更に、「忠」「孝」の土台に「公に尽くす精神」がある。国民は、生活のため、ややもすると公の精神を失いがちだが、無理からぬことで、責められるべきではない。そこで教育勅語は、「一旦緩急有れば」と条件付きで国民に公に尽くすことを諭している。一方、天皇のご存在は「公」であって「私」ではない。天皇は、公に尽くすことを誠実に実践されている。天皇の公に尽くす精神は、国民を尊重する国体精神に由来する。教育勅語とは、まず、天皇が、「公に奉じ」、「父母に孝に、兄弟に友に、夫婦相和し、朋友相信じ」を率先して実践し、安心して暮らせる国をともにつくろうと国民に呼びかけられたものだ。教育勅語は、日本国民に、古来の道徳をよびさまし、日本の国体精神を伝えてくれる。

第七章　教育と毅

一　明治初年の教育制度

明治二六年、毅は文相に就任した。明治中期までの教育政策に関わり、森有礼とともに名文相と称された（『井上毅の文教政策』）。まず、教育の流れをたどってみたい。

「学制」発布

「学制」は、「四民平等」を基礎に置く教育をめざし、全国民を対象とした教育制度を示したものである。全国民対象としたのは、初代文部大輔・江藤新平が「全国の人民を教育して其の道を得さしむるの責に任ずる」を文部省務に加えたためである。猶、江藤は、佐賀藩藩政改革書「民政仕組書」（明治二年）に「村中の子供男女、筆算の稽古は是非致すべく仕組を立つべし」とした（『江藤新平』一一七頁）。

明治四年七月、廃藩置県で全国行政が統一され、文部省（初代文部卿・大木喬任）が設置された。明治四年一二月、学制取調掛に委員長格で仏国法制の権威・箕作麟祥、仏学の辻新次・河津裕之、「和蘭学制」翻訳者・内田正雄、国漢学者・長炗《ちょうひかる》（三洲）らが任命され、政府顧問フルベッキの意見を参考にしながら、「学制」規則草案が作られた（大隈重信の証言、『明治天皇詔勅謹解』五九九頁）。

明治五年六月、太政官に提出された「学制」規則は、左院審議を経て、八月二日、太政官布告（第二一四号）とともに発布された（『明治天皇詔勅謹解』六〇〇頁）。「学制」規則は、仏蘭学制を参考に、教育内容は米国に範をとる、全国共通の教育制度を導入した（『学制百年史』一一九頁）。「学制」は、①全国を八大学区にわける学区制、②各地域による学校設置義務と学校の民費（税、授業料、積立金寄付金など）維持、③師範教育確立、を柱とした（同上一三三頁）。

（註）【フルベッキ（一八三〇〜一八九八）】安政六年（一八五九）宣教師として来日、長崎で英語・経済・政治・理学などを、大隈・江藤新平・副島種臣・大木喬任・大久保・伊藤・横井小楠甥（太平・佐平太）など多くの日本人に教えた。大学南校教頭、元老院顧問、華族

学校講師、明治学院教授。オランダうまれだが無国籍、米在住も市民権なく日本に没す（青山墓地）。オランダ・ユトレヒト工業学校卒。明治二年以来東京の開成学校で教鞭をとった。**【箕作麟祥《みつくりりんしょう》（一八四六〜一八九七）】**幕臣、慶応三年仏留学、司法次官、貴族院議員、法学博士。西洋法翻訳と成文法起草に活躍。それまで法律を意味していた「憲法」を国家基本法の意味にかえたのは、箕作が翻訳した仏国六法（明治六年出版）が最初（『続法窓夜話』二九頁）。**【辻新次（一八四二〜一九一五）】**開成所教授手伝い、大学南校校長、明治一九年文部次官、貴族院議員、男爵。学制制定に従事。**【長三洲】**文部官僚。**【「学制」が定める学校制度】**全国を八大学区にわけ、一大学区を三二中学区にわけ、一中学区を二一〇小学区にわけた。全国に八大学、二五六中学、五万三七六〇小学校を設置することとなった。「学制」発布三年の明治八年には、全国小学校は二万校に達した。学校建設は、各地区の財政負担となった。学区が行政地区と別に定められたために混乱を生じた。

「学制」と同時に出された太政官布告第二一四号（「学制頒布被仰出書《はんぷおおせいだされがき》」とも呼ばれる）は、「**邑《むら》ニ不學ノ戸ナク人ニ不學ノ人ナカラシム**」として、国民全てが教育を受けるべきことを宣言し、教育普及に大きな役割を果たした（『学制百年史』一二六頁）。しかし、「**學問《がくもん》ハ身ヲ立《たつ》ルノ財本《ざいほん》共云フベキ者ニシテ人タル者誰カ學バズシテ可《か》ナランヤ**（学問は立身の資本であり、人はみな学ぶべきだ）」という言葉が示すように、教育が立身の手段とされ、功利主義と個人主義にかたよりすぎるきらいがあった。文部省は、修身教育を、米国教科書から翻訳した修身教科書により、低学年だけに限定した。徳育を軽視する「学制」に落胆した木戸孝允は、執筆者のひとりの長炭に対し、「文部省は当世風の開化病に伝染し、一〇年後の成果に期待する楽しみは更々ない」という書簡を送った（『明治天皇詔勅謹解』六〇一頁）。明治三年の大学本校（国漢学）閉鎖にともない、国漢学系有識者が省内から消え洋学系に独占されたことによる徳育軽視を憂慮した発言だった。

「学制」の他の欠陥は、歴史教育の欠落である。初等教育で国史教育が始まったのは明治一四年で、天皇の指摘によるとされる。明治一四年の中等学校では、国史ではなくパーレーの『万国史』が授業されていた。高等教育の国史教育は、独語教師グロートの指摘を受けた明治一六年に始まった。大学の国史教育は、明治二一年、天皇の指摘を受けた帝大総長渡邊基氏の決断により始まった（平泉澄『日本精神について（下）』「日本」平成一八年一月号、二頁）。

教育令（明治一二年）

明治一一年五月、文部省が、「学制」にかわり「日本教育令案」を太政官に提出したことをうけ、岩倉具視は、参議兼法制局長官の伊藤博文に検討を依頼した。「教育令」は、学区を廃止し、学校事務管理者（学務委員）を公選し教育責任を地方に委譲し、自由主義に基づく学習内容にするなど、米国教育がお手本だった。「教育令」は、田中不二麿がモルレーの意見を参考にして立案した（『学制百年史』一四〇・一四八・二五〇頁）。
伊藤博文が担当した「教育令」の太政官審議は、大久保暗殺で遅れながらも修正後、明治一二年四月一二日、元老院に送られた。元老院審議中、議官・佐野常民は、第三条の学科内容が読書・習字・算術・地理・歴史・修身の順だったのを、修身を最優先にすべきと提案したが却下された。

（註）【ダビッド・モルレー】米国ラトガースカレッジ数学教授、明治六年～一一年文部省督務官、学監。田中不二麿と教育行政を指導。モルレー招聘は、駐米公使森有礼が関係したようだ。モルレーは、明治五年、森公使に、「各国民は自国民の要求に適する教育制度をつくるべき。欧米の模倣ではなく日本の伝統慣習に基づき根本的な改革を避け、今の教育制度をできるだけ残すべき」と答えた（『学制百年史』一四〇頁）。【田中不二麿】弘化二年～明治四二年（一八四五～一九〇九）。尾張藩士、明治二年大学御用掛、四年文部大丞、岩倉使節団調査理事官として欧米教育調査。明治七年文部大輔、明治一三年司法卿、明治二四年司法大臣。（『岩倉使節団という冒険』二八頁）【佐野常民】文政五年～明治三五年（一八二二～一九〇二）。佐賀藩士。元老院議長、農商大臣。

天皇の危惧

天皇は、「学制」から「教育令」に至る教育が米国の模倣に終始し、「和魂洋才」で始まった明治維新が「洋魂洋才」に陥っていることを危惧された。天皇は、東北・北陸・東海道巡幸時の体験を、侍講・元田永孚に次のように述べられた。

北越巡幸の際、諸学校の生徒の授業を見たが、英語はできるが国語に訳すことは全くできなかった。ちょうど、商家の子弟が家業を知らない一方、高尚の生意気な演説をやるといった、本末転倒の生徒が少なくない。明治五年以来、田中不二麿が米国式を導入してからの弊害に違いない。

（註）**【東北・北陸・東海道巡幸】** 明治一一年八月三〇日〜一一月九日、「教育令」が太政官で審議されていた時期と重なる。

巡幸後、天皇は岩倉に「今後、一層勤倹を旨として我国の徳義を教育に実施するよう」と述べられた（『明治天皇詔勅謹解』六〇三頁）。天皇は、教育是正の善後策（「聖旨教学大旨」「教学大旨」と略す）を、元田永孚に起草させた（同上五九二・六〇四頁）。教学大旨は、小学条目二件と共に、天皇のお言葉として出された。小学条目とは、小学校で「仁義忠孝」を先ず教えるべきというもの。元田の「教学大旨」は、次の通り。

「教學大旨」（明治一二年九月一一日）

教學ノ要、仁義忠孝《じんぎちゅうこう》ヲ明カニシテ、智識才藝《ちしきさいげい》ヲ究《きわ》メ、以テ人道ヲ盡《つく》スハ、我祖訓國典ノ大旨、上下一般ノ教《おしえ》トスル所ナリ、然ルニ輓近《ばんきん》専ラ智識才藝《ちしきさいげい》ノミヲ尚《とう》トヒ、文明開化ノ末ニ馳セ、品行ヲ破リ、風俗ヲ傷《そこな》フ者少ナカラス、然《しか》ル所以《ゆえん》ノ者ハ、維新ノ始首トシテ陋《ろう》習《しゅう》ヲ破リ、知識ヲ世界ニ廣《ひろ》ムルノ卓見ヲ以テ、一時西洋ノ所長ヲ取リ、日新ノ效ヲ奏スト雖《いえ》トモ、其流弊《そのりゅうへい》仁義忠孝ヲ後ニシ、徒《いたずら》ニ洋風是競《これきそ》フニ於《お》テハ、将来ノ恐ル、所、終《つい》ニ君臣父子ノ大義ヲ知ラサルニ至ランモ測ル可カラス、是我邦《これわがくに》教學ノ本意ニ非《あら》サル也、故ニ自《じ》今以往《こんいおう》、祖宗ノ訓典ニ基ツキ、専ラ仁義忠孝ヲ明カニシ、道徳ノ學《がく》ハ孔子ヲ主トシテ、人々誠實品行ヲ尚トヒ、然ル上各科ノ學ハ、其才器ニ随《したがい》テ益々長進《ちょうしん》シ、道徳才藝、本末全備シテ、大中至正《だいちゅうしせい》ノ教學天下ニ布満《ふまん》セシメハ、我邦獨立ノ精神ニ於テ、宇内《うだい》ニ恥《はず》ルコト無カル可《べ》シ（大意）（教学の要は、仁義忠孝を明らかにし、智識才芸を究め、人道に尽くすことである。これは、我が祖宗の訓えと国典の意味するところであり、国民が一体となって教えとなしてきた所だ。しかるに、最近、知識才能のみを尊び、文明開化の末に走り、品行を破り、風俗を損なう者が少なくない。その理由は、維新のはじめに「陋習を破り、知識を世界にひろめる」という卓見をもって、一時西洋の長所を取り入れ、日進の効果を上げたものの、弊害は仁義忠孝を後にし、徒に洋風を競う事態に陥って、将来、君臣父子の大義を忘れるという恐るべき事態となろう。これはわが国の教学の本意ではない。したがって、今より、祖宗の訓典に基づいて、専ら仁義忠孝を明らかにし、道徳は孔子を主とし、人々が誠実・品行を尊び、その上で、各学科の学問はその才能に従って益々進歩し、道徳と才芸の本末を全て兼ねそなえ、至大で偏りのない正しい教えを国全体に普及すれば、わが国は独立精神において世界に恥じる所がないものと思われる）

（註）**【元田永孚《ながざね》】**字は子中、号は東野。文政元年（一八一八）一〇月一日、熊本の山崎町（旧熊本交通センターに記念碑があった）生まれ。肥後藩士。明治三年藩主細川護久侍講。明治四年宮内省出仕、侍読・侍講・宮中顧問官・枢密顧問官・宮内省御用係。天皇の信任が厚かった。教育勅語起草で毅をたすけた。長岡監物・横井小楠とともに肥後実学党の一員。明治二四年（一八九一）一月二二日没。七四歳。（「肥後史話」三一二頁）（「熊本の先覚者たち」九八頁）**【所長】**すぐれた点。**【大中至正】**至大なる中正（偏ることがなく正しいの意）を意味する。**【布満《ふまん》】**普及。**【「小学条目」の要旨】**①仁義忠孝は、幼時から培うべきで、忠臣・義士・孝子などの肖像を示し、感覚的に「忠孝」の意義を覚えさせることが重要、②昨年の巡幸で小学生が高尚な空論に陥り、年長者を侮る風潮が生じていたことは教育の本末を忘れた失敗、というもの（『学制百年史』一六二頁）。

「教学大旨」は、「教育の基本は、人としての生き方（仁義忠孝）を身につけ、知識技能を習得し、人道に貢献することであり、わが国古来の原則である。西洋知識技能の習得を重んじることは結構だが、何のための知識技能かという基本を忘れれば、教育は失敗に終わる。国民が仁義忠孝という生き方を見失えば、国も衰退する」という。元田が「教学」にこだわったのは、西洋にはキリスト教という国民精神の基盤（国教）があって初めて憲法に基づく政治が成立することを、理解していたからだ。元田は、明治一三年、他者に先駆けてまとめた憲法意見（『国憲大綱』）にも、国教の重要性を記しており、元田の先見性を示している（『大日本帝国憲法成立史』一六六頁）。

毅の「教育議」

明治一二年九月、天皇は、参議兼内務卿・伊藤博文と文部卿・寺島宗則に、「教学大旨」を示し「教育を改良し風俗を矯正する事」を希望され、伊藤に意見を求められた。伊藤は、天皇への回答書（「教育議」）の執筆を毅に依頼した。伊藤は、「風俗を正すには教育の改良だけではムリ」と考え、また、「教学大旨」が示す「仁義忠孝」を基本とした教学導入に反対した（『大日本帝国憲法制定史』三九九頁）（『明治天皇紀』第四巻七六〇頁）。

毅は、「教育議」で次のように述べている。

国内風俗の混乱は、国民規範と言論の乱れだ。原因は、鎖国封建の廃止と武士規範の消滅、戦乱による人心の乱れ・不平士族の言論・欧州過激思想の流入だ。混乱の主因は、教育でなく社会急変にある。故に、教育は、風俗混乱をしずめる一方法に過ぎない。現行制度は、明治五年の学制以来、緒についたばかりで、僅かな弊害除去のため、制度と内容の即時変更は旧弊に立ち戻るなどの災いを招く。教科内容変更の必要はなく、今の倫理教科書を用い教師が身をもって教えれば、学童の品行も正される。国教を立てるには、賢哲の出現に待つべきで、官制でこしらえるものではない。

毅は、「教学大旨」が示す「仁義忠孝」などの徳目を教育の基本に置くよりも、西洋の知識・技術の教育が急務だと考えた。「教育議」には、西洋の実態を見た伊藤と毅が抱いた「近代化なくして国家の生存なし」という危機感がにじみ出ている。本論中で注目すべきは、毅が否定しているのは国教導入で、道徳教育は否定してないことだ。毅が「国教」を否定したのは、国教への他宗派からの攻撃を恐れたためだと思われる。ただし、元田の「教学」とは、宗教と異なると解釈され、毅と元田の違いはさほど大きくないとも考えられる。この時点で、毅や伊藤が、天皇や元田の考えに及ばない面があったことも否めない。

「教学大旨」を受け明治一三年頃から、文部省も欠陥に気づき、徳育に力を入れるようになった（『学制百年史』一六三頁）。

「教育令」改正

天皇は、「教育令」裁可を留保された。「教育令」が制度面の改正にとどまり、徳育に低い関心しか払っていなかったからだ。明治一二年九月一一日、天皇は、寺島宗則文部卿に元田の「教学大旨」・「小学條目」、穀の「教育議」、文部省の「教育令草案」を渡され、教育是正についての精査研究を希望された。その上で、「教育令」を裁可された（九月二九日「教育令」発布）。「教育令」は「自由教育令」とも称され、教育を地方の裁量に任せると一般にうけとられた。地方によっては、財政逼迫で廃校や校舎建設中止、就学率減少など弊害が続出した（『学制百年史』一五一頁）。

地方長官会から、「教育令」は地方任せの教育だとして改正の要望が出された。明治一三年二月、文部卿に就任した河野敏鎌は、各地の実態調査後、同一二月、「教育令」を改正した。「改正教育令」は、①修学義務の強化、②各町村の小学校設置義務、③各府県の師範学校の設置義務、小学校への国庫補助金の廃止などを規定した（同上一七五頁）。「教学大旨」の主旨に沿って「修身」が小学教科の冒頭に置かれた。田中不二麿は、一三年三月、司法省に転出し司法卿となった（同上一五二・一六三頁）。

「教育令」が至急「改正教育令」に改正されたように、問題があれば、閣僚が責任を持って実態調査し、直ちに法令改正がおこなわれた。明治の素晴らしさは、この辺にある。

（註）【体罰禁止】「教育令」と「改正教育令」の両者は、体罰を禁止した。

森有礼文部大臣

明治一八年一二月二二日、太政官が廃止され内閣制度が創設された。初代文相森有礼は、教育意見書に「今夫国の品位をして進んで列国の際に対立し以て永遠の偉業を固くせんと欲せば、国民の志気を培養発達するを以て其根本と為さざることを得ず」とした。森は、維新直後に学校判事、商法講習所を開き商業学校の基礎をつくり、明六社をおこし、外交官として活躍後、伊藤博文に見出され、文部省御用掛を経て文相（『学制百年史』二六八頁）。明治六年、森（当時駐米公使）は、日本の教育をいかにすべきかの、米国教育学者の回答をまとめ、ニューヨークで出版（『日本の教育』）。米専門家の回答は、明治五年の学制発布の精神を示す太政官布告（『学制被仰出書』）や福沢諭吉『学問のすゝめ』に示された「立身のため」と異なり、「**必要なのは日本国のための教育**」**と国のための教育を**強調した。明治維新は、地位や名声を望まず一身を日本のためにささげた人々によって成し遂げられた。今後も国家のために何事かをなし得る人材が必要とされ、森による国民教育の推進は当然のことだった。森の政策は、①帝国大学令

（東京大学を東京帝大となす）、②全国に高等中学校五校をおき、高等普通教育・専門教育を施す、などであった（『井上毅の教育政策』四二八頁）。

（註）【森有礼（弘化四年～明治二二年）】薩摩藩士。英米留学。明六社設立。駐清・駐英・駐米公使。

二　毅の教育思想

明治一四年、毅（太政官大書記）は、琉球問題に関する日清交渉のため、一三年四月～一四年三月上旬（年末の一時帰国を除き）の長期間、清国に出張した。帰国後、「儒教に存す」執筆。一四年一一月、教育意見を岩倉に提出した。一九年一一月、森文相に高等中学校設置を熊本にするよう依頼した。二一年二月法制局長官就任後、同一二月「国典研究」に関する演説、二二年三月「森文相の国体主義教育」演説を行ない、特に後者では熊本の済々黌教育を取り上げた。明治二六年三月、文相就任後も積極的に執筆や講演を行ない、普通教育は国民教育であるとの持論を展開した。

毅の「儒教を存す」〈要旨〉は次の通り（『井上毅傳』史料編第三巻四九七頁）。

『儒教を存す』（明治一四年）

今より約四千年前、エジプトとシナが開化の祖だ。両者は、山を負い海に臨み、気候の温かなことは共通だが、一長一短がある。エジプトからギリシアに継承された天文・地理・数学・機械技術は優れているが、シナは比較すべくもない。エジプト・ギリシアの教えは、霊魂不死・輪廻再生・天国地獄死後の賞罰を論じ、インドのバラモン、モーゼのユダヤ教、キリスト教、イスラム教に分かれ、何れも荒唐無稽な奇跡を信じる。キリスト教は、聖書を読めば浅薄で取るに足らないことがわかる。しかも、教義の違いから、百年戦争、十字軍のエルサレム遠征、三〇年戦争など、数千万人を殺した。すべて、教義によって兵力を動かし、甚大な惨害を招いた。シナでは、堯舜三代の時代から、占卜をもととし人心を惑わしたが、孔孟に至り、神や冥界を説かず人倫を説いた。孔孟の教えは、後世に至り、科学を知らず実学を忘れ「文字癖（文章解釈だけの学問）」に陥ったため、シナは世界の最弱国となり、学者は、虚文により人を愚かにすることを常とした。しかし、世界の書物を読めば、道理は窮まりがないため不十分な点はあるものの、儒教がもっとも正大であることは明らかだ。**日本は、政治・民法・農工・その他百般は西洋に範をとり、倫理は古典国文**（**国籍**）**を父とし、儒教を師とすべきだ。青少年には、父である古典国文や師である儒教を平易な文章で教えるべきで、農工の子のためには、平易な文章の小学書を作**

って教えるべきだ。

毅は、倫理は国典を父として儒学を師として教え、政治・民法・農工その他は西洋学術を教えるべきと考えた。シナが陥った文字癖を避けるため、日本の青少年には、分かり易い文章で倫理を教えるべきだという。毅は、ユダヤ教・キリスト教・イスラム教何れも荒唐無稽と断じた。本論文は、毅の文明論であり教育論といえよう。

（註）**【毅の考え】** 横井小楠の詩（**堯舜孔子の道を明らかにし、西洋器械の術を尽す、何ぞ富国に止まらん、何ぞ強兵に止まらん、大義を四海に布かんのみ**）に示された小楠の考えと一致する（井上司朗『横井小楠の詩』一五〇頁）。維新以降の欧化主義の大きな流れの中にあっても、毅は、物事の本質を見失わない姿勢を堅持していた。こういう所に、毅の第一等の思想家としての面目が示されている。

毅の教育意見（「人民教導意見」）（明治一四年）

明治一四年一一月、毅は教育意見（「人民教導意見」）を、三条・岩倉らに提出した（『井上毅傳』史料編第一巻二四八頁）。大隈辞任で決着した、憲法問題と北海道開拓使払い下げ問題による紛糾が、言論機関と中等教育を福澤諭吉ら民間が牛耳っていることに起因すると考え、教育と言論などを改革するため次の提言をした。

①**政府の考えを伝える言論機関の創設**　西洋諸国は既に実施しているが、政府の政策や考え方を国民に直接伝える言論機関が必要。民間の言論機関だけでは、野党の考えしか報道されない恐れがある。そのため、政府が社長を任命し、社説に政府の考えが反映する言論機関を新設。大阪に半官半民の報道機関を設置し、政府に反対の時は無視する自由を与える。

②**政府の政策に賛成する地方士族に、手当てを与える**　政府を応援する士族を優遇する必要がある。退官後、地方に在住し、保守的な考えを持ち、政府に協力する者に経済的援助を与える。

③**中学並びに職工農学校を興す**　中等教育が地方に普及せず、士族子弟が福沢の門（慶應義塾）に学ぶ結果となっている。国庫から毎年五〇万円を支出し、士族が多い地方に中学校と農学・職工学校を作り、国語及び漢学で授業を授け、洋務を知るには翻訳書を使い、これまでの欧米風学則は削除すべき。そうなれば、士族子弟が、東京に集まり政論を声高に主張する悪弊から脱却し、慶應など私学で（著者註・福沢諭吉など）一人の意見を青少年に広める弊害が除かれる。農工学校は、理論を略し学則を簡素化し、実業を主とすべき。

④漢学を勧める　維新以来、革命思想の流入のため、漢学を勧めて忠愛恭順の精神を養う。

⑤ドイツ学を勧める　医科に限られている独語を勧め、ドイツ学を振興する。英仏語を学ぶ法科文科では、英語を学べば英を慕い、仏語を学べば仏政治を羨むのが自然の勢い。

毅の教育に関する五提言の注目点は、職工学校・農学校など実業学校設置を毅が早くから提言した点で、文相就任後省内意見を容れて出来たものではないことだ。中等教育未整備によって、慶應義塾などに士族子弟が進学し、政論に熱中する原因となっている。そのため、職工学校農業学校などの実業学校整備は、青少年の目を実業に向けさせ、さらに経済発展のために必要と考えられた。民権派の動きが、相次ぐ戦乱や変革に対する士族の不満の上に成り立っていることを、毅はよく承知していた。仏革命思想流行など浮ついた風潮を保守言論機関創設により改め、漢学により忠愛恭順の精神を養い、ドイツ学により漸進主義が学ばれることを、毅は期待した。

（註）**【『独逸書籍翻訳意見』】**『井上毅傳』史料編第一巻二五四頁。**【海後の指摘】**海後宗臣は、毅の実業学校振興策のうち、明治一四年職工学校案は不平士族子弟への社会対策で、文相時のは経済発展政策とし、両者は異なるというが、あまり意味ある指摘とは思えない（『井上毅の教育政策』）。**【毅の『経済論』】**明治二〇年、毅は『経済論』を記した（『井上毅傳』史料編第三巻五七一頁）。

「国民教育と国典研究」（明治二一年、毅の講演）

毅は、文相就任五年前、国典研究が政治・憲法・経済・国民教育の全てに重要だと「国典講究ニ関スル演説」（明治二二年一二月六日）で述べた（『井上毅傳』史料編第五巻三八三頁）。

国典は国民教育のために随一の必要がある。国民が集合し国をなす以上、国を護る必要がある。国民が自ら国を護ることは、国民が自ら国を愛するより生じる結果だ。愛国心は、総て国民教育により発達する。洋の東西を問わず、何れの国も独立を保つために国民教育を第一としなければならない。国民教育の材料は、普通教育の生徒に国の歴史および国語を教えることだ。……国典は自国の祖宗並に先哲の偉業を知らしめ、自国の尊いことを感触させ、自国が母国であることを脳髄に銘刻せしむることだ。……政治のために国典を講究することは政治上随一の必要だ。東西を問わず、憲法及び政治全般につき、淵源基礎を自国の歴史典籍に取らない国はない。国の歴史上の沿革及び古典慣例は、憲法と政治の源だからだ。

毅は、国典国語研究が、①国民教育、②憲法及び政治全般の二点で必要だという。国語と歴史教育なしでは、国民教育は成立しないという。国民教育は、「愛国心」を養い、国を護ることを基本とする。また、憲法と政治の面から、「憲法及び政治全般の源は、国の沿革及び典籍にある。これを怠ると憲法の運用も政治もうまくいかない」という。

国典研究の必要性を、毅は次のように考えたのではないか。経済・学術を含め国民生活の根っこに国語がある。国語は、日本人の考え方・生き方の根源である。毅は、日常読み書き話す国語の原点である国典に関し、重要な研究がなされていない現状を危惧したのだろう。毅は、国家にとって必要な研究を怠らなかった。欧米のものを導入せずには生存できない時代であるがゆえに、国典国語の重要性を忘れてはいけない、と考えた。この一文は、毅が、将来を見通し、何をなすべきかを的確に考える優れた政治家（ステイツマン）で思想家だったことの証拠である。

（註）**【国語漢文教育】**　毅は、国語漢文教育を大学予科でも重視すべきとした。国家の枢要を占める大学卒業生は、国語の表現力が必須とし、明治二六年国語教員夏季講習会で「**西洋先進国では、高等教育で国語教育を重視する。わが国の高等教育修了者は、国文で意見を十分表明できる能力に乏しい**」と述べた（『井上毅の教育政策』四六二頁）。**【国語教育は愛国心成育の資料】**　毅の言葉「**国語教育ハ愛国心ヲ成育スルノ資料タリ**」（同上九四二頁）。

三　森文相の国体主義教育

「森文相の教育は国体主義教育」（明治二二年三月九日の毅の講演）

毅は、文相就任四年前、「故森文部大臣の教育主義」と題する講演で次のように述べた（『井上毅傳』史料編五巻四〇一頁）。

明治二〇年夏、私が森文相と相談して代草した教育意見書は未公開で、世間には知られてないが、**森文相の教育は「国体主義教育」であり、今後も継承されるべき**だ。

毅は、知識を与えるだけが教育ではないとして次のように述べた。

教育は、教科書内容を並べて知らせるだけに止まらない。**一般国民の心を確かめ、精神の方向を示し、一つの重点に帰一させることが最重要**だが、困難な事業だ。シナの二〇〇〇年前の周の時代に行なわれた理想の教育も、今の時代そのままには行なわれない。欧州にキリスト教があり、少年精神を確立する結果を得ているが、日本に採用できない。日本の教育の成果として、国民精神をまとめることは最困難だが、幸い日本には万国に例のない優美な特徴、日本の万世一系の国体がある。これより外に教育の基とすべきものはない。日本国民が、祖先から子孫の末々に至るまで千代に八千代に国土がある限り、万世一系の天皇にかしずき奉っていることは、他国に例がなく日本だけの有り難い国体だ。国の成立を教育の基礎とすることを教育上第一の主義とすべきで、これより他に頼るべき主義がないというのが、森文相の第一の主義、即ち、国体教育だ。

躾は、教育の目標を「青少年のこころを一つの重点に帰一させる」ことだとし、まず、「国民の心を確かめ、国民精神の方向を示す」という。歴代国民がどのような精神を持ってきたかを確かめた上で、「精神の方向」を青少年に示し、「その精神を一つの重点に帰一させる」ことが教育上最重要という。それは欧米ではキリスト教だが、日本には導入できない。日本では、キリスト教の役割を、日本国史の優美な特徴、「万世一系」の国体が担う。「万世一系」の国体教育で「青少年の精神を一つの重点に帰一させる」ことが可能だと述べた。

教育は、国語と国史に基本を置かねばならない。各国の教育は国に起源をもち、日本の教育はその基本を欠いているが、それもやむを得ない。日本の国語・歴史教育は、小中学の生徒の発達段階に応じた完全な体裁を形成していなかった。

毅は、維新以来の教育をあらため、国語と国史に基本とし、生徒の発育に応じた教科体系が必要だとした。また、毅は、森文相の教育の第二は体育だとして、次のように述べている。

森文相の教育の第二は、体育であり、むしろ武育と名付けられるべきものだ。国民は、体力強大、士気勇壮にして独立国の国民でなければならない。日本はこれまで太平が続き、体が弱く、独立を維持する国民の資格が備わっていない。小学体育に力をいれれば将来成功出来るが、現在には間に合わない。大人も月に一、二度学校に集めて銃を持たせて体操をさせるというのが、森文相の考えだった。

以上から、毅が考える国体教育の基本は、国語、国史、教育勅語をもととする修身、体育の四つだと思われる。これらは、明治二〇年代初期までの欧化教育全盛時代には、かえりみられなかったものだ。森文相と毅により、その重要性が認識され、教育の一大目標とされた。ここに、森有礼と毅が名文相といわれる理由がある。

（註）**【森の体育重視】**明治一九年四月、森文相は、陸軍省制規課長山川浩歩兵大佐を高等師範校

長兼任とし、現役陸軍将校の指導の下、兵式体操を指導させた。師範学校もこれにならい、兵式体操と軍隊式訓練を実施（『明治天皇紀』第六巻五六八頁）。**【毅の国体思想】** 毅は、熊本で儒学、江戸長崎で仏語、欧州で法学を学んだ。その上、明治一〇年代以降国典を研究し国体に通じていた。毅は、日本と外国の国体を比較し、『梧陰存稿《ごいんぞんこう》』（明治二八年出版）の中の『言霊《ことだま》』論文で明解に説明（『井上毅傳』史料編第三巻六三七頁）。

〈コラム〉**【国体教育】**

国は、価値観や倫理規範という国民共有の精神基盤によってはじめて成立する。欧米各国は、キリスト教の価値観と倫理規範が国民の精神基盤となり、異文明からの過大な影響を免れ得た。日本文明は、キリスト教信仰も国粋・排外思想（中華思想）もなく、良い物であればなんでも外から取り入れる「融通無碍の文明」であり、ややもすれば外来文明にかぶれ自壊する恐れを持つ。日本国民の精神基盤は「万世一系」の天皇が統治される「国体」であり、「国体」が示す規範だ。毅は、日本の「国体」を青少年に教えるという、森文相の「国体教育」を継承すべきとした。国体につき、昭和五二年八月、昭和天皇は次のような的を射た発言をされた（『皇位継承』文春新書六〇頁）。「国体というものは、日本の皇室は、昔から国民の信頼によって万世一系を保ってきたのであります。……また（歴代天皇も）国民を我が子と考えられてきたのであり、それが皇室の伝統であります。……日本の皇室は、世界の平和と国民の幸福を祈っているということで、昔も今も変わっていないと思います」

森文相と済々黌（明治二二年三月九日の毅の講演つづき）

毅は、明治二二年三月九日講演中、熊本の済々黌と森文相につき次のように述べた（『井上毅傳』史料編第五巻四〇三頁）。

熊本には濟々黌《せいせいこう》と云ふ學校がありまして、それは士族及び有志者連中の相集て設けた學校であるが、初めは不規則でありましたが、近頃に至り段々に改良して、文部の課程に當嵌る様になりました。此學校は、國體主義にて、根本の教并《おしえならび》に體育《たいいく》には、初めから注意したものである。其一端を擧ぐれば、生徒が整列して一日に十一里の道を歩行し、八代と云所の征西将軍の墓へ参りましたと云ふ如き事で、一種異様な學校であった。故に教育家の規則的の眼より見れば、讃むべキ學校でない、然るに森子が九州巡廻の時に、濟々黌に立ち寄られて、其主義を賞賛せられ、凡そ學校なるものは、斯くこそあるべけれ、知育に於ては進で居らぬが、其目的は教育の第一主義を得て居る、卽ち學校の模範ともなるべきものであると云はれて、帰京の後天皇陛下に奏聞せられました。……森子教育の主義は、國體教育であつたと云ふ事を證據立つる事ができる（大意）（熊本の済々黌は、士族と有志者が設立した学校で、初め不規則だったが、最近改善され、文部省規程にあてはまるようになった。この学校は国体主義の教育で、根本の教えと体育には当初から注意していた。例をあげれば、生徒が整列して一一里離れた八代の征西将軍墓所に参るような、一種異様な学校だった。教育家の規則的な見方からすれば、褒められる学校ではない。しかし、森文相は、九州巡視の時、済々黌を見学し、「およそ学校はかくあるべきで、知育において進んでいないが、教育の一番重要な点を押さえており、学校の模範となるべきものだ」と語り、帰京後、天皇に報告した。……森文相の教育は、国体教育といえる）

済々黌は、国体教育（国体を教える教育）を基本にし、森文相がこれを称賛し天皇に報告したことがわかる。済々黌が国体教育を基本としたことは特筆すべきことで、全国に蔓延していた欧化主義教育を押し留め、教育の要諦がどこにあるかを世に知らせた。国民を国民たらしめるものは、国民精神の継承にある。日本に日本人として生まれ、日本国民になることは当たり前に見えてそうではない。国の歴史伝統文化を受け継いではじめて国民となる。その基本を、欧化主義全盛当時、実践していたのが済々黌だった。森文相は、巡視前、毅から熊本の済々黌の話を聞いていたものと思われる。

(註)**【高等中学の熊本誘致】**明治一九年一〇月一一日、毅は佐々友房宛に「**約一〇万円の土地代と建設資金を出せば熊本誘致を森文相に勧める**」との書簡を出した(『井上毅傳』史料編第四巻四二四頁)。**【毅の済々黌への関心】**明治一九年一一月八日、毅は佐々友房宛書簡に「**濟々黌生徒東京ニ登候もの、漢書ニ長して、數學理學等之普通科ニ短かく**」と記した(同上四二五頁)。**【「国体教育」はなぜ必要か】**〇国民精神の基盤形成の重要性は、日本のような島国の文化的無菌状態に育った人間にはわかりにくいと毅は述べている。西洋のような陸続きの土地の人間なら、この点理解しやすい。陸続きの地域には、民族も入り乱れて住むからだ。バルカン半島やアルサスロレーヌあるいはベルギー・スイスなどの地方では、そこに生まれただけでは国民と呼べない。日本も例外ではなく、国民の精神基盤が壊れれば、民族は同一でも多民族の雑居地域と同じく危機に陥る。〇国民をまとめる力は、言語・信仰・歴史の三つだ。ユダヤ人は何千年も前から亡国の民だった。そのまま絶滅する運命にあったが、①ユダヤ教の厳格な戒律を教え、②ヘブライ語、③旧約聖書という神話につながるにユダヤの歴史、の三者を失わなかったので、ユダヤ国家イスラエルを再建できた。信仰・言語・歴史を失えば、国家の存続価値も失う。この三者を主な要素として形成される国家の体質こそ国体だと筆者は考える。〇国民を存続させるには、国家を存続させねばならない。国家存続には、国体を国民の精神に植え付ける教育が必要だ。世界中の国の教育の基本は、まさに国体を教える教育だ。**欧米の国体教育は、キリスト教、母国語**

教育、歴史教育の三本立てだ。現在のチャイナの国体教育は、共産主義、北京語教育、中華思想に基づく歴史教育の三本柱だ。森有礼や毅の国体教育は、国粋主義教育ではなく、生存し続けるべき使命を持つ国家に必要な教育の基本だと理解される。しかし、戦後日本人は基本を見失い、平成以降顕著だが、国体否定の教育を導入した。元号を西暦に置き換え歴史と信仰否定、国語を日本語とよびかえ外国語と同列にあつかう国語否定である。国民として当然持つべき自国への誇りも愛国心も失われつつある国が亡国のふちにあるのは、当然のことだ。シナ共産軍の侵略で滅亡のふちにあるチベットでは、チベット精神の背骨である仏教は弾圧破壊され共産・中華主義に置き換えられ、チベット史はシナ史にかえられ、チベット語は北京語に置き換えられた。長期間の「ひとりっこ」政策という妊娠中絶強制で純粋なチベット人は早晩地上から消滅し、シナ民族との混血だけが残ることになる。○欧米では、国民精神の統一と継承はキリスト教が柱となる。日本には、欧米の国民精神を統一するキリスト教のかわりに、「万世一系」の天皇が統治するという国体がある。「万世一系」の国体は、「君民一体」の国体でもある。日本の国民教育は、日本の国体を青少年に伝えなければ成立しない。森有礼や毅が国体教育を国民教育の根本としたのは、世界史を大観する見識があったからこそ出来たことだ。

普通教育は国民教育（明治二七年三月三〇日）

毅（文相）は、高等師範卒業生への祝辞で「教職員は教育勅語の精神を広めるため、勅語の錦旗下、御馬前で働く気概を持て」と次のように述べた（『井上毅傳』史料編第五巻四四八頁）。

教育ト言ヘバ、申スマデモナイ、國民教育トシテ、國民ノ精神ヲ養成スルコトガ、普通教育ニ於ケル第一ノ目的デアル（教育といえば、申すまでもないが、国民教育として国民の精神を養成することが普通教育の第一の目的だ）

毅は、普通教育は国民教育で、一番の目的は国民精神の養成という。さらに、仏小学教科書を見ると、最初に小学生の家にアルザスロレーヌに住む叔父から手紙が来て、普仏戦争で同地は独国に占領され、大変な苦境に陥っていると記されている。仏唱歌集に「枝先で鳥が鳴く。ドイツ人は貪欲だと鳴く」とある。また、独師範学校を視察した米国人は、ナポレオンのベルリン占領の際、避難先の母后ルイザが幼いフリードリッヒ一世をまもり艱難辛苦の末亡くなったという、女教師による女児学童への授業を見て感激したと記録している。このように、欧米は、国民教育と国民精神の養成にこころを砕いていると、毅は述べた。

教育ノ上ニ、國民ハ上トナク下トナク、寸時モ愛國ノ一點ヲ忘ルベキデナイ、愛國心ナケレバ國民ナシ（教育上、国民の上下なく片時も愛国心の一点を忘れないようにすべきだ。

愛国心なければ国民なし）

毅は、国民が一時も愛国心を忘れない教育をすべきという。また、**教育者は、日本を取り巻く世界情勢に関心を持ち常に研究すべきで、これこそ、国民教育の根本要素**であるとした。さらに、毅は、実業教育の重要性を指摘した。

次ニ實業教育デアル、今言フ所ノ此ノ歴史及地理上ノ變遷ノ局面ニ應シテ、萬國ノ國際上ノ競争場裡ニ立ツテ、是ト共ニ争ハント云フニハ、先ツ國ノ經濟ヲ立直サネバナラヌ、而シテ今、吾人《ごじん》ノ最モ闕點《けつてん》ヲ感スル所ノモノハ實業《じつぎょう》デアル、……此ノ實業教育ヲ進メルコトハ、今日教育上ノ熱心ヲ實地《じっち》ニ施ス所ノ第一ノ方法手段テアル（次に実業教育である。今言う歴史地理上の変遷の局面に応じ競争の場面に立って争うには、まず国の経済を立て直さねばならない。そして今、私が日本の最も欠点と考えるのが実業である。……実業教育を進めることが、今日教育上の熱意を実地に示す第一の方法である）

経済が不十分なら競争に敗れ独立は保てぬとの考えから、毅は実業教育を推進し成果を上げた。また、欧米の中学教科改正については、仏は中学ラテン語ギリシア語授業を減らし、仏語体育授業を増やした（一八八五年）。独は中学教科を仏同様に変更（明治二五年、一八九二）。独仏は、富強のため「無用を去り実用を取り実力をつける」改正をしたという。仏法科大学は、ラテン語完全廃止、殖民科設置。毅は、欧米の教育事情にも通じていた。

（註）**【毅の経済への貢献】** 憲法起草当時（明治二〇年六月一九日）、毅は「今より一年は憲法起草、二三年は経済、又三年は国典・国語に従事する」と記した（『井上毅先生傳』一三五頁）。文相就任以前から経済を研究していた毅は、実業教育を通じ経済発展に貢献した。

毅は、無烟火薬発明など武器弾薬発達に伴い、欧米各国間の実業及び実業教育競争が熾烈になったとした。**教育は、陸海軍とともに国を強くする車の両輪だという。教育者は任地の産業に通じておくべきで「沖縄は製糖法、四国は製塩法、沿海は水産、上州信州は養蚕を知らねば赤面だと心得るべき」**だとした。さらに、教育の重要性を再確認した。

一體、教育ハ恐イモノデアル、教育デ國ヲ强クスルコトガ出来ル、又、教育デ國ヲ弱クスルコトモ出来ル、教育デ國ヲ富マスコトガ出来ル、又、教育デ國ヲ貧乏ニスルコトモ出来ル、教育ノ方針ヲ誤ルトキハ、國ガ文弱ニナリ、貧乏ニナル（教育は恐いものだ。教育で国を強くも弱くもでき、国を富まし貧乏にもできる。方針を誤れば、国は文弱になり貧乏になる）

毅は、実業に疎い国民の欠陥は教育で補えるという。

日本國民ハ、有形上ノ實業ニ疎イ、此點ニ於テハ、欧羅巴各國ニ比較ハナラヌホド劣ツテ居ル、激イ語ヲ用タラバ、實業ニ於テハアルサス、ローレンヲ失ウテ居ル、平和ノ戰ニ負ケテ居ル、然ルニ、此ノ國民ノ闕點《けつてん》トイフモノハ、教育ニ倚《よ》ツテ補フコトガ出来ル、之ヲ濟《すく》フノ道ハ教育ニ在ル、未來ノ國民ハ、諸君ノ力ニ依テ左右セラル、モノデアル、諸君ノ施ス所ノ教育ハ、未來ノ國ノ運命ニ於テ關係ヲ持ツ所ノモノデアル（日本国民の有形上の欠点は、実業に疎い点だ。欧州と比較にならないが、強い言葉で言えば、日本はアルザスロレーヌを失い、平和の戦争に負けている。この欠点は教育で補える。未来の国民は諸君の力で左右される。諸君の施す教育は、未来の日本の運命に関わっている）

最後に、毅は「**諸君は、教育という種を蒔いて一〇年後に実を結ぶという大いなる楽しみを持つ若い教育者で、その地位は高い。諸君が責任と栄誉を全うされんことを望む**」と卒業生を激励した。

（註）**【師範学校の農業実習】**昭和一〇年代、師範学校は農業が必修で実習もあった。明治二〇年

代の毅の「教員たる者、地域の実業に通じておくべし」という精神が継承されていた。現在、全国の教員養成大学で、農業実習が入った全学生向けのカリキュラムが存在するとは思えない。**【高等師範学校規程】** 毅は、中学教育充実のため、師範・中学教員に高師卒業生を最適としその役割を重視し、明治二七年三月、高等師範学校規程を制定した(『井上毅の教育政策』七三三・七四五頁)。

四　文部大臣・井上毅（明治二六年三月〜二七年八月）

行動する文部大臣

明治二六年三月、毅は、伊藤内閣の改造に伴い、河野敏鎌に替わり文相となった。毅は、二七年八月、辞任するまで教育改革に努めた。当時、教育は過度の欧化主義にさらされていた。児童生徒の発達段階を無視するカリキュラム、高等中学校以下の予備校化、実業学校の少なさ、生徒の体力体格の貧弱なこと、などが問題となっていた。二七年六月、毅は「高等学校令」を公布し、高等中学校を高等学校とした(『学制百年史』二八七頁)。その中で、高等学校本科と専門学部とし、帝大進学のために予科を置くこととした。

毅は、自ら考え行動し、よりよい教育制度と教科充実をもとめ、実態把握のため視察をおこなった。二七年四月五日〜二〇日には、中国京阪の学校を視察した。第三高等中学校法学部（京都）では、学生に出題し答案を東京に持ち帰り点検した（『井上毅の教育政策』四二一頁）。毅が出した問題は、①法律と憲法の関係、②所有者の所有権、③江戸時代の所有権有無に関するものだった。毅自らの調査により、高等中学校専門学部生が、帝大学生と遜色のない学力を持つという結果を得た。これによって、高等中学校を高等学校となし、将来地方大学とする構想に自信を得た（同上四四二頁）。

特筆すべき毅の実業教育振興

毅は、内閣法制局長官時代の明治二三年、教育勅語を執筆した。教育勅語制定は、明治中期までの行き過ぎた欧化主義の反省から、二一年全国県知事会議の要望（「教育の危機は、天皇の勅語を賜る以外方法がない」）に応じたものであった。教育勅語によって日本の教育は危機から脱した。毅は、二六年三月、伊藤内閣の文相に就任した。明治中期当時の教育は、内容の充実には程遠いものだった。毅の教育政策は、教育を体系化する事業だった。

文部次官として毅に仕えた牧野伸顕は、毅の実業教育について次のように語った（牧野伸顕『回顧録（上）』一八二頁）。

井上毅文相の特筆すべき点は、実業教育（いわゆるtechnical education）と思う。工業の他に商業、農業も包含し、日清戦争が起こる前に大臣に就任したが、戦後教育としては国情に適応し、実地に応用出来る教育を授けなければならぬと考え、国家実力の養成には、農、工、商業に従事する者の基礎教育に対する根本方針を立てることが、必要だとして実現に着手しこの種教育施設が持つべき組織について綿密に立案公布し、全国に普及するに至った。これは日本の産業奨励を教育制度の上で行った最初の実例だ。大臣は不幸にして就任当時に難治の固疾に悩まされていて、やがて引退を余儀なくされた。

毅の実業学校令は成果をあげ、二〇数校だった全国の工業学校が、施行後、百数十校となった。文部省『実業教育五十年史』（昭和九年）によれば、毅の教育改革以降、多くの実業学校が作られ（実業専門学校五二校、実業学校一〇〇三校、実業補修学校一万五〇八二校）、七〇〇万人を超える技術者が養成された（『回顧録（上）』一八三頁）。毅は、文相就任以前から実業学校振興を考えていた。明治一四年一一月、毅執筆の『教育意見（人心教導意見案）』に「中学並びに職工農学校を興す」として、「士族の多い地域には中学校並びに農学校職工学校を設け……農学校・職工学校では理論を略し学則を簡にし実業を主とする」としている（『井上毅傳』

史料編第一巻二四八頁）。

（註）【実業学校を作った毅のねらい】毅は、欧米を視察した寺田勇吉（文部省参事官）の「ドイツの小学校国家補助及び実業補習学校」講演録を読み、「読んだ、読んだ。君の講演録を二、三度読んだ。独の富国強兵の原因が教育にあるのがよく分かった。実業学校殊に実業補習学校国庫補助により、工場長から普通職工まで相当教育のある者を用いている。国庫補助に多額を要するが、その十倍成果が出るとは素晴らしい。**軍備も教育も経済が良くなければ充実できないので、実業教育の重要性を指摘した君の講演録を全府県に配布したい**」と寺田に語り、寺田は「他大臣は部下の演説を気にも留めないが、井上大臣は違った」と記した（『井上毅の教育政策』四七七・六四二頁）。

毅の教育改革（明治二六年六月）

毅の教育改革要点は、次の通り（『井上毅傳』史料編第二巻六〇六頁）。

1、初等教育の目的である教育普及を図る

初等教育の目的である教育普及は、明治六年から一六年まで順調に経過したが、その後一〇年間は悪化し、児童の半数は経済的理由から就学できず、教育の恩恵を受けられない状態にある。授業料引き下げ、さらに将来の無償化のため、国庫補助が必要。

（註）【初等教育国庫補助】毅が実施出来なかった初等教育国庫補助は、明治三〇年代に実現。毅

は、同一校五年以上勤務の教師給与引上げを国庫補助で実現し、教員確保に努めた。

2、学校制度を是正する　①大学卒業までの年限が長く、②大学にあわせた下部学校の教育内容過多、③理論にかたより応用に欠ける、という弊害の是正が必要と考えた。教育年限長期化の理由は、大学の外国語による授業にあり、国語にかえるべきとした（『井上毅の教育政策』四二二頁）。小学校と中学校の接続が明らかでなかったので、中学進学を高等小学二年修了とする等、学校の接続を明確にした（『学制百年』二八六頁）。全国の高等中学校五校を、地方大学とする構想を持っていた。

3、学習内容の厳選　明治中期の学校教育は、大学進学予備校化により高尚な学問趣味に流れ、不要学科が多かった。学童生徒の発達に応じ内容を厳選し、小学修身で理解困難な大化の改新、大塩平八郎の乱の除外を指示。

4、徳育・体育・公共衛生の徹底　西洋学術摂取に急ぐあまり忘れられていた徳育を充実させ、眼疾などが多く見られる地方の衛生教育徹底を指示。

5、普通教育は国民教育　愛国心を持つ国民を養成する国民教育を、教育の柱とした。

6、工芸教育の充実　工芸教育は仏国に始まり欧州で発達し、工業発展の基礎となった。①高等小学の教育程度で実業補修規定を設ける、②中学に実業学校併設、③一、二枢要の地の工業学校補助、の何れかが必要。工芸は漆芸・陶芸・縫製をさす。

毅は、歴史に学び未来を見据え、世界情勢を勘案し、いかに国民教育を行なうかを念頭に置き、時宜を得た教育改革をおこなった。僅か二年の毅の教育改革が、明治中期以降の教育を決定した。日露戦争後の経済発展も、毅の実業教育振興による人材育成の賜物だった。

（註）【高等学校】高等中学校は、森文相が全国に七校を明治一九年〜二〇年設置したもの。自由党は議会で「民力休養、政費節減」を唱え、高等中学校の廃止を主張した（『井上毅の教育政策』四〇五頁）。芳川文相は、高等中学校に専門部設置を提案したが裁可されなかった。二七年六月、毅の「高等学校令」公布により高等中学校は高等学校となった（『学制百年史』二八七頁）。その中、高等学校本科と専門学部とし、帝大進学のために予科を置いた。

【二一世紀の日本教育】「国際化」の名の下に「根無し草」の無国籍者を創りだしていないか。小学英語教育は、その最たるもの。小学国語教科書は、日本民話は減りモンゴル・ヨーロッパ民話等が増え、日本のこころを教えない教科書となった。私の世代（昭和三〇年代後半頃まで）の小学国語教科書は、中谷宇吉郎の雪の結晶の研究、川口慧海のチベット潜伏記、村社講平選手のベルリン五輪の長距離決勝でのフィンランド三選手との息をのむレース、世界一のタンカー日章丸の中東からの石油輸送、捕鯨船の南氷洋での活躍や赤道祭など、日本の学術文化経済活動や日本人の粘り強さを教えたが、現在は望むべくもない。青少年を日本のこころを持つ日本国民とするため、教科書内容の厳選が待たれる。

毅の大日本教育会での演説

明治二六年七月一日、毅は大日本教育会一〇周年で六点につき述べた。最大の問題は就学率五割で、明治二三年教育勅語渙発後も子供の半数は恩沢に触れることが出来ないと力説（『井上毅傳』史料編第五巻四二六頁）。

1、就学率の悪さは、国民経済と密に関連し、教育国庫補助を考えねばならない。
2、授業料の低減に努める。
3、男子就学率の半分である女子就学率を改善するため、裁縫科授業を設ける。
4、経済余裕のない子供の、有志者による慈恵の学校、例えば夜学・半日学校・日曜学校設置に便宜を図る。
5、親に無駄な出費を要さぬよう、教育の風儀を矯正する。
6、教科書を低廉にする。

毅の提案は、常に具体的であった。

小学校での体育と衛生の徹底（明治二七年九月一日）

毅は、発達段階に応じた教育を重視し、知育偏重の是正及び体育・衛生に力を入れた。二七年九月一日、文相としての最後の訓令は、次の通り。①体育は活発な運動により手足全身の筋肉を動かし血流代謝を良くし、生徒の意気を活発にする、②高等小学校は兵式体操を行い、併せて軍歌を歌い意気を壮にすることも良く、また簡単な器械体操も良い、③活発な体育のため、洋服・和服何れも筒袖にする、④放課時間は佇立閑話《ちょりつかんわ》せず、大気中に活発な遊戯に誘う、大声急走を不良として禁止しない、⑤過度の筆記暗誦を強いて脳力を費やす事を避ける、⑥小学生に最も困難な作文を一年生にさせない、⑦小学校の試験は褒貶《ほうへん》に偏り、学期毎に席を上下するなど生徒の神経を刺激し、普通教育の主義を誤り、体育を害するので避ける、⑧小学生の喫煙禁止、⑨驕奢安逸《きょうしゃあんいつ》から軟弱に流れるのを避け、都会の生徒の車通学を徒歩通学にかえるよう指導する（『井上毅の教育政策』一八三頁）。

毅の訓令草稿には、①小学一年生の授業時間は一日四時間を上限とし、過度な負担をかけない、②始業・終業時の体育は学童の体力負担が大で避けるべし、③机に座る場合、目と紙面の距離を一尺余と十分に取り、背中が曲がらぬように注意する、④夏季の水泳は最も有効な運動で海浜水浜の学校は通常の体育でなく水泳を行うべし、⑤都市部の学校の夏季休暇は四〇日とすべし、⑥算術は地域差があり作文に次いで脳力を費やすものであり、特に除法（引き算）は農漁村では低学年を避け小学三、四年で教え、教師と学童の徒労を少なくする、と記されている（同上一八五頁）。地域と生徒・学校への配慮に、毅の周到さがうかがえる。

毅は、視察で学校の実情を把握し『梧陰存稿』に記した（『井上毅傳』史料編第三巻六七〇頁）。

余が田舎の小學校を巡視せし折生徒の顔色青さめて眼疾《がんしつ》の多きを見て普通教育と倶《とも》に公共衛生の必要を感したりき……都下千金の子は其の麗しきこと玉のことし如何《いかん》せは天《あま》さかる鄙《ひな》の民草《たみくさ》を此《こ》の衛生といへる尊き道の惠《めぐみ》の露に霑《うるお》すことを得《え》む（私が田舎の小学校を視察した時、生徒の顔が青ざめ眼病の多いことを見て、普通教育の普及とともに公衆衛生の必要を感じた。……東京都下の恵まれた環境の子供は玉のようにきれいだが、いかにすれば田舎の人々に衛生の恩恵を受けさせられるか）

第八章　毅の思想

元治元年（一八六四）、毅は、横井小楠との対談後、日本の国体につき次のように記した（『井上毅傳』史料篇第三巻二三頁）。

幸《さいわい》ニ　日本ハ横《おう》―流《りゅう》中ノ砥柱《しちゅう》ニテ、國体ト云、風俗ト云、文化ト云、封建之制《ほうけんのせい》ト云、誠ニ万國ニ秀出シタレバ、今日ニ在《あり》テ、掲天理《てんりをかかげ》、正人心《じんしんをただし》、仁義ノ威徳《いとく》ヲ示シテ、放蕩《ほうとう》ノ邪説ヲ闢《ひら》キ、此道ノ爲ニ氣ヲ吐《はく》ハ、全ク神州《しんしゅう》ノ任ニアルコトナリ（幸い日本は、〈西洋による世界侵略の〉奔流中の不動の石で、国体・風俗・文化・封建制度の何れも万国に秀で、今日、天理を掲げ人心を正し仁義の徳を示し、種々の邪説を論破し、この道に気を吐くのは、全く日本の務めだ）

毅は、時習館で儒学を学び、西欧で法律・憲法を学んだ。日本の古典に通じ、日本の歴史と伝統を身につけ、国体を熟知していた。外国の国体と比較しながら、日本の国体を明解に解説した、明治二八年刊行の『梧陰存稿《ごいんぞんこう》』の中の『言霊《ことだま》』という論文で、毅の国体思想を探ってみよう（『井上毅傳』史料編第三巻六四二頁）。さらに、毅の著作から、国典研究・政治思想・法思想についても述べる。

（註）【横《おう》―流《りゅう》】横流。勝手な方向に溢れ出る流れ。【砥柱《しちゅう》】黄河の激流に直立し動かない石（河南省）。

一　毅の「国体論」（『梧陰存稿』より）

国体は国の体質

英語の constitution は、憲法や体質を意味し、同時に国家の体質である国体を意味する。憲法は、本来、国家の体質である国体を継承するものでなければならない。毅は、国の統治には二通りあることを古事記から発見した。一つは「しらす」であり、公のための統治であり、日本の統治方法がこれにあたる。もう一つは「うしはく」であり、支配者の私のための統治であり、欧州・シナの統治方法をさす。毅は、二つの統治法が「しらす」と「うしはく」として、古事記の中で、次のように明確に区別されていることに気づいた。

大国主神が日本を占有し、天照大神の子孫へ譲ろうとしなかった。そこで、建御雷神《たけみかづちのかみ》が大国主神のもとに派遣され、大国主神に「天照大神は、『あなたがうしはく（領有している）日本の国は、本来、私の子供がしらす（統治する）国である』とおっしゃっている。あなたはどうするお考えか」と尋ねた。

古事記では、天照大神の子孫ニニギノミコトの統治は「しらす」と表現され、神意に添う国民の繁栄を願う公の統治を意味する。一方、スサノオノミコトの子孫大国主神の統治は「うしはく」と表現され、神意にそむき国を私していることを意味する。

「しらす」と「うしはく」

「しらす」は「知る」を語源とし、天皇が国民の暮らしぶり・農林漁業・国土などを知ることである。天皇は、国情を天照大神などの神々に報告し、日本の繁栄を祈願される。現在の天皇も各地を視察されることから、「しらす」が今日に継承されていることがわかる。天皇は、「しらす」ことにおいて今も日本の「統治者」である。天皇は、国を継承し次代に伝える使命を持ち、その責任を天照大神に負う。「しらす」は日本の国体を簡潔に示す言葉で、外国には見られない。一方、「うしはく」は英語のoccupation（「占領する」の意）で、国を私することだ。現英国王室の初代国王ジョージ一世は、ドイツ語しか話せなかった。英王室は、第一次大戦までは、出身地ドイツ・ハノーバーを意味するハノーバー朝と称していた。歴代皇太子の指輪に「私は奉仕する」とドイツ語で刻印してある。西洋はじめ外国では、征服者が国民を統治することも多く、国王と国民の歴史的つながりは、日本に比べれば弱い。

（註）**【ジョージ一世】** スチュアート朝アン女王に後継者がなく、女王の親類筋であるハノーバー選定侯長男ゲオルグが英国王ジョージ一世となった。ゲオルグは、英国王になりたくなかったという。英国スチュアート朝初代ジェームズ一世（一六〇三年即位）の曾孫（林信吾『英国議会政治に学べ』新潮選書三八頁）。

シナの統治

毅は、シナの統治について『梧陰存稿』で次のように記した。

①孔子が「ひとたび、戎衣《じゅうい》して、天下を有《も》つ」、「富有《ふゆう》四海内（富有す、四海の内）」（『中庸』第一八章）と述べた表現のうち、「有天下」・「富有四海」は支配者が国土国民を私有

する「うしはく」を意味する。

②シナでは、国を有《も》つといったが、「有つ」とは、自分の領地として手に入れることを意味し、一般に屋敷や山を手に入れ、自分のものにするというのと同じ。

③その後、シナの政治思想が少し進み「治国・経国」という言葉を使うようになった。しかし、治むといい、経《へ》るといい、糸すじの乱れを直し揃えるという意味で、やや精緻だが、まだもっぱら物質上の発想から出てきたもの。

④シナでは民に対し、「民を御す」または「民を牧す」という。「御す」は馬を御し、「牧す」は羊を飼うことで、国民を馬や羊に例えた未開の時代のおおらかだった思想をそのまま描いたもの。

（註）【戎衣】よろい、軍服の意。

毅が説くように、孔子も「うしはく」、つまり、支配者が国を私有するという発想から免れなかった。「有天下・冨有四海」の言葉には、国民の安寧を図るという発想が盛り込まれていない。「治国・経国」も、政治を物理的にとらえている。シナでは、民を馬や羊にたとえ、政治を「馬を制御し、羊をやしなうこと」ととらえ、効率的に統御することが優先する、シナ国体の限界を示していると、毅はいう。

統治の違いを示す王位継承

「しらす」の日本、「うしはく」の外国。両者の違いは、王位継承法を見ればよくわかる。日本は、皇位を天皇おひとりが継がれ、分割されない。外国は、王位も子供達に分割相続された。外国では、国は支配者の私有財産と見なされた。モンゴル帝国は、チンギス・ハーン直系の複数男子に継承され、四大ハーン国（フビライ家の元、中央アジアのチャガタイ・ハーン国、西アジアのイル・ハーン国、東欧のキプチャク・ハーン国）に分割された。その結果、ロシア・トルコ・インドなどが形成された。フランク王国は、カール大帝（シャルルマーニュ）死後、三王子に分割相続（八四三年）され、フランス・ドイツなどが形成された。

日本と外国の国体

毅によれば、欧州の王位継承は、日本に遅れること二〇〇〇年余にして、初めて日本と同じとなった。今から約三〇〇年前、オーストリア皇帝が分割相続をやめ、一統の子孫に継承させることにした。この時初めて、欧州で日本と同じ王位継承法が定められた。

（註）**【オーストリア皇帝の分割相続廃止】**一七一三年、皇帝カール六世は、国事詔勅（「オーストリア帝国の永久非分割相続と長子相続」）を布告（『ハプスブルグ歴史物語』二九頁）（『明治国家形成と井上毅』二九四頁）。これで欧州の王国の長子相続と非分割相続が確立。

カール六世のあとをマリア・テレジアが継いだ。
「しらす」と「うしはく」の違いは、日本と外国の国体の違いによる。はじめに、天照大神は直系だけが皇位を継承すると決められた。天皇は、「しらす」により国を治められ、国民の幸福につながる外国文化ならこれを導入された。国民を大御宝《おおみたから》と敬い、国民・国土の安寧をお祈りになることを、歴代天皇は心がけてこられた。

国体をつたえる憲法

毅は、憲法を「しらす」が示す日本の国体を継承するものとして起草したのであり、プロシア憲法をまねたのではない。岩倉、伊藤、毅ら、国体に通じる人々が憲法を創りあげた。憲法第一条「万世一系の天皇これを統治する」とは、天皇がしろしめす国、日本の国体を簡潔にあらわした一文であることが理解される。

二　古典（国典）研究

1、国典講究に関する毅の演説要旨（明治二一年一二月六日）

毅は、欧化主義全盛時の二一年一二月、皇典研究所（一五年設立）で「国典は全国民が学び論究せねばならない」と、国典に関し次の要旨の講演をした（『井上毅傳』史料編第五巻三八三頁）。

①国の政治、即ち、憲法及び政治全般の基礎として必要　全ての国は自国の憲法及び政治全般につき、その基礎を自国の歴史・典籍に取る必要がある。西洋の学説が、「植林が土地固有の樹木を植え、または土地固有の樹木に接ぎ木をしていくように、政治も自国にふさわしい生育をなすようにしなければならない」と言うが、これは正しい。

②国民教育のために必要　国民が集って国を形成するには、国を護る必要がある。国を護るのは、愛国心より生じ、愛国心は国民教育によつて生成発達する。どの国も独立を保つために国民教育を第一の要諦としなければならない。国民教育の材料は、普通教育の生徒に向って、一に国の歴史を教え、二に国語を教えることだ。国典は、国を造った先祖や先哲の偉業を知らしめ国の貴さに触れさせ、自国が父母の国であることを脳髄に銘記させる。国の古典古書を読むことで、国語の出典を見出すことができる。

③宗教のために必要でない　国典の内容を広げて、宗教論理となすことは避けねばならない。最近、卜部神道関係者の例があったが、国典を看板に掲げ仏教やキリスト教を攻撃する手段としてはならない。キリスト教の宣教師にならい、神道を冥界の教えとか顕冥界に通じる教えとし、西洋人が『シントイズム』として東洋の一宗旨の名目を立てたことは、日本の「かんながらの道」の本意に背き、残念なことだ。

④政党の論拠のために必要でない　自己の政党専売物として国典により他党を攻撃し、国典の埒外に貶めようとすることは、狭い量見であり、国典の本意に背く。

⑤外国の新思想・学問にも注意し取捨選択して採用すべし　「国典講究のみで充分か」といえば、否だ。人類の知識は年々進歩する。外国に新発明や著述があれば、取捨選択し採用し、我が物にして用いることが必要。宇多《うだ》天皇が、詔に「則を大経に求め、道を有職に問ふ」と述べ漢学を採用されたのも、公平な思召であった。

（註）**【第五九代宇多《うだ》天皇】**八六七～九三一年（在位八八七～八九七）。藤原摂関政治の中で、関白藤原基経死後は、菅原道真を用い自ら政治を行なった（寛平《かんぴょう》の治）。遣唐使廃止。**【延喜式】**第六〇代醍醐天皇が命じ、法制（律《りつ》・令《りょう》・格《きゃく》・式《しき》）をまとめた「延喜式《えんぎしき》」の編纂を開始。紀貫之らに命じ古今集編纂。

毅は、ロシアの中央アジア政策を例示し、①自国の歴史を読むことを禁じ、②自国語を忘れさせるために他国語を教える、の二点が国を滅ぼす巧妙な策略だとしている。

毅は、国典研究のために国文学者の小中村清矩、落合直文、増田干信に学び、助手に池邊義象を用いた。毅の国典研究は、古事記・日本書紀・続日本紀以下の六国史《りっこくし》・令義解《りょうのぎげ》（特に職員令、神祇令、儀制令、公式令）・古語拾遺《こごしゅうい》・万葉集・神皇正統記《じんのうしょうとうき》・延喜式・職原抄《しょくげんしょう》から、大日本史・古事記伝・弘道館述義《こうどうかんじゅつぎ》・新論に及ぶ（『大日本帝国憲法制定史』五〇二頁）。毅は、明治一九年末から二〇年一月の間、右手には仕込み杖を左手には憲法草案などの書類を携え、池邊と千葉・上総・相模の名所旧跡を廻りながら国典と憲法研究に努め、船中でも車中でも木陰でも草稿を見て筆を加えないことはなかった。毅は、宿につくと着替えもせずに筆を執り道すがら池邊から聞いたことを記録した。大宝令について疑問が生じた時、毅は、池邊の「東京に帰ったら間違いないところを教えます」という言葉を聞くや、雪の中あぜ道を走り出し最寄りの藤沢から東京に戻った（同上五〇三頁）。この時、毅は、大国主神の国譲りについて「シラス」と「ウシハク」の違いを池邊から聞き、『梧陰存稿』の『言霊』に記した。

（註）**【毅の国典講究に関する演説（明治二二年一二月六日）】**（『井上毅傳』史料編第五巻三八三頁、一部読みやすくした）「國典のことに係って、私の兼ねて心得て居る所の意見を述べます。先頃或人が私に向つて問題を設けて『國典は之を講究することの必要があるか否や』

といふことを問はれました。其の節、私は之に答へて『無論必要である』と云ふことを答へました。併しながら、『國典を講究することは何の為に必要で有る』と云ふことを問はれるならば、私は之に対して分析的の返答をしなければならぬ。其分析的の返答は、國典は國家の政事の為めに必要である。幷《ならび》に國民の教育の為めに必要である。而して宗教の為めに必要で無い。又一の政黨の論拠材料の為めに必要でないといふことを以て答へなければならぬ。なぜ宗教の為に必要でないといふならば、國典に載する所のものを敷衍して、一つの宗教的の論理と為して、尚言はば之を以て宗教的の看板におしたてて、佛法又は耶蘇宗を攻撃する為めの旗じるしにするといふやうなことは、勿體ないことである。これはト部流の神道より淵源し来り、近百年二三の豪傑の士が世を憤り、激する所あって為したることで、其れよりして世には誤って神道を以て一の宗教と見做し、或は宣教師の仕業に倣ひ、冥界の教少くとも顕界冥界に通ずるの教などと説きなし、遂には西洋の人がシントイズムと云へる名稱を拵へて、東洋の一つの宗旨の名目を立てることにまで至りたるは、私の意見では、御國の惟神の道の本意に背いて、残念のことであると存じます。

第二には、一つの政黨の論拠材料として國典を利用することは、甚だ勿體ないことであり、また好ましからぬことである。國典は御國に生まれたる有らゆる人の、學ばねばならぬこと、講究せねばならぬことである。故に國典の學問は、御國の有らゆる人を支配する區域のものである。然るに國典に精しい人が其の國典を利用して、自身又は自身の一黨派の専賣物と心得て、他の黨派を國典の支配の外におしおとさんとするは、其の人に取つては狭い量見であるのみならず、甚だ國典の本意に背いたることである。故に宗旨の考へ又は政黨の考への為めに國典を講究することは必要でない。

さて之に反して、**政事の為に國典を講究することは、政事上随一の必要**である。何んとなれば、海の東西を問はず、総ての國が其の憲法及び百般の政事に就いて、其の淵源基礎を己れの本國の歴史典籍に取らぬ國は無い。國の歴史上の沿革及故典慣例は、其の國の憲法幷《ならび》に政事の源である。西洋の或る學者の説に、凡そ政事は樹木を植うる如きものであって、其の土地の固有の樹木か、又は少なくとも其の固有の樹木にツギ木して、密着の生育を為すだけのものを採用し、並に密着の生育を為すやうに仕向けねばならぬと云ふ論がありますが、これは至つて手近い譬諭である。この國典の政事上に於ける關係に就きましては、既に趣意書に委しくありますによつて私は贅言を要しませぬ。

次に國典は國民教育の為めにまた唯一の必要である。凡そ人民が集まつて國を為す以上は、従て其の國を護ることの必要がある。人民が自ら其國を護ることは、人民が其の國を愛するより生ずる所の結果である。人民愛國の心は、総て普通の國民教育によつて生成發達するものである。故に是れまた海の東西を問はず、何れの國に於ても國の独立を保つ為には、國民教育を第一の貴重なるものとしなければならぬ。**國民教育の材料は、一つには普通教育の生徒に向つて本國の歴史を教ふること、二つには國語を教ふること**、これが國民教育の材料である。國典は己れの國の祖宗並に先哲の偉業を知らしめ、己れの國の貴きことを感触せしめ、己れの國は父母の國たることを脳髄に銘刻せしむるものである。並に國語をしらぶるに付ても、國の古典古書に就いて國語の出所を見出すことが出来る。故に國典を講究することは、國民教育の必要な材料となります。

話が枝になりますけれども、序でに申すことがあります。若し反對に於て**一つの國の人民の愛國心を磨滅せしめむとせば、其の國の人民に國の歴史を讀むことを妨げ、及び本國の國語を忘れしむる為めに、他の國語を教へ込むと云ふことが至つて巧みなる策略**である。露西亜の中央亜細亜の人民を手につけるには、則ち此の策略を用ひてある。……此の反對の點より觀察すれば、**國の歴史と國語を教ふると云ふことは、人民に愛國心をふきこむ為めに随一の必要**と云ふことが明瞭いたすでありましょう。故に國典を講究することは國民教育の上で最も重要である。私は各國に於て國民教育を教育の元素の中の一部分となすことに同意するのみならず、御國に於ては國民教育を以て教育の脳髄とし、徳育の全體を包括する所の主眼とするの一つの意見がありますが、これは後日に譲ります。

さてまた『國典を講究することは斯《か》くまでに必要である。故に政事なり、教育なり、國典を講究するのみを以て充分満足なるや』との問題あらば、私の意見にては否と答へなければならぬ。なぜならば、人類の智識の度は、世を逐《お》ひ時を逐《お》つて進歩するものである。御國《みくに》の人も西洋の人もシナの人も、其の中には少しずつの長短出入は有るにもせよ、畢竟《ひっきょう》は皆人類智識進歩の永遠なる年度の中に、競争進歩しつつあるに相違ない。故に外の國に新規の発明があり、新規の著述が有れば、或は其の儘《まま》に採用し、或は斟酌折衷《しんしゃくせっちゅう》して、我が物にして用ふることは、智識進歩の年度中にある人類の當然である。中古漢学を採用されたる時世に、宇多天皇の詔に『則を六經に求め、道を有職に問ふ』と仰せられましたが、則ち聖明なる帝王の至公至平の思召《おぼしめし》である」**【池邊義象】**国文学者。肥後藩士池邊軍次・次男。文久元年~大正一二年（一八六一~一九二三）。明治一九年末から二〇年初めにかけ、毅と相模・房総を旅した。著書『日本法制史』（明治四五年刊）等。旧制県立熊本中学校（現熊本高校）など全国の校歌を作詞。

2、毅の歌

明治一八年から一九年にかけ、毅は、池邊義象らと関東・奈良などを視察し、歌を詠んだ（『井上毅傳』史料編第六巻）。毅が歌を詠んだのは、国典研究のためでもあった。また、毅の主人・米田是容が歌詠みだったことに感化されたと思われる。

【一八年七月、上総常陸】
夏艸《なつくさ》の　しけみか中の　ひめゆりの　人待がほに　さきにほふなり
刀根川《とねがわ》の　水《み》かさまさりて　田の面に　魚採《なと》る小舟の　行かよふなり
我國の　東のはての　みさきにて　大海原の　あさひをそ見る

【一八年八月、富士登山】
まれ人を　むかへかほなる　富士のねは　天つ乙女の　姿とそみゆ
大空は　心のままに　すみぬるを　麓は八重に　雲へたてけり
ふしのねに　つもる深雪は　千早ふる　神代なからの　かたみなるらむ
中々に　外ツ邦人《とつくにびと》そ　あふぐなる　我か日の本の　富士の高嶺を

我國は　大海原の　波間より　とよさか登る　日のもとの國
【一八年秋、青梅・伊香保・草津】
武蔵野の　はてはありけり　雲鳥の　山のふもとの　青梅の里
伊香保風　ふきなあらしそ　毛の國の　三宅の稲は　かりもはてぬに
小夜ふけて　岩さく谷の　水の音を　山めくりする　時雨かときく
【一九年春、奈良】
あはれとも　見るへかりけり　山櫻　假りの都の　かたみと思へハ（後醍醐天皇を思い）
御軍の　ひまにや君は　月花に　みやび心を　よせたまひけむ
狩人も　ふみさけなやむ　巌《いわがね》か根を　すすみましけん　皇《すめらみ》御軍《いくさ》（神武天皇を偲び）
【一九年夏、下野・常陸】
毛の國の　篠のあら野を　ふみわけし　豊城《とよき》の御子の　いさををぞ思ふ（宇都宮神社で）
海のあせて　山となりけん　かみつよの　なこりぞしるき　しほ原の石（化石を見て）
かみつよの人のすみてし　おほくしの　岡を尋し　かひは有けり

三　毅の「非議院制内閣論」（明治二五年）

毅は、二五年、「非議院制内閣論」を発表（『井上毅傳』史料編第三巻六二二頁）。政府と議会が闘争に終始すれば、国力低下・国民疲弊を招く。毅はその経緯を次のように記した（大意）。

一

泰西民主主義の誤った解釈がわが国に入ってから、知らず知らずわが国固有の国体とかけ離れ、遂に明治維新の中興の偉業を中断させることになれば、実に嘆かわしい極みである。このような私の過激な発言は、世人が私の真意を推量するのに苦しむだろうが、諸君の認識を正すためだ。われわれが諸君と生命を賭し聖旨を奉戴し、維新の大事業を助けたのは、幕政の圧制を脱し、かわりに政党の恣意にまかせるためではなかった。思うに維新の事業は幕府に委任した政権を朝廷に戻し、国内では政令一途に出さしめ（政令を一にまとめ）、外交では列国と対等独立を保ち、国家社会の進運を希望したのに他ならない。ところが、外交は希望通りでなく、内政はその初歩にあるが、既に泰西政治理論に泥み、しかも浅薄な極論をもてはやし、朝廷が統べる国権を再び下に移そうとし、あるいは私利私業を図る基礎として私党が提携し、明治盛業が中途で廃絶となれば嘆かざるを得ない。天下具眼の士よ、静かに現在の大勢を審らかに考えよ。そして、かの「政党者流は、巧言をもって実に維新の大業の強敵であること」を弁えるべきだ。そもそも勤王と云い倒幕と云ったのは、ただ名分に関わる空言だったのではなく、国運開進のため、主権を一つに帰し、政治の対応を素早くし、日本社会を保全する必要があったからだ。にもかかわらず、これを忘れ、今、政党内閣、即ち、議院内閣説を主張し、君主の大権に対峙し、**二分した政体**を目論む者がいる以上、その邪説妄言を正さなければならない。かつて攘夷で沸騰した世論は、現代の攘夷論である条約改正について消滅したのか、いやそうではない。（勤王という）維新大業の精神があれば、国権が下に移ることを憂慮しないはずはなく、我が社会は**国権の二分**を許さないはずだ。議院内閣論を主張し、遂に政府を百ないし二百の議員で構成する機関とする暴論は、既に名分において我が君主統治制と相容れず、政権を分離して国威を失墜させ、社会勢力を政権闘争に消耗させる端緒となる。

立憲制度を説くものは、ややもすれば、欧州の一、二ヵ国に限って例示し、議院政治のみを憲法の精神とするが、それは識見が広くないことによる罪である。このような暴論は、大衆を惑わせるという理由から、私は国家の為に一言申し上げたい。

そもそも、**議院政治**（議院内閣制）**は、ことの勢いから生じたものであって、法理論か**

ら出たものではない。従って、議院内閣制を理論により強行しようとしてもムリがある。欧州諸国は、英国の議院内閣制度を法律の力により自国に導入しようとしたが、特に民主の仏国も、機が熟していたにもかかわらずうまくいかなかった。今日に至り、仏国が、昔日、政治に急激な変更（仏革命）を試みた事を悔やんでいるのは公然の秘密である。政党内閣の弊害を除くため、仏国国会で注目されたガーダードブイレン氏説のように陸海軍大臣を政党に中立させよいい、ミシエラン氏は外相もそれに含めよといい、更に全大臣を議会に独立させようというラフレー氏・シロン氏説があるのは、議院内閣制の弊害を慨嘆しているからだ。仏国は、民主の大義を世界に宣言し議院内閣の模範を欧州大陸に垂れんとしたことを今日大いに悔悟している。仏の有名新聞は、議院内閣を廃止し再び君主制に戻すか、または期間限定の君主制というべき大統領制を導入しない限り、仏国はドイツに対抗できないと主張している。

立憲の初歩にある我が国が、欧州の民主国すらその弊害に耐えない議院内閣を採用すべきでないことは明らかだ。党派外の忠貞誠実なる臣民は宜しく意を潜め、思いを凝らし、仏国の実験による嘆きの声を軽々しく聞き逃してはいけない。仏国の実験結果は既にこのようであるが、欧州西南の小諸国は、憲法の死文から円滑な議院制内閣を建てんとして世上の笑いを誘うものが少なくない。スペインがしばしば国体を変更したこと、又、議院内閣制度による政治腐敗が、たまたま世人の注目を引くことが少ないのは、スペインが立憲以来力が振るわず、外国から軽侮されているからだ。南欧の人々が南米移住し、おおむね共和制を組織しており、その多くが議院内閣制の弊害を論じて、痛嘆やむべからざる語気がある。徒に空論に拘泥し絶対的に議院内閣の美を主張する者は、眼を南米に向けるべきだ。

二

（ベルギー）ベルギーは、小国であるが人文の精華を集め、特に立憲制度はドイツ及び諸外国に模範を垂れているというが、これは国が小さく外国の大敵に拮抗する政策を用いる必要がなく、専ら内政に力を入れることが可能だからだ。そのため、議院内閣制を維持できている。従って、ベルギーやギリシアの如きは、大国における立憲制度の利害を論じる基準には出来ない。また、ベルギーも議院内閣制の弊害に耐えない事実は、ベルギーの博士として全欧に名声と名誉が轟くラウラン氏が「議院は政権闘争の市場となり、立法の職務を尽すことが出来ない。従って、議院内閣制を廃止できなければ国会外に立法会議を設立する必要がある」と著書に記している。その極端な自由主義を主張する英国のミル氏及びヘヤ氏などの政論家も、議院内閣制と誠実な立法部が併行出来ないことを洞見し（著者註　見抜くこと）、かつて英国国会以外に独立の立法会議設立を希望したことがある。また、彼らが、議院制内閣を習慣とする英国でも国会は政党の賭博場となり、国家社会の福利を計る立法の天職を尽すことが出来ないことを認識したことを理解すべきだ。欧州諸国家にこの実例があるにも拘らず、我が忠良な国民は、何故に、政党賭博の資料とするために公衆の福利を犠牲にしなければならないのか。維新当初の希望が泡沫に終わることを、我々はあっさりと受け入れられない。

（独・墺・露・伊）欧州大陸中、国富み兵強く世界に雄飛する独、オーストリア、露などの大国は何れも議院制内閣ではない。伊は、仏・ベルギーに倣い議院内閣に則ろうとしたが、ガフール氏（著者註　伊初代首相カブール）がよく議会多数を抑えただけで、議会の政党の協力を得たわけではなかったのは、同氏の小伝を読めば明らかである。ドイツのビスマルク公も自ら保守派の一人として議院出身といえども、一度君主の信認を得て入閣以降、内閣は君主内閣であって保守党内閣に非ずと宣言した。政党の消退に伴い大臣の進退が決まり、政策の一貫性の欠如を恐れたためだった。ビスマルクの君主内閣は、時勢の変遷に伴い、保守党・国民自由党・中央党を支持基盤として、長期内閣により政策を推進し、ドイツ統一を成し遂げた。立憲君主内閣の主義は、これに外ならない。かつてドイツの国難に際し、全国に議院内閣の声があがった時、よく立憲君主内閣を維持し、先帝に忠実に次の皇帝に功績を残したのは、ビスマルクの忠義と国への誠によるのであり、私も一大政治家の偉功として尊敬している。

また、ロシアのギエール氏、オーストリアのカルノキー氏の英名を聞くこと久しい。ロシアのギエール氏は、専制君主の信任を受ける事二〇年、専制君主は氏の内閣の信任を少しも疑わなかったという。オーストリアは立憲代議制によるが議院内閣制を採用せず、カルノキー氏は、皇帝の信任により内政外交に当り、議会の賛成や反対に進退を左右されることなく、政策を実施し、今日のオーストリアの威力をもたらしたのは、彼の内閣が上は皇帝、下は国民を念頭に誠忠により任務にあたり、眼中に小政党を見ざるの確信に依拠したからである。

（英米）英米の政治は、これを評価する世人が多いが、私は、米国政党政治の弊害をながながと説明しようとは思わない。思うに、米国の盛大である理由は、政治力に非ず、腐敗する政治闘争にも拘らず、国運盛大なのは、北米の地理的特徴によるのみだ。**英国は、議院内閣制の祖国と称するが、法理上は君主内閣制**で、今から一五〇年前、貴族の政治となったため、君主の力では政治を動かすことが出来なくなった。英国下院はその名に反し平民の集合ではなく、社会の知力金力の優族の団体となり、社会の願望は下院にあるという状況になったので、君主も民衆も政治をどうしようもなくなっただけのことである。トライチケ氏が、議院制は君主圧政を貴族圧政に代えると評したが、蓋し言いえて妙である。

結局、英国に議院政治が行われるのは、英国の社会貧富強弱の格差が大きく、貴族的組織を持つためである。故に平民的社会では、君主的の制度を維持しなければならない。国民の少数で多数を圧するものを議院制という。英国のように、少数優族と国民多数の間で貧福強弱の格差が拡大すれば、あるいは衆多は少数の抑圧に甘んじて服すべきというだけのことだ。欧州大陸または我が国のように平民的組織を持つ国では、上下分義が明確で歴史上動かせない天賦の君主に依拠し、社会勢力を統一しなければ、秩序は保てない。

三

欧州諸国が、歴史上実際上経験した所は、以上の通りである。しかし、立憲政治と云えば直ちに政党内閣だと主張し、立憲君主内閣制を非難する者が多いのは、議院を階段として政権を狙い**権勢欲を遂げようとする卑劣の野心**から発し、議院内閣制の横議放論が世人を騙しやすいことに専ら起因している。

私は、物事の常の理により、泰西の悪例を古いわが国体に適応すべきではないことを証明したい。**世の政党者流は、多数が少数を抑圧すべきことを自明の原理というが、なぜか少数が多数に屈服すべきかを証明しようとはしない。**万事に多数決を適応させるのは、わが国体の本性ではない。少しでも欧州の制度史を学んだものは、多数決は欧州でも近世の一風潮に過ぎないことを知る。古代ローマ人は民衆の声は神の声と云ったが、これは我が東洋の古哲が民衆の動向に天命を託すとの理と一致し、国家の大勢は争うべきではないと述べているだけのことである。これを現今の選挙法議事法が神聖であることの根拠とすべきではない。仮に民衆の声は神聖とするにしても、直接一五円以上の男子納税者の選挙からなる議院を神の声というべきか。まして、多数を以て少数を圧迫し、辞を輿論に借りて国権政権を奪おうとはいかなることか。我が忠良の臣民は、帝国の運命をかけ、この危険な多数圧政の原則への一任を甘受出来ようか、私はそうでないことを確信する。

所謂議院内閣制は、法理ではなく政治の趨勢である。従って、理論でこれを強行出来ないことは、欧州・南米の議院制に鑑みて明らかだ。極端な民主主義を採用した米国が、母国・英国の議院内閣制に則る事が出来ないのも、同じ理由による。そもそも英国の政党内閣制は、偶然の結果で、法理でないことは、英国憲法の普通教科書を一読すれば明らかだ。もし、主権を民選議員多数が掌握するとすれば、憲法が二院を設けるのは何故だろうか。国務大臣の任免を君主の大権に属させるのは何のためか。議長を選ぶように大臣を議員の互選にしないのは何のためか。衆議院を帝国議会と呼ぶべきではなく、衆議院の多数を帝国議会の多数と認める理由もない。二院制をとる帝国議会は、二局部（両院）が平等の職権を持ち偏重がないことを期している。**今の党派者流は、衆議院をして唯一権力の主体にしようとする者で、わが国の国体を忘れ、憲法を軽視するものというべきだ。**国会を政権の中心にして、政府を国会の臣僕にしようと望むなら、両院を一体化し、政府の上に聳え立たせる必要があるが、これは憲法の許す所ではない。純然たる民選一院制を採用したとしても、政党者流の実務に疎いやり方では、自由自在の施政は実施出来ない。また、一条の法律、一項の予算も貴族院が否決すれば、衆議院は全員一致で可決しても何ら効果がない。衆議院は解散があり、貴族院は解散がない。まして、政党は離合を常とし、今日の多数派が明日の少数派になることを一体どうするのか。

英国では、上院が勢力を失い、一時期、希望通りの政治が行われたが、下院に二大政党が続き、団結鞏固なるものの存在によっただけである。現在、英国も小党分立し、ピット、フォックスらの整然たる存在は史上一時の奇観であった。グナイスト博士は、英国会の将来を占い、スチュアート朝の君主内閣制に復帰する兆候があると述べている。英国のアルベルト公は「議院制内閣は現在試験中」と述べたが、現在はその正しさが認められている。英国の基礎をもってしてもこのような状態であるのに、いわんや、我が日本社会においては議院制内閣の採用は避けるべきである。私が思うに、国運をかけ、政党者流の人物に政治を任せるのは危険だと断定出来る。又一任しても、権力を保持する能力がないことを知る。上院（貴族院）も、衆議院の奴僕の地位に甘んじることはない。もし、政党者流の希望通りになれば、政治権力は政府・上院・下院の三者の軋轢のために統合帰一することとなく、国民は一定しない施政に苦しみ、外国が日本を窺うことを阻止できないだろう。明治の偉業である立憲の大政は、国家をこのような悲境に陥らせようと希望したのではない。

（註）**【ピット】** 小ピット（一七五九～一八〇六）。ジョージ三世の下、一七年間首相。国王の大臣任免権を守った。**【フオックス】** チャールズ・ジェームス・フオックス（一七四九～一八〇六）。小ピットに対抗したホイッグ党政治家・雄弁家。**【アルベルト公】** ビクトリア女王婿。

四

明治維新は、中世に失った天皇の大権を復活させ、兵馬の力により封建時代に積み重なった弊害を除去し、国内は統一されたが、各方面の政治を変革するにあたり、全般の施政は、一定の計画があったわけではないので、その後二五年余りの間、しばしば政策は激変を免れなかった。あるいは政令の改変が頻繁で国民は方向に迷い、その帰適する所を知らない有様だった。これは、社会が未熟で、発達を企図した当時の我が国が特に嘆くべき所であった。社会全般の事業は、**国家の生存を主眼とすべき**だが、政令がしばしば向かう所が二、三に分かれれば、その激変を恐れて、永遠を期した、長大の事業を為し得ないことになり、ただ目前の利害に拘る情形があるのは、必ずしも人智が成熟していないだけではない。実に政府の方向が一定不動に至らないためのみである。例えば、教育・外交などはしばしば政策変更の結果、人々は永久の目的を見失っている。特に経済に至っては、甚だしいものがあった。そして、維新の日浅く兵馬が未だやまない時には或はやむを得ないものがあるが、既に二〇年の久しきに達し、審按攻究の結果、憲法を公布し、国の基礎を強くし、天下がその恩澤に浴するという時に当り、たちまち国体と憲法の許さざる議院政治の制度を採用しようとは、そもそも、これを何というべきか。我ら臣民は天を仰ぎ大息せざるを得ない。

議院内閣政治とは、衆議院の信任により内閣を更迭することである。議院の信任が大臣個人の責任を軽くするため、君主の信任した大臣より、政令の朝令暮改が甚だしい。私が云いたいのは、政党内閣は一年間政府の方策が幸いに議院の信任を得て、政策を施しても次の年は議会の信任に頼らざるを得ず、僅か一年でその地位は確固でなくなり、政府が遠大な国是を描くことは困難である。私は政府と議会が国民を幸福に生活させるためのものであることを希望する。ところが、今政党内閣の制度を採用し、国会多数の信任により政権の授受を行なう習慣を養成すれば、議会の仕事は**政権闘争の道具**となり法律と予算の議定は立法の本領を離れて、利欲を闘わす口実となり国民の福利は度外視してしまうことになろう。これは欧米等の既往の実験で明らかだ。**法令を否とするのも、法令そのものを否とするのではなく、政府に反対するがために国民の利害を犠牲にして、成立を妨害しよう**

とする。もし、政府が立憲君主制にして憲法精神がこれを明確にする場合は、もとより議員の信任により内閣の動揺を試みることは許されない。議院もまた非望を抱かず誠心誠意法案の討究に努めるべきだ。議院内閣制の国の実験によれば、立法は政府一任（英国）か、国会は立法に適せずとして、別に専門家による法制院を作る（仏・ベルギー）必要があると感じるに至るだろう。政党内閣制度を行なう時は、議会は立法の府たる憲法上の職分を尽すことが出来ないが、世人はこれに意を傾けず目を注がず、なお議院内閣の名に恋々たるべきか。

衆議院で陰険狡猾な手段を施し、僅かに収集した多数派を一概に輿論と呼べないことは、幼子にもわかる。国会の真正の多数に非ず、民望を反映する輿論でもなく、さらに一向一背により進退する内閣を輿論内閣と呼ぶべきではない。

トライケ博士は、議院政治制度は貴族政治であって平民政治ではないという。選挙制度をどれだけ工夫しても法制をいかに緻密にしても、真正の民衆の希望を議院に代表させることは困難である。従って、真正の平民政治は、君主政治でなければ難しい。また、より貴族的な英国は議院制が可能だが、民衆的である独国は君主制でなければ国民を率いることが出来ないという。封建を改め四民平等となった日本は、独に比べより平民社会で、かつ、議院構成が土地所有者に偏り国民全体を代表していないため、社会的問題になれば、議会は土地の利益を偏重し、社会の他の利害に感応することが鈍い。国家の長計を思うものは、いわゆる社会問題の発生した時、社会階級の利害の軋轢の為、議会と社会の相背馳する状態を憂いている。社会の一階級に偏する議会をもって直ちに政府を組織しようとすることはその軋轢の弊害を一層強め、社会問題を到底免れることは出来ない。社会党は、意外に専制君主の良友で代議政体の妨害者であることは、欧州近代政治史の実験であり、私は大いに研究すべき点と考える。全能の君主が上にいて、信任が動かない政府がよく社会層級の利害の軋轢を調和しなければ、国家の団結の強固さは望むべくもない。政党の起伏に関係しない君主内閣が議会に上に立たなければ、永久生存する国家の進運を増すことは出来ない。

五

高名な独公法学者ラバント氏によれば、議院制内閣は大臣専制の政体である。大臣の専制は国民の忌避する所だが、議院内閣制をとれば、大臣は議会の名の下に下民を抑圧することを憚らない。なぜなら、議会多数の信任を得て人民の名で人民に対するからだ。しかも、その責任は広く民衆の選挙した議院に帰する。国民は君主の圧政はなお我慢するが、大臣の専制はこれを我慢出来ない。立憲君主制では、その名義は君主の意思を奉じ、大臣は行政の権力をふるうが、実際は大臣自身の責任で百政を担当するため、議院の代表者にして議院の意思を執行するとの口実でその責任を議会に転嫁することは出来ない。これが、立憲君主制の大臣は責任が重く、議院内閣制の大臣は責任が軽い理由である。英国公法家によれば、英国で議院内閣制が始まってから、大臣弾劾は殆ど廃止された。大臣の行為を検束し法に触れればこれを審明糺断するのは立憲君主制内閣でなければ実施されない。

議院内閣制の国では、大臣が憲法を軽視し法律に違反しても辞職するだけで、法律に照らして処分されない。従って、真正の法理上の責任内閣は、議院制の国では実施出来ない。欧州政治史を一読すれば、私がその事実を列挙せずとも、おおよそのことはわかる。要するに、**議院内閣の過失は国会の過失である**。国会多数の過失は、何人もこれを法に問い、罪に処することが出来ない。**狡猾な政治家が、名を議会にかり言葉を輿論に託し専制を行なった事実は議院内閣制の国の歴史書に多い**。

国を憂い、世を嘆く人士は、虚気平心で私の痛言を聞くべきだ。君主内閣の専制を厭って議院内閣を採用すれば、議会を憚る責任内閣を避け、却って議会すら憚らない専制大臣を歓迎する憂いがあることを知るべきだ。いまだ国体を深く考えず、博く学理と欧米の歴史書を究めず、軽々しく議院内閣説を主張し、少数の政治家に志をなさしめ、国民の希望を失わせ、議会を怨嗟の府となすことは、立憲国家として宜しきに適うものではないことを私は信じる。

蓋し、近代の政体に民衆議会の設けがある理由は、国家の権力を掌握する者をその地位を動かさずに円滑に政策の変更を行なわせるためだけである。そもそも、大臣の進退を強迫しなければ、輿論の望みに沿う政策を行なわせることは出来ないのは、専制政治の名残（余習）である。近世欧州立憲政体の妙は、実に正鵠に達したものというべきだ。**政府を転覆せずに立法行政の方向を左右する実力ある国会でなければ、国会があってもその用を全くすることは出来ない。立法施政に実力を持たずに、みだりに政府と対抗して国力を政権闘争に喪失するのは、立憲制の失態と云わざるを得ない。**今や我が国は、立憲制を採り、帝国議会を開いた。国民の希望を容れるに吝かでないことは勿論だが、議会は誠意誠心をもって憲法の命じる職分を尽せば十分である。政府の組織は、全く天皇の大権にあり、これを動かして下に移させない。すなわち、議会にしてその本分を忘れ、法令の制定の利害は全て政府に委ね、却って、君主の大権に専属する閣僚の進退にのみ勢力を及ぼそうとするのは憲法の精神に遵うものではない。

国務大臣は、その信任に対し、君主に責任を負い、政策の利害につき間接的に国会の監督を受け、輿望に従う政治を行なうべきだ。

六

今試みに、外国の歴史により見れば、凡そ議院政治を行なう国は、国家の大勢が外国に対し国権が弱く鈍いだけでなく、社会のまとまりも強く出来ず、国運をひらき国光を中外に宣揚しようとする維新の偉業の目的に反することを免れないだろう。今や我が国は、一定の国是により、大方針の向かう所に従い、速く開進の驥足を天下列国の間に伸ばし、兵備に商工業に欧亜の大国と競争して国威が日にあがろうとしている。しかるに、国内の政権闘争が停止せず、国体と憲法とを揺さぶる者がいれば、外国に対し内顧の憂いがないと云うことは出来ない。

情勢が既にこのようになるにあたり、対外政策はまだ帰一せず各国から畏敬を受けられず、徒に放論妄議して徒手空拳を振って条約を改正し、法権税権を一時に回復しようとするのは、その志はよいがその業の至難なるを認める。もし欧米人が、日本の政治を、政策が堅固でなく朝令暮改で信頼を置けないと考えたとしても、日本は関知出来ない。今、議院内閣制を採用し、旧来の情勢に加え、議院の激動により、政府を頻繁に更迭すれば、益々、政権の堅固さを妨害することとなる。読者は、明治の内閣史を読めば、誰でも内閣更迭が遅すぎることを残念に思うだろうが、議院内閣制でなくともそうだから、議院政治導入で益々遅くなろう。カブール氏は、伊を統一したが議院内閣制を採用せず、独のビスマルクも同様である。両ナポレオン帝が仏国の威力で天下を驚かせたが、議院の反対があっても皆逡巡しなかった。

その他、露や墺も、外交家で声望が高くその名を聞いて敬い仰ぎ、信頼を政策に置くに足る者は、皆君主の信任を負って永くその要職に立たない者はなかった。議院の向背により二、三年で交代せざるを得ない不安定な地位にある外交政策家の夢想さえ出来ない所だ。今の我が国の状態では、議院内閣出身の外相（覇客）と一般外交家により狂瀾の国際社会で対等に交際する大任に当ることは出来ないと信じる。

国家全体の利害のために政府の更迭は、理の当然というべきであるが、一政党の私利私欲のために政府組織を改めるのは、これ社会良民の福利を挙げて、政党者流の私心の犠牲に供することだ。（英国など）議院制の祖国として因襲（古き悪きしきたり）が久しい中、多くの発達を重ねたにも拘らず、近時、その弊害に耐えないとする事実があるのは、私が既にこれを証明した所だ。然るに、幸いに歴史上の因襲なき清浄無垢のわが国が、彼のひそみに倣うとき、政権の争いは社会の変乱となり、経済・文化・徳義に大変な衰退を来すことを免れえないだろう。これを思い彼を思う時、国体と憲法を顧みず、みだりに政党政治の実施を主張する者は、維新の大目的を破り、社会秩序の仇敵だと断言出来る。

もし、私が、政海の波乱に投じ、虚栄の境界に浮沈することを望めば、政党政治を奇貨として利用するのは容易だ。しかし、本心の判断に訴え、国家の喜びと悲しみを思う時、いやしくも帝国忠良の臣民として誰もこのような私望を逞しく出来ない。私は誠心実意をもってあまねく天下の人士に告げようと思う。世を嘆き、国を憂える者は、宜しく党派の渦流の外に立ち、公平な見識でその邪正を判定し、天下後世に対し規範としての主義を固く守り、わが千古不変の国体をこの明治の盛んな世につまずかせることのないよう、すでに欧州の実例にてらし、またこれをわが国の情勢において考え、弊害があって利がない、政党政治を採用し、わが帝国の立憲の大業に付会し、かの政党者流の一時の私心を遂げようとする者にくみすることは生を日本にうけ、世界に冠絶する国体と憲法を持つ、身命をかけて維新の偉業に関わった忠良な臣民があえてなしえない所だ。しかし、真っ赤に燃える太陽も一時一片の雲におおわれることがあるように、甘言や理に弱い人々を迷いや誤りからまもる術はない。

《毅による、五ヵ国の立憲政治の違い》

	英	米・仏	独	日
社会	貴族的	民衆的	民衆的	より民衆的
政治制度	議院内閣制（実は君主内閣制）	大統領内閣制	君主内閣制	君主内閣制

《毅による、議院内閣と君主内閣での大臣比較》

	大臣弾劾	責任	専制の程度
議院内閣大臣	受けない	より小	より専制的
君主内閣大臣	受ける	より大	専制に非ず

毅の「非議院制内閣論」は、①議院内閣制が成功したのは身分・経済力の格差が大きい英国だけで、多くの国々（仏を含む欧州諸国・南米諸国等）では議会が政権闘争の場所となり政治を不安定化させた、②議院内閣の母国・英国でさえ、歴史の偶然から生まれたもので、形式上は君主内閣である、③平民社会のドイツや日本では、君主内閣でなければうまく行かない、④一応議院内閣が成功しているベルギーは、国防に力を注がなくていい小国であり、日本を含め大国の参考とはならない、⑤英国から独立した米国も議院内閣は導入できず、大統領制である、⑥そのように世界中で失敗し問題の多い議院内閣を日本に採用するのは暴論、というもの。議院内閣制の一番の問題は、議会の信任がしばしば変わり、内閣が外支・国防・教育などの長期政策を採用できず、議院内閣制下のフランスでは、大臣が下院の顔色を窺いながら職務を執行し、他国から侮られる事態を招き、君主制か大統領制に転換しなければならないという。毅は、陸海軍大臣及び外相は、議会に独立すべきという、仏国内の意見を紹介している。また、毅が、

米国などの大統領制を期間限定の君主制と述べていることも興味深い（『平成新国体論』参照）。

（註）【米大統領】米大統領が議会対策を要するのは、重要法案通過時であり、任期四年間、落ち着いて政治を推進することが可能。与党が議会の過半数を占めなくとも政権は比較的に安定している。「非議院制内閣論」は、非議院制内閣の代表として、米国の政府と議会の関係を見習うべきとしたともいえよう。【現在の日本の国会】毅の予言通り、議院内閣制を採るわが国では、国会は立法の力はなく政権闘争の修羅場と化し、野党は倒閣のため反対を繰り返す。平成三〇年間で首相一七名、平均一年九ヵ月の首相在任。短命内閣で長期展望に立つ国政は不可能であり、毅の予言通り。本論文は、議院内閣制が日本にとりよりましな政治か否かを自問する必要があることを日本国民に投げかけている。

また、議院内閣の大臣は、議会多数に信任を受け国民の名において国政を担当するため、憲法・法律への違反や国民抑圧があっても、辞職だけですむ。議院内閣は、真の責任内閣とならず、議院内閣の大臣は国民の名において専制に陥りやすく、大臣弾劾など大臣を抑制する手段に乏しいと、毅は述べている。英国で偶然生まれた議院内閣制は、理論から出てきたものではなく、法律を作りこれを強行しようとした仏国も失敗に終わったと、毅は言う。

英国が議院内閣制を生んだ要因の一つに、貴族と庶民の間の経済力・知力の違いの大きさをあげている。逆に、平民社会のドイツでは、君主内閣による政治が国民全体の幸せにつながるという。日本はドイツよりもっと平民社会なので、君主内閣により、長期的な視野で国力と民力を増進させることが必要とした。

毅の憲法政治に対する考えは、現実に立脚して日本ではいかにあるべきかを考え続けた点に特徴がある。大隈や板垣のように、英国にあるいは仏国に理想を求め、それを採用しようというものではなかった。毅は、明治初期から、あくまで日本にふさわしい立憲政治のあり方を模索し続けた。欧州の土壌の中から生まれた立憲政治が、日本の土壌に育つか否かに関し、毅は研究を怠らなかった。

それは、明治一六年の大政紀要編纂であり、一八年以降の国典研究である。このような毅の物事を根本にさかのぼって考えるというやり方は、毅の主人・米田是容や横井小楠の教え、つまり、肥後の実学に根っこを持っている。毅は、米田と小楠から、誠の心をもって、思い思いて物事の理をつかむことが真の学問だと教わった。そのような毅であったから、国典研究を通じ、西洋立憲政治は、十分日本化して取り入れることが可能との確信を得ることが出来た。例えば、日本では、西洋の王位継承に先立つこと千年以上前から、皇室は、国を私するのではなく、国のおおやけの存在であり、国民を大御宝として慈しむ存在だった。毅は、そこに日本の国体の先進性と優位性を見い出した。また、憲法審議中、毅が述べたことだが、議会での法案提出・上奏などは、古代から日本にその素地があった。「君民同治」とも云えるわが国では、上奏権は大化の改新時には既に存在していた。ユーラシア大陸両端の島国である、英国と日本の近似性に、毅が着目していたこともわかる。それは、明治二五年一二月の「君主遵法主義意見」にも詳しく示されている。

（註）【毅の思索】日本の立憲政治に関し、毅が忘れなかったのは「時中」である。

四　毅の「君主遵法主義意見」（明治二五年一二月）

二五年一二月、毅は、「君主遵法主義意見」を記した（『井上毅傳』史料編第二巻五七一頁）。毅の法思想が示され、憲法にとり重要な意義を持つ。法と君主の関係につき、日本・ローマ・ゲルマンの法思想が比較検討されている。以下、三つに分け要約し説明する。

（註）国学院大学編『井上毅傳』は、本論文を「必ずしも井上毅の起草なること誤りなしとせず」とするが、内容も文章も、毅でなければ書けないもの。木野主計氏も毅論文と解釈し、毅の本文執筆を「明治二五年一二月」とした（『井上毅研究』三二九・三八五・四九二頁）。なお『井上毅傳』は本論文を「君主循法主義意見」としたが、本書では「君主遵法主義意見」とした。

1、日本の天皇と法の関係

帝室（皇室）が法律の内にあるか外にあるかは法学者の疑問であり、無用の空言に似るというが、憲法学にとっては全体の根本であり、実際、現実に矛盾することも少なくない。そのため、研究すべき問題だと信じる。

上古に遡《さかのぼ》れば日本の国体からみて、天皇の大権と国家の大法は一つであり分けられないものだった。今、例証をあげることは難しいが、古言に照らせば、法または則があてられる「ノリ」は、「ノリト」や「ミコトノリ」を語源とし、「言」または「宣」の文字を意味している。播磨《はりま》風土記に記されているように、大法山は、応神《おうじん》天皇が大法を宣言されたことから命名された。この意義から推測すれば、至尊の詔勅は臣民の法則であり、ミコトノリ（言）とノリオキテ（法）は二分できない。

中古以来、法則は「オキテ」と名付けられた。「オキテ」は「置きたる手」を意し、主権者又は命令者が各法則に手形を置くこと、今では印璽《いんじ》を捺すことをさす。手形を捺すのは、手を握って約束する古い風習からきている。「チカイ」というのも、「テカヒ」即ち、「手ヲ交ハス」の意味で、手の形を写すことで将来の保証としたようだ。そのため、言法一致はわが国の国体であり、言行一致は惟神《かんながら》の道の「マコト」と云える一大主義に基づくことを知るべきだ。シナの歴史家が舜の徳を称して、「言為法行為則（言は法をつくり、行は則をつくる）」と述べたが、これは暗にわが国の古義に合致する。

中古の宣命に「ノリノマニマニ」というのは、「**先王ノ遺法《いほう》ニ遵《したが》フ（先王の残した古き法に遵う）**」ことを意味する。シナでは周の徳をいうのに、「不愆不遺遵由旧章（あやまたず、遺らず、古い法章に遵《したが》う）」としているのも、同じ意味だ。

以上から見れば、君主の言葉は法則となる。すでに法則となった時は、君主もまた誠という一大主義に基づき、法則に遵《したが》うべきことは疑うべくもない。


（註）**【播磨風土記】**出雲・肥前・常陸・豊後等現存風土記の一つ。

2、欧州での国王と法の関係

これを欧州立憲の学理に照らせば、ローマ主義とドイツ主義の二つがある。

ローマ主義は、主権無限の説で、皇帝が主権を掌握する限り、皇帝は法律に服従せずとしたが、その後一変し、他の一方の極端に走り、主権在民との僻説に陥り収拾できない混乱に至った（仏革命）。一方、ドイツ主義は、古来、君主は法（律）に依るとの主義で、例証として学者の説を掲げる。

英国ブラクストンいわく、

「国王の職務は、法（律）に従い国民を統治することにある。これは、随意で不定の政治をしないという、欧州大陸のドイツ人祖先の制度だ。これは、自然自由道理及び社会の主義に合致するだけでなく、英国通法が重要とする所で、王権の盛んな時もそうだった。私の著作に記しているが、ヘンリー三世のとき『国王は人に従う必要はなく、神と法に従う必要がある』といわれていたのは、法が国王を立てるからだ。王が法に従わず自ら欲するままに統治する国には、真の王はいない。

ここにおいて、民法（ローマ法のことをいう）と国法（英国法）の違いが判明する。すなわち、王の上に法の主権が在るといい、または、（民法家の好んで云うように）法の上に王の主権が在るという。ローマ法と英国法を比較すれば、何れが社会の維持に理があるかは明らか。ローマ法の学士にとっても、ローマ法制に理がないのは明らかだ」

ダイシーが英国憲法論でいうには、

「スチュアート朝の治世では、王のみならず法律家政治家も王の特権を主張した者（ガルデネル氏、ハーシ氏、ベーコン氏）は皆、『王は特権の名の下に広大無限の権力の余積を持ち、この特権即ち主権の余積は超然として国土の普通法律の上に立つ』と、この主義並びにこの主義より推測するところの『国王は国の法制を停止することができ、かつ、法制に従う義務を免れることが出来る』との主義と相合して、遂に王の特権はある程度まで法律の範囲外にあるとの間違った意見を引き出したが、小生はかつての謬論を再度試す必要を認めない」

右は、英国の学説を引用したもの。この学説は、祖先がドイツ人種であることを理由に唱えているだけでなく、ドイツの現在の学説にも符合する。

シュルツェいわく、

「法が許さないことは、君主はこれを行うことはできない、という言葉がある。また、君主は、法を決定することができない。ローマ法がいう、法は独り君主よりいずるとの主義は、ドイツ法理に背く。古来、英国法学者がいうように、王は法に従うべきである。何故なら、法が王を立てるからだ。これは古来のドイツ法の深義をあらわすもので、過去百年間の諸大家、ことにモーゼル氏の主張したものだ」

以上の英国及びドイツの学説を引用し、そのまま日本の帝室のお手本とすべきではないが、欧州立憲主義の源流がどんなものかを見ることはできる。

あるドイツ学者の説に従えば、「君主は、国の上に在らず、国の外に在らず。国の中にあって国の最高機関である」、という。これ即ち、君主も法（律）の中にあるべき主義を説明するもので、わが憲法の『国の元首』と云う大義と符合する。

3、以上の全てを要約すれば次の通り

日本の国体および憲法では、天皇の言行はおのずから法に一致し、矛盾しない。英国人の「法の力により君主を立てる」説は日本の国体と異なるが、皇室は法の外に立つことは出来ず、法と一致すべきことは不易（かえるべきではない）の原則で、ドイツ主義の『君主遵法説』と相通じる。皇室と法の関係は、この一大主義を標準とし、皇室と皇室所属の大臣官吏は法に従い、法の禁令を犯すべきでない。

この定則に対し、以下の大主義に抵触しないように憲法の下並び行われるべきだ。

一　皇室は法律の制裁を受けず（「君主無答責」の意）

二　皇室典範の定める条件、及び、皇室典範に定められるべき規定は、普通民法及び財産法の範囲の外に在るべき（男系相続など皇位継承ほか）

三　皇室は、国税を納める義務や、徴発（強制取立て）に応じる義務を負わず

四　皇室は徴兵令及び諸般の徴発に服さない

その他、事務の沿革、又は特別の性質により、皇室が遵由すべきでない、または、遵由する必要がない場合、法令に除外条項を設けるべき。

上述のドイツ主義によれば、皇室が狩猟規則を守る必要がなければ、勅令で狩猟規則対象から帝室を除外する条文を設けるべきだ。狩猟規則は皇室御料場に適用されず、鉱山法も同

じだ。

毅の「君主遵法主義意見」をまとめれば以下の通り。

1、天皇は「先王ノ遺法ニ遵フ（先王の古き法にしたがう）」

天皇の詔勅と臣民の法は、一つで二分出来ない。つまり、天皇が「詔勅（ミコトノリ）」を宣《の》れば、それは臣民（国民）の「法（ノリオキテ）」となる。すでに法となったら、歴代天皇もこれに従わなければならず、恣意に任せ法をかえることは出来ない。ノリノマニマニは、「先王の遺法に遵う」ことを意味する。

（註）**【詔勅】**詔勅とは、詔書・勅書・勅語の総称。詔勅も、天皇がほしいままに出せるものではなかった。詔勅のうち最重要事に用いられる「詔書」は、中納言・大納言・大臣の署名を要した（『王朝政治』四四頁）。**【十七条の憲法】**「承詔必謹（詔は必ず謹んで承けよ）」は、天皇の言は法であり、国民はこれを必ず承けよという意味である。**【毅によれば】**「ノリ」は「法・則」と書き、ノリト・ノリオキテを語源とし、言・宣を原意とする。

2、ローマ主義とドイツ主義

君主と法律の関係は、西洋ではローマ主義とドイツ主義に分類される。

【ローマ主義】

古代ローマ法思想で、君主が法の上に立ち法をつくるという、無制限の君主主権は、後世逆転し人民主権となった。無制限の人民主権は、最悪の独裁を創造した（仏革命）。絶対者の意思（「一般意思」）は「神の意思」で、犠牲となったのは「主権者」たる人民だった。

【ドイツ主義】

ブラックストーン氏、シュルツェ氏の論考からわかるように、古代ゲルマンから継承された法思想は、「法が王を立てる」、「王は法の下にある」とする。王は、古き法に基づき国民を統治し、専制は排除される。ドイツ主義は、「古き法が法」を原則とする。

3、「**君主遵法主義意見**」

以上をまとめれば、次の通り。

①**日本主義**　天皇は「先王の遺法に遵う」、つまり、皇祖皇宗の残された言（ミコトノリ）を法（ノリオキテ）として天皇自ら守る。国民も天皇にならい法を守る。

②**ドイツ主義**　君主は、法の下にあり法に遵う。古代ゲルマンは、「古き法は良き法」だ

った。英国は、今も「古き良き法」をまもり続けている。

③**ローマ主義**　君主主権は無制限。君主は法の外にあり法をつくることが可能。ルソーの社会契約説は、これを一八〇度転換し、無制限な人民主権とした。その結果、絶対者の意志（「一般意思」）によって、伝統・秩序・法律を無制限に破壊し、最悪の災厄を民衆にもたらした（ジャコバンの独裁）。

（註）**【ローマ主義】**ローマ皇帝の独占的立法権。ユスティニアヌス法典（コルプス・ユーリス）が、法の効力を持つのは、最高立法権者ユスティニアヌス帝の意思表明だから。皇帝の口を通した神の言葉であり正義かつ完全無欠と信じられた（『概説西洋法制史』一二九・一三〇頁）（『小林よしのり「新天皇論の禍毒」』三〇六頁参照）。

日本の「先王の遺法に遵う」はドイツ主義に一致し、日本とゲルマンの両者が「君主遵法主義」をとり、ローマ主義（「君主が法をつくる」）と異なる。天皇は、「先王の遺法に遵う」義務を祖宗に負い、自らほしいままに法をつくることは出来ない。言行一致も、天皇が誠をもって率先し「先王の遺法に遵う」ことを意味する。

三者を比較すれば次の通り。

	日本主義	ドイツ主義	ローマ主義
法の根拠	先王の遺法に遵う	古き法は良き法	君主の意思
君主の遵法義務	あり	あり	なし

以上から、「天皇の言は法」は、ローマ主義（皇帝の絶対的立法権）とは全く逆であることがわかる。日本が絶対王政だったことはなかった。

「非議院制内閣論」でも示したように、毅は、ユーラシア大陸の東西両端、つまり、日本と英独が図らずも「前王の遺法に遵う」という同一の法思想を持つことに気づき、日本での立憲主義の成立に自信を持ったに違いない。ここにおいて、毅は、日本の国体に基づく立憲政治と議会の成功を確信したと思われる。

（註）**【大法山】** 福岡県の山（標高一三三一米）。第一五代応神天皇が法を出されたことから命名された。応神天皇は、日本武尊の孫、仲哀天皇と神功皇后の御子。**【「言為法行為則」】** 舜の徳を示す言葉。「言うは法を作り、行うは則を作る」の意。「為す」（する、行う、拵える、作る）**【法の支配の法とは】** 英国のコモンローは、一言でいえば、過去から積み重ねられた判決・先例・慣例だが、思想的淵源は、一三世紀頃までのヨーロッパのゲルマン諸部族にあった『〈古き法〉こそ〈法〉』『〈古き法〉こそ自由の砦』という中世法思想にある（ケルン『中世の法と国制』創文社）。中川八洋氏は「中世から近世への移行期に、英国のみを例外

として、他のゲルマン諸国からは、この〈古き法〉の概念は消えた。ドイツではローマ法に取って代わられた。そして、英国のみ中世法思想を発展させ、〝法の支配（rule of law）〟という憲法原理を確立した」と説明（『皇統断絶』一三六頁）。**【法の支配】**古代ゲルマンからの法思想が、中世になって英国で発展し憲法原理になった（『保守主義の哲学』七七頁）**【法】**人間の意思を超越する、古来の〝神聖な真理〟のこと。法は作るのでなく祖先の叡智の中から発見するものだから、〝つくる（制定する）〟ものである法律は「法の支配」の〝法〟たりえない（同上七八頁）。**【家康も古法を重んじた】**「新法の出来るは民の苦しむ基なり。古法は樹木の根にして新法は枝なり」（山本七平『日本人とは何か。』五〇九頁）。**【W・ブラックストーン】**保守主義の英国法学者、バーク思想後継者。オックスフォード大学での講義**「道徳法と矛盾する制定法は無効」**（『保守主義の哲学』一一〇頁）。ベンサムから攻撃された。**【ダイシー】**保守主義とはいえず、合理主義との折衷。**【ドイツ学者のいう、君主は国の上に在らず、国の外に在らず。国の中にあって国の最高機関である】**これは、美濃部達吉の「天皇機関説」そのものではないか。

〈コラム〉【多数決】

多数決で物事を決めることは、古代ギリシアやゲルマンの慣習だった。多数決が正しいとは限らないことは、ギリシア民衆政（衆愚政）の結末を見れば明らかだ。それでも、多数決を採用しているのは、多数意見に神意が示されると信じられているからとして、山本七平氏は次のように記している（『日本とは何か』二〇六・二〇八頁）。

「この原理を採用した多くの民族において、それは『神意』や『神慮』を問う方式だった。面白いことにこの点では日本もヨーロッパも変わらない。古代の人びとは、将来に対してどういう決定を行なってよいかわからぬ重大な時には、その集団の全員が神に祈って神意を問うた。そして評決する。すると評決に神意が現れると信じたのである。これは宗教的信仰だから合理的な説明は出来ないが、『神意』が現れたら、それが全員を拘束するのは当然である。……多くの国での多数決原理の発生は、以上のような宗教性に基づくものであって、『多くの人が賛成したから正しい』という『数の論理』ではない」

山本氏によれば、日本にも多数決の原理が存在した。延暦寺では「異声・異形」と呼ばれ、各僧侶が姿と声色をかえて意見を表明し、多数決により物事を決定。高野山では「合点」と呼ばれ、投票の点数を合計し、多数決を採用。日本が、明治以来、欧米議会制度を採り立憲政治をなし得たのも、そのような素地があったからだ。

第九章　大津事件と毅

明治二四年五月、露国皇太子は、日本視察のため大津市内を通行中、警官に切り付けられ負傷した（五月一一日）。命に別状はなかったが、日本政府首脳は犯人を死刑にしようと考えた。世論は死刑に反対した。本件は、国論分裂という内憂、露国という外患が絡み合って、国家の危機となった。毅（文事秘書官長兼枢密顧問官）は、犯人処刑を立憲国家の「自殺行為」とし、裁判・法律・憲法を護り日本の危機を救った。

一　未曽有の国難

露皇太子ニコライ二世は、ウラジオストクでのシベリア鉄道起工式のため、六隻の艦隊で日本を訪問した。明治二四年五月一一日、皇太子の人力車が大津市内を移動中、事件は発生した。皇太子は、警備中の滋賀県巡査（津田三蔵、三七歳、三重県士族）にサーベルで後頭部に二太刀浴びせられた。ギリシア皇太子がステッキで犯人を殴打し人力車夫が足を払い、犯人は逮捕された。皇太子来日前、シェーウィッチ露公使は、不測の事態が起きないよう青木外相に申し入れていた。外相は、皇太子に事故が起こったときは、国内法である刑法第一一六条（「皇室罪」）を適用し極刑に処すとの言質《げんち》を与えていた。外相が露公使に与えた回答は、閣議了承済みであり事件を複雑にした。

（註）**【露皇太子の二つの刀創】** 右こめかみ長さ九センチ、骨片（長さ九ミリメートル、幅1ミリメートルの大きさ）は削り取られた。その下の創は、長さ七センチで骨膜に達した。**【皇室ニ對スル罪】（明治一五年制定の刑法第一一六条）**「天皇、太皇太后、皇太后、皇后、皇太子又ハ皇太孫ニ對シ危害ヲ加ヘ又ハ加エントシタル者ハ死刑ニ處ス」「皇室に対する罪」は、皇室に対する犯罪を裁く法律であり、他王室へは適用できない。**【青木外相の言質《げんち》は、日本**

外務官僚の悪弊か】 青木外相がロシア公使に与えた言質に示される外国への諂《へつら》いはその後も日本外交に継承されている。①平成一三年五月、元外務官僚野田氏は、中国のお先棒を担ぎ、「つくる会」中学歴史教科書の検定不合格を運動した、②平成一三年八月、田中真紀子外相は唐外相に「小泉首相に靖国神社参拝を中止するように伝える」と答えた。**【シベリア鉄道】** 万延元年（一八六〇年）、清からロシアへ譲渡された沿海州経営のためウラジオストク建設時に計画。明治二四年三月（一八九一年）、ウラジミル三世が敷設を命令。

された。

天皇の迅速な対応

天皇は、事件当日（五月一一日）、松方首相に詔勅を発し、露皇太子と皇帝に見舞い電報を出された。

（首相への勅語要旨）「今私が敬愛する露皇太子が来遊され、私と私の政府及び日本国民が皇太子を国賓として最も丁重な儀礼をもって歓迎しようとしていた矢先、大津の路上で遭難されたという警報に接したことは、私の大いに惜しむところである。速やかに犯人を処罰し、隣国ロシアとのよしみを傷つけることのないように取り計らって、私の心を休めしめよ」

（天皇の露皇帝へのお見舞い電文要旨）「今回、皇太子のご来遊に際し、国民が心を尽し歓迎しておりますが準備不足を恐れています。私も皇太子を国賓の大礼を以って歓迎し、間もなくお会いできることを楽しみにしていましたが、思いがけず暴漢が殿下を傷つけ不敬を加えたという知らせに接し驚きは留まるところを知りません。急いで医師を派遣し、皇太子の治療に従事させます。さらに自ら遭難された御地に行き殿下を訪問してお苦しみを慰めようと思います。幸いに、刀傷は深くなく御容体は良いといっても、このような事件をお知らせする私の心苦しさは申すまでもありませんが、陛下の驚きと御心痛は一層深いことを思います時、言葉を継ぐことも出来ず、苦しみに堪えません。殿下の御容体は、これ以降、刻々ご連絡するつもりですが、とりあえず以上のことをお伝えします」

五月一一日、天皇は、北白川宮能久親王を京都に派遣した。同日午後五時、能久親王は、京都へ出発。同午後九時、西郷内相、青木外相および医科大学教師スクリッッパが京都へ出発（治療を申し出たが露国は拒否）。五月一二日、天皇は、皇帝に事件報告とお詫びを至急電で打たれた。同日午前六時半、天皇は、新橋発特別列車で京都に向かわれ、五月一三日午前、皇太子をお見舞いされた（尾佐竹猛『大津事件』九五頁より要訳）。

（天皇の露皇太子へのお見舞いの言葉要旨）

「私は、殿下を大賓としてお迎えし各地で歓迎準備をしておりましたところ、はからずも、一昨日大津で事件に遭われたことは、私の悲しみとするところです。貴国皇帝皇后両陛下も遠隔地のため、殿下のことを大変心配なされていることでしょう。犯人は、国法により速やかに処罰します。私は、殿下が十分療養され、傷が早く治ることを祈っています。その上で、東京を始めとする日本各地を観光されることを希望します」

天皇は、皇太子の治癒を祈り、旅行を予定通り続けられることを希望された。

（註）**【天皇は謝罪ではなくお見舞いされた】** 注意すべきは、天皇が露皇太子に謝罪でなく心からのお見舞いをなさった点だ。ここ数一〇年の日本外交の安易な謝罪とは全く違う。外交とは本来、天皇が露国皇太子に示されたように真心を示すものではなかろうか。元首の謝罪が国民に災厄を齎すと考えられていたことが、明治天皇の偉大さだった。

五月一五日、京都御所での御前会議で、①犯人津田を死刑にする、②皇帝への謝罪のため大使派遣（特使は、露国の辞退で中止）を決定した。つまり、御前会議で「皇室罪」適用が決定されたのである。五月一八日、皇太子二三歳の誕生日。天皇は、北白川宮を名代として誕生日のお祝いの品を露艦アゾーヴァ号に届け、皇太子に神戸御用邸で午餐を差し上げたい旨申し入れた。露国は、傷が癒えていないことを理由に逆に天皇を露軍艦へ招待した。政府は、天皇拉致を恐れたが、天皇自身が決断され、皇太子との別れの晩餐をアゾーヴァ号艦内でご一緒された。五月一九日、皇太子は神戸港出航、五月二三日、ウラジオストク着。

ロシアの対応

①露皇太子の反応　露皇太子は、長崎・鹿児島・神戸・京都などでの官民の歓迎により、日本に好意的だった。皇太子は、「私は、来日以来満足のいく旅行を続け、今日一狂人のために傷を受けましたが、貴国を恨んだりしません。幸い傷も軽く、二、三日の療養で癒えましょう。早く東京で陛下にお目にかかりたい」と有栖川宮に語った。皇太子は、露公使に「このことで、日本に悪い感情を持たないように」と発言した。皇太子は、五月一一日午後一〇時、次の電文を天皇に出し心配なされぬように伝えた。

「不意の出来事につき、陛下にご心配をおかけしました。私が陛下に深く感謝する所です。陛下の御心を煩わせることは残念なことです。私の傷は、やや快方に向かっています」（牧野伸顕『回顧録（上）』一五三頁）

政府は日本滞在を希望したが、皇太子は本国指示で滞在を切り上げた。

②皇帝の返電　皇帝の返電は、天皇親電から二日後（五月一四日午後四時二〇分）着信。

「陛下の電文のまごころと、皇太子への行き届いた親切に深く感謝します。大津での思いがけない皇太子の遭難は、悲しむべきことですが、希望していた陛下への表敬訪問を予定通り行なうよう希望します」

皇帝の返電は、天皇と政府を安心させた。

③露政府の反応

露公使シェーウィッチは、次のように抗議した。

・皇太子来日前からの警備徹底要請にもかかわらず不祥事が発生
・公使と青木外相間の約束を日本が実行しない

公使は青木外相に次のことを要求した。

①公使と外相の取り決め通り、犯人を死刑にすること
②犯人処刑が実行されなければ、露日間に重大な危機が生じること

これらは、公使による駆け引きだった。露国は、早期から日本に過大な要求を想定しなかったが、取引の材料に使おうと考えた。刑確定後の六月三日、駐露西公使から、判決文で無期懲役を知ったギルス外相は、「判決に不服はないが、納得いかない点がある。日本で決まっているとはいえ、皇太子事件を一般人に対する犯罪として裁いたことだ。死刑判決ならば、恩赦を申請するつもりだった」と語った（『伊藤博文秘録』二七四頁）。

日本が死刑判決を出したら、露国が恩赦要請を出したはずで、日本は露国に借りを作ることになっただろう。まさに露国の思う壺であり、更なる干渉を招いたことだろう。

（註）**【露国の大津事件での穏便策】**露国の穏便な対応は、大国の矜持を示したともされるが果たしてそうか。ウラジオストク《東方征服》の名が示すように「東方進出」が国是の露国にとり当面の敵

は清で、日本への懐柔策だったを見るべきだ。露国に対する毅然とした、日本の対応も見逃せない。青木外相に次のエピソードがある。明治二三年、金鵄勲章制定時、シェーウィッチ公使が青木外相に理由を質した。外相は、「金鵄勲章制定の理由は審らかにしないが、他国が朝鮮を脅かせば、日本は強国でも撃退する覚悟だ」と述べ朝鮮防衛の強い意思を示した（『青木周蔵自伝』二四七頁）。**【露国の日本への敵意】**露国の敵意は、大津事件でより強くなった。①ニコライ二世は、終生日本人をサルと蔑み、②明治三〇年代には東亜侵略拠点ブラゴベヒチェンスクに「五月一一日のロシア皇太子への襲撃を忘れるな」という小学校があった（『写説・坂の上の雲』四〇頁）（石光真清『誰のために』）。

政府首脳の意見

明治二四年五月一二日午前（事件翌朝）、松方首相以下四閣僚および伊藤博文・黒田清隆ら政府首脳が首相官邸で善後策を協議した。政府首脳は、事件を国難ととらえ、「皇室罪」を適用し犯人を死刑にすることを決定。山田顕義法相が、「裁判官には、犯人処分について、二つの意見がある。一つは、皇室罪を適用して死刑にし、もうひとつは通常の殺人未遂罪を適用する意見だ」と述べ、何れをとるかを尋ねた。主な意見は、以下の通り。

①伊藤博文の意見（五月一二日、首相官邸での発言要旨）

「この犯罪には、皇室罪、通常の殺人未遂罪の二つがある。事件の重大性からして、影響は予測不能で、より重大事態を想定し、重い処罰を考えなければならない。万が一、政府の意見に対し、多くの異なる説が出され犯人処罰が困難になれば、戒厳令も必要となろう。国家の危険を避けるためには、非常の処置も必要」（『伊藤博文秘録』二五〇頁）

伊藤の意見は、①皇太子を殺害しようとした犯行は、露国への敵対行為であり、日本を非常事態に陥れた未曾有の凶行、②事件の処置に異論百出して処罰が困難になれば、戒厳令を敷いてでも犯人を処刑、というものだった。

②松方首相の意見（五月一二日、児島大審院院長への発言）

「露国皇太子遭難は、国の存亡にかかわり、天皇陛下には露皇太子が静養中の京都に御出発された。とるべき方法は、犯人処罰で露国皇帝と露国民を満足させるしかない」

松方首相は、児島大審院長に、①犯行が日本を窮地に追い込んだ、②危機乗切りには、露国皇帝と露国民を満足させる処罰しかないと、説いた。

児島院長の首相への返事は、殺人未遂罪の適用以外は考えられないというものだった。松方首相は、「法律解釈はそうだろうが、国家が存在しなければ法律も生命もない。国家あっての法律で、法律は国家より重要だという理由はない。細細した法律論にこだわらず、国家の生命の維持を図るべき」と院長に重ねて説いた。

松方首相は、①法律論だけでは日本は消滅する恐れがある、②国家あっての法律だから、国家非常時は法律の解釈にとらわれず、国の生存を第一にすべき、とした。

③陸奥宗光農相の意見（五月一二日、児島院長への発言）

「内閣がこのような評議（犯人死刑）を行った理由は、首相のお話通り、被害者が通常人でない皇太子だっただけでなく、刑法一一六条には単に天皇とのみあって『日本』という文字が欠けており、外国皇帝皇族も含まれると解釈されるからだ。まして、露国皇太子は陛下の賓客だから死刑は当然」

④山田法相の意見

「司法官が、事件の軽重を考慮せず、法律の字句にこだわり、皇室罪不適用の意見を変えなければ、露国皇太子の身辺警護を果たすという内閣の責任を全うできない。さらに、裁判という国家の大事を裁判官に託せられなくなり、戒厳令によって臨機の処置を行うとの意見が生じるだろう。そうなれば、結局、内閣は司法官を信用せず、法相の私も大いに苦しむ」

山田法相は、児島院長に、①裁判官が法律論で押し切れば、戒厳令の事態に立ち至る、②司法の負けを意味する戒厳令は避けねばならない、と説いた。

司法省と大審院の意見

事件翌日（五月一二日午前七時）、司法省で会議が開かれ、山田司法大臣・高等官・外国人顧問が参加した。パテルノストロは普通殺傷罪の未遂違反と主張し、全員が賛成。大審院内は、皇室罪に関し、多くは不適用という意見だったが、適用とする一部の判事を児島は説得し、意見統一を図った。しかし、司法の独立を守ろうとした児島も、国の独立まで犠牲にしていいとは考えなかった。大審院が「普通殺傷罪」を適用し無期懲役との判決を出した時（五月二七日）、児島は三好検事総長と連名で山田法相に電文を送った。山田法相宛電文は、「皇室罪不適用」の大審院判決を知らせ、更に政治解決が必要なら「緊急勅令」を出すしかないというもの。児島は、「皇室罪不適用」の場合、露の対応についての判断材料を持ち合わせなかった。幕末の修羅場をかいくぐってきた人だけに、法律だけで国が護れるとも思わなかった。

（註）【山田法相】山田法相は、省内会議中「普通殺傷罪適用」の意見に反対せず、同日閣議後、松方首相とともに児島大審院長に「皇室罪適用」を迫った。【パテルノストロ（一八五三〜一八九九）】イタリアの国際法学者。明治二一年一月、司法省顧問として来日（尾佐竹猛『大津事件』岩波文庫二九六頁）。

二　毅の真価

児島の電文（五月二四日未明）は、山田法相や松方首相に政治判断を一任することを表明しており、法律に基づく判決が出され戒厳令を布かずにすんだ点について、毅の果たした役割がいかに大きかったかが理解される。この時点の状況をおさらいしてみよう。

1、五月一五日御前会議で、犯人処刑の政府方針が決定され、五月二四日時点でもこの方針にかわりはなかった。

2、裁判は結審したが、外交問題は未解決で、皇太子来日前、青木外相が露国に言質を与えていたため、露国の圧力が予想された。

3、事態は、緊急勅令による戒厳令下での処刑へと進んでいた。

4、判決には世論の後押しがあったが、犯人処刑に論理的に反論出来る人間は毅だけだった。

5、毅は、政府首脳への働きかけが可能な立場にあった。毅は、五月八日まで法制局長官だった。毅は、国際法に通じ、外国人識者との交際もあり国際状況にも通じていた。

毅は、独自の判断で、法制局書記官斎藤浩躬《ひろみ》を通じ、司法省法律顧問パテルノストロに事件処理につきたずねた。その結果を事件二日後という早期に伊藤博文に報告した（五月一三日）。

このように、毅は絶えず国の問題に主体的に取り組む人物だった。

（註）**【明治二四年五月六日、山県内閣辞職、松方内閣成立】** 毅は、法制局長官を辞し、文事秘書官長兼枢密院顧問官となった。この時、法制局長官は不在で、毅が法制局員に指示を出すことに何ら問題がなかった（『井上毅研究』一三五頁）（『明治天皇紀』第七巻八〇五頁）。

パテルノストロの意見

毅の諮問に対し、パテルノストロが斎藤書記官に伝えた回答は以下の通り。

①刑法一一六条は、天皇への犯罪を対象とし、外国皇太子に適用できない。

②犯人津田巡査に露国との戦争を起す意図があったとは考えられず、戦端を開き又はその予備を対象とする刑法一三三条は、適用できない。

③一八一九年、露国参事院議官殺害のドイツ人学生は普通殺人罪で死刑、また、複数のイタリア人が、パリでナポレオン三世に爆弾を投げた事件では、仏国刑法の「君主に対する罪」で主犯死刑、従犯は普通殺傷罪となった。しかし、先例はあくまで先例だ。事例ごとに歴史的事情があり、一例を以って適用できない。本事件の処分は、自国の刑法に基づき判断すべき。

パテルノストロは、①刑法一一六条を適用できない、②戦端を開くなどの意図を持つ犯罪に適用される刑法一三三条も適用できない、③外国の先例は参考にならない、という。

五月一三日、毅の伊藤博文宛書簡

毅は、事件発生直後の五月一三日から五月二五日の間、書簡三通・意見書一通を伊藤博文に送り、犯人処分の原則を示し、犯人処刑に反対した。

【毅の伊藤博文への書簡要旨（二四年五月一三日）】

「さて、犯人の処分につき考慮されているものと思います。一時の内外状況によって犯人処分に間違いがあっては、世界の識者から笑われ、後世に歴史上の汚点を残し、残念なことになると思われます。申し上げるのも愚かなことですが、種々御注意頂くようお願い申し上げます。

一、皇太子は君主でなく君主の一族に過ぎない。『君主に害を加える者は、その国にも害を与えるものである』との公法上（国際法）の論理は、皇族・王族にまで適用すべきではない。

二、日本の刑法一一六条は、（わが国の天皇に適用すべき法律で）外国の君主や王族に無理に適用すべきではない。ドイツやイタリアには、外国君主に対する危害への処罰を規定した刑法の条項がある。（ただし、自国の君主に対する処罰より軽く、また、王族への犯罪も規定されていない）

三、したがって、謀殺犯の未遂として処分するより外にない。

事件解決のために、刑法を曲げれば、日本は、刑法によって日本国内にいる外国人を統御する自国の権利を、永久に失うだろう。以上の意見を、パテルノストロ氏意見とご覧に供す」

毅の「皇室罪」適用への反対意見

毅が、「皇室罪」適用との政府方針に反対した理由は、以下の通り。

①露皇太子は、世継ぎだが皇帝ではない。国際法上の「君主への危害は、その国に対する危害」という論理も当てはまらない。大津事件を「日本国民による露国への敵対行為」と解釈すべきでないことは明らかで、戒厳令下での犯人処刑という伊藤の意見は、論理的ではない。凶行についての謝罪や賠償金支払いなどは絶対に避けるべきだ。

②日本刑法一一六条は皇室に適用され、外国君主や皇太子に適用できない。

以上から、毅は、本事件に政府が行うべきことを次の二点と考えた。

1、事件発生を防ぎきれなかった**警備上の不備の責任をとる**

2、露皇帝と皇太子への**心からのお見舞い**

五月一七日の伊藤博文への毅書簡

書簡には、政府顧問ロエスレルの意見の聴取報告、および、毎日新聞の記事（二四年五月一七日）を同封している。

毅は、ふたつの問題点について述べた。

1、犯人処分　司法に任せるべき。本事件に「皇室罪」を適用することの誤りは、ロエスレルの回答で一層明確になった。

2、警備当局の責任者処分　これこそ、露国民の関心事であり処分を急ぐべき。

毎日新聞の記事（五月一七日）は、世間に流布した事件処置に対する三つの説を紹介し、誤りを指摘した。

○「皇室罪説」の誤り　露皇太子への犯罪に、皇室を対象とする皇室罪は適用できない、

○「天皇への不敬罪説」の誤り　国賓の露皇太子への傷害事件が、天皇を悩ませたからといって、天皇への不敬罪には該当しない。

○「犯人無罪説」の誤り　外国王室への犯罪は、刑法に規定がないからといって、無罪にできない。通常人に対する犯罪として裁かれるべき。

事件処分について、殺意の有無と予謀の有無とを審判し、殺意があって計画的であれば謀殺未遂であり、殺意があって計画性がなければ故殺未遂、殺意がなければ殴打創傷罪だ。法律上の処分に、政略を交えることを許さず、裁判官は公明正大の審理をすべきだ。

以上、毅が推奨するだけあって穏当な意見であり、当時の新聞の見識に注目したい。

（註）【政府】滋賀県知事の免職処分など警備責任者を処分した。【ロエスレルの回答】既に伊藤博文に伝えられていた。

ロエスレルの意見

毅が伊藤博文への書簡（五月一七日）で言及した「ロエスレル氏の回答」は、次の通り。

○「皇室罪」（刑法第一一六条）は、適用できず

規定がなければ、外国君主及び王族への暴行でも、普通犯罪（計画殺人等）として処罰するほかない。日本刑法第二条の規定通り、該当する法律がない場合、処罰できないのが原則であり、法律の意義を超える「こじつけ解釈」は許されない。

○日本が手本とした、仏刑法の「皇室罪」は、外国皇帝に適用されず

仏刑法第八六条・八七条は、仏王室に対する犯罪を規定。仏国での露皇帝アレサンドル暴行事件は、普通犯罪として裁かれ、仏王家への特別法（八六・八七条）は適用されなかった。日本刑法第一一六条から一二〇条は、仏刑法を手本にしており、外国王族に適用できない。

○政府転覆を対象とする「刑法第一二三条」も適用できず

刑法一二三条は、政府転覆の目的で謀殺罪を犯した者を、内乱同様に処罰できる。このような例外事項は、法律に明記しないまま、政治上の理由で適用できない。両国間に戦争などを起すために犯した殺傷罪と一般殺傷罪を区別する条文は、日本刑法のどこにも見つけられない。政治上の犯罪は、刑法一二一条から一三五条に従ってのみ運用され、それに該当しない場合、政治上の目的を持つ犯罪か否かは、刑事上の罪質をかえるものではない。悲しむべき本事件により一時的に日露間に不快な感情が生じても開戦理由にはならない。

「皇室罪適用」を不可とする毅の意見は、パテルノストロとロエスレルの賛同を得たことで首脳への説得力を増した。

五月二四日の毅の伊藤への意見書

大審院予審直前の五月二四日、毅は伊藤博文へ書簡を送った。最初の伊藤宛書簡同様、「皇室罪適用」に反対し、さらに「緊急勅令」による犯人処分に反対した。本書簡のすぐれた点は、「皇室罪不適用」の根拠として、法律論による「皇室罪適用の非」を論じただけでなく、将来の条約改正および立憲の存廃、さらに、革命、国家崩壊まで視野に入れていることだ。歴史に通じた毅の面目躍如たる文章で、要旨は次の通り（『井上毅傳』史料編第二巻三八一頁）。

本事件に「皇室罪」を適用すべしとは、法律教育を受けた者には驚くべきことだ。「皇室罪」は各国とも持つが、自国王と王室に適用し、外国の王・王室に適用できない。一国の君主は複数ではないからだ。日本のみが、天皇は広く外国君主を指し、皇太子は外国皇太子を指すという解釈をとれば、日本の法律上の主義は、自他の区別なく各国の君主を君位に置く、いわゆる「天有二日民有二王（天に太陽が二つあり、民に二人の王がある）」をとっていることになる。そこまで無知が極まれば、外国政府・国民の失笑をかい、日本の法律と裁判官の名誉は地におち、日本は立憲国・法治国でないとの烙印を押され、本事件以上の国辱となるだろう。

「皇室罪適用」は、法律家の議論を引き起こすだけでなく、政論家が政府を攻撃する材料になるだろう。自由党・改進党は、最大の論点を得たと大変喜んでいると聞く。恐れ多いことだが、本件への「皇室罪」適用は、陛下のお考えだとの噂がパッと広がるだろう。憲法発布の聖勅と宣誓《せいちょく》が出された現時点で、**法律の外の立たれる陛下の特旨を出すためには、相当の理由が必要**だ。そうでなければ、政府の責任逃れの詭弁だと世論が攻撃し、閣下が攻撃の目標になる。「皇室罪適用」が裁判官の間違いという言い訳は、子供すらだませない。御注意申し上げる。

憲法二三条（「日本臣民は、法律によらずに処罰を受けることがない」）をどうするか。最近、欧州外交上、力を持つようになった万国公法世界会議で、報告者（ある英国人）は、日本刑法を賛美し、特にその第二条（「法律に正条なきものは何ら罰することを得ず」）が、大原則を示していることを称えている。

本件は、小さいようで決して小さくない。国家立憲の存廃に関わり、対外的には国の名誉をそこない、国内では「レヴォリューション（革命）」の萌芽《ほうが》となり、国家崩壊の速度を速めることになりかねない。事態は迫っている。病身の身ながら心配に耐え切れず申し上げた次第です。

五月二四日　　　　毅

伊藤伯閣下

五月二五日の毅の伊藤博文宛書簡

五月二四日意見書を補足する、五月二五日書簡要旨は次の通り（『井上毅傳』史料編第四巻一八四頁）。

露国刑法第一五五条は、明清律の「凡そ罪を断じるに正条なきは、律を引いてこれに附す」や、朝鮮のものと類似しており、アジア風の遺物と思われる。露国法律には、アジア風のものが他にも見受けられる。昨日の意見書に記した、日本刑法を称賛している国際法の審議委員は、サートワラス・トヴィス氏だ。「罪刑法定主義」は、ドイツ刑法第二条・イタリア刑法第一条をはじめ欧米諸国で確立され、「刑なければ罪なし」との格言が常識となっている。にもかかわらず、日本刑法第二条（「法律に正条なき者は、何等の所為と雖も、これを罰することを得ず」）が、称賛されるのはなぜか。日本とアジア風刑法の露国を暗に比較しているからと思われる。露国刑法第一五五条は、「法律にない罪状の場合、元老院の評決を経た上、類似する法律を引用して判決に採用できる」としている。これに対し、近代化間もない日本が、アジア風を退け「罪刑法定主義」を採用する勇気を示し、文明国の仲間入りするに愧《は》じないことを、トヴィス氏は賛美したと考えられる。

毅の意見要旨は、次の通り。
○露国が、アジア風の流儀を日本におしつけ、より厳しい犯人処分を求めることは、近代刑法の原則（罪刑法定主義）への無知を意味する。また、露国が、近代法とは無縁の非文明国であることを、自ら証明することになる。
○露国の要求に応じれば、日本も露国同様、非文明国との評価を下される。それこそ避けなければならない。
露国の理不尽な要求に屈してはならないことを、不平等条約改正を見据えた上で、理路整然と説いた毅だった。日本が露国の要求に応じる必要がない理由、否、応じてはならない理由を説明した簡潔にして要を得た、毅の文章であった。

首脳が信頼した毅の意見

政府首脳も、事件発生直前の五月八日まで内閣法制局長官だった毅の意見は、軽視できなかった。井上馨が伊藤に宛てた次の書簡で毅に言及した文面からも、十分に読み取れる（『井上毅研究』二一五九頁）。

【井上馨の伊藤博文宛書簡（明治二四年五月二五日）】

先眼前之外患丈《まずがんぜんのがいかんだけ》は浦塩斯徳《うらじおすとく》迄《まで》退去候得共《そうらえども》、内憂タル犯罪人処刑一条も、法学者并《ならびに》井上毅等懇気《こんき》強ク反対論を生ジ候事ト奉存候《ぞんじたてまつりそうろう》、若シ死刑を以不論時《もってろんぜざるとき》は、外患再燃は当然と如見火《ひをみるごとし》、国家危機を生シ可申候間《もうすべきそうろうあいだ》、只此間《ただこのかん》は聖上断乎《せいじょうだんこ》トシテ御確執之外手段無之候（まず、眼前の外患〈ロシア艦隊〉だけは、ロシア皇太子を乗せてウラジオストクへ退去した。しかし、内憂である犯人処刑の一件が、法学者それに井上毅などの根気強い反対で事件全体の解決に困難を生じかねない状況だ。もし、日本政府が犯人を死刑にできないときは、外患が再燃しロシアが外交問題にしてくることは、火を見るより明らかだ。本事件解決は、天皇の決断で犯人処刑を決定する以外手段がないと考える）

五月二七日に「皇室罪不適用」の大審院判決が出たが、井上馨書簡から、五月二五日の時点でも政府は戒厳令下での犯人処刑を考えていたことがわかる。その後、露国が強硬策に出ないことが判明し、毅の正しさが政府内に浸透し、事件は落着した。毅は、児島院長の決断を後押しし、政治決着でなく法による解決しかないこと、それが露国の干渉を予防する、などを事件当初から伊藤ら政府首脳に説いた。毅の事件解決への功績の大きさが理解される。

〈コラム〉【司法制度と毅】

毅は、憲法制定のみでなく、民法・刑法・裁判制度など司法制度全般に力を尽くした。近代欧米司法制度への造詣の深さは、多くの識者の手本となった。毅は、現代に至る司法関係の用語を多く創り出した。例えば、行政権、司法権、立法権、県会、郡会、邑会、大審院、控訴裁判、検事、検察、代言人、告訴、人身保護、保証金、抵抗権、上願権、民権、司法警察、行政警察、代書人、公正証書、予審、陪審、これ全て毅の造語である（『井上毅研究』四三八頁）。これら毅が用いた用語は、フランスをはじめ西欧法制度を解説した『仏国大審院考』・『治罪法備考』・『王国建国法』・『仏国司法三職考』といった、司法四部作の執筆過程で創られた。現代も通用する法律用語は、毅の漢籍に関する豊富な知識をもとに編み出された。

第十章　対清・対朝鮮外交

日清間に朝鮮・台湾・琉球帰属と懸案が存在したため、日本は清国との交渉に多くの時間を要した。日本外務省に、清国の総理衙門《がもん》が対応した。一八六〇年に設けられた総理衙門は、日米欧外交を担当した。清国と朝貢・藩属関係にある国との交渉は、礼部衙門が担当（『帝国としての中国』三〇〇頁）。

政府は、対朝交渉にも手間をかけざるを得なかった。旧幕時代と同じく、対馬藩（宗氏）が対朝交渉を担当。明治元年一二月一九日、対馬藩家老（樋口鉄四郎）が釜山で交渉を始めたが、洋式服制官制及び国書用語（「皇上」・「奉勅」）に反発した朝鮮は、国書を受取らなかった。明治三年一〇月以降、副島外務卿は、吉岡弘毅・森山茂・廣津弘信の三名を対馬の厳原に派遣し釜山との交渉に当らせた。明治五年、釜山の和館（韓国は草梁倭館と呼んだ）を日本公館と改称し、日本外務省直轄とし、同館接収のため花房義資を代表として軍艦と陸兵を釜山に送り込んだ（『日韓併合への道』一七・三七頁）。三名は、釜山で朝鮮の官吏（訓導）に面会できただけだった。さらに、朝鮮は、「日本人と交渉する朝鮮人は死刑にする」という布告を出し、食料を売らせないなどのふるまいさえ見せた（『日韓二千年』）。明治六年、西郷隆盛の朝鮮派遣は、岩倉使節団帰国後、取りやめとなった（『井上毅先生傳』三八二頁）。毅は、明治六年以降、対朝鮮・対清の重要案件全てに関わった。

【毅の関わった対清・対朝鮮外交】

台湾事件（七年九月〜一〇月）大久保利通全権　北京

　毅、北京出張、清への外交文書の殆どを執筆

江華島事件（八年）黒田清隆全権・井上馨副全権　京城　日朝修好条約

　毅、政府方針を起草、現地に行かず

琉球帰属問題（一三、一四年）伊藤博文全権

　毅、清に二度出張（計八ヵ月半）

　一三年四月下旬〜一一月上旬、第一回清国出張

　一三年一二月二一日〜一四年三月三日、第二回清国出張

壬午事変（明治一五年八月〜九月）　花房公使、井上外相全権　済物浦条約　京城
一五年八月二〇日　毅、横浜発
八月三〇日　済物浦条約締結
九月一七日　毅、下関で「朝鮮政略」執筆
九月二〇日頃　毅、横浜着
甲申事変（明治一七年一二月〜一八年四月）竹添公使・伊藤全権・榎本全権
一七年一二月一六日　毅、先遣役として朝鮮出張
一八年一月九日　日朝合意（賠償金一四万円）
一月一九日　毅、井上馨全権と横浜着後、直ちに参内復命
二月二八日　毅横浜発、伊藤全権と天津出張
四月一八日　天津条約締結
四月二八日　毅、横浜着後、直ちに参内復命

一　台湾事件（明治七年九月〜一〇月）

毅、急遽、大久保利通随員として対清交渉参加

七年九月〜一〇月、毅（三〇歳、司法省七等出仕）は、対清交渉に参加し大久保を助けた。七年八月、大久保は毅の対清意見書を船上（軍艦龍驤）で読み、毅を呼び寄せた（『井上毅研究』一二一頁）。毅は、明治七年佐賀の乱で熊本士族鎮撫と江藤裁判に貢献し、大久保の認める存在となっていた。毅の対清意見要旨は、①隣国ゆえに日清の利害は対立しやすく、対清紛争に備える、②清の軍備が進むことが予想され、交渉が成功しない場合、一挙に戦いにより勝ちを制する、③戦後、両国永遠の親交をはかる、というもの。更に、日本にはまだ尚武の精神が残っており、このことが日本にとって清国との戦いには有利に働くとも述べている。毅の意見は、単なる強硬論ではなく、両国を真の和平に導き共存共栄を図り、日本の独立を保とうとするねらいがあった。大久保は、毅が法律・歴史・儒学に通じ、物事の本質をつかむ点において、対清交渉に欠かせない人物と考えた。

（註）【龍驤】肥後藩軍艦、新政府に献上（海軍旗艦）。佐賀の乱・西南戦争に参加。

【毅が大久保に出した対清意見要旨（明治七年八月）】（『井上毅傳』史料編第一巻二四頁）

日本は尚武の国であり、神武天皇以来、武をもって国を建てられた。明治維新の際、乱世をおさめ速やかに正しい世にかえした天皇の権威は、内外に行き渡ったが、その後文明はようやく盛んになり、青少年が尚武の精神を失う弊害が出てきた。平和が続けば文弱に流れ、必ずしも国家の福とはならない。日本とシナは、海を介して対峙し、競争が必然である。将来、シナが兵を鍛え艦船大砲を製造し、全力を蓄えて覇権を握ろうと考えれば、日本に不利なことは明らかだ。現時点では、維新の将士いまだ衰亡せず、昔の尚武の精神が地に落ちたわけでもない。清国は反乱の後、兵制改革がややあったとはいえ、柔弱な風潮が残り、日清両国が宿敵として戦闘を交えねばならないと仮定すれば、むしろ早く機を見て一挙に勝敗を決し、そのあと両国永遠の親交を図るべきである。以上は、国内では国勢を維持し、外国に対し国権を伸ばすために、失ってはいけない良策だ。

（註）【毅の対清意見原文「早キニ及テ一挙シテ清国ニ勝ツヘシ」】「日本ハ尚武之國にして祖宗以来武を以て国を立テ給ヘリ、維新の際、撥乱反正《はつらんはんせい》の速なる威稜《いつ》實ニ中外ニ赫著《かくちょ》なりしも、其後文明漸く盛にして少年子弟或ハ武毅《ぶき》之風を失ふの弊《へい》なきこと能はず、蓋《けだし》承平《じょうへい》日久しき時ハ人文《ぶん》―弱《じゃく》に流れ却《かえっ》て国の福にあらざるべし、我国の支那における八海を隔てゝ對峙《たいじ》し、従て争競之勢なきこと能《あた》はず、將來彼レ益々兵を練り船艦砲器を製造し全力を貯へて然る

後に虎狼睥睨《ころうへいげい》の心を逞《たくまし》くせ八我國の利にあらざること必然なり、今の時に當て八我か維新の將士未夕衰廢《すいはい》に至らず、昔日の雄武、未夕全ク地に墜ちず而して清國八長毛之亂後、水陸兵制稍《や》ャ改革ヲ經たりといへとも仍ホ前日の遊惰之風を免れず、若《も》し果たして日清之兩國は勢宿仇《しゅくきゅう》をなし、一タヒ戰を決せざれ八止まざるの勢ありと假想せ八寧《むし》ロ早キに及て機に投し一擧して勝を決し然る後再タヒ兩國永遠之親交を謀《はか》るに若《し》かざるべし、是レ内八國勢を維持し外八外國に對し國權を張る爲に不可失《うしなうべからざるの》之良計なるべし」

随員は、柳原公使、顧問ボアソナード、金井之恭・小牧昌業（薩摩出身、漢学にくわしい）、高崎正風、旧幕以来の外交経験者・田邊太一らであった（『明治天皇詔勅謹解』四五一頁）。大久保は、七年八月六日に東京出発、九月一〇日北京到着。毅は、大久保から呼ばれ（八月一七日付け）、岩村高俊と九月一二日北京着、午後五時頃、大久保に面会（『近世日本国民史』第九〇巻二七九頁）。毅は一〇月二五日まで北京に滞在し、清との外交文書の大半を執筆した（『井上毅先生傳』三一五頁）。国際法等については、毅はボアソナードと協議し、大久保を支えた。

（註）**【毅「辯理始末日表」】**これによれば「毅、明治七年九月十日、北京着」と記されている（『井上毅傳』史料編第五巻三四三頁）。**【柳原前光《やなぎはらさきみつ》】**嘉永三年～明治二七年（四五歳没）、堂上公家、東海道鎮撫副総督。明治二年外務省、七年二月駐清公使で対清交渉、元老院議官、枢密顧問官、宮中顧問官。**【田邊太一】**天保二年～大正四年、幕臣。慶応三年パリ万博使節

随行。明治三年外務少丞。七年七月一六日、三条太政大臣より上海派遣（外務省四等出仕）、柳原公使と交渉にあたる。明治一〇年外務大書記官、清国臨時公使、元老院議官、貴族院議員。【岩村高俊】内務省五等出仕。佐賀県令。佐賀の乱（明治七年二月）解決に尽力。【高崎正風】天保七年～明治四五年（七七歳没）。薩摩藩士、歌人。明治四年左院少議官、明治六年欧米視察理事官、八年太政官出仕、侍従番長、二一年御歌所長。

征台の役

生蕃（台湾原住民）による邦人殺害事件は、①明治四年一一月、台湾南端に座礁した宮古島漁師六九名中五四名（三名水死、一二名生存）、②六年三月、小田県備中浅江郡（現在の岡山県）漁師四名、計五八名を殺害（『明治天皇紀』第三巻二六一頁）。政府照会に、清は「生蕃は統治の外」と無視したため、西郷従道率いる軍艦四隻及び陸海兵が、生蕃（原住民）を平定した（征台の役、七年五月～一〇月）。清は直ちに反発し、七年四月には駐日英国公使パークスが寺嶋外務卿に抗議するなど欧米も反発（『近世日本国民史』第九〇巻七五頁）。八月、日本軍将兵がマラリアで倒れるなど、速やかに交渉を進める必要があった。政府は、交渉失敗の備えとして戦争の準備も進めた（同上六一・二五〇頁）。

大久保の対清交渉始まる

明治七年九月一三日、交渉は始まった。清は、前年の発言（「台湾は無主の地」）を翻し、「日本の行動は、清領の台湾への侵略」と日本を非難。大久保は、①清が台湾を自国領とする以上、台湾に役所を設け生蕃（現地人）を教導しなければならないが、清はこれまで何をしてきたか、②万国公法により漂着民保護義務があるが、生蕃はしばしば漂着民を殺害し、清がこれを懲罰しない理由は何か、の二点を清国に質した。痛いところをつかれ動揺した清は、九月一六日、大久保の質問に曖昧な回答しかせず、逆に日本を非難した（同上二八二頁）（『井上毅傳』史料編第五巻三四三頁）。

（註）**【明治六年、副島種臣公使の対清交渉】** 明治六年、副島は、日本漁民殺害補償と生蕃取締りを清に要求。清は、「台湾は無主にして化外の地で、日本人殺害に清は関係なし」として聞き入れなかった（『近世日本国民史』第九〇巻二九〇頁）。明治六年の「台湾は無主の地」との清の発言が、明治七年の日本の行動の一因であり、非難をうけるべきものではない。日本の台湾遠征に際し、清は俄かに日本非難を始めた。**【化外の地】** 天子の教化の及ばぬ所。

交渉は五、六回にわたったが、清は、「日清修好条規（第一条・領土不可侵）に反する台湾侵略をやめ、無条件撤退せよ」との主張を繰り返し、日本の謝罪を求めた。柳原公使が、再三、清皇帝への謁見と国書奉呈を願い出たが、七年一〇月二日、侮辱の言葉を以て拒絶（『明治天皇紀』第三巻三一五頁）。一〇月五日、大久保は、譲歩しない清に交渉打切りを伝えた。

通常、元首が相手国公使との謁見を拒否し国書受取を拒否することは、国交断交の意志があるとされ、戦争を意味する。一〇月五日時点での大久保らの考えは、①清の回答によって日本の尊厳が侵されたので、日本は戦争に入る権利を有する、②清が謝罪しない以上、両国の不幸な結果で非難されるべきは清だ、というものだった。日本を侮辱した言葉とは、「侵越疆土不一矢加遺（疆土《きょうど》を侵越《しんえつ》す、一矢加遺《いっしかい》せず）」で、「日本が国土を侵犯した。清は、いまだ一矢を加遺していないが、いつでも日本を攻撃する権利を持つ」を意味する。毅は、「**彼《か》レ一矢《いっし》ニ不相《あいか》加遺《いせず》ㇾの語、已《すで》に攻意《こうい》を表せり、我守意《しゅい》を述《のべ》る事既ニ已《すで》ニ遅し**」とし、清国が日本に戦争を挑む言葉と考えた（『井上毅傳』史料編第一巻三一一頁）（『近世日本国民史』第九〇巻二九八頁）。

（註）【加遺】加える。【一矢加遺】攻撃を加える。【遺】贈る。残す。

しかし、一〇月五日以降も、日本側は交渉をやめず、大久保は照会文起草のため、毅・小牧・田邊・ボアソナード・柳原公使と連日協議を続けた。一〇月五日から九日まで時間をかけた理由は、和戦の目算をたてる照会文に、国の命運がかかっていたからだ。照会文は、毅と田邊が別々に書いた。毅は、和平に重点を置いた田邊説に関し、「**田邊氏の説、其ノ不可三あり一、和に偏なり二、和に偏なるの意を表せハ彼レ始メて驕意ありて和却て成らざるべし三、従前の談判と気象頓に不同にして幾ント兩人の口に出つるが如しと恐ラクハ支那人の笑を來さ**

ん」（大意）（田邊氏の説に欠点が三つあり、一は和平に偏っている、二は和平に偏った思いを表明すれば、清は驕って和平が実現しないことになろう、三はこれまでの会談と性格がまるで違うため、あたかも別人が話しているようになり、シナ人が笑い出すことであろう）と述べている（『井上毅傳』史料編第一巻三三一頁）。

毅が執筆した一〇月一〇日照会文は、田邊修正を入れ強い表現を避けた為、次のようなあいまいな表現となり、清は日本の主張を無視し続けた（『近世日本国民史』第九十〇巻三〇〇頁）。

【毅が起草し田邊大久保修正を経た照会文〈要旨〉（明治七年一〇月一〇日）】

条約は、一方が破り他方が黙認すれば、黙認したほうも条約を軽んじたことになる。貴国が破る以上、わが国は見過ごしにはできない。漂流民虐殺を貴国が放置したため、日本は国際法に則り生蕃を制裁したのであり、決して非難されるものではない。貴国は、日本が領土をとろうとして修好條規第一條をおかしていると責める。事実なら、当然、貴国は日本を攻撃する権利をもつが、日本はその意思がなく、領土を侵していない。日本の立場にわが身をおいてみよ。領土侵犯・條規違反で日本を責めるのは、日本に濡れ衣を着せる行為だということがわかるだろう。柳原公使の皇帝拝謁は侮辱をもって拒絶され、本大臣（大久保）は、貴国が友好を望んでいないことを知らされた。ここに至り、わたくしは帰国を決意した。日本は労をいとわず、誠意と理をつくし交渉したので、貴大臣の考えがかわり、日本と友好を保つことを願う。五日以内の回答を望む。

大久保の帰国決意に衝撃を受けた清ではあったが、面子と賠償額にこだわり妥協しようとしなかった。第五回交渉（一〇月一八日）は、来館した衙門大臣董恂が賠償金に関し恭親王・文祥と協議するというにとどまった。一〇月二〇日の総理衙門での第六回交渉では、清は、面子にこだわり、賠償金は、日本軍撤退後、清皇帝から漂流民へのお見舞い金として出すと述べた。一〇月二三日、総理衙門での第七回交渉で、清（文祥）が賠償金額は予め約束できないと言いだし結論が出ないため、大久保は交渉打ち切りと二六日帰国を宣言した。更に、交渉の経緯及び結果を明らかにするために、大久保は最終照会文を清に提出した。大久保の日記（一〇月二三日）によれば、最終照会文は毅が執筆した（同上三三二頁）。

【毅執筆の最終照会文〈要旨〉（一〇月二五日）】

国に国法があるように国同士の外交に万国公法がある。公法の根拠は、第一に人と人、国と国の交わりにみられる自然の約束事、第二に国と国の間の取り決めからなるという。今回の両国問題で、公法に則った日本の呼びかけを、貴国が無視したことは理解しがたい。

日本軍の台湾派遣は、自国民保護のためで非難されるものではない。貴国の理解が得られなければ、日本軍は、治安維持、生蕃教化、台湾文化進展のため駐留を続け、漁民保護の権利を行使する。

日本の国際法に基づく要請（漂流民保護、生蕃取締り）を無視する清の独善と狡猾さは、どんな国も看過できなかっただろう。日本がとるべき手段は、他にはなかった。

一〇月二五日、英国ウエイド公使が大久保を訪ね、「賠償金五〇万両が総理衙門の希望」との情報を伝えたことから、話が進みだした。一〇月二六日、大久保は、英国公使の情報を随員らに説明した。大久保は日記に「**今朝柳原公使入来、昨夜英公使談判の形行《なりゆき》を話す。今朝随員井上、田邊、高崎、福原、小牧等を招き、昨日独決《どっけつ》をもって、英公使に談判せし趣を示す**」と記した（同上三三〇頁）。随員の中で毅（司法省七等出仕）を筆頭に記したことからも、大久保が毅を頼りしていたことがわかる。一〇月三一日、清は、日本の行動を義挙と認め、償金も五〇万両と確定した。大久保は、よほど喜んだと見え「**自ラ心中快ヲ覚ユ、嗚呼《ああ》此ノ如キ大事ニ際ス、古今稀有《けう》ノ事ニシテ、生涯亦《また》無キ所ナリ**」と日記に記した（『大久保利通』一九〇頁）。毅は、この活躍によって、日本の名誉を保ち、大久保の強い信頼を得た。この年の一二月九日、毅は、勅語と白羽二重二匹を賜り、名誉に浴した（『井上毅研究』一一三頁）。

（註）【勅語、太政官褒賞】明治七年一一月一五日、毅帰国。一二月九日、勅語（「先般清国出張苦労ニ存ス、白羽二重《はぶたえ》二匹、右下賜候事」）を賜った（『井上毅研究』四六〇頁）。九年四月六日、太政官から「大久保全権辨理大臣ニ随行清国出張中、格別勵精《れいせい》候ニ付、爲其賞別紙目録ノ通下賜候事―太政官、縮緬《ちりめん》代金百七拾圓《じゅうえん》」を戴いた（同上四六一頁）。

毅の詩

毅は、北京で次の詩を詠み、友人の佐々友房に贈っている（『井上毅傳』史料篇第六巻一二三頁）。

明治七年十月在燕京作
漢祖溺儒冠　諸葛不説聖　當彼風雲際　事機豈一定　渉險然後安
英雄皆默揜　運用存一心　不必依典例

（大意）（明治七年一〇月北京にて作る　漢の武帝は儒学者に溺れ、諸葛孔明《しょかつこうめい》は聖人を説かず、まさに彼〈諸葛〉は風雲に際し、物事のチャンスは一定ならず、困難事を解決してのち安んずることができるとした。英雄は皆黙って約束する。事をいかに運ぶかは一心にある。前例やきまりによるわけではない）

詩は厳しい局面の一〇月に記され、毅の意気込みが示されている。毅は、諸葛ならばいかにして解決したかを思い、諸葛に倣ってチャンスを見逃さない機敏さを心掛けた。これは、小楠も大事にした「時中」のあらわれではないだろうか。

毅の外交力

毅は、外交に必要な法律に詳しく交渉術にたけていた。毅の交渉術は、小楠との問答を見てもよくわかる。毅が交渉術を研究していたことは、大久保家に残る日清交渉時の毅文書が証明する（『井上毅傳』史料編第一巻三三一頁）。

〈毅の対清交渉術〉

彼レ常に上流に据《よ》り、静以待動《たいどう》の利を占《し》ム、今辯法《べんぽう》一段の話頭《わとう》に至ても必ス先《ま》ツ我カ求むる所を言ハしめ然《しか》る後に利害を計らんとす然《しか》るに我レ先ツ求ムル所を言ふハ甚《はなは》タ宜《よろ》しきに適せず何ンとなれハ我レの抵償《ていしょう》の求《もと》メハ彼レの撤兵の求メあるに對《たい》して初メて發《はつ》すべきものなれハ《ば》なり但し我レ避けて言ハざれハ機會を失ひ事《こと》帰着《きちゃく》なきを致さん（清国は常に上流にいて、静をもって日本の動きを待って利を占めている。今、会談の冒頭にも、必ず日本に要求するところ発言させ、その後、利害を図ろうとする。日本が自ら要求する所を先に発言するのは甚だ良くない。日本が賠償を求めるのは、清が撤兵を求めた後に初めて発言すべきだからだ。但し、日本が避けて発言しなければ解決の機会を失い、決着することはない）

毅は、清の交渉術を「日本に先に要求を出させ、それに対応するのを常とする」であり、「清は常に日本より上流にいて、日本の出方を静かに待っている」と評した。毅は、日本の要求を清に知らせることは手の内を見せる下策だとし、それを避ける為、西洋の「シュポジシオン」を身につけるべきだという。

毅が勧める対清交渉術は、次の通り。
○清が、日本の要求は何かと聞く。
○日本は要求を言わず「清の立場に身を置いて考えてみよう」として次のように言う。
　一　清は既に台湾府（役所）を設置し、生蕃が住む化外の地として放置したとはいえ、日本が台湾統治に手を染めるのは面白くなく、日本軍撤退を希望している。
　二　日本軍撤退後、清は、台湾を統治し自国領たることを証明しようと考えている。
○ここで、日本は「貴国が考えるのはこの二つか」と聞き、清の答がイエスなら、更に「日本は、漂流民保護と生蕃懲罰の為、多大の犠牲を払い、道路整備など原住民に文化を施している。貴国が、日本軍撤退後、台湾を自国版図とするのは虫が良すぎる。日本の犠牲に謝罪し補償すべき」と主張する。

以上のように、毅は、対清交渉術の強化に考えをめぐらした。大久保も、毅から得たものが大きかったのではないか。

（まとめ）【毅の外交力 ＝ 外交文書起草力 ＋ 外交交渉術】

（註）**【清の「条約・万国公法」無視の実態】**毅の「辯理始末日表」によれば、明治七年九月一九日、第三回交渉のため、総理衙門から担当者が来館。日本側が「**要スルニ政教ノ實跡ヲ見ズ、政教ナキノ土地ハ萬国公法ニ於テ管轄ノ權ヲ有セズ**」（要するに、台湾には清による統治の実績がみられない。統治の実績がない土地〈台湾〉に関し、清は万国公法上の管轄権を有さない）と非難すると、**清は「萬国《ばんこく》公法ハ西洋ノ書ニテ、支那ニ干《あず》カラズ。我カ政教有無ヲ問フハ、彼レノ内政ニ干預《かんよ》スル者ニシテ、條約第三条ニ違《たが》フ」**（**万国公法は西洋の書であって、わが国には関係がない。日本が台湾の政教の有無を質すのは、わが国の内政への干渉であり、日清条約第三条違反だ**）と答えた（『井上毅傳』史料編第五巻三四三頁）。清の外交担当者は、清は万国公法に無関係で自らのやり方で外国に対処する考えだと断言し、

尊大な中華思想を表明した。**【田中彰が捏造宣伝する「森有礼の万国公法無用論」】**田中彰は、明治日本こそが万国公法を無視したというから驚く。田中彰は、森有礼《もりありのり》と李鴻章の交渉時（明治九年一月）の発言を、次のように書いている（田中彰『明治維新』講談社学術文庫四二六頁）。

李「我々東方諸国の中、清国が最も大きく、日本之に次ぎますが、其余の各小国も均しく、心を合せ、睦み合ひ、局面を挽回するに於ては、欧州に対抗する事が出来ませう」
森「私思ひまするに、修好条約などは、何の役にも立ちません」
李「両国間の和好は皆条約に拠るものですのに、何故役に立たぬと云はれるのですか」
森「通商と云ふが如き事は条約に照して之を行ふ様な事もありませうが、国家の大事と云ふ事になりますと、只誰が、いづれが強いかと云ふ事によつて決するもので、必しも条約等に依拠する必要はないのです」
李「それは謬論だ。強きを恃んで約に背くと云ふ事は万国公法も之を許さゞる所です」
森「万国公法又無用なりです」（王芸生著、長野勲・波多野乾一編訳『日支外交六十年史』第一巻）

田中彰のいう「森有礼の条約無視・万国公法無用論」は間違いで悪意も感じられる。理由は、①出典とされる文献が虚実織り交ぜることが得意なシナ文献のみで、日本の史料の確認を怠っている、②森有礼の最初の発言（「条約など何の役にも立たない」）が、李鴻章の発言（「我々東方諸国の〜出来ませう」）に応じたものにもかかわらず唐突で脈絡がない、つまり、森の発言は捏造挿入された可能性が高い、の二点。この交渉内容が正しければ、日本側に同様の史料が存在しているはず。森と李の北京交渉は、徳富蘇峰が『近世日本国民史』（第九二巻）で詳細にかつ公平に取り上げており、田中彰がいう森有礼の発言は記載がなく、逆に万国公法を無視するシナ側の発言が記載されている。何れにせよ、田中彰引用の森有礼発言（条約は役に立たぬ〜万国公法は無用）は、引用文献自体が捏造と思われる。因みに、蘇峰によれば、森有礼の発言の主旨は、日本は朝鮮側の一方的な砲撃に反撃し江華島砲台を占拠したのであり朝鮮侵略の意図もなく、清の非難はあたらない、というもの。本会談は、明治九年一月、北京開催（『近世日本国民史』第九二巻一五五頁）。

二　江華島事件（明治八年冬）

明治八年九月二〇日、日本海軍（雲揚艦）は、江華島から砲撃を受け、砲台を占拠した。政府は、国旗を掲げ通航中の軍艦に対する朝鮮の砲撃を重く見て、黒田清隆全権・井上馨副全権を朝鮮に派遣。本事件で、毅は東京で戦略を立て文書を起草するなど重要な役割を果たした。交渉の基本となった毅起草の照会公文要旨は、次の通り（『井上毅先生傳』三五八頁）。

【毅起草の照会公文〈要旨〉】

わが国は、明治維新直後から六、七年間、三、四回にわたり、旧幕以来の旧交を求め文書を送ったが、貴国から返事もなく経過した。明治八年九月二〇日、わが国の火輪船（雲揚艦）が清国牛荘に向かう際、水の補給のため江華島付近を移動中、いきなり砲撃を受けた。日本を敵とみなす行為で実に意外のことだ。わが国は貴国に何ら負う所がないが、これまでにない辱めを受けた。万国公法の「凌辱を加えれば必ず償うべし」を知らずや。日本の損害をどのように償うお考えか。国を治める者は、日朝間の大事につき国民のために深く考えるべきだ。わが朝廷も戦を好まれていない。隣国どうし誼《よしみ》を厚くし友好を保つことが両国の慶《よろこ》びだ。内を据え外を阻み、自国を尊び他国を貶めれば、天地好生の心は荒《すさ》み、人が守るべき道もつまずいてしまう。船や車の交通により、交易で互いの有無や長短を補い、利益を相助け、国どうし万国公法に則り大小強弱に関係なく平等に交際するのが基本だ。わが文書中の皇と王の文字の違いに拘泥せず、日清に倣い両国が条約を締結すれば、天地の公道に従うことになる。大臣を一人派遣され、両国で協議すれば必ず良い条約となろう。期限内に回答がなければ、軍艦が直ちに京城に向かう。

（註）【好生】「好生の徳は民にあまねし」（『書経』）

照会文に、軍艦を派遣するとあるが、攻撃を受けた日本として万国公法にてらし当然のことを主張したまでだ。木戸・大久保も主戦論に傾いたが、政府は交渉優先、必要なら武力を用いるとの方針を採り、基本は毅と一致した。

明治八年一二月九日、毅執筆の黒田全権訓条文は次の通り（『井上毅傳』史料篇第六巻六二頁）。

第一に、日本全権団を認めず凌辱を加えるか、或いは、全権を認めた後まともに対応しない場合、臨機の処置を取る。その処置は定型的である故、対応は容易である。第二に、全権使節に門戸を閉じ対応しなければ、江華島城に護衛兵とともに迫り、その官庁を占拠する。第三に、暴挙の責任を士兵に帰し、日朝和交は清の許可を受けていないので回答できないと主張すれば、①日朝の旧交はシナの仲介によらず、②明治七年、寺島外務卿から国書を受け取る約束はシナの許可を受けたか、今年また以前の約束を破ったこともシナの許可を得たか、暴挙（日本艦船への砲撃）はシナの許可を得たか。三件ともシナの許可を得ていなければ、暴挙の弁償と将来の新条約にシナの許可を要するのは理屈に合わぬと主張する。万一、今後の協議で、朝鮮がシナの許可を得た後要求に応じれば、その間約一三〇日間日本軍を京城に駐屯し、費用弁償を朝鮮にさせ、江華島を占拠、万国公法のいう強制的弁償を要求すべき。日本の要求は、①貿易の自由、②釜山・江華島開港、③朝鮮海航行自由、④事件への謝罪である。

更に、以下のように記した。

日本が朝鮮と締結すべき交際条規及び貿易条款は、①日朝は未来にわたり対等に交際、②両国民は、両国がきめた場所で貿易できる、③朝鮮は、釜山での自由通商、および、江華島での居住貿易を認める、④釜山その他の自由往来を認める、⑤日本軍艦船と民間船による、朝鮮海の航海測量を認める、⑥両国漂流民の保護護送の方法を定める、⑦両国使節を首都に滞在させ親睦を継続、⑧両国民の紛争予防のため、貿易地に領事を常駐、⑨貿易に従事する国民を管理する。……黒田全権の護衛兵については、①全権の指揮により、護衛兵は護衛・上陸・駐屯・船の進行にあたる、②朝鮮軍の攻撃があれば全権護衛のため反撃可、③和平が破れた場合、弁理大臣（全権）の命令以前に攻撃しない、とする。

毅の方針で交渉が進められ、明治九年二月二六日修好条約締結、賠償金を得た（『日本の近代2・明治国家の建設』二〇四頁）。

（註）【井上馨副全権】明治八年一二月二六日、尾去沢銅山事件の判決が出され、二七日、井

上馨は元老院議官となり官界に復帰した。黒田全権の随員は、森山茂外務権大丞・宮本小一外務大丞・種田政明陸軍少将・樺山資紀陸軍中佐・末松謙澄正院御用掛など。後に二個大隊を追加派遣した（『近世日本国民史』第九二巻四七・七六頁）。【日朝修好条約】①朝鮮は独立国、②釜山以外に二港開港、③邦人の治外法権など。【毅の照会文】北京の森有礼公使は、毅の照会文を清国宛文書に採用したと思われる。両者は次のように似通っている。（森公使文書）「乃ち我火輪船一艘牛荘に向て駛往し、朝鮮江華島の邊に在て、將に淡水を需めんとす。俄に陸地砲台に為に轟撃せられ、勢危急に逼り止むを得ず相当の防御を為したり」。（毅照会文）「乃火輪船往向牛荘、過江華島、將抵江口需淡水暴被砲撃」。毅文の方が、簡潔で要を得ている。

三　琉球に関する日清交渉（明治一四年）

日本の「琉球処分」に清が反発し外交問題化した。明治四年七月廃藩置県に際し、琉球は薩摩藩管轄となった。五年、琉球は琉球藩となり藩王尚泰は華族となった。七年、琉球は内務省管轄となり清への朝貢を廃止した。一二年（一八七九）四月、沖縄県となった（『井上毅傳』史料編第五巻三六六頁）（『井上毅先生傳』三一九～三五六頁）。

（註）**【琉球の面従腹背】**琉球は明治七年以降も清に朝貢していた。例えば、明治八年三月一

五日、琉球使節が北京着。三月二一日、英国公使館メヨル書記官から通報を受けた在北京日本公使館は、清国総理衙門に抗議（『近世日本国民史』第九二巻三五八頁）。

清国は、次のように申し出た。

①明治一一年九月、清国欽差大臣何如璋は寺島宗則外務卿と東京で会談し、「琉球が朝貢を望んでいる」として交渉を申し出た。

②一二年五月、清国各国事務衙門は、「清国と欧州各国は、琉球と条約を既に結んでいるが、日本がそれを認めないのは法に悖る」と北京の宍戸公使に抗議した。

③一二年、グラント元米大統領は、岩倉・伊藤・西郷と会見し、清国の要求（太平洋への出口確保、及び、宮古・与那国等からなる琉球再独立）を示し、譲歩を求めた。八月一〇日、グラントは芝離宮で天皇に拝謁し、三条実美陪席のもと、清国の太平洋への水路確保のため琉球を譲るよう提案した。グラントは、来日前に清の恭親王・李鴻章から斡旋を依頼されていた（『明治天皇紀』第四巻七二四頁）（『井上毅先生傳』三三三頁）。

毅の対清方針（明治一二年七月）

一二年七月三日、毅は、三条太政大臣・岩倉右大臣に「琉球問題は内外の一大事」とし、次の意見書を提出した（『井上毅先生傳』三三〇頁）。

○**「交渉は、北京で実施」**　東京の何如璋は全権でなく交渉資格なし。

○**「外務省任せにせず、内閣主体が交渉にあたり、外相以外に委員数名を任命」**　明治七年台湾事件の対清交渉は、大久保全権と毅ら全員が北京の宿に五〇日間余籠り、寝る間も惜しみ成果を出した。台湾事件の結果が良かったからといって甘く見てはダメだ。

○**「清の主張は、琉球は清に属す、両国に属す、琉球は半主国、の何れか」**　前二者は、証拠もあり容易に反論できる。ただし、清が、琉球は半主国と主張すれば、やっかいになる。欧州の半主国（「カラコウィ」など）が数カ国の保護国である場合、半主国が一国に合併されそうになれば、他の保護国が反対する。清国が「琉球は半主国」と主張し欧州に呼びかければ、日本の弁明は困難になる。

明確な方針を欠く外務省に比べ、大局を見通した毅の対清方針だった。岩倉・伊藤が、毅を頼ったのも当然だった。

明治一二年一二月、横浜の洋字紙（横浜ガゼット紙）は、琉球が薩摩に属した歴史記録が『大日本史』『日本政記』『日本略史』に見当たらないとして、日本を批判した。毅は、①『貴久記』の「嘉吉《かきつ》元年（一四四一）から、琉球は薩摩に属す」、②『薩州旧伝記』の「足利義教《よしのり》将軍の舎弟大覚寺門跡義昭を討伐した恩賞として薩摩藩島津忠国が琉球を拝領し、琉球から薩摩への進貢も怠りなし」、③『貞享《じょうきょう》松平大隅守書』の中の『十代陸奥守忠国伝』に「将軍義教の命に応じ、忠国《ただくに》は、日向国福島永徳寺において、将軍舎弟の大覚寺門跡義昭大僧正尊看を切腹させ、恩賞として琉球を与えられ、永享《えいきょう》年間から毎年琉球からの進貢あり」などの記録をあげ反論した（同上三二五頁）。

二度の北京出張（明治一三年四月〜一四年三月）

明治一三年一月一九日、毅と竹添進一郎は、琉球帰属と日清条約改定を内相・外相に提案した（『井上毅先生傳』三二二頁）。三月九日、北京の宍戸公使に出された毅案通りの訓令は、①沖縄県のうち、宮古・八重山二島を清国に割譲（清国との争いを極力避けようとした）、②日清条約改定（清国内地での日本人の通商を認める）、を旨とした。対清貿易がふるわない原因は、日本人が清国内地で通商が出来ないことにあったからだ。二島割譲はあくまで日本の好意によるもので、条約改正の発議ができる段階で初めて提案すべきとした（同上三四五頁）。また、日清交渉は、毅案に沿って、宍戸公使と李鴻章の間で行われた。毅は、宍戸公使の顧問として、二回北京に長期出張を命じられた。

第一回清国出張（明治一三年四月下旬〜一一月上旬）

四月一七日、毅は出張命令を受け、旅費等二〇〇〇円を受領した（『井上毅研究』四六六頁）。毅（三八歳）は、北京で宍戸公使と共に交渉に当った。毅は、井上外相から次の書簡（九月二八日付）を受け取った（『井上毅傳』史料編第五巻七〇頁）。

秋の寒さが感じられる頃となり、健康に北京滞在されていると拝察します。最近は手紙もさし上げず、失礼にうち過ぎましたが、ご容赦下さい。宍戸公使も、貴下と竹添の助力を得て、意欲が回復したと聞きます。国内政治は、財政が窮迫し内閣瓦解の恐れもあり、政策を立案起草する人もいないため、老台（毅）はご帰国の上、内政の基礎固めに従事いただくようお願いします。伊藤と相談の上、決めたことです。

一〇月二一日、琉球帰属問題は、日清間で合意し調印を待つだけとなった。条件は、①一四年二月、宮古八重山を清に譲渡、②通商条約に最恵国待遇を加える、など（『明治国家形成と井上毅』八八・八九頁）。毅は、宍戸公使から、帰国後、井上外相への口頭報告を依頼された。毅は、一〇月二三日北京発、一一月一日上海発。毅は、一一月一〇日頃帰国し、井上外相の三条太政大臣宛上申書（一一月一三日付）を代筆した（同上八九頁）。毅は、国内問題対応のため急ぎ帰国したわけで、毅の存在の大きさが窺われる。帰国後短期間で毅が代草した「立憲政体建議」は、伊藤が上奏（一二月一四日）（同上八八・八九頁）。

（註）【井上馨（天保六年～大正四年）】八一歳没。萩藩士。文久三年伊藤と英国留学、元治元年帰国。明治元年九州鎮撫総督参謀、参与兼外国事務掛、二年造幣頭・民部大丞兼大蔵大丞、四年民部大輔兼大蔵大輔、六年尾去沢銅山事件で辞職。八年一二月二六日、尾去沢銅山事件の判決に伴い官界に復帰（元老院議官）、副全権として日朝修好条規締結に関与した。一八年以降、外相・農商相・内相・臨時首相・蔵相歴任。毅より八歳、伊藤より六歳年長。【老台】年長者の尊称。【竹添進一郎も交渉に参加】竹添は大蔵省小書記官のまま、一二年一二月、天津で李鴻章と会談し交渉に参加（『明治国家形成と井上毅』七九頁）。天津領事となった竹添は、一三年三月二七日・四月四日、北京で李鴻章と予備交渉実施。五月上旬～六月、竹添帰国。竹添の公使起用は、毅が関係したのではないか。

第二回清国出張（一三年一二月二一日～一四年三月三日）

一旦妥結した日清交渉は、清の調印引き伸ばしで再交渉が必要となった。一一月三〇日、毅は、北京再出張を命じられた（『井上毅傳』史料編第五巻三五〇頁）。同日、毅は、伊藤からの書簡で「貴案（毅案）通り御前会議で閣議決定、明日来駕を乞う」と伝えられた。一二月一日、毅は、岩倉から防寒の二品を贈られた。

二島を清に譲り、欧米同様清国内の日本人通商を認めさせようとする交渉が続けられたが、清が一方的に打ち切った。李鴻章や北京の総理衙門《がもん》の大臣は、暴言を吐き続けた。毅は、岩倉・伊藤・井上外相の命により北京に二度出張し、計八ヵ月半清国に滞在した。毅構想による交渉で国益はまもられた。毅は、一四年一月二〇日〜二月一七日の間、北京から上海の実地調査しつつ三月三日帰国。三月一一日、宍戸公使帰国。

日本外交の勝利

琉球帰属に関する日清交渉は、清の打ち切りにより終了した。これは日本外交の勝利を意味した。日本は「沖縄以西の清への割譲」を考えたが、恫喝に終始した李鴻章は、何も得るものがなかった。毅は、岩倉に次のように報告した（一四年四月一九日）（『井上毅先生傳』三五三頁）。

（毅の岩倉宛書簡）

竹添來信、態々《わざわざ》内見の時を被賜《たまわり》感激奉存候、李鴻章《りこうしょう》暴言《ぼうげん》甚布《はなはだしく》畢竟《ひっきょう》彼《か》レ外ニ良策なきより鬼面《きめん》恐嚇《きょうかく》之《の》手段ニ過きす、將來我レよりハ一切此事ニ取合はず事已《ことすでに》に結了と看做《みな》し候事第一之上策にて、決《けっし》て甘口を見せぬ方可然歟《しかるべきか》と奉存候、右愚見《みぎぐけん》乍序《ついでながら》奉書上候、頓首　四月十九日夜

右府公閣下（竹添より手紙がありました。先日は、わざわざ内々に会見の機会を賜り感激致しました。さて、李鴻章は暴言甚だしく、これも結局は、琉球問題に他に良策がないため、鬼面をもって威す手段に過ぎず、将来日本からこの問題に取り合わず、既に問題完了と見なすことが第一の上策で、甘い対応を見せるべきではないと考えます。以上、私見ですが申上げます。　四月一九日夜　岩倉閣下）

決着の蒸し返し（明治一四年六月）

決着したはずの琉球問題は、独公使により蒸し返された。一四年六月二四日、独公使エム・ブラントが李鴻章の意を受け、沖縄の一部独立を要求した。沖縄の一部独立の要求は、沖縄県設置までの日本の国策を変更することであり、容認できないものだった。毅（太政官大書記）は、京都療養中の岩倉、及び、宮島の井上馨外務卿のもとに派遣され、両者と意見を調整した。政府は、ブラント提案の受け入れ難いことを通告（六月下旬）。さらに、竹添進一郎公使と李鴻章の間で翌一五年三月まで交渉が続けられた。政府は、尚泰の一族が清国の封を受けることに同意したが、李鴻章はあくまで日清両国が尚泰を琉球王として承認するよう求めたため、交渉は不成立のまま終わった（『明治天皇記』第五巻三八七頁）。

毅は、明治一四年の対清交渉を次のように総括した（『井上毅先生傳』三五七頁）。

蓋《けだし》球案《きゅうあん》ノ一件清廷《しんてい》ニ由《よ》リ議ヲ始メ又清廷ニ由リ譲《じょう》ヲ棄《す》ツ、我カ國ノ二島ヲ譲与《じょうよ》スルノ辯法《べんぽう》ハ實《じつ》ニ隣誼《りんぎ》ヲ重《おも》ンスルカ爲《た》メニ清廷ニ對シ難譲歩《ゆずりがたきあゆみ》ヲ爲《な》サントセシモノナリ、而《しか》シテ案未ダ了《りょう》セズシテ清廷自ラ前議《ぜんぎ》ヲ棄《す》テタリ故ニ此事ハ之ヲ公法ニ照スニ卽《すなわ》チ棄議《きぎ》ヲ以《もっ》テ終局ヲ得タルモノナリ（思うに琉球の一件は、清国から言い出し、清国から日本の譲歩を捨てたのだ。二島〈宮古・八重山〉譲渡という日本の便法は、隣国との親交を大事にするため、清国への譲り難い最大限の譲歩だったが、議論終了前に清自ら合意を捨てたので、公法に照らせば、棄議をもって終局を得たことになる）

毅は、宍戸公使を支え交渉力を発揮した。

四　壬午《じんご》事変（明治一五年七月）

明治一五年七月二三日夕刻、朝鮮守旧派が、閔妃派殺害と日本公使館襲撃を行なった。袁世凱の清国軍は、首謀者大院君を清国保定府に軟禁した。

（註）**【壬午事変】**朝鮮は、日本顧問団を招き新式軍隊（別技隊）に予算を重点配分した。不満を

持った旧式軍隊が事変を起こした。

花房義質《よしもと》公使は難を逃れ、長崎から政府に電報を送った（七月二九日）。八月一日頃以降、毅は、外務省から相談を受け、八月四日付け伊藤博文宛書簡に「小生も両三日外務之方加勢いたし候」と記した（『井上毅傳』史料編第四巻六八頁）。さらに「シナが援兵を出せば、日清間に問題が及ぶ。ボアソナードに問い合わせ、花房公使宛訓條文に詳述」と記した。八月二日、東京をたった井上外務卿は、八月七日、下関で花房公使に毅起案の訓条（方針）に基づいて指示した（『明治天皇紀』第五巻七四九頁）。八月一〇日、花房公使は、高島鞆之助《とものすけ》率いる陸軍二個中隊に護衛され明治丸で下関出航、八月一二日、仁川に戻った（同上七五〇頁）。

（註）【花房義質《はなぶさよしもと》（天保一三年～大正六年）】七六歳没。岡山藩士、外交官。宮中顧問官・宮内次官・枢密顧問官・日赤社長など歴任。明治九年朝鮮代理公使、一二年朝鮮弁理公使。【高島鞆之助】天保一四年生まれ。薩摩藩士。

八月五日、東京の清国公使黎庶昌が、「朝鮮が暴発したので、馬道台建忠を朝鮮に派遣する予定だが、まず清国軍を二、三隻の船で朝鮮に派遣し、日本の為に調停したい」と申し出た（『井上毅先生傳』三五九頁）。江華島事件（明治七年）も朝鮮と直接交渉したため、清の意図に政府は疑問を持った。毅は、対清方針を山県有朋のために代草した。

【毅の「壬午事変に関する意見」〈要旨〉（明治一五年八月七日）】

清国の日本への仲裁案とは、①清は朝鮮を属国として日本との交渉を自ら担当する、②日本と朝鮮の間に立って仲裁する、③朝鮮に対日交渉の助言をなし、対日賠償を促す、の何れか。第一は、三〇〇年来、日本は、朝鮮と直接交渉しているので、認められない。明治八年雲揚艦事件（江華島事件）の際、北京の森有礼公使は総理衙門に談判したが、衙門から「朝鮮は属国なれども国政は朝鮮がやり、清国は干渉しない」との回答を得た。その経緯からしても、朝鮮に代わって清国が対日交渉をやることはあり得ない。第二は、公法上、当事両国の了解がなければ、第三国は仲裁出来ない。今回、日本が清国に依頼することはないので、清国の仲裁は不要。第三の場合、日本は、清国が朝鮮に日本の要求に従い謝罪賠償を行うよう指導するのを見守ればよい。その際、朝鮮が清の属国でないとの主張に、日本はこだわってはいけない。こだわれば、清に加担する外国の干渉を招く恐れがあり、枝葉末節の水掛け論になる。さらに、朝鮮が清国の名を借りて交渉を遅らせ回答を遷延させる時は、期限をつけて回答を促し、それでも回答無き時は、直ちに強制賠償の処置をとるべき。（『井上毅傳』史料編第六巻一三三・一三五頁）（『井上毅先生傳』三六〇頁）

毅の意見は、次の通り。清の意図は、①属国の朝鮮に代わり対日交渉に入る、②日朝間の仲裁をする、③朝鮮に日本への賠償を促す、の何れかだ。①は旧幕時代から日朝は直接交渉をしているため、②は万国公法上日本が希望しないため、①②の何れも日本として容認出来ない。③については、日本は容認あるいは黙認する。また、朝鮮が清国の名を借りて日本への回答を遷延させるときは、期限付きで回答を促し、それでも回答がなければ、直ちに強償（強制賠償）の処置をとる。強償の処置は、日本軍による朝鮮開港所の保障占領、時機を見ての朝鮮諸島の占領を意味する。その実施時には、朝鮮停泊中の英米清国軍艦に事前に予告すべきで、予告文はボアソナードが既に起草したと記した。

八月七日、山県の呼びかけで閣議が開催され、毅代草の「壬午事変意見」に基く対朝対清交渉策が決定された。八月一八日、花房公使は、陸軍二個中隊などの護衛兵を高島鞆之助《とものすけ》陸軍少将・仁礼景範海軍少将と率い、京城に入った。八月二〇日、花房公使は、二個中隊に護衛され王宮に入り、国王李熙に面会し、国王から直接交渉の親裁を得た後、政府首脳（領議政）との交渉にあたった（『明治天皇紀』第五巻七六八頁）。

二〇日夜、横須賀から朝鮮へ出発する際、毅は次の壬午事変派遣命令大意を記した（『井上毅傳』史料編第五巻六二〇頁）。「朝鮮とは急激を旨とし、清とは和平を旨とす」とし、「釜山からの報告では、朝鮮人はなお驕り昂ぶりの気質があるため、（下手をすれば）うまく行かず、窮迫に脅さなければならない。清の申し入れには、程よく応接し清の意を満たすことが必要」というものだった。毅は、八月二八日仁川に到着し、同夜、花房公使と比叡艦上で朝鮮国全権副官金宏集と会見した。

その後、井上全権が加わった交渉で、八月三〇日、朝鮮が日本へ賠償すること及び謝罪使を派遣することを決めた条約を済物浦（仁川）で締結した（済物浦条約）。朝鮮は、公使館焼き打ちと軍事顧問等邦人殺害への謝罪・賠償金五〇万円・公使館護衛のための駐兵権を認めた（『明治外交官物語』一四六頁）。日本に派遣された謝罪使金玉均は、福沢諭吉らと交友し、近代化の必要性を痛感した。朝鮮は、清国のお雇い独人メーレンドルフを財政顧問とするなど清への従属化が進んだ。毅は周防海の玄武丸で、次の外交戦略論「朝鮮政略」を執筆した（『井上毅傳』史料編第一巻三一一頁）。

【毅の『朝鮮政略』〈要旨〉（明治一五年九月一七日）】

朝鮮の事は将来東洋政略外交の一大問題で、二、三大国間に朝鮮に関わる戦争に至ることがあると思われる。朝鮮の実態を察すれば、政府担当者の未熟さと国民の愚昧さから、今後数十年間独立国になることは困難だ。朝鮮軍民が、外国を敵視し無礼な行動に出ることも、今後数年間は続くだろう。そのような時には、朝鮮と条約を結んだ英米独三国又は他の国が、名分を立て朝鮮要地を占領、或いは内政干渉しベトナムやビルマ同様になるのは必然だろう。そうするのは恐らく露国だろう。その時に、シナは、属国という名分で朝鮮に干渉し謝罪させ、外国に朝鮮侵略の名分と機会を与えないようにするか、または、朝鮮に十分に保護を与えて応援するか、何れも覚束ない。また、シナが朝鮮を永遠に干渉保護することは、日本に不利なことは明らか。欧州一国が朝鮮を占領しベトナムかインドに倣えば、日本は頭上に刃を受けることと同じだ。不幸にして**露国が朝鮮を奪えば、東洋の大勢は全く困難となる**。東洋の均衡には、**シナと日本は精一杯朝鮮独立を保護し、露国南下を予防する必要**がある。東洋の為に数年後を見通す者は、同じ意見のはず。惜しいことに現況をみれば、朝鮮は同盟を結ぶべき国ではない。シナも共に語る国としては物足りない。故に、日支朝の三国同盟説は一つの夢に過ぎない。この他に、**①日清米英独五ヵ国が会同し朝鮮を共同保護国とする、②五ヵ国中、約束を破る国は、他の四ヵ国で懲罰、③朝鮮侵略を企図する国は、五ヵ国同盟で防禦、④朝鮮は清の朝貢国とはいえど属国でなく独立国である為、清は他の四ヵ国に諮らずに内政干渉してはならない**、などの策がある。

以上が実行されれば、東洋政略上やや安全の道が得られる。日本だけの利益ではなく、朝鮮は永世中立の位置を得、かつ清国の軛を離れ、清は朝鮮が朝貢国である名義を保ち、名と実を保つことが出来る。以上は、外交にあたる者の考えと実行に依って、机上の空論でなく実現する。以上記録して当局の参考に供する。

明治一五年九月一七日　周防海に於いて　井上毅

毅の「朝鮮政略」は、次の通り。

○朝鮮は数一〇年間独立国になれず、今後数年は排外主義で外国との衝突が絶えない
○朝鮮と条約を結んだ英米独等が、条約違反や遵守保証の為、朝鮮占領の恐れあり
○朝鮮を支配下におく国は、露国の可能性が高い
○朝鮮をベルギー・スイスのような中立国とする為、日清英米独五ヵ国による共同保護国とし、他の干渉侵略を許さない
○清と朝鮮の朝貢関係は維持し、清の面目は保つが内政干渉は許さない
○朝鮮には独立国の実力がないため、日支朝三国同盟は無意味

毅は、朝鮮が統治能力を欠いている中で極東を安定させる為、**朝鮮を日清英米独五ヵ国の共同保護国とする必要があるとした**。もし、露国が朝鮮を支配すれば日本は危機に陥る。明治一五年時点で、極東安定の大戦略を描いた毅に、感服せざるを得ない。現実は、日清・日露戦争の後、日韓併合に動いていった。毅の大戦略が実行されていたら、歴史は大きくかわっていただろう。

（註）**【日清朝の三国同盟論】**　毅は、日清朝三国同盟論の非現実性を見事に証明した。三国同盟は

ボアソナードが唱えていた（『井上毅傳』史料編第五巻六二九頁）。

五　甲申事変（明治一七年一二月）

一七年一二月四日、近代化をめざす金玉均（独立党）によるクーデターが発生（甲申事変）。竹添進一郎公使は、国王の保護要請に応え、日本軍（兵一五〇名）と王宮に入った。ところが、清国軍（一五〇〇名）が一方的に日本軍を攻撃、兵を含め多数の邦人（三〇余名）を殺害し、公使館も焼き討ちした（『明治国家形成と井上毅』一一七頁）。一二月五日、竹添は日本軍と仁川に逃れた。一二月一六日、毅（参事院議官、宮内省図書寮図書頭兼務、年俸四〇〇〇円）は、竹添公使に方針を伝える為、伊藤博文に見送られ横浜から蓬莱丸で出発（『井上毅先生傳』三六六頁）。

毅が、下関から伊藤参議・井上外相に送った文書（一二月一九日付）は、「出発の際、横浜での（伊藤参議らの）ご指示等は、①竹添公使は京城に戻る、②朝鮮全権・金宏集の全権委任状に日本を侮辱する文言（「以致日本公使誤聴其謀、進退失據」）があり削除させる、③事件当日、竹添が受け取り今も竹添が持っている、朝鮮国王親書（保護依頼書）が本物の証拠を後日の交渉のため確保する、の三点です。以上を正確に竹添に伝え、毅個人の見解は伝えません」というものだった（同上三七六頁）（『井上毅傳』史料編第一巻四三九頁）。また、全権大使派遣の有無によって、竹添公使の役割も変わる為、大使派遣が決定したら至急連絡するよう依頼した。

一二月二一日、政府は井上馨全権大使派遣を決定した。

一二月二三日夕、毅は仁川で竹添と協議し、二四日付けで伊藤宮内大臣・井上外相・宮内次官に次の書簡を出した（『井上毅傳』史料編第四巻七七・三〇三頁）。

【毅の伊藤・井上外相宛書簡要旨（明治一七年一二月二四日）】

今回の日朝交渉の争点は、帰する所、王命の真偽にある。竹添公使に日本軍の来援依頼をした「日使来衛」の四文字、及び、朝鮮国王が竹添に直接手渡した白紙に押してある「大朝鮮国大君主李熙」との御璽は、「日使来衛」という召命が国王から出されたことを証明する十分な証拠となるもので、両者は今も竹添の手元にある。朝鮮側がこの召命を偽書とする理由は、同文書が外務大臣の手を経ていないからだという。しかし、これは、顧問モルランドルフの入れ知恵に過ぎず、本来、朝鮮人のいうべき論ではない。朝鮮は純粋な専制国で、勅令が最も有力な命令であることに疑いがない。例えば、明治一五年の壬午事変の際、花房公使が長崎に戻り再び京城に向かった時も、国王から親決を得た後、領議政との交渉に入った。

以上のように、毅は、立憲君主国日本と異なり、専制国朝鮮は国王の書面は大臣副署がなくとも有効なことを、一五年の壬午事変を例にとり述べた。さらに、「大臣副署なき詔勅は無効」という朝鮮の主張は、顧問モルランドルフが捏造し入れ智慧したものとした。又、訓令を待たず行動した竹添の処分より、対朝鮮交渉を優先すべきと進言した。清が、竹添個人の行動を貶める一方、日本政府を懐柔するのは、手強い竹添外しが目的で、清の策略に乗らぬよう政府首脳に注意した。

（註）【シナ朝鮮の外交術】シナ・朝鮮の竹添公使への強い反発は、両国の常套手段。相手国の有能で手強い人材を誹謗中傷し罷免させ、自国のいいなりになる人物を褒めるという、両国の得意技に日本が乗らぬようにと、毅は警告した。

毅は、竹添の持つ朝鮮国王親書が本物だと確かめた上で、交渉の要は国王親書の真贋にあると考え、二五日から早速予備交渉を始めようとしたが、朝鮮は京城への受け入れを故意に遅延させた。毅は、伊藤博文に次のように報告した（『井上毅傳』史料編第四巻七九頁）。

【毅の伊藤宛書簡要旨（一二月二七日付）】

例の通りの朝鮮人のグズグズで今になってとやかく言っては京城入りを拒み、人馬を雇うにも支障がでて、仁川出張中の督弁（外務卿）趙氏の要望で今日まで引き延ばされましたが、明日早く京城に出発する予定です。朝鮮政府顧問モルランドルフも麻浦（著者註・京城の西の地名）まで迎えに来るそうです。今回は、米国公使も日本に大賛成でモルランドルフを憎み、無智凡庸の人で近頃万国公法の本を机上に山積みしていると嘲笑しています。京城に行き五日ほどで種々情報を報告出来ると思います。今回の照会で朝鮮の大骨をへし折った上で、朝鮮がとった日本への暴虐な振る舞いを問責する行動に取りかかろうと思います。シナ人は、大威張りで、朝鮮を自らの威張り場所とする勢いで、鬼神のような顔をしておりましたが、日本全権団が来たとして急に鼠のように大人しくなってしまったのも無理のない事です。朝鮮でシナ人を押さえて謝罪させようとしても無理で、あとの対清交渉で解決すべきです。なるべく早く対清交渉にも私を使用下さるようお願いします。当らぬ先の矢応えの喩えのように、竹添の後任が見つかるまで私が仮の後任になることを半ば心配しますが、一日も早く帰国させていただくようお願いします。本事変は哀痛の話ばかりで、小生再び落涙しましたが、（虐殺された）日本人婦女子に至るまで見苦しい所業を聞かなかったのは不幸中といえ、喜ばしいことです。

更に、毅は「**一家の私情は申し立つべき事にこれ無き候へとも、内実は（自宅の）裏口よりソロリト抜け出**」て朝鮮に出張したため、「**老母に暇乞致し兼ね候位にて**」とし、「妻の死去後、母の寿命も旦夕《たんせき》に迫り、交渉が少しでも目鼻がつき次第、一日も早く帰国したいと思います。以上は他に訴えるべきでなく、閣下だけはお含みおき下さい」と記し、母を思う心や伊藤との親しい関係もわかる。

（註）【妻常子】明治一七年一一月二〇日死去。嘉永六年生まれ、熊本の二宮九平氏長女。

一二月二八日、毅と竹添は、一個小隊を率い京城で朝鮮代表督弁（外務卿）趙乖鎬との予備交渉を開始した（『明治国家形成と井上毅』一二二頁）。三〇日、井上馨全権は、二個大隊を率い総数六四名の使節団と仁川に到着した。同日、井上全権は、仁川に呼び戻した毅と協議した。一八年一月一日、毅は京城に入り、一月二日朝鮮側と日程交渉を行なった。一月七日、井上全権と金宏集全権大臣の交渉が始まった。朝鮮が、金大臣全権の委任状に「以致日本公使誤聴其謀、進退失據、館焚民戕（日本公使がクーデター計画を聞き誤り、進退を失い、建物が燃え人々が殺された）」と日本を誹謗する文章を紛れ込ませていた為、井上全権は「以致」以下一四文字を削除させた。朝鮮は、謝罪・賠償要求を受け入れ、邦人殺害に一一万円、公使館弁償に二万円を支払い、磯林大尉の殺害犯を重罪に処すこととなった（一月九日）。井上全権と毅らは、一八年一月一九日午前九時、横浜着直後、参内し復命した（『井上毅先生傳』三七八頁）。

毅の方針で交渉は進められた。交渉初日、清の呉大使乱入があり、井上全権が筆談で退席させたが、日本を愚弄する言動が甚だしかった。毅は、帰国前、井上全権の指示で、呉大使に会い、全権委任状を持たぬ（「不帯弁理全権字據」）大使とは協議出来ぬと非難した（『井上毅傳』史料編第五巻六八四頁）。

毅、対清交渉に参加

壬午事変に際し、清国軍による日本軍への攻撃と日本人殺傷に関する交渉のため、毅は、伊藤全権と天津に出張した。一八年二月二八日、毅は、汽船薩摩丸で横浜を出港し、三月一四日天津に着いた。三月二七日、毅は、伊藤・榎本武揚とともに北京の総理衙門《がもん》で慶郡王ら諸大臣と初会見し、天皇の意を伝えた（『明治天皇記』第六巻三九五頁）。その後、伊藤が李鴻章と交渉し、天津条約を締結した。天津条約は、①四ヵ月以内の朝鮮からの両軍撤退、②朝鮮への軍事教官派遣停止、③朝鮮出兵時の相互事前通告、の三条件であった。四月三日に始まった本交渉六回中、毅は、二回出席した（『明治国家形成と井上毅』一四七頁）。交渉中の日本側草案は、殆ど毅が執筆した。四月二八日、毅は、横浜着直後、伊藤と参内復命した。猶、毅は、この一八年は、七月常総紀行、夏富士登山、憲法起草・国典研究と多忙だった。同年九月、木下鶴（木下諱村の娘）と再婚した。

（註）**【榎本武揚（天保七年～明治四一年）】**幕臣。明治七年海軍中将・特命全権公使（駐露公使）、一三年海軍卿、一五年一〇月駐清全権公使、逓信・農工商・文部・外務大臣・

枢密顧問官。【毅再婚】明治一八年九月、木下鶴（韓村の娘）と再婚。

六　台湾問題に関する建議

明治二七年八月二九日に文相を辞任後、毅は葉山の別荘で療養していた。一〇月一一日、毅は、日清戦争（八月一日開戦）に関連して、伊藤博文に台湾問題を建議する書簡を出した（『井上毅傳』史料編第二巻六八八頁）（『井上毅先生傳』三九四頁）。

世人皆知朝鮮主權之必可爭、而不知臺湾占領之尤可爭、何哉、彼朝鮮竟無獨立之力、必也倚干一大國之保護（或數大國之聯合保護）而為之保護國者、有義俠之美名、而無富殖之實益、臺湾則不然、占有臺湾者、可能扼黄海朝鮮海日本海之航權、而開―闔《こう》東洋之門戸焉、況與沖縄及八重山群島相聯絡、一臂所伸、以制他人之出入乎、若又此一大島而落干他人之手耶、我沖繩諸島亦受鼾睡之妨、利害之相反不啻霄壤、臺灣也哉臺灣也哉、臺灣而爲、戦獲物、以此結局、天下後世必不以此役爲不廉之捷矣、若失此機會、二三年之後、臺灣必為他一大國之有矣、不然亦必為中立不可爭之地矣（世間はみな朝鮮の主権問題が争点であることは知っているが、台湾の占領が最大の争点であることを知らない。朝鮮は独立の力なく、何れ一～数カ国の保護国となろうが、その場合、義侠の美名だけで富殖の実益はない。台湾はそうではない。台湾占有は、黄海朝鮮海日本海の航行権を扼し、東洋の門戸を開閉し、まして沖縄八重山と相連絡し、一足伸ばせば他の出入りを制する。一方、台湾が他国にとられたら、沖縄の安眠が妨げられる。両者の利害の相反は、天地以上の違いがある。台湾であるかなまさに台湾であるかな。台湾は戦いによって獲るもので、これによって、天下は後世、必ず日清戦役を正義の勝利とするだろう。もしこの機を失えば、二、三年後、台湾は必ず他国が占有する。そうでなくとも、必ず中立で争う地になる）

日本が台湾を失い、清国又は欧米列強が台湾を支配すれば、国防上由々しき事態が生じることは間違いない。日清戦争で朝鮮に注目が集まる中、毅は、台湾の地政学上の重要性をいち早く指摘した。本伊藤宛書簡は二八年三月一五日に逝去した毅の遺言でもあり、死の直前まで、日本の将来を考え続けた毅だった。

（註）木野主計氏は「毅は台湾を抑えたのち、北進すべきと主張した」と述べている（『井上毅研究』三六三頁）。木野氏の意見は、果たして当を得ているか。毅は、「台湾意見」で、台湾を抑えれば、沖縄・八重山諸島の安全が確保され、日本海・黄海・東シナ海の航海の安全が保持できるということを述べているが、朝鮮半島や満州への進出・領有を主張してい

ない。

〈コラム〉【毅と伊藤博文】

毅と伊藤博文は、同世代（毅が二歳年少）であり肝胆相照らす同志だった。伊藤とは、岩倉没後、特に憲法制定過程でより親密となった。毅は、伊藤に多くの建策を行なった。毅と伊藤の親密度は、毅の伊籐宛書簡数で分かる。明治九年から明治二三年までの書簡数は、計二〇七通（年平均一四通）で、ほぼ毎月出している。伊藤宛書簡数は、伊藤派（金子堅太郎、末松謙澄、伊東巳代治）のそれ（一八、七六、一五八通）と比べても多い（『伊藤博文の情報戦略』五四頁）。

第十一章　条約改正と毅

英国人と非白人の正式結婚は、英国人男性と日本人女性の結婚がロンドン裁判所で認められた明治二三年二月八日を嚆矢とする。欧米人の非白人に対する見方が理解され、条約改正がいかに難事業だったかもわかる。欧米人が、非白人との婚姻を認めなかったのは、欧米が非白人国を「野蛮（未開）国」か「半野蛮（半開）国」と考えたからだ。欧米が、日本を「文明国」だと認識しない限り、条約改正は不可能だった。日本を「文明国」と欧米に認識させる為、井上馨外相は鹿鳴館などの西欧建築や服装を採用し、文明国の体裁を整えることに努めた。しかし、外相の条約改正は、欧米への妥協を急ぎ、旧条約よりさらに日本の権利を失わせる恐れがあった。毅は、欧米法・国際法に詳しく、歴史・文化・法の研究から欧米人を知悉していたことから、井上外相の改正に反対した。

（註）**【英国人と非白人の最初の結婚】** 明治二三年二月八日、F・ブルンクリー（慶応三年横浜駐屯砲兵中尉、福井藩砲兵教官、海軍兵学校英語教官、明治一一年工部大学校数学教師）と田中ヤスとの婚姻を、ロンドン裁判所（ハナン判事）が承認した（『日本の内と外』一一七頁）。**【外交人接待所建設】** 明治一四年一月、外国接待所を一〇万円で建設することとなった（『明治外交官物語』一三〇頁）。

一　幕末以降の欧米との条約

日本と欧米諸国が締結した条約をおさらいしてみよう。

不平等条約　嘉永六年（一八五三）のペリー来航以降、締結された欧米との不平等条約は、明治五年を期して改正が求められており、次の四点の改正が必要だった。

領事裁判　領事裁判は、国内の外国人犯罪を外国領事が裁くことをさす。日本は、金札偽造・暴行傷害・禁猟違反などの外国人犯罪すら裁けなかった。領事裁判は、日本に負担を強いた。仏領事館は東京・大阪・長崎にもあったが領事が駐在する横浜まで、犯人（仏国人）は護送される必要があった。英国の場合、重大事件は上海高等裁判所、控訴は英本国枢密院司法委員会で扱うため、国内犯罪が国外で裁かれ、外国人犯罪者の多数は無罪か国外追放され、日本は泣き寝入りするしかなかった（『明治天皇詔勅謹解』三一一頁）。

関税権　関税自主権がなく、外国と税率を協議する必要があった。日本は、経済発展のために輸入器械に低率関税を、輸入嗜好品に高率関税をかけたいと考えた。財政面からも関税自主権が望まれた。但し、税関業務を英国人等に委任する清国と違い、日本は税関行政上の自主権は保有していた（『日本の内と外』一〇頁）。

外国軍隊の国内駐在　治外法権の象徴である英仏米伊軍の横浜駐屯は、文久三年（一八六三）五月、英仏の居留地警備権承認に始まり、日本が兵営地代と建設費を負担した（同上一八頁）。寺島宗則外務卿の要請で撤兵が始まり、八年三月二日、最後の英仏駐屯兵三六八名が横浜を去り香港に向かった（同上二一頁）。

法規制定に欧米の許可を要した　安政条約の領事裁判権は、民事・刑事限定だったが、英国は行政規則・警察規則にも及ぶと主張した。その結果、法規（法律規則）制定には、欧米に通知し内諾を得る必要があった（『青木周蔵自伝』二二八頁）。

最初の条約改正の動き　明治元年一二月二三日、条約改正の初の試みとして、外国官准知事東久世通禧《ひがしくぜみちとみ》は、英米仏独公使、露・蘭・ベルギー・デンマーク領事に「従来の条約は不都合があり、改正時期ではないが協議したい」と提案した。各国外交官は、具体性に欠けるため本国に報告できないとして、提案を拒否した。

二年一二月一〇日、沢宣嘉《さわのぶよし》外務卿は、英米独仏伊五ヵ国に「明治五年の条約改定を前に、条約問題点を協議しよう」を提案したが、改正案を示せずに終わった。

四年三月四日、寺島宗則外務大輔（次官）は、英国公使館書記アーネスト・サトウと会談後、改正私案（附議書・改正要旨）を送った。各国は、条約改正協議に入ることを了承した。しかし、日本政府が廃藩置県・親兵設置などに忙殺されたため、具体的交渉に入れなかった。

（註）【東久世通禧《ひがしくぜみちとみ》】（天保四年～大正元年）堂上公家。軍事参謀兼外国事務取調掛、外国官副知事、参与、開拓長官、侍従長。明治四年岩倉使節団理事官、一〇年元老院議官、二一年枢密顧問官、二五年枢密院副議長。【沢宣嘉《さわのぶよし》】（天保六年～明治六年）公家。参与・九州鎮撫総督兼外国事務総督、外国官知事、外務卿（明治二年七月八日～明治四年七月二九日）。【寺島宗則】（天保三年～明治二六年）薩摩藩士。安政三年蕃書調所、島津斉彬侍医、文久元年幕府使渡欧使節団、参与兼外国事務御用掛、外務大輔、明治五年駐英大弁務使（特命全権公使）、六年参議兼外務卿、文部卿、元老院議長、一五年駐米特命全権公使、二一年枢密院副議長として憲法制定会議参加、二五年条約改正案調査委員。

明治五年の岩倉遣欧使節団

明治五年、岩倉具視・木戸孝允ら遣欧使節団は、欧米の政治・

経済・法律を調査し、条約改正についても各国の意見を聴取することとなった。岩倉使節団は、まず米国務長官ハミルトン・フィッシュと会談した。米国が条約改定作業に入ることに同意したため、交渉に必要な全権委任状を得るため大久保利通と伊藤博文は一旦帰国した。米国は、日本に内地解放を迫り、協議は平行線に終わった（『明治外交官物語』六一頁）。

明治一二年、井上馨、外務卿就任　明治一〇年の西南戦争後、寺島宗則外務卿は、低すぎる関税が財政圧迫の一因として、関税自主権をめざしたが失敗した（『明治憲法制定史』四四二頁）。一二年九月、井上馨が外務卿に就任し、法権回復を主とする条約改正を図った。鮫島駐仏公使は、内地を全面解放しない限り、法権回復は困難だと外務卿に伝えた（『明治外交官物語』一二〇・一二二頁）。

一三年五月、井上外務卿は、各国公使に送付した改正案をもとに、英米仏独との交渉を進めようとした。基本方針は、①欧米人の内地雑居を許可、②行政規則（例えば、遊猟・印刷・検疫・鉄道・水先案内）違反の場合、日本の国内法及び司法によって処罰するという法権の一部回復、③協定輸入税（輸入関税）の一部引き上げ、というものだった（同上一二三・一三四頁）。内地雑居という大幅な譲歩の見返りとして、治外法権のごく一部の撤廃を求めるものであった。外国人による日本人への傷害窃盗殺人などの犯罪はこれまで通り領事裁判で扱うわけで、それまで居留地に限られていた不平等状態が全国に拡大され、今まで以上に日本人に泣き寝入りを強いるものだった。

一四年七月、グランヴィル英外相は、国内法がどれほど整備されたか不明のままでは、日本案を基礎とする交渉には入れないとし、各国もこれに同調したため、一五年一月、交渉案作りの会議が東京で開催されることになった（同上一三八頁）。

（註）【鮫島公使が、内地開放を要求する欧米に同調した理由】内地を開放しない日本を鎖国が続いていると考えた欧米は、内地開放を要求した。鮫島は、なぜ、内地開放しなければ条約改正が困難と考えたのか。有能な鮫島公使も、相手の要求を飲み込まされ改正だけが目的化し、国益を見失ったのではないか。【鮫島尚信】弘化二年～明治一三年（一八四五～一八八〇）。薩摩藩士、慶応元年英国留学、明治三年外務大丞、外務大輔、二度の駐仏全権公使。【行政規則】国内行政の法律・条例であり、例えば、伝染病予防・煙草税・酒税・船税・集会条例・証券印税・危険品積込・天然痘予防・贋金予防など多数の法律規則をさす。【井上馨】天保六年（一八三五）生まれ、長州藩士、工部卿、明治一二年九月外務卿。

二　明治一五年条約改正に反対

条約改正会議始まる

明治一五年一月二五日、条約改正東京会議（第一回）が開会された。①日本とオーストリアハンガリー帝国との条約を基礎とし、②領事特権、民事裁判権、刑事裁判権、行政規則、開港場・留置規則・借地方法・宗教、関税・沿海貿易・灯台港埠及び船税・最恵国条項・外国船傭日本水夫・難破船条約・局外中立・締約期限を協議することとなった。英独仏伊露オーストリア・スペイン、後に米・ポルトガル・ベルギーが参加。前年の一四年一〇月二〇日、井上外務卿は、三条太政大臣に「**外国人犯罪は、日本の行政権限内で、日本の法律により、欧米管轄の領事裁判所で裁く**」と提案し、一五年一月一一日、委任状を取り付けた（『青木周蔵自伝』一二五・一二六頁）。領事裁判は残したまま、行政規則に関わる法権回復だけを目的とした。一体何のための会議か、明確な方針がないまま始まった。

（註）**【大幅譲歩の外務省】**行政規則違反への国内法適用のために、内地全面開放という大幅譲歩を用意した日本外務省に対し、欧米はより大きな譲歩を要求した。当時から日本は交渉下手だった。**【行政規則】**毅の説明を参照のこと（『井上毅傳』史料編第一巻二八三頁）。**【日墺洪修好通商航海条約】**明治二年（一八六九）に締結された日本とオーストリア・ハンガリー帝国（成立一八六七年）との条約。領事裁判権が詳細に規定され、条約改正（明治一五年）の叩き台となった。

井上外相、内地全面開放を提唱

井上外相は、欧米が要求する内地全面開放を先行実施し、同時に行政規則に外国人を従わせ、その後の国内法整備に伴い、民法・刑法へと法権回復を拡大する方針だった。欧米にとり領事裁判権廃止は、伝統習慣を異にし未整備である日本の国内法に欧米人が従うことで、現時点での受け入れは困難だった。第七回会議（一五年四月五日）で、井上外相は、①即時の内地全面開放、②一定期間後の領事裁判権廃止、を提案したが、英仏は反対した（『明治外交官物語』一四〇頁）。

（註）【井上外相提案要旨】（『青木周蔵自伝』一二九頁）

1日本人外国人はみな日本の法律を遵守し、日本の法律は日本の行政官及び司法官が施行する

内地全面開放により、外国人の旅行・営業・住居・動産不動産所有が可能となる

2外国人権利保護（日本の法律施行に関し、欧米人の権利を保護する）

・法律制定に際し外国語正訳を各国に配布

・欧米人は欧米人判事が裁く（欧米人判事多数で審理又は内外判事計二名）

・欧米人判事の定員（東京大阪函館長崎の控訴裁判所二名、大審院三名）と任期（六年～一〇年）

・陪審員制度下では外国人陪審の導入

・欧米人（一〇〇円以上）訴訟は、控訴裁判所での審理が可能（高額訴訟は欧米人有利）
・欧米人用通訳配置・弁護人選任（欧米人に特典）
・欧米人間の訴訟は外国で可　　・死刑欧米人の外国での執行可
・居留地行政に関する欧米人の発議可（居留地内議会での欧米人参政権を認める）

第一一回会議（六月一日）で、井上外相は、五年後の治外法権廃止・欧米人判事採用を提案した。外相提案は、「領事裁判権」廃止を唱ったものの、内地全面開放の期間（五年間）は、「領事裁判権」が全国に拡大される。また、領事裁判廃止後（五年後）には、欧米人に対し優遇措置（欧米人判事採用、欧米人犯罪者刑執行の外国への委託）が実施され、法的特権が保障される。日本にとり、これらの処置は、「万国は対等」の万国公法に反し、実質上の治外法権がより拡大した形で残る。五年以内に行政規則・民法・刑法整備が完了しない場合、領事裁判が長期間続き、政府責任を問う世論の拡大が予想された。

毅の条約改正論（明治一五年二月）

毅（参事院議官）は、井上外相の条約改正方針が明らかになる前（一五年二月四日）、次の意見書を政府に提出した（『井上毅傳』史料編第一巻二七三頁）。この時点で、毅を除けば、閣僚ですら、条約改正の問題点（主権を著しく毀損）に全く気付いていなかった。詳細情報がなかった毅だが、政府方針にしていいほどの意見を記した。

【毅の「条約改正論」〈要旨〉(一五年二月四日)】

東洋と西洋諸国の付き合い方に、二種類ある。

甲　開港開市に限り通商を許可

乙　内地通商を許可

甲は日本であり、乙はアヘン戦争などに敗戦したシナである。甲の日本は、内地通商を許可する乙のシナに比べやや幸福である。日本が故なく内地通商を許可する必要はない。

条約改正の目的は、次の何れかに設定すべきだ。

①欧米諸国に内地雑居並びに営業を許可する時、外国人は、日本の民法・刑法に従い、日本の民事・刑事裁判を受けること

②欧米に内地通商の一部でも許可する時、外国人は、居留地内外に関わらず日本民法及び行政規則に従い、日本の民事裁判を受けること

③前橋・高崎で通商する外国人は、居留地内外を問わず、日本の民事裁判を前橋・高崎で受けること。これが不可能なら、居留地・神奈川の日本裁判所で受けること

以上、何れの改正目的も果たせない場合、「旧条約による」とのみ回答するべきである。

旧条約とは、日米和親・修好条約及び対英・対独条約であり、領事裁判権などの治外法権を認めたが、内地通商・内地雑居は認めなかった。毅は、「清が敗戦の結果やむを得ず受け入れた内地雑居・内地通商を、ほんの一部の治外法権回復のために日本が認めるのは本末転倒」とした。毅は、「国同士は、大小強弱に関係なく対等であるべきで、例えば、ハワイ王国は、欧米と対等条約を結んでいる。ペルシアは、内地通商を許可し、ペルシア民法を外国人に遵奉させている。日本も、ペルシア同様、民法の治外法権が撤廃されるならば、欧米に内地通商を許可してもいい。しかし、治外法権の撤廃なしに内地通商を許可すれば、我国一〇〇年の大事去らん」と記した（『井上毅傳』史料編第一巻二七四頁）。毅の交渉方針は、三通りを想定している。井上外相案は他の可能性を考慮に入れず一通りに限定し、交渉の余地を自ら狭めている。両者の違いは歴然としている。堂々たる毅の条約改正論を大方針として外相は採用すべきだった。明治七年～一三年、台湾事件・江華島事件・琉球帰属問題の外交交渉の際、交渉方針および文書は殆ど毅が起草し、みな的確なものであった。井上外相は、江華島事件で副全権として交渉に参加し、毅の力を知らないはずはなかった。

（註）【旧条約】日米和親条約（安政元年三月三日、一八五四）下田函館開港と米漂流民保護。日米通商条約（安政五年）六港開港（下田函館神奈川長崎兵庫新潟）、江戸・大坂開市、江戸

駐在公使、各港駐在領事、領事裁判権（居留地治外法権）。【前橋・高崎】明治一六年高崎線上野・熊谷間開通、一七年前橋・高橋間開通。前橋・高崎の上武絹糸は、欧米で引っ張りだこだった。

毅の岩倉具視への書簡

外相への意見提出後、毅（参事院議官）は、明治一五年二月一八日、条約改正御用掛兼務となった（『井上毅先生傳』一九三頁）。毅は、岩倉宛書簡（二月二六日、三月四日、一一日、二三日付）で問題点を訴え、「この事実は最も重大な事件であり、閣下の御意見をお示しいただくようお願います」とし、「山県ですら問題点を理解していない」と記した（『井上毅傳』史料編第四巻三四六頁）。

（註）【山県有朋（天保九年～大正一一年）】長州藩士。毅より五歳年長。【参事院】明治一四年政変後、機構改革で太政官内に新設された。議長・副議長・議官で構成され、法律・規則の起草を審議。行政官と司法官の争議裁定、地方官と地方議会の権限争いの裁定。初代議長は伊藤博文参議【内閣法制局】明治一八年内閣制度発足で参事院が内閣法制局となる。

毅、井上外相へ反対意見書

明治一五年六月九日、毅は、反対意見書を井上外相に提出し、「謹啓　条約改正に種々御苦悩され、局外傍観者の空論に比べるべくもないと存じます。先頃、親しく説明戴いた後、熟考したところ、他の事は置いても、次の三件だけは、法理上も事実上も不都合で、恐らく将来履行し難い約束です。断行すれば、必ず内閣に対し世間の物議が百出し、政府政策と権威全体が敗れる兆しが発生すると思われる」と記した。

毅が指摘した三件は、次の通り（『井上毅先生傳』二一四頁）。

①**欧米人法学士を判事・検事に採用**　欧米人の犯罪は、欧米人判事・検事に委ねる。

②**死刑執行を欧米委任、欧米人には欧米監獄の代用、欧米外交官による弁護士選任、欧米人の陪審設置**　欧米人の刑執行（懲役・死刑）・弁護人選任は欧米に委任する。

③**町村議会への欧米人参加**　居留地限定の地方議会参政権を欧米人に与える。

毅は、上記三件が欧米への主権売渡しだと外相に訴えた。

毅の伊藤博文への書簡

六月九日、毅は、渡欧中の伊藤博文に書簡を出した（『井上毅傳』史料編第四巻六五頁）。

毅の伊藤宛書簡要旨は、次の通り。

①ロエスレルが執筆した外務省草案は、全国を開放して、欧米人への死刑・懲役を除く刑法

の回復をめざし、外国人判事を採用するもの。主権回復がないまま全国を開放する「国辱条約」で、維新以来の努力は水泡となり、政府は有罪政府になり、大臣はみな売国奴となる。

②「一定期間」との文言を加えても全国を開放した以上、欧米は無視するだろう。

③条約が公表されれば、政府は国民の支持を失い、国家壊乱が始まる。

毅は、政府に頼るべき人が少ないと述べた。毅は、交渉議事録と一緒に送った伊藤宛書簡に「**又居留地之邑會ニ會議之權を與《あた》ふるも、是も卽ち政權之一部を與《あた》ふるものにして、憲法ニ妨げありと存候《ぞんじそうろう》**（外国人居留地で地方議会への参政権付与は、政権の一部を与えるもので憲法の妨げとなる）」と記している。井上外相の提案は、居留地限定とはいえ、国民だけが持つ参政権（選挙権・被選挙権）を欧米人に売り渡すもので憲法精神に反すると、毅は考えた（同上第四巻七二頁）。

（註）**【毅の伊藤博文宛書簡〈要旨〉】**「ロエスレルが起草し井上外相が採用した条約改正案に本当に驚きました。ロエスレル案は、日本全国を開放し、①死刑・禁錮刑を除く刑法を欧米に回覧する、②日本の裁判で外国人判事に多数を占めさせる、というものです。私は、井上外相に不親切なロエスレル案を採用しないよう頼みましたが、私に何の連絡も無いまま閣議決定されました。既に外国公使へも説明し、挽回の道もなく、撤回は困難です。交渉に

不安をいだく大臣もおらず、心が痛み気も狂う程です。条約改正は、双方がより完全に進むことを目的とするものですが、主権未回復のまま内地を全面開放すれば国辱条約となり、各大臣は売国の人となります。維新以来外交もうまく行き、政権交代があっても天下に恥じることがなかったのに、一挙に有罪の政府となり永久の禍が残ります。条約改正案に各公使・各政府が異議を唱えれば反故にできますが、反対はパークス英公使のみで、独公使は満足しており、それも難しいようです。明治三、四年以来の急速な改革も法権回復のためで、それを今回の交渉で失敗に終わらせることを、内閣諸侯が漫然と見過ごしているのはなぜでしょうか。文言を追加して『**ある一定期間後**に法権を回復する』としたとはいえ、最初に全国雑居を許す以上、『ある一定期間後』に法権を回復できる保証はどこにもないと思われます。条約改正の詳細が発表されれば、国民は承服せず、政治は乱れます。悔しいですが、清国の李鴻章に嘲笑されることでしょう。私は頭痛で役所に行く気力もありません。名案があれば、お教え下さい」**【外国人の作った不親切な案】**外国人がロエスレルなのは、毅から山県有朋宛書簡（明治一五年五月三〇日付け）でも明らか。「**畢竟《ひっきょう》此提出案ハロエスレル氏ノ参謀ヨリ起レルモノニシテ、其砌《みぎり》生《せい》ハ外務卿へ呈書シテ外国人之不《ふ》深切《しんせつ》ナル考案ハ採用不相成《あいならざる》事ヲ希望イタシ候**（結局、この提出案はロエスレル氏が参謀として起草したものであり、その折、私は井上外相宛書簡で、外国人ロエスレル氏の不親切な考えは採用されないように希望すると伝えた）」（『井上毅傳』史料編第一巻二九七頁）。

条約改正交渉中止（明治一五年七月）

七月一日、毅は山県参議に次の意見書を送った（『井上毅傳』史料編第一巻三〇四頁）。

外務省修正案は文言の修正だけで、根幹は原案とかわっていない。改正案が締結されれば、日本はエジプト同様、シナ朝鮮トルコより汚辱の地に沈み永遠に回復出来ず、誠に嘆かわしい事態となる。その理由は、①**外国人判事の設置**　胡椒も丸呑みすれば問題ないというわけにはいかない。帰化せざる外国人判事は、日本判事ではない。各国憲法に官吏たる資格は国民権を持つものに限るとあり、外国人判事採用は憲法に反す、②**外国人陪審**、③**欧米人の死刑**　外国の裁判に付す、④**領事監獄**、⑤**ミュニシパル・コンサイユ**　欧米がシナでは、敗戦により、欧米人がシナ地方官の上位を占めて居留地を治める。上海の公園が、シしきりに要望する制度で、欧米が各居留地を管轄し、政治上の権利を持つことになる。シナ人の立ち入りを禁止するのもこの制度による。日本では兵庫のみこれを許しているが、この制度を法権回復のため全国の居留地に導入するとは沙汰の限りに非ず、⑥**控訴裁判特権**。

その他些細なことはあげないが、一旦発議した以上、今後多少修正しても回復の可能性はない。欧米が完璧を目指し暴言を吐くなどし、条約改正自体が頓挫する僥倖を待つしかない。英仏公使が反対しているので、外相が俊敏に動いて英仏公使に働きかけるしかない。外相の交代後では、間に合わない。

小生が、憚りなくこのような「狂論」を述べているのも、この一件がうまく行かなければ、自分自身、病のため官を辞す覚悟だからだ。このことは、伊藤参議にも伝えた。高潔で聡明な閣下の御尽力により一大挽回していただければ皇国の幸せです。外相は、行きがかりや情実があろうとも、小生の赤心をご存知だと思い信頼しています。

毅の山県宛意見書要旨は、次の通り。

外国判事採用　大審院判事五名中、外国判事三名、員外の外国判事一名、外国副検事一名など、外国判事が判決を出す。帰化せざる外国判事は、日本人判事ではなく、国民の権利を定める憲法精神に反する

居留地の地方参政権　兵庫で欧米に与えたのは過ち

死刑、懲役刑の欧米委任　数年来、独本国で死刑は実施されていないなどから、同一犯罪でも、日本人は死刑、外国人は懲役ということがありうる。死刑を欧米に委ねるくらいなら、内地雑居を禁止すべき

七月一三日、元田永孚は、毅宛書簡に「(条約改正交渉の破談という)今日の御一報を得て初めて安心し、誠に国運の開けたことをお祝い申し上げます。結局、御賢兄の非常のご尽力と誠心の徹底した結果であり、敬服いたしました。ご自分の御進退をいち早く決されたことも、機に臨んで早い決意を示されたことも、今更ながら喜ばしいことです」と記し、毅を激賞した(『井上毅先生傳』二二七頁)。七月一三日時点で、井上外相案の交渉は、毅らと英仏等の反対で破綻した。元田は、先行きを危ぶみ、交渉中断につき天皇への直訴すら考えたと同書簡に記している。

一五年七月二七日、日本提案が欧米各国に送付された時点で交渉は終了し、国益は損なわれなかった(『明治天皇紀』第五巻七四三頁)。七月二九日、毅は、岩倉から交渉経緯を記録に残すように依頼された(『井上毅傳』史料編五巻九〇頁)(『井上毅先生傳』二二九頁)。

(註)【英公使パークスの不満】①日本が新条約批准と同時に多くの法権を回復する、②五ヵ年間の準備期間中、欧米は内地通商を許可されるが居住権・不動産所有権がない、③日本の行政規則・民法・刑法の全編が未整備の今、英国は日本の法体系を信任できない(『明治天皇紀』第五巻七四三頁)。【井上外相】七月二三日、朝鮮で壬午事変が発生したため、八月二日、東京を出発し、下関で花房公使と打合せ(八月七日)するなど事変解決に忙殺された。

三　明治二〇年条約改正に反対

明治一九年五月、井上外相は、条約改正協議を各国と再開。欧米は、治外法権撤廃と引き換えに、①日本の法律施行八ヵ月前、条文を欧米各国へ提示、②外国人訴訟担当の外国人判事採用（一五年間）、を要求（『大日本帝国憲法制定史』四四三・四四七・四五〇・五〇一頁）。一五年間限定とはいえ、外国人判事採用は今まで以上の不平等を生む。旧条約では外国人被告のみ領事裁判となったが、新条約では外国人関係の裁判全てに外国人判事が多数を占め、旧条約以上の不利益を日本人がこうむる。

また、施行前に外国に提示する国内法は、欧米に検閲されるわけで、日本は立法権を放棄することになる。外国人判事採用は、国民の権利（公務員になる権利）を侵害し、憲法に反する。

ボアソナードの反対意見

二〇年五月七日、毅は、岸本辰雄・廣瀬進一（法制局参事官）から、伝聞であるが、ボアソナードが新条約案に反対している（「新条約案は旧条約より悪く、喪に服している気持ちだ。日本は回復できない地に沈もうとしている」）と聞いた（『井上毅傳』史料編第四巻一〇三頁）。毅は、交渉に関与しているボアソナードの意見だけに伊藤博文に伝えた。伊藤は、毅に「ボアソナードに直接確認されたし」と返書してきた（同上第一巻三三頁）。五月一〇日朝、毅はボアソナードと面談し、「新条約案は旧条約に劣ることが甚だしく、その害は全国に及ぶ」との証言を得た（同上第五巻六九六頁）（『大日本帝国憲法制定史』四五一頁）。

【五月一〇日朝、毅とボアソナードの会話要旨】

ボ 国家機密だが、信頼するあなたには話そう。外相・青木次官・顧問シーボルトに新条約への反対意見を述べたが無駄だった。山田顕義法相にも説明したが、自己の任務に非ずという答だった。欧州政治家なら閣議で問題提起するが、日本の閣僚はエネルギーが無い。私は日本のために働いており、母国政府から嫌われている。新橋駅で見送った仏公使に「あなたは不利益ばかり与える」と言われたが、伊公使が庇ってくれた。新条約案全条項に不満だが、特に、①一五年間に及ぶ外国人判事採用、②違警罪（科料・拘引等の微罪）は日本人判事が裁くが、刑事の重罪・軽罪は外国人判事が多数を占める裁判で裁く、③法律施行八ヵ月前に、欧米各国への提示義務を負うことで立法権が外国に制限される、が心配だ。日本人は、外国人判事の長期採用を我慢できず、幕末のような大混乱となろう。

毅　旧条約と新条約案のどちらが良いか。

ボ　新条約案は旧条約に劣る。旧条約の害は居留地に限定されるが、新条約案の害は全土に及ぶ。日本人は裁判の度に、外国人判事が所属する全国八裁判所まで出かねばならない。旧条約も良くはないので、刑事の重罪は外国人判事が裁き、刑事の軽罪及び民事は日本人判事が裁くことを提案したが、採用されなかった。陛下が新条約批准を拒否される以外、挽回は不可能だ（ボ氏は怒りの表情を示した）。

毅　貴兄のお考えを、伊藤総理に話していいか。また直接総理に話してくれないか。

ボ　了解した。その際、総理との通訳は、外務省員ではなく栗塚省吾にしてくれ。

ボアソナードは、新条約案全体に反対で、特に①一五年間の外国人判事採用、②違警罪（警察署長が即決可能）は日本人判事の担当、刑事軽・重罪は外国人判事の担当、③外国人判事は全国八ケ所にだけ配置、④法律施行八ヵ月前に欧米に通知する義務、を問題とした。ボアソナードに対する山田法相の言葉（「自分の任務に非ず」）は衝撃的で、新条約問題に関心を持つべき法相の認識に驚かされる。毅の動きがなかったら、新条約は成立したに違いない。

六月一日、毅は、新条約案に関するボアソナードの認識を伊藤首相に報告した。

（註）**【ボ氏、鹿鳴館外交に反対】** 別れる際、「首相舞踏会と鳥居坂邸（井上外相邸）の芝居に行

ったか」とのボアソナードの質問に毅は「否」と答えた。ボ氏は「私も一切行ってない。贅沢をする時ではない。日本は、外からの権利侵害、内での文明開化という進歩税支払を強いられている」と述べた。【違警罪】旧刑法の重罪・軽罪・違警罪の三分類のひとつ。科料・拘留にあたる犯罪で、警察署長の即決による。【鳥居坂】戸津藩邸、三条公屋敷、井上馨邸、岩崎弥太郎邸などが建っていた所。【伊藤首相主催仮装舞踏会】『明治天皇紀』（第六巻七三二頁）に次の記載がある。明治二〇年四月二〇日夜、首相官邸で条約改正交渉推進のため舞踏会開催。皇族・大臣・各国公使・警視総監・帝大総長などの男女約四百名参加。勝海舟・谷干城・元田永孚や民間から、過度の欧化主義への反対論続出。在外公館を通じ政府高官夫人用舞踏会服を注文することがしばしばだった（『大日本帝国憲法制定史』四四三頁）。【岩倉公の条約改正に関する遺言】毅は山田法相宛書簡（明治二二年九月一六日）に、一六年以来今日まで、条約改正に関し服膺しているのは、岩倉公の遺言・遺書であり、その趣旨は「法律上ニ彼レヨリ要件付ノ條約ヲ要求スル間ニハ、經濟上ニ我レハ内地雜居ヲ讓予スヘカラズ、此ノ二物ノ權衡ノ國ノ命運ノ關係ナルコトヲ忘レザレ」とし、治外法権の完全撤廃の上でしか内地雑居を許さないことを大原則だと記している（『井上毅傳』史料編第四巻六四五頁）。

毅の井上外相への反対意見（『井上毅傳』史料編第一巻五二九頁）

明治二〇年七月一二日、毅は、井上外相に次の反対意見を送った。

国の権利と利益、何れが重大か　両者は国の命運に関わるが、権利がより重大。国の権利は内政干渉により最も毀損され、事変による内政干渉より条約による内政干渉がより重大で、国は半独立国となる。公法上対等であるべき国も、条約で権利が大きく毀損される。

司法権の侵害　欧米憲法は外国人官吏採用を禁止しており、外国人を官吏にする場合、任命状は帰化証を兼ね、納税・兵役の義務が生じる。日本が外国人判事を採用すれば、エジプト同様、司法権を失った半独立国となる。

泰西主義採用は立法権への干渉容認　万国公法は交際上の取決めで、条約は国内法に影響を与える。日欧は文化・歴史・習慣が異なり、新条約にいう「泰西主義に基づく法律整備」は、欧米による立法権への干渉容認を意味する。「欧米への法律通知義務」は、日本の法律を泰西主義に基づき審査する権利を欧米に与える。欧米が不適合とすれば、閣議決定・議会での自由討論による議決・天皇裁可を経た法律が、修正または廃棄される。立法権が欧米から干渉されれば、主権は地に堕ちる。欧米は、善意から日本を交際相手にしようとしているが、代償として日本を半主権国の地位に置く考えだ。恐るべき干渉が、泰西主義によって日本に適用される。欧米は、廉《やす》くない買い物はしない。

一五年間限定条約の恒久化　司法立法制限という屈辱を甘受し欧米交際社会に入り、一定期間後、不平等条約を改正することは、常則にこだわる理論家の知るところではないと外交専門家はいうが、これは幻影に過ぎない。一五年間は一世（一世代）の半分で一五年後には各国公使本人は既に交代し、条約の親密な情誼を知らない外交官が条文に従って解釈する。加えて過去の例からして一〇年の平和は保ち難く、欧米が侵略策を一歩進め、あるいは日本国内の宗教闘争や訴訟争いや政党の激変により外国人や外国人判事への加害事件の恐れもあり、一つの異変も欧米に口実を与え、一五年間限定条約は一転恒久条約になる。戦勝による賠償同様、国が得た権利は、故なく放棄しないという公法上の定理が欧米では普通。新条約の不幸な結果についての罪は、現担当者（井上外相）にあることは明白。

新旧条約の比較　日本は、旧条約ではシナ・トルコ並みだが、新条約ではエジプト並み半主権国に陥る。新条約で日本は欧米の情誼上の交際国となるが下等国になる。旧条約担当者はこれこそ恥と考えたのではないか。旧条約は不十分だが一種の交際法で、主権に深刻な害がないのに対し、新条約は国の根本権利を博打賭博に一擲する。旧条約は、勿論継続すべきではない。維新以来、文武面で日本は非常な努力により有形の実力と無形の進歩とともに独立を保ち、法律が完成すれば形式上の交際に止まらず実際上の欧米の友国となり、条約改正の機会も出てくる。一五年の期間は、完全改正のための自由時間を束縛する。

憲法精神に反する新条約　新条約案は憲法を大きく損なう恐れがある。憲法は、「国家論の原則」に従い領土と国民の権利（公権・私権）・義務を定めるが、新条約案（選挙被選挙権、外国人判事採用、法律の外国への通知義務）は、国民の公権を侵害する。例えば、法律の通知義務により日本の法律が欧米に否認されうるため、議会での自由討論と議決が無効となる（内政干渉で憲法が保障する議会の自由討論権が奪われる）。**議会から自由討論権を奪う新条約は、憲法と両立しない。**日本が憲法を制定すれば、たちまち、憲法は新条約との間に三大矛盾（選挙権被選挙権の侵害、日本人判事による裁判を受ける権利の侵害、立法権の侵害）を生じる。憲法制定は、一五年間は出来なくなる。

内政干渉を招く新条約　新条約は条文の訂正ではすまない。条文破棄の勇断を以てしか問題は解決しない。批准後に旧条約に戻そうとしても、欧米は右手に内地雑居の特権を、左手に内政干渉の手段を持っているため、日本の苦難は極限に達する。閣下（井上外相）が以上の大事に向かって国のため将来の困難を認めるならば、閣下の優れた心において、一大転換をとられることを明治一六年の交渉時のように信じている。

ペルシア国　一八七三年、文明が日本に劣るペルシアは、ドイツ人の内地通商を容認し司法権を回復。独人間の裁判は独法律と独領事により、ペルシア人と独人間の裁判はペルシアの法律と裁判所で独国領事の発言後に判決が出される。半独立国エジプトの立会い裁判とは異なる。

毅は、最後に「重大機密を憚らず、閣下の尊厳を犯し、みだりに意見を述べたことは、極めて多罪に渉ることを知る。閣下のご明察を仰ぐ以外、他意はない」と結び、やむにやまれぬ思いから具申したと述べた。

毅の井上外相への提言は、次の通り。

○新条約により、日本は、シナ・トルコ並みから半主権国エジプト並みに転落

○新条約の問題点（条文化された内政干渉ほど怖いものはない）

〈「泰西原則」＋「法律通報」〉→　内政干渉の条文化

〈「外国人判事」＋「参政権付与」〉→　国民の権利の侵犯、憲法精神に反する

〈憲法制定の一五年以上の遅延〉→　憲法制定の中断、国民への裏切り、政権崩壊

○新条約により、日本が失う権利

〈国の権利侵害〉

司法権侵害（外国人判事採用）

立法権侵害（法律を外国に通知する義務）

〈国民の権利侵害〉次の権利を失う

公務員になる権利（外国人判事の採用）

日本の裁判を受ける権利（外国人判事による裁判）

選挙権・被選挙権（居留地外国人の選挙権・被選挙権）

〈憲法制定の権利喪失〉

新条約による国家の権利及び国民の権利の喪失は、憲法精神に反する。新条約が発効すれば、憲法発布は、法権回復をめざす一五年後まで先延ばしとなる。

○欧米から見た新条約

〈一五年後の法権回復が困難な理由〉①欧米は特権（内地通商）を、戦争賠償同様、手放さない、②法権回復のため日本はより大きい譲歩を強いられる、③一五年後の状況は推測不能

欧米は、万国公法上の交際の位置を日本に与える果断の処置をとる一方、十分綿密な防御線を張るため日本に大幅譲歩を求め、日本を欧州の半主国の地位に置き、司法立法を欧米の監視下に置こうと考える。

以上の提言は、毅にしか出来ないものであった。毅は、「泰西主義」による国内法整備の危険性を表明した。「泰西主義」とは、欧米国家のあり方であり、欧米外交の原則だ。欧米は、これを世界標準として世界に広め（強制し）ようとしている。井上外相は、欧米が築いた外交枠組みに日本を入れてもらうため、「泰西主義」を新条約の冒頭に掲げた。しかし、「泰西主

義」の受け入れを条約に書き込むことは、日本の国内法が「泰西主義」に基づくことを公約することで、そこに、毅の最大の懸念があった。毅は、法律は机上で作るものでなく、自国の慣習・伝統から自ずと形づくられ、歴史の中に発見すべきものと考えた。毅は、刑法は欧米に倣って良いが、民法は「自らの法に従うべき」として、明治五年以降、ワンゼルーの言葉(「自らの法に従って生きよ」)を遵守した。又、毅は、新条約案が起草中の憲法を毀損し、日本の名誉を傷つけることを恐れた。井上外相の条約改正が、憲法の視点を欠き、欧米人の思考様式を考慮に入れなかったのに対し、毅は欧米人の思考様式から「彼らは廉い買い物はしない」と判断した。欧米の政治史を含む歴史に詳しい毅だからこそ、新条約が国の主権と国民の権利を傷つけ、二年後に迫る憲法制定も粉砕すると考えたのであった。

毅の伊藤博文首相宛の書簡(明治二〇年七月一七日)

毅の伊藤首相宛の書簡要旨は、次の通り(『井上毅傳』史料編第一巻五四〇頁)。

閣下のお考えを聞き帰宅し、種々考えました。条約改正に対する、新聞や政党の反対も問題ではなく、一部の反乱にも警察や鎮台の対応で十分ですが、閣下に熟慮を願う理由は、次の点です。旧幕の無知蒙昧の民と、今の無智蒙昧の国民の間に学識上差はなく、政府高官も外交の無智蒙昧を免れない。しかし、造物主の力で非常な力を備え、万国の法律・事情に通暁し大局を通観できる一、二の人物に、国民一般と高等社会の多くは、国事を任せて安心・信用し、自らの無知に安住することに余念がないようだ。欧米で同様の外交問題があれば世論は沸騰するだろうが、日本では絶えて議論する者もいない。しかし、国民から無二の信任を受けた人は、職掌上だけでなく道義上責任も負う。ここ数年の外交の経過から、政府が新条約を断行すれば、独立主権に対し回復出来ない害を残し、無知蒙昧の旧条約以上の災厄を生じる。反対する新聞は発禁処分、異論を持つ過激政党は武力で破滅させることも出来ましょうが、上は皇祖皇宗、下は無智蒙昧の憐れむべき国民に、心から恥じることになりましょう。新条約断行後の状況は、容易に想像できます。政党は一変して二分し、一つは外国の干渉を求め、他の一つは一八八二年のエジプト愛国党同様の独立を求める。両党は激しい内戦を開始するでしょう。他党が外国の応援を受け、エジプト愛国党は敗北し、党首アラビーパシャは逮捕されました。新条約のために、独立主権を犠牲にする価値がありましょうか。一五年後に法権回復と条約に明記しない限り、欧米は手にした特権を手放しません。日本は永久に半主国の立場を逃れないでしょう。

毅の条約改正意見覚書（明治二〇年七月一七日）

毅の、条約改正反対の意見覚書要旨は次の通り（『井上毅傳』史料編第一巻五四三頁）。

①治外法権は手足の病、内政干渉は肺腑の病

万国公法では、治外法権は交際法の一変例で、独立主権に関わる切迫した問題ではなく体に例えれば手足の病気である。内政干渉は独立主権を毀損し、肺腑の病（肺疾患）で生命に関わる。内政干渉は、国体に関するもの、政治事務に関するものがある。ヘフテル氏は、「どの国も他国に干渉する権利はない。他国に干渉するのは、自国の利欲が目的」という。内政干渉には、強制干渉（武力による）と非強制干渉（友好に発する干渉、和平・仲裁のための干渉など善意を本とする）がある。非強制干渉も、強制干渉にかわりうる。

②内政干渉の条約化は独立を破棄する行為

ヘフテル氏の指摘のように、万国公法（国際法）は内政干渉を禁止する。新条約は欧米による内政干渉を認めており、国の独立を自ら破棄する。

③立法権を奪う新条約

毅は、新条約に含まれる国の立法権を奪う二つの原則をあげている。

○「泰西原則」（立法権を根本から損なう）

○「欧米への法律通知義務」

条約に「我が政治又は法律は何々の主義による」と記せば、内政干渉を招く。新条約は、「泰西原則」を掲げ、「泰西原則」に基づく法律制定の監督を欧米に委任している。本来、法律は議会で可決し天皇が裁可するもので外交に無関係のはずが、「泰西原則」に加え「法律の欧米への通知義務」により、立法権の監督を欧米に委託し、日本は独立国でなくなる。法律が欧米に否認された場合、日本には、条約破棄と国交断絶、治外法権の旧条約に戻りかつ内地雑居という欧米の既得権を承認、国際会議による欧米との協議、の三つの対応が考えられる。国際会議による協議が妥当だが、これこそ内政干渉を容認するものである。

④シャル・カルヲウの『公法論』

毅は、シャル・カルヲウの『公法論』（一八八〇年）を翻訳し「各国は他国の主権と独立を尊重する義務を負う」として、次のように記した（同上五四三・五四四頁）。

（第一〇四章）各國ハ、其組織及主權ノ法律（即憲法）ノ効力ニ依テ其固有ノ運動、即他ノ各國ニ對シ專獨殊別ナル運動ノ一個ノ區域ヲ有ス、……各國ハ第一ノ權利トシテ其固有ノ運命ノ充足ニ向テ不覊自由ニ進行スルコトノ權利ヲ有シ又均シク重要ナル義務トシテ他ノ邦國ノ主權及獨立ヲ承認尊敬スルコトノ義務ヲ有ス（各国は組織および憲法の効力によって固有の活動、即ち、他国に対し自己固有の活動の区域をもつ。……各国は第一の権利

として固有の運命の充足に向かって自由に進行する権利をもつ。各国は他国の主権と独立を承認尊重するという重要な義務をもつ）

（第一〇五章）各國ハ互ニ獨立タリ彼此殊別ナル一團體タルニ因リ正當ナル結論トシテ各と其内部ノ國體《コンスチチユシヨン》ヲ制定シ組織スルコトノ無限ノ權利ヲ專有スルコトヲ認許セザルヘカラス（各国は互いに独立し、それぞれ特別の一団体であるために、正当な結論として各国は自国の国体を制定し組織する無限の権利を持つことを認可されている）

（註）**【「国体」をコンスティチューション（constitution）と訳したのは毅】** 私は平成一三年刊『平成新国体論』で「国体」の英語にconstitutionを独自にあてたが、毅はすでに明治二〇年当時、上記のように「国体」をconstitutionと訳していた。

カルヲウの『公法論』によれば、

○各国は活動する国土を持ち、固有の運命のため（生存のため）運動する権利を持つ

○各国は他国の主権と独立を尊重する義務をもつ

○各国は、固有の国体を持ち、固有の国体を定め組織する無限の権利を持つ

毅は、独立国の尊厳は干渉を受けるような軽いものでなく、独立と名誉を非常の覚悟で守り抜かねばならないこと、他国は一国の主権を自国の主権同様尊重すべきことを説いた。国体に

合致する立法は独立国にとり非常に重要で、自国も他国も一国の立法権を遵守する義務を持つ。自ら立法権を放棄する新条約は自殺行為だと述べた。

（毅の条約改正意見結論）

1、内政干渉は、国の主権独立を毀損

2、条約による自国の立法権制限は、内政干渉を承認し、後日必ず強制干渉を招来

3、今回の条約改正案は、単に法律問題ではなく、国の独立主権を侵す

毅の改正反対論は、綿密な調査に基づいていた。井上外相は、毅への反論の余地はなく、交渉を断念せざるを得なくなった。毅の反対論は、国を思い国民を思い制定される憲法を思う真心から出てきたものだ。佐々木枢密顧問官は、元田枢密顧問官宛書簡で「毅の功績は百年消えぬ」と称賛（『井上毅先生傳』二五三頁）。一二月二七日、毅は、直接の上司である土方宮内大臣に図書頭の辞職願を提出。翌日、辞表は大臣より下げ渡された（『井上毅研究』四八一頁）。ボアソナード氏の責任を問う意見もなくなっていた。毅を条約改正委員に任命しなかったことが、明治二〇年の条約改正失敗の最大の要因だった。

（註）**【毅の辞表提出】**二〇年七月三〇日、毅は、ボアソナードの機密漏洩に、自らの責任をとる

ための辞表に「案成不用（案成りて用いず）」と自筆で書いており、首相に提出しなかったことがわかる。木野主計氏は「辞表は首相に提出された」としているが、誤りではないか（『井上毅先生伝』二五〇頁）（『井上毅研究』四八〇頁）。**【武力による「憲法改正」という日本への強制干渉】** ＧＨＱによるハーグ陸戦法規違反の日本国憲法制定は、武力による強制干渉で、カルヲウ氏のいう「他国の主権を守るべき義務を負う」という国際法（万国公法）違反と理解される。毅ほどの天才が終戦時に存在したら、国際法の観点からＧＨＱを完璧に論破しただろう。大正期以降、日本は優れた官僚を生み出したが、毅ほどの天才を生み出すことはなかった。**【井上外相は毅を起用せず】** 毅は、明治一五年条約改正委員に任命され、明治二〇年は任命されなかった。明治一五年当時、歴史を知る岩倉具視の存在で外交に基軸があった。明治二〇年、岩倉が存命なら、毅を条約改正委員にしただろう。井上外相を指導できるのは伊藤だけだったが、伊藤も外相と同意見だった（『明治天皇紀』第六巻七三二頁）。外相も、江華島事件、壬午事変を通じ、毅の実力を知っていた。仏語及び国際法・刑法・民法に通じた国内最高の存在の毅を、交渉に起用しない選択肢は本来ない。

四　明治二二年条約改正に反対

中止された明治二〇年の井上外相の条約改正だったが、改正案が消えたわけではなかった。大隈外相（二一年二月就任）の条約改正も、外国人被告を大審院の外国人判事が裁くもので、米独は既に調印済みだった。毅（法制局長官）は、①外国人の大審院判事任用、②外国人の通商・居住を日本全土に拡大、③居留地の外国人参政権、の三点を問題とした。
二二年七月四日、毅は、黒田首相・大隈外相に「国民身分及帰化法意見」を提出し、以下の点を指摘した（『井上毅傳』史料編第二巻一五五・一五九頁）。

憲法は国民の私権及び公権の規定を目的とし、公権は国民権であり、これと矛盾する法律および条約は認められない。**憲法に禁止条文がなくとも、外国人への公権付与が出来ないことは立憲の性質から当然だ。**外国人判事任用は、帰化法の制定以外、憲法との矛盾を解決する道はない。帰化法制定が条約批准後になれば、政府は国内で憲法を破り、条約国の信用を失うため、一日も早い制定が必要だ。大小強弱を問わず、裁判官及び主権に関わる官吏に外国人を採用している国はない。オランダが教官・技術官・外国領事・翻訳官への外国人任用を法律で定めているのは、主権に関わらないからだ。

毅は、同じ七月四日、山田顕義法相に対し、外国人判事任用は、憲法第一九条「**日本臣民ハ法律命令ノ定ムル所ノ資格ニ應シ均ク文武官ニ任セラレ及其ノ他ノ公務ニ就クコトヲ得**（日本臣民は法律命令の定める資格に応じて等しく文武官に採用され、及び、その他の公務に就くことが出来る)」に反し、憲法の輝きもいっぺんに地に落ち、条約が憲法を破壊したという説が一般になるだろうと述べている（同上二巻一六〇頁）。毅も陪席した七月一九日の閣議で、山田法相は、毅の献策を容れ、帰化法制定、及び、改正条約公文さしかえ（「帰化外国人の任用」とする）を提案した（『山県有朋』二三五頁）。大隈は、山田法相提案に同意（八月二日閣議）したが、交渉中止の伊藤案には応じず、交渉を強行した。

一〇月一三日、毅は、別荘で静養中であったが、欧州から帰朝直後の山県有朋から大磯別荘に招かれ、条約改正問題を説明した（同上二四〇頁）。毅は、毅の話への山県の反応の良さに好感を持ち、山県を頼りになる人物とみなすようになった。

（註）**【帰朝後の山県有朋に対する、毅の評価】**毅は、山県邸訪問時の模様を元田永孚に対し、**「生《せい》山縣へ八病間《びょうかん》ニ面會《めんかい》いたし候位《そうろうくらい》ニ而《て》何も委布分兼候《くわしくわかりかねそうら》へとも、識見卓越《しっけんたくえつ》殆ト舊時《きゅうじ》乃阿蒙《あもう》ニ非見候《あらずとみえそうろう》、寸時も早く主上《しゅじょう》乃《の》特旨《とくし》を以而《もって》被召寄《めしよせられ》、意見御垂問《すいもん》被為在候《あらせられそうら》ハバ、國乃大幸《だいこうと》奉存候《ぞんじたてまつりそうろう》**（私は病気静養の合間に山県を訪問しましたが、詳しくは分かりかねますが、山県の識見の卓越していることは、かつての山県ではなく大きな進歩を遂げており、少しでも早く陛下の特旨を以て宮中にお召しになり、山県の意見をお求めになれば、国家の大きな幸いとなりましょう)」と報告した（『井上毅傳』史料編第四巻六百頁）。**【舊時《きゅうじ》の阿蒙《あもう》に非《あら》ず】**「呉下の阿蒙《あもう》（呉時代の蒙《もう》ちゃん)」とは呉時代の呂蒙《りょもう》は無学の意。呂蒙は研鑽を積み学問も優れた武人になった。**【大隈派による憲法一九条への攻撃】**大隈の条約改正支援

のため、鳩山和夫（外務省）・矢野文雄（報知新聞主筆）らは、憲法一九条に「外国人の官吏任用を禁止する」条文がない以上、外国人任用は可能とする、憲法の基礎を破壊する謬論を主張。毅は、彼らの間違いを正すため、九月一三日『内外臣民公私権考』を刊行（『知られざる大隈重信』一五〇頁）（『井上毅傳』史料編第三巻五八六頁）。

一〇月一九日、条約改正反対の山県・山田法相・西郷海相・大山陸相・松方蔵相は交渉中止を天皇に上奏し、黒田首相に辞職の意向を伝えた。一〇月二一日、井上馨農商相も、辞表を黒田首相に提出した。一〇月二二日、黒田首相は辞表を提出。一二月一三日、後継の三条実美内閣は、調印済みの米独露に対し、条約改正延期を通知した（『山県有朋』二四二・二四三頁）。毅の尽力で、憲法と国益は護られた。毅は内閣法制局長官であり、明治二〇年に比べ情報も入りやすかったと思われる。毅は、「新条約が旧条約に勝る場合でも、条約交渉の経緯や歴史は、新条約が憲法と矛盾して良い理由にはならない」として、外相と外務省の間違いを指摘した（『井上毅傳』史料編第二巻一六一頁）。大隈外相は、爆弾で負傷（一〇月一八日）し、辞職（一二月一四日）。

五　明治二五年の条約改正意見書

明治二五年四月、榎本武揚外相は、青木前外相の対英交渉を基本とし、改正に乗り出した。領事裁判権は交渉成立後五年以内に廃止し、関税自主権回復を目的とした。四月五日、交渉案は閣議決定された。四月一二日、毅（枢密院顧問官）は、伊藤博文・榎本外相・後藤象二郎逓信相・副島種臣内相・黒田清輝・寺島宗則と共に条約改正案調査委員に任命された（『井上毅研究』四九一頁）（『伊藤博文伝・下巻』五頁）。

毅が記した「条約改正意見」要旨は次の通りで行き届いたものだった（『井上毅傳』史料編第二巻四九五～五〇七頁）。①条約改正五年後に領事裁判廃止・内地雑居実施（諸法典を実施）・税権回復（関税自主権）、②外国人の居留地永代借地には所有権付与、③居留地以外の土地所有権は外国人に付与しない旨の法律制定、④一般から言われている条約廃棄論は不可、を提案した。榎本外相の改正は失敗したが、明治二七年七月一六日、陸奥外相の対英交渉（日英通商航海条約）によって成就した（『人物で読む近代日本外交史』一四頁）。

（附表）**条約改正交渉**

	内地開放	領事裁判廃止	外国人判事任用	その他
一五年（井上外相）	あり	五年後	全国四裁判所大審院	外国人参政権（居留地）
二〇年（井上外相）	あり	一五年後	全国八裁判所	泰西主義宣言（立法権制限）
二二年（大隈外相）	あり	五年後	大審院	憲法一九条違反

第十二章　西南戦争と毅（明治一〇年二月）

一　朝鮮への大使派遣問題

西南戦争の遠因「朝鮮への大使派遣問題」について述べてみよう。政府は、対馬の宗氏を通じ、朝鮮の無礼を問わず、誠意をもって交渉を続けたが、明治六年五月、朝鮮は日本を「無法の国」と決めつけた（『明治天皇紀』第三巻一一七頁）。

（註）**【明治元年の対朝鮮外交】** 明治元年一月一六日、外務事務取調掛・東久世通禧《みちとみ》が、欧米諸国に国書を示し承認を求めた（『明治天皇詔勅謹解』八〇頁）。欧米諸国は、明治元年二月一七日のフランスをはじめ、明治二年一月までに新政府を承認した。旧幕府と諸外国との条

約は継承された。政府は、明治元年一二月、対馬藩主宗義達を外国事務心得に任命、対朝鮮外交を開始。宗義達は、同月、直ちに家老樋口鐵四郎を釜山に派遣し、釜山の倭館訓導安東畯に国書写しを手渡した。安は、国書中の「皇室・京師・勅」の使用をとがめ、朝鮮国王への伝達を拒否した（同上八三頁）。中華秩序に自らを置く朝鮮が、国家間の対等な外交関係を理解できないことを示す事件。**【日本人との交際は死刑】**明治六年五月、朝鮮は、釜山の東萊府（日本を応接する役所）に、日本を「無法の国」と掲示し誹謗中傷した（『明治国家の建設』一六五頁）。それ以前も、「日本人は西洋人と交わり、夷狄の風俗に化し、禽獣と異ならない。日本人と交わる朝鮮人は死刑に処す」というビラを朝鮮官吏が配り、朝鮮国内の反日気運を盛り上げた（『日韓二千年の真実』一四九頁）。

明治六年八月一七日、西郷の朝鮮派遣が閣議決定された。天皇は裁可を保留され、正式決定は岩倉帰国後となった（『明治天皇紀』第三巻一一九頁）。岩倉らは、六年七月二〇日、マルセーユを発し、九月一三日午前六時、横浜港に着いた（同上一二八頁）。外交より内政を優先すべきと考えた岩倉・木戸・大久保は、大使派遣に反対した。木戸は、「台湾蕃族の暴虐と朝鮮の無礼は、放置すべきでないが、日本の国力いまだ不十分で海外に兵を動かす時ではない。露国による樺太の邦人圧迫問題もある。過大な政府負債もあり、財政整理・内政充実を図るべき」と建言した（同上一一九頁）。

（註）**【台湾蕃族の暴虐】**明治四年一一月、台湾漂着の琉球人五四名が殺害され、六年三月、

小田県人四名が殺害された（同上二六一頁）。明治七年五月、西郷従道率いる熊本鎮台兵が蕃族を平定（同上二六三頁）。**【ロシアによる樺太邦人への暴虐】**樺太は日露雑居だったが、露国は日露雑居仮条約を無視し、日本人及び原住民を迫害（殺人・放火・掠奪・墳墓を暴く・漁業妨害など）。六年三月、露軍が函泊の日本の倉庫などを焼討ちした（同上一五八頁）。明治八年五月、樺太問題は、樺太・千島交換条約で決着（同上四四四頁）。

六年一〇月一五日、西郷の朝鮮派遣は閣議決定された。一八日朝、三条実美が、「征韓派」と「非征韓派」の板ばさみで神経衰弱となり、一九日、岩倉が太政大臣摂行（代行）となった（『伊藤博文の情報管理』七九頁）。岩倉は、大使派遣の閣議決定を白紙に戻し、派遣反対の意見書を上奏（『明治天皇紀』第三巻一四七頁）。天皇は、岩倉案を裁可し大使派遣は却下された。一〇月二三・二四日、西郷隆盛、参議板垣退助・参議江藤新平、参議兼左院事務総裁後藤象二郎、参議兼外務省事務総裁副島種臣らは辞表を提出した。

（註）**【木戸孝允】**明治六年七月二三日帰国。九月一六日左半身麻痺（脳卒中）で政治から引退した（『伊藤博文の情報管理』七七頁）。

二　西南の役（明治一〇年二月）

毅（太政官大書記）は、西南戦争と熊本復興に関わった。政府は、九年一〇月の熊本神風連の乱（二四日）、秋月の乱（二七日）、萩の乱（二八日）に驚き、鹿児島の海運造船所と陸軍弾薬庫にある武器弾薬を三菱汽船の赤龍丸で移送しようとした。察知した私学校の一団は、明治一〇年一月二九日夜から二月二日にかけ、武器弾薬を奪った（『明治天皇詔勅謹解』五二二頁）。二月五日、熊本鎮台からの「私学校生徒暴発」の第一報が、京都行幸に随行する伊藤参議に届いた。毅は、一月二五日から京都出張中であり京都滞在を申し付けられた。五月まで天皇は京都に滞在し、太政官も京都に置かれた。

（註）【京阪巡幸】天皇は、神武天皇御陵・孝謙天皇御陵参詣のため、京阪地方を視察中だった。

京都にいた海軍大輔・川村純義は、汽船で鹿児島に着き、二月九日、西郷に面会を求めたが、目的を果たせなかった。二月一二日、毅は、三条太政大臣の命により、神戸で川村海軍大輔・林内務少輔に面会した（『近世日本国民史』第九六巻九四頁）。この時、毅は川村に「熊本決戦論」を意見具伸したものと思われる。

薩軍は、先遣隊が二月一四日、西郷・篠原国幹ら本隊が一六日、熊本に出発した（約一万三〇〇〇人)。二月一八日、熊本鎮台からの「薩軍は一七日、佐敷に達し、二一日には熊本に至り交戦状態に入る」との電報を受け、同夜、征討の議が決せられた(『明治天皇詔勅謹解』五二四頁)。一九日、「西南の役征討」の勅語が出され、征討軍総督・有栖川宮熾仁親王、陸軍参軍・山県有朋、海軍参軍・川村純義の陣容がとられた。二五日、政府は、西郷・桐野・篠原らの官位を剥奪した。

毅は、二月一七日という早い時期に、大阪から大久保参議と海軍大輔・川村純義に上申書を出し、①初戦の熊本の一戦が重要、②この一戦に敗れたら九州の不平士族がこぞって薩軍に呼応する、③昨年の神風連の乱以来、振るわない熊本鎮台兵の士気を援軍により高める、④薩軍を熊本城に釘付けにし南北からの挟撃を提案(『井上毅傳』史料編第四巻三六七頁)。神風連の乱以来、鎮台兵の士気が上がらないことを、「毅が自ら目撃した」と記しており、九年年末には、毅が帰熊したことがわかる。熊本の地理・士族の動向などに詳しい毅の意見だけに、大久保や川村にとって有益だった。大久保・川村から、毅に返書(二月一七日付)が出され、「二月一六日、山県陸軍卿に面会し、熊本へ援軍を出す旨のあなた(毅)の提言を伝えた。鎮台からも援軍派遣要請が来ていたので、直ちに援軍を出すことに同意を与えた」と伝えてきた(『井上毅先生伝』六五頁)。毅の提言が、大久保・川村に容れられたことがわかる。戦いは毅の提言通りに動いていった。

（註）【桐野利秋】天保九年（一八三八）生まれ。熊本鎮台司令長官・陸軍裁判所長・陸軍少将。【篠原国幹《くにもと》】天保七年（一八三六）生まれ。陸軍少将。【谷干城】明治九年一一月九日熊本鎮台司令官。二六日着任（『近代日本国民史』第九六巻八一頁）。

三　毅と衝背軍

毅は、山田顕義陸軍少将の別働第二旅団と長崎出動を命じられた（「別働第二旅団付兼務」）。山田は、佐賀の乱の時、一緒に働いた毅の実力を知っていた。官軍で最も戦上手と云われた山田は、「熊本人の毅は、熊本攻めに当たって好都合で、帯同を許していただくよう願う」との文書を、三月一八日付けで大久保に送った（『井上毅研究』二一七頁）。

四月三日、毅は、宇土の本陣から尾崎三良（太政官大書記官）宛書簡で、衝背軍の活動を太政官に次のように報告した（同上二一八頁）。

第二旅団は三月二三日未明長崎着、二四日山田少将に同行し八代に渡海・上陸した。八代の別働隊は、黒田清輝征討参軍が統帥する三個旅団からなり、第一旅団を高島少将、第二旅団を少将兼司法大輔山田顕義、第三旅団を川路利良少将が指揮している。二六日宮ノ原から小川に進撃した。三〇日雨中を三個旅団で進撃し、三一日松橋、四月一日木原山に達した。第三旅団は三日夜緑川上流南岸に進出した。三日、私（毅）は、山田少将に従い、木原山の哨兵線を巡視したが、いい天気で北方に熊本城下が良く見え、硝煙が空を覆い尽くし、砲声が絶えない。京阪の情報と異なり、薩軍の弾薬は潤沢のようである。薩軍は、弾薬を人吉・球磨より五城山（五木山）を経て甲佐に運んでいる。官軍が既に支配する松橋・宇土は、薩軍に好意的だ。薩軍は資金豊富で、宿代・人夫賃支払いも円滑である。戦意旺盛で、数日前も「官軍は戦うに足らず」と語っていたという。

毅は、敵の補給や戦意、民心の動向につき、自ら又は探偵を使い調査した。毅は、走潟《はしりがた》から川尻への渡海作戦に数十艘の船を集め、第二旅団の川尻攻略に貢献した（『近世日本国民史』第九八巻一七〇頁）。第二旅団は、四月一五日、熊本城に入城。正面軍は、一六日、入城。毅の戦略通り、薩軍を挟撃する作戦は成功した。熊本県内の残敵は、人吉だけとなった。

（註）**【渡正元】**第二旅団で毅と同行した。普仏戦争中にパリに留学。参事院議官（伊藤博文の下で毅と働く）（『井上毅研究』二〇五頁）。江戸開成所で仏語を毅と学び、毅自宅や長崎に同行した。**【毅が雇った探偵】**毅の使った探偵が報酬を薩軍に渡したことが判明し、毅は進退伺を出したが、明治一〇年一〇月一日、「その儀に及ばず」との御沙汰があった（同上四六

三頁)。【川路利良】薩摩藩士。司法省から岩倉欧米視察団員として、毅と共に派遣された(同上二一五頁)。

旧熊本藩士への説得(明治一〇年五月)

毅は、薩軍に参加した熊本隊の帰順工作にも関与した。四月下旬、旧藩主・細川護久は、熊本隊隊長池邊吉十郎説得のため、大矢野源水・国友昌を人吉に派遣した。護久は、毅が代草した次の書簡を両者に託した(『近世日本国民史』第九八巻三六三頁)。

護久諸子に告ぐ。諸子已に一身の方向を誤り公然國憲に背く、果たして何の心ぞ乎。護久が諸子に舊誼《きゅうぎ》あるをもって、之を傍視するに忍びず、猶爲に一言せん。諸子が鋒刃《ほうじん》を執《と》り、官兵に抗せし數閲月《えつげつ》なり。事已に斯に至る。諸子胡爲《なんすれ》ぞ自ら改むるの志を起こさざる乎。今日に於て未だ全く晩《おそ》しとせず。夫《そ》れ脅従《きょうじゅう》を治めざるは、王師の主義なり。諸子速やかに前非を悔ひ、其兵器を捧げて軍門に降り、自ら効を致す所あらば、朝廷必ず之を處するの特典あらん。護久衷情の切なる此の如し。諸子が之を信倚《しんい》して、悔悟の期を失はざらんことを希圖《きと》するなり。　明治十年四月二十七日(諸子に告ぐ。諸君はすでに身をあやまって国法に背いたが、なぜそうなったのか。諸子とのよしみから傍観できず一言する。戦闘は数か月経過し、戦局もここに至った。遅すぎることはないので、自ら悔い改めてほしい。投降者を脅さないのが官軍の主義である。前非を悔い兵器を捧げ降伏すれば、朝廷から何らかの恩典があるだろう。私（護久）の真意は以上である。諸君が私を信頼し、悔い改める機会を失わないよう希望する。明治一〇年四月二七日）

（註）【脅従】脅迫されて悪人に味方する【王師】帝王の軍隊、官軍、義軍

五月四日夜、護久の使者（大矢野・国友）が、人吉の熊本隊を説得に訪れたが、隊長池邊吉十郎は「官軍の厳重な包囲の中、熊本隊が離脱すれば、薩軍と戦闘となり散々にうち破られ、官軍・薩軍両軍から笑われ、大きな恥を残す」といい、戦線にとどまることを伝えた。

四　熊本復興に尽力

毅は、一〇年五月一日付書簡で、同僚の尾崎三良・日下部を通じ、太政官へ現状を次のように報告し、熊本復興につき大久保・伊藤両参議の斡旋を求めた（『井上毅研究』二一九頁）。

熊本は人心も安定し、人吉以外に残敵はいない。佐敷地域などの肥薩県境では賊兵を見

たとの報告がある。薩軍が鹿児島一県を保持しようとしている証拠だろう。熊本県民は、幸い飢え渇きに陥らず、県官・内務官の尽力によって朝廷の恩恵を感じているようだ。この機会に対策を講じれば、災いを転じて福となすことができる。工業を興し物産を勧め、商売運輸の道を開くことは、救済の第一歩になる。復興作業にあたらせ、二〇銭の日収を得させるならば、士民にとり大きな幸せとなろう。熊本復興は易しいようで困難な事業である。兵火の余燼は、見る限り焼き尽くされて瓦だけが残り、鶏や犬も姿を消し、老いも若きも道に迷う光景に目も当てられない。これらは民の罪ではない。小生は既に熊本に御用もないが急に立ち去るに忍びず、せめて気づいたことを一、二、県官に伝え、五月中旬に帰京する考えです。熊本復興につき、大久保・伊藤参議にお計らい下さい。

毅は、この後も政府首脳を説得し、熊本の経済と人心の立て直しに尽力した。

（註）**【尾崎三良《さぶろう》】**（天保一三年～大正七年）三条家家士、三条実美に仕え、内閣法制局長官・貴族院議員・宮中顧問官などを歴任。

力食社

力食社（会長・白木為直）は、西南戦争で焦土と化した熊本士族の授産事業として設立（明治一〇年九月一四日）され、毅（太政官大書記）はその設立に尽力した。一〇年七月七日、毅は、熊本派遣中の内務省品川弥二郎宛に次の書簡を出した（『井上毅傳』史料編第六巻二八二頁）。

熊本力食社論増田・近野兩判事盡力にて、士族中白木、澤村、財津の三人擔當し、木下助之も加擔也、去六日迄大概議決せりとの報を得、縣令は是れを拒ます、又是れを誘はす、上方の盡力は偏に小生に委任すと増田より申遣せり、此上は責め專ら小生に在り、若し事此に至って小生却って信に背く事あらは、小生は男立たす、伏願老臺小生の微力を憫み、此節は牛刀を割鶏に勞し助け成す所あらは獨り小生の幸而已ならす、誠に企望の至りに堪えさる也（大意）（力食社の件は、増田・近野両判事の尽力で、熊本士族の白木爲直・沢村友義・財津志満記の三人が担当し、木下助之もこれに協力。七月六日までにあらましが議決されたとの情報を得た。富岡県令は反対も賛成もせず、京都の太政官での尽力は全て私に任せると増田から連絡があった。この上は、責任は私にある。事ここに至り、信頼に背けば私の男が立たない。小生の微力を憐み、牛刀で鶏を割くような援助をいただければ、小生の幸いのみならず、計画の実現に間違いありません）

毅の働きかけに松方正義（大蔵大輔）・品川弥二郎（大蔵省大書記官）が協力し、さらに岩倉具視・大久保利通の後押しで、力食社に官金四万四〇〇〇円が支給された（一一年二月）。力食社は熊本士族千数百戸の授産事業で、全国でも稀な成功例となった。設立当初、熊本・坪井の綿織物工場（工女数百人）で力食絣（熊本名産の織物として有名になった）、下駄の鼻緒、小倉絣の洋服地（巡査の官服）を生産（『熊本県の歴史』三一一頁）。最終的に、二九年五月、株式会社熊本織物力食社（資本金二万円）となった（『井上毅傳』史料編第六巻二八四頁）。

毅は、西南戦争勃発一ヵ月後の一〇年三月中旬、兵庫の豪商に材木・味噌などの熊本への材木・味噌の輸送を依頼し、更に本願寺と近江商家にも支援を要請した（同上二四五頁）。

（註）**【白木爲直】**熊本藩士（三〇〇石）。白木氏養子。通称大右衛門（のち弾次）、父清成氏。幕末藩政改革、熊本藩少参事。廃藩後飾磨《しかま》県権参事、力食社・紫溟会創設、県会議長。明治二〇年一一月没（五四歳）。（『肥後人名辞書』七九頁）**【財津志満記】**熊本藩士。熊本川尻生まれ。父井上氏、財津氏養子。力食社総裁、絣織開発。紫溟学会顧問、県剣道界を指導した。大正七年一二月没（八一歳）（同上一〇一頁）。**【木下助之】**木下韡村弟。**【品川弥二郎**（天保一四年一一月〜明治三三年二月）**】**長州藩士。松方内閣内相。**【本願寺の熊本復興資金援助】**毅は白木宛書簡に「両本願寺から既に一万円拠出。東は更に五万円準備あり」と記した（『井上毅傳』史料編第六巻二八四頁）。

古荘嘉門の減刑嘆願

毅は、薩軍に味方した罪で白川監獄に収監されていた友人である古荘嘉門の減刑を嘆願した。

古荘は、明治一九年、大分県大書記官の時、視察中の森有礼文相に登用され、第一高等中学校校長に就任した（明治二〇年）。

猶、毅は、一一年三月地方官会議御用掛となり、五月「九州地方騒擾之際盡力不少」として下賜金二〇〇円を与えられた。毅は、同年「華士族処分意見」を提出した。

（註）【古荘嘉門】熊本藩医古荘佐伯の子。明治四年～七年広沢真臣暗殺事件で入獄、明治七年司法省、一〇年判事、一一年～一四年入獄、一四年済々黌副校長、一六年青森県大書記官、一九年大分県大書記官、二〇年第一高等中学校長、二三年～二八年衆議院議員、三〇年群馬県知事、三三～三七年三重県知事、明治三八年～大正四年貴族院議員。大正四年死去（七六歳）（『井上毅研究』二一〇頁）。（『旧制高校物語』七二頁）。【広沢真臣暗殺事件】明治四年一月九日、長州出身参議・広沢真臣が刺殺された事件に関与した古荘嘉門は三年間服役した。熊本の毛利到・河上彦斎《げんさい》も逮捕された（『志士と官僚』一九一頁）。

あとがき

肥後なる済々黌《せいせいこう》の人々に送るとて
いやひろに　おしへひろめよ　現世《うつしよ》の　まよはぬ道の　道しるへして
（肥後の済々黌の人々に送るとして
いよいよ広く教え広めて下さい。現世の迷わない道の道標として）

菊池氏の千本槍の一なるをかしこきあたりに奉るとて
みそなわせ　鬼とりひしく　もののふの　千本《ちもと》の矛の一本《ひともと》そこれ
（菊池一族の菊池千本槍の一つを皇室に献上するとして
ご覧ください。鬼さえ押しつぶす、武士の、千本の矛の一本がこれです）
（註）【菊池千本槍】木村弦雄が毅に贈ったもの。毅が天皇に献上。（『採釣園を繞る史蹟』）

毅の晩年

明治二七年八月二九日、毅は文相を辞任し、葉山で静養した。一〇月一一日、身は病床にあっても国を思う気持ちは止みがたく、伊藤博文に詩一篇を贈り、台湾問題に言及し、「世間では朝鮮の主権問題だけをいっているが、朝鮮は独立の力はなく、何れ一ヵ国か数ヵ国によって保護国となろうが、日本には何の利益をもたらさない。一方、台湾は日本の安全にとり欠かせない島で、ここを確保すれば日本海・黄海・東シナ海、さらに沖縄・八重山も安泰である。台湾を放置すれば、一、二年で外国の占有するところとなろう」と書き送った（『井上毅先生伝』三九四頁）。

明治二八年一月四日、熊本県士族岡松甕谷《おうこく》氏の次男匡四郎《ただしろう》を養子とした（同上三六頁）。三月一五日、逝去。東京谷中の瑞輪寺に眠る。

（註）【岡松甕谷《おうこく》】豊後高田出身、時習館居寮生、肥後藩中小姓、昌平黌教授、内務省御用掛（『肥後人名辞書』八四頁）。

歴史に通じた視野の広さ

井上毅は、次のような人であった。

①日本の歴史に通じ、武士道精神を堅持していた

明治維新時、二五歳の毅は、藩校時習館で文武一徳を身につけていた。毅は、政府の中枢を占めたサムライだった。晩年まで居合の稽古を続けた。

②日本とシナの古典に通じていた

毅は、必由堂、官塾木下塾、時習館で儒学を身につけた。その間、毅の主人・米田是容、木下韡村、横井小楠という「第一等の人」から指導を受けた。国典は、特に明治期に研究を続けた。

③洋学・世界史にも通じ大局を誤らなかった

幕末、江戸と長崎で仏語を学び、明治五年、欧州に滞在し各国法制度・法制史を研究し、自家薬籠中の物とし、現在も使われている法律用語の多くを作った。

④現実に如何に対応するかを考えた

米田是容（長岡監物）と横井小楠の「実学」の教えを実践した。実学とは実用の学問ではなく、「時中」、時に適う中庸を得ることに主眼を置く学問をさす。毅は、小楠から「理と時勢は常に相互に依存して離れない」との教えを直接受けており、常に「時中」を心がけていた。

⑤国のために働くステーツマンだった

西洋かぶれでなく、西洋文明（特に憲法・法律）を「日本化」して取り入れる日本の国体精神を実践した。また、岩倉具視・大久保利通・伊藤博文だけでなく中江兆民など、幅広い人脈を持っていた。

毅の今日性

毅が関わった外国人参政権・議会制度・領土・憲法・皇位継承・教育などは、何れも今の日本が直面する問題でもある。毅の考えは、現代の日本に重要な示唆を与えてくれる。

①外国人参政権に反対した

明治二〇年代の条約改正の際、居留地限定とはいえ欧米人に参政権を付与するという問題が発生した。毅は、憲法が保障する「国民の権利」をまもろうと、これに反対した。

②日本の領土と国益をまもった

明治一二年、日清間に「**琉球問題**」が生じた。元米国大統領グラントは、宮古・八重山諸島を清国へ譲渡し、清国の太平洋への通路を提供せよと日本に要求した。日本も一度譲渡する考えで交渉したが結局譲渡なしに終結出来たのは、毅の力によるところが大だった。現代の中国共産党は、海洋法を改定し「琉球は自国領」と教科書に記載している。

③日本の国体に相応しい憲法・皇室典範を作った

憲法は、五箇条の御誓文から約二二年、明治一四年「国会開設の勅諭」(毅執筆)から八年かけて作られた。明治五年の欧州派遣時に学んだワンゼルーの言葉をもとに、毅は憲法研究に一七年を費やした。現行の日本国憲法は、フィリピン憲法をもとに一週間で拵えられた。日本の国体は、毅が再発見し、明治憲法と皇室典範によって強固になり、現行憲法によって弱体化された。毅の起草への歩みは、現行憲法の改正問題を解く手がかりとなる。

④議会を「言論の府」たらしめんとした

毅は、議会を自由な論争可能な「言論の府」にすることにつとめた。憲法を護る立場から、民党に安易に妥協せず正論を主張すべきと考え、議論を重んじる議会慣習の醸成に努めた。

⑤義務教育・高等教育・実業教育を充実させた

毅は、教育改革を通じ、明治後期の産業発展に貢献した。明治二〇年代当時、技術系の人材を育成する学校が少なかった為、毅は文相として実業教育を拡充した。又、教育現場を検証し、時に自ら学生を指導し、学力の把握に努めた。学童の衛生や体力の向上にも努めた。

⑥外に対しては政党なきを望む

毅は、明治二二年『病餘小言』に「**余は外に對しては政黨なきを望む者なり**」と記した（『井上毅傳』史料編第三巻六〇九頁）。「条約改正」に関し世論が分裂したことに鑑み、翌年始まる議会政治が闘争に終始し世論の分裂を招けば、外国の干渉と国家の滅亡を招くと考え、「外に対しては政党なきを望む」と訴えた。米上下両院議員は就任式で聖書に手を置き「内外の敵と戦う」ことを誓う。日本も、米国にならうべきではないか。

⑦国家の名誉と憲法を護った

明治二四年五月、露国皇太子を巡査が襲撃（大津事件）した。政府は、露国を恐れ、「皇室に対する罪」で犯人を処刑しようとした。毅は、「皇室に対する罪」の本件への適用は法律を曲げるとして断固反対した。毅は、皇太子の命に別状がないため犯人処刑を要求出来ないと露国の対応を読んだ上で、公正な裁判こそが真の解決策だと訴えた。もし、露国を恐れるあまり、犯人を処刑すれば、日本は憲法も法律も守れない国家として面目を失い、欧米の干渉を招き、条約改正の機会を失い、立憲政治も有名無実化してしまったことだろう。

⑧陪審に反対

若槻礼次郎（慶応二年～昭和二四年、首相）は、陪審について次のように語っている。原内閣当時、貴族院議員の若槻は、毅の「陪審」に関する資料を貴族院議員井上匡四郎（毅の養子）から借り、次のように「陪審」に反対した。

それは、英国人とボアソナードの陪審法に関する意見書だった。ボアソナードは日本に陪審制度を設けよといい、英国人は英国でも陪審制度の弊害を認めているとして反対した。井上毅先生が、一方の意見でなく、対立した意見を聞いて考察されたことに頭が下がる。

先生が憲法に陪審を入れられなかったことは、陪審を不可としたからだと見なければならない。陪審を可とすれば、憲法に規定がなければならない。陪審法を作り、憲法に定める裁判を受ける権利を覆そうとすることが、憲法違反でなくてなんであるかと、私は強く反対した（『明治・大正・昭和政界秘史～古風庵回顧録』二四五頁）。

昭和初期の陪審制度（昭和三年～一八年）と現在の裁判員制度は、「国民が裁判を受ける権利」の侵害という根本問題を抱えている。そのことを放置し、刑事被告・原告及び一般国民の意見を無視し、漫然と続けて反省しない現在の政治家や官僚を見れば、毅は、裁判員制度を憲法違反として反対するに違いない。

⑨皇位継承の永続性を願って

毅は、歴史に学び、万世一系の皇統維持のため、女性天皇と譲位のふたつを皇室典範から排除した。しかし、皇統維持を完全にする毅の予防策（明治皇室典範）は、戦後、次のように次々と破壊され続けている。

【「皇統維持のための予防策（明治皇室典範）」への破壊工作】

①皇位継承者の激減（直宮家を除く一一宮家がムリヤリ民間人にさせられた）

②昭和天皇退位論（政治家・学者・新聞による「昭和天皇退位」は皇統断絶に直結）
③皇室典範の改悪（皇室の家法である皇室典範は、戦後、下位法として議会での改正が可能となり、平成二九年特例法で「退位」が盛り込まれた）
④女性天皇・女性宮家論（小泉内閣の女性天皇・女性宮家創設の画策は、悠仁親王殿下のご誕生で潰えたに見えたが、政治家・官僚・マスコミにより現在も進行中）

現在、皇位継承資格者は常陸宮殿下を含め三名である。令和元年五月、新天皇が即位され、皇室の繁栄を祈る国民が多数であることは幸いだが、皇位継承者の少なさに危うさを感じざるを得ない。将来の皇位継承資格者は、秋篠宮殿下と秋篠宮悠仁親王殿下のみ。約五〇年後に即位される悠仁親王殿下に男子の御誕生がなければ、皇統は断絶する。それは国民にとって許されるはずはなく、皇室を敬愛する日本国民は、皇統を維持させる手立てを急いで打たねばならない。戦後、ムリヤリ民間人にされた旧宮家の現存する男子全てに無条件で皇族に復帰していただくしかない。毅なら、直ちに準備を始めるに違いない。

（註）**【皇室典範特例法に、毅なら絶対反対】①陛下のお言葉**　平成二八年秋、陛下の「体力の衰えから譲位を希望する」とのお言葉がテレビ放映され、平成二九年「退位」を容認する皇室典範特例法が国会で成立した。皇室典範が譲位を禁止している意義を熟知されている陛下が、体力を理由にあえて譲位を希望されたのはなぜだろうか。著者が畏れながら拝察す

るに、女性天皇・女性宮家問題、皇太子・秋篠宮殿下、さらに内親王殿下の皇位継承を陛下が望まれているなどという、皇室に関わるウソ報道が続く現状から、皇統断絶の恐れを察知されたのではないか。**②毅は譲位を排除**　毅は、「譲位」について皇室典範義解に「**神武天皇より舒明天皇に至る迄三十四世、嘗て譲位の事あらず。……聖武・光仁天皇に至りて遂に定例を為せり。此れを世襲の一となせり。その後権臣の強迫により、両統並立の恐れあり。本條に践祚を以て先帝崩御の後に即ち行なはるる上古以来恒典に因り、中古以来譲位の慣例を改むる者なり**」と記している（『憲法義解』岩波文庫一三七頁）。譲位は、神武天皇から舒明天皇までの三四代の間はなく、聖武天皇と光仁天皇が譲位されてから制度化され、世襲となった。その後、第八八代後嵯峨天皇から、皇統は二統（大覚寺統・亀山天皇と持明院統・後深草天皇）に分かれ、南北朝の戦乱を招いた。毅は、上古にならい、中古の譲位を皇室典範から排除した。**③特例法は皇統断絶法**　毅なら「退位」を認めるはずはなく、平成二九年特例法に対し和気清麻呂の如く命がけで反対しただろう。特例法は、今後の「退位」の前例となり、国内外の反皇室勢力の攻撃に耐えかねた天皇や皇太子が、退位又は即位を辞退する道を開いたといえよう。つまり、特例法は、皇統という本丸を護るべき内濠を破壊し尽したといって過言ではない。**【特例法の問題点】**①皇太弟を置かず、②東宮の実質廃止、③天皇のご不在が丸一日続いた。**【平成三一年、譲位でなく、皇室典範に基づき摂政を選択すべきだった】**平成三一年の譲位は、渡部昇一先生や櫻井よしこさんが述べたように、皇室典範に則り摂政を置くことが最善策だった。毅は、摂政を置くこと（第一七条「**摂政ヲ置クハ皇室典範ノ定ムル所ニ依ル。摂政ハ天皇ノ名ニ於テ大権ヲ行**

フ」）としている（『憲法義解』四四頁）。しかも、毅は、憲法義解の中で、「**摂政を置くの當否を定むるは專ら皇室に屬すべきものにして臣民の容議する所に非ず**」とし、摂政を置くか否かは、皇室が決めることで政府や議会が判断すべきでないとした。

天才・毅はなぜ生まれたか

毅の不朽の功績は、憲法・皇室典範と教育勅語の起草にある。毅は、歴史や国典の中に日本の国体を再発見し、それをもとに憲法・皇室典範・教育勅語を織り上げた。また、重大な外交交渉にも悉く関わった。明治国家創業時に、多くの英才が現れたが、富士のように際立った存在が毅だった。毅の才能は、英国保守思想家エドマンド・バークや米国憲法起草のアレクザンダー・ハミルトンに匹敵する（『皇統断絶』一三二頁）。中川八洋氏は、「井上毅はマグナカルタ以来のコモン・ローを叡智の宝庫とした〝不文の英国憲法〟の根本思想を継ぐ、日本におけるその純血な嫡流であった。日本にもたった一人、井上毅という保守主義の哲学に依拠した、偉大な学者が存在していたのである。われわれは井上毅という逸材を祖先にもちえたことを感謝しなければならない」と記している（同上一四一頁）。

（註）**【中川八洋氏の毅評価①】**「井上毅には、説得しなければならない対象（相手）などいない。皇室典範は井上が主になって、伊藤博文が二番手、柳原前光が三番手の順位で、たった三

名で起草したもので、井上は誰にも気兼ねせず、自分の信じるままに全知識と全知力を傾注出来た。……その法律の該博な知識と卓抜した法思想ゆえに、伊藤博文に抜擢されたのである」（『皇統断絶』一二六頁）。**【中川八洋氏の毅評価②】**「ただ井上毅は、英国の法思想は全く学んでおらず、井上毅の、コーク思想との近似性は偶然である。井上は一度も学んだことのないのに、〝英米系保守主義の法思想〟と同種の法感覚を共有しそれを信条としたが、熊本藩の武士として生まれ幼少の頃からの漢学を学んでいくその途次で、どうも突然変異的な偶然で形成されたようである。日本にとっては、このような稀有な逸材をもちえたことは、この井上毅に皇室典範と憲法の主起草者を委ねられたことは、神から賜った恩《おん》寵《ちょう》とも思えるし、奇跡である」（『皇統断絶』一三二頁）**【熊本藩は「最も古き法が良い法」とした】**小林宏は「熊本藩は旧法廃止・新法制定の際、恣意に任せず、権威のある明清律等や古い周礼等の古典を根拠とした」との主旨を記している。熊本藩は、額に墨を入れる刑を廃止した際、「最も古き法が最も良き法」との考えを根拠としたという（『明治国家形成と井上毅』三九三・三九四頁）。熊本藩の刑法は、細川重賢の命により、宝暦年間に制定され、明治四年四月の「新律綱領」が施行されるまで有効で、会津・佐賀・久留米藩にも影響を与えた。熊本藩の清律翻訳書は、明治政府の「新律綱領」「改定律例」の解釈適用の参考として印刷された（同上六一五、六四一頁）。**【横井小楠は学問の根源を極めようとした】**小楠は、「堯舜孔子の道」といい、朱子学の解釈だけに満足出来ず、孔子自身はどう考えたかを探求し、小楠学までに練り上げていった人物である。毅は、小楠に何度か直接教えを受け、また、実学党を主宰した、毅の主人・長岡監物からは、殆ど毎週のように教えを受けていた。当然、朱子学の解釈だけに終わらず、「堯舜孔子の道」にさかのぼり、孔子の教えの中心の「思」に励んだ。その点において、国体の本質に迫ろうという姿勢が養われたものと思われる。

バークに匹敵する天才保守思想家である井上毅が、なぜ日本に生まれたか。日英両国は、ユーラシア大陸の東西の端に位置する島国で、大陸から吸収したものをそれまでの文明の上に積みあげていく重層文明である点が共通する（拙著『平成新国体論』参照）。一方、大陸は、国家間の争いが激しく、征服者が前の文明を焼き尽くした後に新たな文明を作る更地文明で、重層文明ほどの深みを形成しえない。重層文明の日英は、歴史ある皇室（王室）をもち、伝統習慣を重んじる。重層文明の日本は、神話につながる世界最古の君主（天皇）を戴く国家だ。日本は律令制は入れたが、日本人の感性にあわない科挙・纏足・宦官・牧畜は排除した。日本は、外来の文物を必ず日本化して取り入れた。

毅の覚悟

明治二三年一〇月一〇日、毅は山県首相に書簡を送った（『井上毅傳』史料編補遺第一巻四五頁）。

然處生病氣稍速度ヲ加へ、前日ハ左肺而已疼痛ヲ覺居候處、近日ハ右肺ニ迄及シ、此儘

ニ而劇職ヲ肩ニ荷候事何分ニモ無理ニ奉存候、ソレノミナラズ神經益〻過敏ニナリ、間々中夜ニ寂ネラレズ、憂憤交〻至リ蹴枕狂呼スル事モ有之候（そんなところに、病気がやや加速し、前日は左肺だけの疼痛だったのが、近頃、右肺にも及び、このまま激務を双肩で荷うことは無理だと思います。さらに、神経が益々過敏になり、間々夜中眠れず、憂いと憤りがない交ぜになり枕を蹴り大声を出すこともあります）

この時期、病状が悪化していたにもかかわらず、毅は、国会が始まり閑職につくことを許されず、枢要な職務を全うした。

二四年二月六日、山県内閣の予算案通過が危ぶまれた時、毅（法制局長官）は、渡辺大蔵次官に次の書簡を出した（『井上毅傳』史料編第四巻六八〇頁）。

シニモセズ　タケビモヤラズ　蠢《うごめ》ケル　虫ノマネシテ　世ヲカコツカナ（死にもせず、声も出さずに、うごめいている、虫のまねして、世を嘆いている）

激務と病状悪化の中でも、自嘲気味の「とごえた」（とぼけたを意味する熊本の方言）言い回し、「肥後のワマカシ（諧謔の意）」を交えた表現からもわかるように、毅は「生真面目」だけの人ではなかった。

毅の信条

明治二八年一月、毅は遺書を記した（『井上毅研究』二九頁）。

必真理之中点ニおいて安心立命の地を得、至誠以て己レを処し、物に応し、利害の為に回らず、死生を以て易へざるものあり（必ず真理の真ん中に自己の考えの地を得て、至誠によりわが身を律し、物事の実体に応じ考え行動し、損得のために動かない。至上の価値のためには、生命をなげうつこともいとわない）

毅が日頃心がけていたことは、①真理の中点（中庸）に安心立命の地を得て、②至誠により自己を律し、③物の実態に応じ、④損得で動かず、⑤死生をかえりみず、であった。この中、①の「中庸」と、③の「物の実態に応じ」を合わせれば、小楠が信条とした「時中」に通じる。毅の一生とは、時中を基準とし、損得や死生をかえりみず、国家の直面する問題に誠をもって取り組んだものといえよう。

（註）**【小楠の詩】** 横井小楠の詩に、「**智は唯善を撰《えら》ぶに在り、善を撰ぶは即ち中を執《と》るなり、何**

をもってその中を執る、方寸《ほうすん》一字の公（智唯在撰善、撰善即執中、何以執其中、方寸一字公）」がある（井上司朗『横井小楠の詩』一一〇頁）。この詩の「方寸」は、方法の意。【毅の信条と小楠の共通点】小楠の信条は、小楠の言葉では「誠をもって思い思いて合点し中庸を得て、物事の状態に応じ、時勢に適う中庸（即ち時中）を行なう」であり、毅の信条と共通する。

天才の生まれる風土

今日の日本にも、毅のような天才の出現が待たれる。なにしろ、一〇〇年に一人といわれる天才である。そう簡単なことでもあるまい。数学者の藤原正彦氏は、天才が生まれる条件として、①美しい自然、②人間以上のなにものかを尊崇する精神文化、をあげておられる（『国家の品格』一七五頁）。毅の育った熊本は、日本一ともいわれる美しい夕焼け、阿蘇から天草までの海山の豊かな自然、それに菊池氏以来千年に及ぶ文教精神が、加藤・細川と藩は代わっても受け継がれた。菊池氏は、熊本を治める際、現・玉名市梅林（著者の曽祖父の出身地）に大宰府天満宮の最初の分社・梅林天満宮を建立したのを始め、領内各地に神社仏閣を多数建立し、人々の精神をまとめ学問を奨励した。都が戦乱の時、菊池氏の当主・菊池重朝が、夕刻隈府（現・菊池市）の家々から読書する声が聞こえるとの詩を、都に帰る高瀬（熊本県玉名市高瀬）の清源寺（禅宗）のお坊さんに贈っている。

熊本では武士だけでなく庶民も学問をするのは、江戸期はもちろんその後も続いた。幕末の寺子屋数は、熊本県は長野県に次ぐ全国第二位だったともいう。宝暦年間、細川重賢公により設立された二つの藩校、時習館（儒学）と再春館（現・熊大医学部につながる二六〇年を超える歴史をもつ日本最古の医学校）は多くの俊才を輩出した。毅の主人で実学党主宰者・米田是容（長岡監物）は、西郷隆盛が橋本左内と並んで称賛した人物であり、邸内に家臣とその子弟を教育する必由堂を設け自ら指導し、特に毅の才能に惚れ込んだ。実学党のもう一人の主宰者・横井小楠は、勝海舟に「西郷隆盛と横井小楠」と言わしめた「第一等の人」であった。明治天皇が最も信頼された元田永孚も実学党のひとりで、毅の教育勅語起草に協力した。毅は実学党の主要な三人から指導を受け、明治における実学党の真の後継者だった。

毅が生まれ育った熊本城下の竹部（現・熊本市中央区坪井町）は、お城の東南に位置し、阿蘇から登る朝日や日本一といわれるほど美しい金峰山に沈む夕日、それにお城の天守閣もまじかに見通せる。阿蘇や立田山・八景水谷の豊富な湧水を水源とし、お城の内濠の役目も果たしている坪井川という澄み切った流れが近くにあり、幼少時の毅は水遊びや蛍狩りにも興じたことだろう。まさに、毅のような天才が生まれる環境が揃っていたのである。

毅の学問の深さについて考えれば、監物・小楠を代表とする熊本の学問が全国でも際立っていたことによる。小楠の学問の真髄は「思」と「時中」にある。小楠は、書物は字引みたいなもので、読み終わったらなげうってひたすら考える、即、「思」の一字だと、毅に述べている。そのような学問の実践を通じ、小楠は、朱子の解釈をなぞるだけに止まらず、堯舜孔子の道を極めよと述べ、原点あるいは原典に戻れと諭した。小楠の「時中」とは、時に適う中庸のことである（井上司朗『横井小楠の詩』参照）。毅は、小楠の直弟子以上に、小楠の考えを実践した。小楠の思想を十分吸収したことは、小楠との対話や毎年繰返し記した読書反省文で明らかだ。

さて、熊本市民七〇万人が毎日利用する水道水は、今も阿蘇山系の伏流水を源とする湧水で賄われている。そんな熊本や全国の美しい自然を維持し、人間の存在を超える自然や信仰を尊崇し、日本の歴史や信仰、それに先祖を愛し尊敬する青少年の育成こそ、親たちのつとめではないだろうか。

本書は、平成一三年の執筆開始から一八年、ようやく日の目をみることとなった。本書刊行に尽力いただいた国書刊行会の皆様に感謝申し上げます。この書を、教育の実践研究と小楠研究に没頭した父と父を支えた母に捧げます。

令和元年一一月三日

井上　俊輔

井上毅略年譜（註　満年齢表記）

年次	西暦	年齢	毅の動き	国や世界のようす
天保八年	一八三七			大塩平八郎の乱、三月横井小楠、時習館居寮長となる
天保九年	一八三八			四月山県有朋生まれる
天保一〇年	一八三九			三月横井小楠、江戸遊学
天保一一年	一八四〇			アヘン戦争、小楠酒失のため帰藩・蟄居
天保一二年	一八四一			水野忠邦の天保の改革開始、九月伊藤博文生まれる
天保一三年	一八四二			
天保一四年	一八四三	○	一二月熊本竹部（熊本市中央区坪井町）に生まれる	天保の改革終わる
弘化元年	一八四四	一		
弘化二年	一八四五	二		三月米船浦賀入港、五月英船琉球に来航
弘化三年	一八四六	三		二月孝明天皇践祚、五月米海軍二艦浦賀来航
弘化四年	一八四七	四		天草に百姓一揆、三月米田是容が家老を辞職

嘉永元年	一八四八	五	百人一首を諳んじる	
嘉永三年	一八五〇	七	将棋を覚える	
嘉永五年	一八五二	九	一月米田家の「必由堂」に入塾	
嘉永六年	一八五三	一〇		六月ペリー来航、一〇月クリミア戦争、年末米田是容、浦賀警備に出動
安政元年	一八五四	一一		一月米艦六隻を率いペリー再来航（是容警備にあたる）、三月日米和親条約（神奈川条約）
安政二年	一八五五	一二	「文撰」を白文で読む	米田是容と小楠が絶交、五月小楠沼山津に移る、一〇月江戸大地震
安政三年	一八五六	一三	三月米田是容（長岡監物）、穀の為に木下韡村（時習館訓導）を必由堂に招聘（月三回）	三月クリミア戦争終結（ロシア敗北）、七月総領事ハリス下田着任
安政四年	一八五七	一四	六月米田是容から褒賞を貰う、七月是容の勧めで木下韡村塾に入塾	八月露国艦隊、長崎来航
安政五年	一八五八	一五		四月井伊大老就任、六月日米修好条約、九月安政の大獄始まる
安政六年	一八五九	一六	八月一〇日米田是容死去（四七歳）	一〇月吉田松陰刑死。橋本左内刑死
安政七年（万延元年）	一八六〇	一七	昼学び夜思索することを自らに課す木下塾友人と矢部遠足、帰りに沼山	三月桜田門外の変

			津の総庄屋に水害常習地沼山津の治水対策を述べる	
文久元年	一八六一	一八	五月『灯下録』（読書則）を記す、「海国図誌」など読む	二月露艦隊、対馬占領（半年間）
文久二年	一八六二	一九	一〇月木下韡村の推薦で時習館居寮生となる	八月生麦事件
文久三年	一八六三	二〇		四月孝明天皇石清水八幡行幸、新選組結成、七月薩英戦争、一二月小楠士道忘却事件
元治元年	一八六四	二一	小楠との問答書（「沼山対話」）、『国体比較論』を記す	八月第一次長州征伐、八月五日四国連合艦隊下関砲台占拠、
慶応元年	一八六五	二二	一一月居寮生三年修了、引続き研究	
慶応二年	一八六六	二三	三月前年に続き読書反省文執筆、六月～八月米田是豪の小倉出兵に従軍（夜間兵営糧秣点検など周到さを発揮）、九月時習館復帰、父の同僚井上家（米田家家臣）の養子となる	六月～八月第二次長州征伐、毅の主人・米田是豪肥後藩総帥として大部隊を率い小倉の戦いへ出陣、七月二〇日将軍家茂死去、七月二七日赤坂鳥越の戦で長州勢の攻勢を肥後藩兵が撃退（是豪、感状を授かる）、七月三一日肥後藩兵撤退開始、一二月孝明天皇崩御
慶応三年	一八六七	二四	九月二五日江戸仏語修行のため熊本発、一〇月～江戸横浜で仏語修行	五月木下韡村死去、一二月八日王政復古の大号令、

慶応四年（明治元年）	一八六八	二五	一月〜三月江戸（開成所林正十郎）・横浜で仏語修行、三月渡正元と帰熊、四月長崎で仏語修行、九月〜一〇月米田虎雄を追い出征（「北征日記」）、九月一九日相馬藩（中村）の本陣で米田の叱責を受け、二一日中村を辞し帰途につく、長崎遊学（仏語修行）、時習館居寮生修了、必由堂教師となる	戊辰戦争（一月三日〜明治二年五月）一月三日鳥羽伏見の戦い、三月一四日五箇条の御誓文、四月江戸開城、四月二一日政体書、五月二八日米田虎雄、藩兵を率い熊本発（仙台方面出征）、九月八日改元の詔書、九月二〇日米田、中村から仙台藩山下に進出、九月二二日会津降伏、九月二八日米田虎雄、官軍先陣として仙台城入城、一一月スエズ運河開通
明治二年	一八六九	二六	一〜一〇月長崎で仏語修行、八月一九日〜九月七日鹿児島旅行、一一月米田虎雄・木村・竹添・古荘に度々会う	一月五日小楠暗殺、五月一八日函館戦争終結、八月東京・横浜電信開通
明治三年	一八七〇	二七	四月藩命で東京遊学（仏語修行）、九月二〇日大学小舎長（初出仕）、一二月大学中舎長	九月二日普仏戦争終結
明治四年	一八七一	二八	一月「辛未学制意見」を大学に提出し辞職、司法省の翻訳を手伝う、一二月司法省十等出仕	二月御親兵制度、三月東京・京都・大阪郵便制度開始、七月一四日廃藩置県、七月一八日文部省設置、江藤文部大輔「文部省務」、七月二八日初代文部卿・大木喬任、一一月岩倉遣欧使節団横浜

				出発、台湾高砂族による琉球漁民殺害事件
明治五年	一八七二	二九	二月司法省中録、九月一三日欧州派遣のため横浜出航、一〇月二八日フランス・マルセーユ港着、一一月〜仏国で法律・憲法を学ぶ（滞在中司法四部作執筆）	九月一二日新橋横浜鉄道開通、一一月太陽暦採用
明治六年	一八七三	三〇	四月二六日英国行き、五月使節団とベルリン約一〇日滞在（ドイツ法研究）、七月二〇日マルセーユ出港、九月六日帰国、『王国建国法』執筆、一一月司法省明法大屬から七等出仕に昇進	一月徴兵令公布、九月一三日岩倉帰国、一〇月征韓論で西郷・江藤下野、一一月大久保「政体論」提言、一一月内務省設置
明治七年	一八七四	三一	二月〜四月佐賀の乱で熊本・佐賀出張、八月『治罪法備考』出版、九月〜一〇月対清交渉（台湾出兵に関する）大久保を助け、清との外交文書執筆、一一月以降「欧州模倣ヲ非トスル説」執筆、一二月司法省権中法官	一月一四日岩倉赤坂喰違坂で遭難、一月一七日民選議院設立建白書、二月佐賀の乱、四月八、九日江藤裁判、四月一三日判決・江藤処刑、五月〜征台の役（一二月撤兵）、五月議員憲法発布の詔、
明治八年	一八七五	三二	三月『王国建国法』出版、四月「立憲政体樹立の詔」執筆、七月正院法	一〜二月大阪会議、四月一四日「立憲政体樹立の詔」、元老院設置、六月地

			制局（五等出仕）、「士族処分意見」大久保・伊藤参議に提出、一二月九日黒田全権への「朝鮮交渉訓条」執筆、	方長官会議、九月二〇日江華島事件、一一月二五日英、スエズ運河買収
明治九年	一八七六	三三	「官制改革意見」を大久保参議に提出、夏「憲法意見」岩倉に提出、「憲法意見控」冬「地方政治意見」執筆、年末帰熊（神風連の乱後を視察）	二月二六日日朝修好条約、三月廃刀令、六月奥羽巡幸、八月五日秩禄処分（秩禄廃止）、九月憲法制定の聖勅、一〇月二四日神風連の乱、一一月茨城県一揆（地租改正反対）、
明治一〇年	一八七七	三四	一月一八日大書記官、二月一七日熊本決戦論を大久保に進言、三月西南戦争につき別働旅団とともに九州に派遣さる、第二旅団付きで日奈久上陸、四月三日宇土の別働隊本陣から太政官に報告、四月一五日別働旅団と熊本城入城、六月法制局主事、九月一四日毅の尽力で熊本に力食社設立	一月地租軽減の詔、二月西南戦争勃発（九月二四日終結）、五月一日熊本に博愛社（日赤）創設
明治一一年	一八七八	三五	三月地方官会議御用掛、七月太政官大書記、力食社への官金四万四千円支給に尽力（二九年五月株式会社熊本織物力食社、資本金二万円）、西	西南戦後のインフレ、二月力食社（政府給付を受く）、四月〜五月第二回地方長官会議、五月一四日大久保利通死去（紀尾井坂事件）

			南戦争功績で毅に下賜金二〇〇円	
明治一二年	一八七九	三六	伊藤の依頼で「教育議」執筆、三月内閣大書記官兼内務大書記官、七月「対清意見」執筆、七月一六日内務大書記官、一一月地方官会議取調申し付けられ程なく取調局長	四月沖縄県設置（琉球処分）、六月元田永孚、国会開設に関する意見書執筆　八月グラント、対清譲歩を天皇に提案　九月一一日元田永孚「教学大旨」、九月二九日「教育令」制定
明治一三年	一八八〇	三七	三月五日太政官大書記官、四月～一一月一〇日琉球問題で清国出張（宍戸公使と対清交渉）、一二月一日岩倉から防寒具二品を頂戴す、一二月一四日「伊藤参議の立憲政体建議」執筆、一二月二一日清国再出張、	二月二七日第三回地方長官会議、四月集会条例、九月三〇日元田永孚「国憲大綱」執筆・上奏、一二月元田、バークを読み天皇に供覧、刑法治罪法公布、一二月第一次ボーア戦争
明治一四年	一八八一	三八	一月二〇日～二月一七日北京～上海視察、三月三日清国から帰国、『儒教を存す』執筆（文明論・教育論）、六月欽定憲法考・憲法意見・政府施政意見・憲法制定意見、七月岩倉の「憲法綱領」執筆、七月二日伊藤に憲法制定依頼、九月熊本・紫溟《しめい》会結党（親ルソー・反ルソーの論争始まる）、一〇月『国会開設の勅諭』執筆、一一月三条岩倉に「人民教導意	金子堅太郎『政治論略』（バーク紹介、ルソー批判）、一月伊藤大隈井上馨熱海会談、一月警視庁設置、三月大隈憲法密奏、三月一一日宍戸公使清国から帰国、六月元田永孚、各参議憲法意見への評価を奉答、七月伊藤大隈一時和解、一〇月一二日大隈参議辞職、一〇月一二日「国会開設の勅諭」

			見案」提出、一二月紫溟《しめい》会檄文執筆（ルソー批判）	
明治一五年	一八八二	三九	『主権論序』執筆（ルソー批判の嚆矢）、一月四日参事院議官、条約改正意見書提出、二月一八日条約改正御用掛兼務、六月九日外相に反対意見書簡、八月一日外相依頼で「対朝鮮訓条」執筆、八月二〇日朝鮮出張、九月一七日下関で『朝鮮政略』執筆、九月二〇日頃帰国、一〇月一八日井上外相・高島鞆之助陸軍少将と天皇拝謁、勅語を賜る	松方デフレ始まる、日銀創立、植木枝盛『バークを殺す』出版（バーク批判）、一月四日軍人勅諭発布、一月二五日～七月二七日条約改正会議（井上馨外相）、三月一四日伊藤博文欧州憲法調査出発、七月二三日壬午事変、八月三〇日済物浦条約締結、八月仏のベトナム全土支配、一〇月加藤弘之『人権新説』（ルソー批判）、
明治一六年	一八八三	四〇	三月一三日岩倉に行政史編纂（『国体及政体調』）を提言（『大政紀要』）、一二月二五日三条より『大政紀要』修成を依頼される、	中江兆民『民約論』出版（親ルソー）、七月二〇日岩倉具視死去、八月三日伊藤博文帰国、一一月鹿鳴館完成
明治一七年	一八八四	四一	四月金子堅太郎を伊藤に紹介、八月二七日宮内省図書頭・兼任（二等官相当年俸四〇〇〇円）、一一月二〇日妻常子死去（嘉永六年生、二宮九平氏長女）、一二月一六日朝鮮出張（井上全権を助ける）、	三月伊藤博文に憲法取調の勅旨、清仏戦争、一二月四日甲申事変（邦人三〇余名死亡）

明治一八年	一八八五	四二	一月一九日井上全権と横浜着後参内、二月二八日～四月二八日伊藤全権と清国出張、四月二八日横浜着後参内、五月二三日生母死去、七月一六日上総常陸旅行（村岡良弼同行、七月三一日帰京）、八月富士登山（八月一七日帰京）、九月木下鶴と再婚、一〇月三日伊香保・草津行（国友重章同行）、	ロエスレル『仏国革命論』（毅のルソー批判を援護）、一月九日日朝合意（賠償金一四万円）、四月一八日天津条約締結、一二月二二日太政官廃止、一二月二二日初代内閣（伊藤首相、森文相、山県内相）
明治一九年	一八八六	四三	一月四日官吏俸給意見を伊藤に提出、一月一三日自宅火災、三月一二日奈良吉野出張、一〇月一一日佐々友房宛書簡（高等中学熊本設置を文相に依頼した件）、一一月森文相に第五高等中学校熊本設置を勧める、一二月頃～胃病・痙攣痛、一二月～二〇年一月池邊義象と房総相模旅行（国典研究）	五月一日条約改正会議再開、鎮台を師団に改称、ノルマントン号事件
明治二〇年	一八八七	四四	三月憲法初稿、四～五月憲法甲乙案執筆、六月～九月横須賀夏島で憲法・皇室典範起草、六月一九日決意を記す（「今より一年憲法起草、三年	一月森文相、熊本視察（濟々黌訪問等）、二月徳富蘇峰「国民之友」発刊、四月井上外相、各国公使に条約改正提案、五月第五高等中学校開校、一〇月

			経済、又三年国典・国語に従事」)、七月一二日井上外相に条約改正反対意見書、一〇月七日宮内省図書頭、保安条例案反対で辞表提出	仏領インドシナ成立、一二月二五日保安条例施行
明治二一年	一八八八	四五	一月一〇日次女時子出生、二月七日第二代法制局長官、四月陸軍意見書に反論、四月三〇日枢密院書記官長兼務（二二年五月迄）、八月出先で吐血、一一月大隈条約改正に反対、一二月六日「国典講究ニ関スル演説」	四月黒田内閣成立、四月三〇日枢密院設置（議長伊藤博文）、五月八日枢密院開院式（天皇臨席）、五月二五日～六月一五日皇室典範、毅説明（八日間・一三回）、六月一八日～七月一三日憲法、毅説明（一〇日間・一九回）、一一月大隈外相条約改正交渉、一二月二日山県二度目の欧州視察から帰国
明治二二年	一八八九	四六	三月「森有礼《ありのり》文相の教育主義」について講演、七月四日黒田首相・大隈外相に条約改正反対意見、一〇月一三日静養中だったが条約改正につき山県に面会、一〇月一四日臨時帝国議会事務局総裁兼務（二三年八月迄）	北里柴三郎（破傷風菌の純粋培養）、二月一一日憲法発布（森有礼刺殺）、七月一日新橋・神戸東海道本線全線開通、一〇月一八日大隈外相爆弾で負傷（一二月一四日辞任）、一〇月二五日三条実美内閣、一二月二四日山県内閣（首相内相兼任、青木外相）、一二月二四日内閣官制改正（首相権限縮小）
明治二三年	一八九〇	四七	六月病状悪化、六月二〇日山県首相宛書簡で教育勅語起草の要点を示す、	二月徳富蘇峰の国民新聞創刊、七月一日第一回衆院選挙、九月一六日トル

			六月芳川文相から教育勅語起草の依頼受ける、七月一九日枢密顧問官兼務、八月「臨時帝国議会事務局報告」提出、同総裁辞職、一二月宮内省文事秘書官長兼任	コ軍艦エルトゥールル号遭難、一〇月三〇日教育勅語発布、一一月二九日第一回議会開院式、一二月六日第一回議会山県首相施政方針演説（毅、執筆）
明治二四年	一八九一	四八	一月憲法六七条解釈を記す、二月五日山県首相の下問に「議会対策意見」提出、五月八日法制局長官退任、五月一三日～五月二五日伊藤に意見四通（大津事件「犯人処刑の非」）、六月一日枢密顧問官就任（兼宮内省文事秘書官長）	三月八日第一議会閉会、山県内閣退陣、五月六日松方内閣、五月一一日露皇太子遭難（大津事件）、五月一二日朝松方首相・伊藤・黒田、大津事件「犯人処刑」決定、五月三一日シベリア鉄道起工、一一月第二回議会（松方内閣）、一二月二五日議会解散
明治二五年	一八九二	四九	三月毅「非議院制内閣論」執筆、四月一二日条約改正案調査委員、六月二三日上奏（海軍拡張につき）、八月北海道視察、一二月「君主遵法主義意見」執筆、物理の本を読む	二月一五日第二回議会選挙品川内相選挙干渉（死者二五名、負傷者三六六名）、三月一一日内相辞任、五月七日第三議会開会、七月三〇日松方首相辞表提出、八月八日伊藤内閣、一一月第四議会開会
明治二六年	一八九三	五〇	三月七日文相就任（第二次伊藤内閣）、三月二四日女子高等師範卒業式臨席、五月「海軍改革意見」起草、六月「教育改革案」執筆、七月一日	一月ハワイ王国女王退位（米国のハワイ保護国化）、一月仁礼海軍大臣「海軍条例案」を内閣に提出、二月一〇日「和協の詔勅」、一一月第五議会開会、

			大日本教育会講演、七月七日国学院第一回卒業式臨席、七月一一日帝大・東京工業学校卒業式祝辞、九月群馬県桐生町視察（地元教育家と歓談）	一二月三〇日議会解散
明治二七年	一八九四	五一	三月三〇日高等師範卒業生に祝辞、四月五日～二〇日中国京阪行（三高法学部学生を試験）、六月高等学校令公布、八月伊藤首相に南西諸島警備提言、八月二九日文相辞任、九月一日文相最終訓令（「体育と衛生の充実」）、一〇月一一日伊藤首相に「台湾占領意見」提出	三月一日議会選挙、三月東学党の乱、五月一五日第六議会開会、六月二日議会解散、七月一六日日英通商条約調印（領事裁判権撤廃）、八月一日日清戦争勃発、九月一日議会選挙、九月一七日黄海海戦、一〇月一八日第七議会開会
明治二八年	一八九五	五二	三月一五日葉山別邸で死去（墓は東京谷中瑞輪寺、死因は肺結核と思われる、葬儀委員長は佐々友房）、『梧陰存稿』出版	四月一七日下関条約締結

参考文献

相原良一『憲法正統論』展転社
青木周蔵『青木周蔵自伝』平凡社
アレクサンダー・ハミルトン、斎藤眞・中野勝郎訳『ザ・フェデラリスト』岩波文庫
池辺三山『明治維新三大政治家　大久保・岩倉・伊藤論』中公文庫
石光真清『誰のために』中公文庫
井芹経平・小早川秀雄『元田井上両先生事蹟講演録』大正二年刊
泉三郎『岩倉使節団という冒険』文春文庫
板垣退助監修『自由党史』岩波文庫
伊藤隆『日本の内と外』日本の近代16、中央公論社
伊藤哲夫『憲法かく論ずべし』日本政策研究センター
伊藤博文『憲法義解《ぎげ》』岩波文庫
伊藤之雄『山県有朋―愚直な権力者の生涯』文春新書
伊藤之雄『伊藤博文　近代日本を創った男』講談社
伊藤之雄『大隈重信』中公新書
井上毅傳記編纂委員会編『井上毅傳・史料編』国学院大学国書館
井上俊輔『平成新国体論』国書刊行会

井上司朗『第一等の人　少年横井小楠』
井上司朗『横井小楠の詩』
多田好問編『岩倉公実記』昭和二年
宇治谷孟『日本書紀』講談社学術文庫
宇野東風『我観熊本教育の変遷』
卯野木卯一良『肥後史話』
生方敏郎『明治大正見聞史』中公文庫
ウルリッヒ・マンテ、田中実ほか訳『ローマ法の歴史』ミネルヴァ書房
エドマンド・バーク、中野好之訳『フランス革命についての省察』岩波文庫
大塚孝明『明治外交官物語』吉川弘文館
岡崎久彦『陸奥宗光とその時代』ＰＨＰ
岡田英弘『世界史の誕生』ちくまライブラリー
大石義雄『日本憲法史と日本国憲法』嵯峨野書院
大石義雄『日本憲法論』嵯峨野書院
大久保利謙『岩倉具視』中公新書
岡野友彦『源氏と日本国王』講談社現代新書
尾佐竹猛『大津事件、ロシア皇太子大津遭難』岩波文庫
尾佐竹猛『日本憲政史』現代政治學全集第四巻、日本評論社、昭和五年刊
小野友道『肥後の医事ものがたり』西日本新聞社

オリヴィエ・ジェルマントマ、吉田好克訳『日本待望論』産経新聞社
海後宗臣編『井上毅の教育政策』東京大学出版会
笠原英彦『女帝誕生』新潮社
加瀬英明『イギリス、衰亡しない伝統国家』講談社アルファ新書
勝田有恒ほか『概説西洋法制史』ミネルヴァ書房
金子堅太郎『憲法制定と欧米人の評価』金子堅太郎顕彰会、昭和一三年刊
川勝平太『日本文明と近代西洋・鎖国再考』ＮＨＫブックス
菊池郡市医師会編『菊池郡市医師会百年史』
木野主計『井上毅研究』続群書類従完成会
木村時夫『知られざる大隈重信』ＰＨＰ新書
陸羯南『近時政論考』岩波文庫
楠精一郎『児島惟謙』中公新書
宮内省臨時帝室編集局『明治天皇記』吉川弘文館
久米邦武編『米欧回覧実記』岩波文庫
熊本県教育会『藩政時代の家庭教育』
熊本市立高等女学校『採釣園を続《めぐ》る史蹟』（昭和一四年刊）
熊本日日新聞社『この百年をつくる　熊本人物鉱脈』昭和三八年刊
倉田稔『ハプスブルグ歴史物語』ＮＨＫブックス
倉山満『日本一やさしい天皇の講座』扶桑社新書

倉山満『帝国憲法の真実』扶桑社新書
倉山満『帝国憲法物語』ＰＨＰ
倉山満『日本憲法を改正できない8つの理由』ＰＨＰ文庫
倉山満『国際法で読み解く世界史の真実』ＰＨＰ新書
倉山満『世界一わかりやすい日本憲政史　明治自由民権激闘編』徳間書店
黒野耐『参謀本部と陸軍大学校』講談社現代新書
呉善花『韓国併合への道』文春新書
梧陰文庫研究会編・古城貞吉『井上毅先生傳』木鐸社
梧陰文庫研究会編『明治国家形成と井上毅』木鐸社
呉善花・八木秀次・高森明勅『歴史と文化が日本をただす』モラロジー研究所
幸徳秋水『兆民先生・兆民先生行状記』岩波文庫
小堀桂一郎『昭和天皇』ＰＨＰ新書
小室直樹『悪の民主主義』青春出版
小森義峯『日本憲法大綱』嵯峨野書院
小森義峯『現行日本国憲法の包含する諸問題』國民會館
坂井雄吉『井上毅と明治国家』東京大学出版会
坂本多加雄『明治国家の建設』日本の近代2、中央公論社
坂本多加雄『国家学のすすめ』ちくま新書
佐々木隆『伊藤博文の情報戦略』中公新書

佐々木克『志士と官僚』講談社学術文庫
佐藤誠実・仲新他校訂『日本教育史』東洋文庫二三一・平凡社
佐道明広他編『人物で読む近代日本外交史』吉川弘文館
島善高『近代皇室制度の形成』成文堂
白井隆一郎『榎本武揚から世界史が見える』ＰＨＰ新書
白鳥庫吉『白鳥庫吉全集』岩波書店
『枢密院会議議事録』東京大学出版会
杉本尚雄『菊池氏三代』吉川弘文館
高橋紘・所敬『皇位継承』ＰＨＰ新書
瀧井一博『伊藤博文演説集』講談社学術文庫
瀧井一博『伊藤博文』中公新書
田中英道『戦後日本を狂わせたＯＳＳ日本計画』展転社
谷沢永一・太平洋戦争研究会『写説・坂の上の雲』ビジネス社
竹越与三郎『日本二千五百年史』講談社学術文庫
辻清明編『バジェット・ラスキ・マッキーヴァー』世界の名著七二、中央公論社
辻義教『評伝　井上毅』弘生書林
角田政治『肥後人名辞書』
徳富蘇峰『近世日本国民史』時事通信社
徳富蘇峰『第一人物随録』民友社、大正一五年刊

谷沢永一・太平洋戦争研究会『写説・坂の上の雲』ビジネス社
内藤一成『三条実美』中公新書
長井利浩『井上毅とヘルマン・ロェスラー』文芸社
中江兆民『一年・一年半』岩波文庫
中江兆民『三酔人経綸問答』岩波文庫
長尾龍一編『穂積八束集』信山社
中西輝政『日本の「死」』文芸春秋
中西輝政『なぜ国家は滅亡するのか』ＰＨＰ新書
中西輝政『国民の文明史』産経新聞社
中西輝政『帝国としての中国』東洋経済新聞社
中川八洋『正統の哲学・異端の思想』徳間書店
中川八洋・渡部昇一『教育を救う保守の哲学』徳間書店
中川八洋『保守主義の哲学』ＰＨＰ研究所
中川八洋『国民の憲法改正、祖先の叡智・日本の魂』ビジネス社
中川八洋『正統の憲法・バークの哲学』中公叢書
中川八洋『皇室断絶』ビジネス社
中川八洋『小林よしのり「新天皇論」の禍毒』オークラ出版
中川八洋『福田和也と《魔の思想》』清流出版
中川八洋『徳仁《新天皇》陛下は、最後の天皇』ヒカルランド

中川八洋『天皇「退位式」は皇統断絶～徳仁〈新天皇〉陛下は、新王朝初代』ヒカルランド
中村菊男『伊藤博文』時事通信社
名越二荒之助『日韓二千年の真実』国際企画
名越二荒之助『世界に生きる日本の心』展転社
新渡戸稲造『武士道』岩波文庫
西尾幹二『国民の歴史』扶桑社
西尾幹二『江戸のダイナミズム』文藝春秋
西部邁『「国柄」の思想』徳間書店
西部邁『わが憲法改正案』ビジネス社
日本歴史学会編『明治維新人名辞典』吉川弘文館
秦郁彦『旧制高校物語』文春新書
長谷川三千子『民主主義とは何なのか』文春新書
長谷川三千子『からごころ』中央公論社
長谷川三千子『正義の喪失』ＰＨＰ研究所
長谷川三千子・倉山満『本当は怖ろしい日本国憲法』ビジネス社
林信吾『英国議会政治に学べ』新潮選書
原田敏明監修『熊本県の歴史』文画堂
坂野潤治『明治デモクラシー』岩波新書
坂野潤治『昭和史の決定的瞬間』ちくま新書

坂野潤治『日本憲政史』東京大学出版会
肥後文教研究所『藩政時代の家庭教育』昭和一一年一一月刊
ピーター・スタイン、屋敷二郎ほか監訳『ローマ法とヨーロッパ』ミネルヴァ書房
平塚篤編『伊藤博文秘録』春秋社、昭和四年刊
平泉澄『少年日本史』講談社学術文庫
平泉澄『先哲を仰ぐ』錦正社
平川祐弘『西洋の衝撃と日本』講談社学術文庫
深沢美佐子『明治天皇が最も頼りにした山階宮晃親王』宮帯出版社
福沢諭吉『福沢諭吉全集』岩波書店
福沢諭吉『文明論之概略』岩波文庫
藤原正彦『国家の品格』新潮新書
ヴァーノン・ボグダナー・小室輝久他訳『英国の立憲君主政』木鐸社
藤岡信勝編著『条約で読む日本の近現代史』祥伝社新書
フリッツ・ケルン、世良晃志郎訳『中世の法と国制』創文社歴史学叢書
穂積重遠『法窓夜話』『続・法窓夜話』岩波文庫
牧野伸顕『回顧録』中公文庫
松尾正人『廃藩置県』中公新書
松永昌三『福澤諭吉と中江兆民』中公新書
松永昌三編『中江兆民評論集』岩波文庫

馬渕睦夫『日本「国体」の真実』ビジネス社
水田洋編『バーク・マルサス』世界の名著三四、中央公論社
美濃部達吉『憲法及憲法史研究』有斐閣書房
宮田章『霞ヶ関歴史散歩』中公新書
明治神宮編『大日本帝国憲法制定史』サンケイ新聞社
明治神宮編『明治天皇詔勅謹解』講談社
毛利敏彦『江藤新平』中公新書
毛利敏彦『大久保利通』中公新書
森田悌『王朝政治』講談社学術文庫
諸橋轍次『大漢和辞典』大修館書店
百瀬孝『内務省』ＰＨＰ新書
森清人『みことのり』錦正社
文部省編『学制百年史』
八木秀次『明治憲法の思想』ＰＨＰ新書
八木秀次『日本国憲法とは何か』ＰＨＰ新書
八木秀次『「女性天皇容認論」を排す』清流出版
八木秀次『国民の思想』産経新聞社
八木秀次『Ｑ＆Ａでわかる天皇制度』扶桑社
山口康助『技術史のなかの日本人』近代文芸社

山田晟『ドイツ近代憲法史』東京大学出版
山本十郎編『肥後文教と其城府の教育』熊本市教育委員会
山本七平『昭和天皇の研究』祥伝社ノンポシェット文庫
山本七平『渋沢栄一　近代の創造』祥伝社
山本七平『日本人とは何か。』祥伝社
吉田茂『回想十年』中公文庫
ヨゼフ・ピタウ『井上毅と近代日本の形成』時事新書
ランケ、相原信作訳『政治問答』岩波文庫
若槻禮次郎『明治・大正・昭和政界秘史〜古風庵回顧記』講談社学術文庫
渡部昇一『日本史から見た日本人』祥伝社黄金文庫
渡部昇一『日本の歴史』ワック文庫
渡部昇一『渡部昇一の少年日本史』致知出版社
渡部昇一・岡崎光彦『国のつくり方〜明治維新人物学』到知出版
渡部昇一『ドイツ参謀本部』祥伝社新書
渡辺幾次郎『大隈重信』時事通信社
渡辺行男『守衛長の見た帝国議会』文春新書
参考文献は、文中に記したものと以上列挙したものです。深謝します。

著者略歴

井上俊輔（いのうえ・しゅんすけ）

昭和28年、熊本市生まれ

昭和53年、熊本大学医学部卒業

昭和57年、熊本大学大学院医学研究科修了（熊本大学体質医学研究所病理学研究部 Department of Pathology, Institute of Constitutional Medicine, Kumamoto University で実験病理および人体病理専攻）

昭和59年、文部教官（熊本大学助手・医学部眼科学教室）

平成5年、いのうえ眼科開院

現在、医療法人菁莪斎《せいがさい》理事長

医師・医学博士

著書 『平成新国体論』国書刊行会（平成13年）

住所 〒860-0086 熊本市北区打越町26-13

忘《わす》れられた天才《てんさい》　井上毅《いのうえこわし》

令和元年11月25日　初版第1刷発行

著　者　井上俊輔

発行者　佐藤今朝夫

発行所　株式会社 国書刊行会

〒174-0056 東京都板橋区志村1-13-15

TEL 03 (5970) 7421　FAX 03 (5970) 7427

https://www.kokusho.co.jp

印刷・製本　三松堂株式会社

ISBN 978-4-336-06536-0